언어접촉과 2개언어상용

Language Contact and Bilingualism
ⓒ René Appel & Pieter Muysken / Amsterdam University Press 2005
All rights reserved

Korean translation copyright ⓒ Dongin, 2008

This Korean edition is published by arrangement with Amsterdam University Press
through Sibylle Books Literary Agency, Seoul

이 책의 한국어 판 저작권은 시빌에이전시를 통해
Amsterdam University Press와 독점 계약한 동인에 있습니다.
저작권법에 의해 한국 내에서 보호를 받는 저작물이므로 무단 전재 및 무단 복제를 금합니다.

언어접촉과 2개언어상용

저자 René Appel & Pieter Muysken
역자 김남국

도서출판 동인

역자서문___

　국제화·세계화란 말이 화두가 된지도 상당한 시간이 흘렀다. 또한 국제화·세계화의 도구가 영어라는 인식도 이제는 진부하기까지 하다. 우리 사회는 국제화·세계화의 여파로 다민족, 다문화사회를 지향하고 있으며, 그 결과 개인적인 2개언어상용사회가 되어가고 있다. 국제화·세계화란 사회언어학적인 관점에서 보면 언어접촉을 뜻하고, 영어를 비롯한 다른 외국어의 사용은 심리언어학적인 개념으로 보면 2개언어상용을 의미한다. 오늘날 우리 사회와 시대는 우리 모두가 능통한 영어능력을 구비한 2개언어상용인이 되기를 요구하고 있는데, 2개언어상용은 궁극적으로 다양한 사회적, 심리적, 언어적 양상과 결과를 초래한다.

　역자는 언어습득, 특히 영어습득에 관심을 가진 사람으로 언어접촉과 2개언어상용의 영역을 사회적, 심리적, 그리고 언어적인 관점에서 체계적으로 다루고 있는 이 역서에 관심을 가지게 되었고, 이를 대학원 과정에서 다루어 보았다. 그 결과 이 책에서 다루는 내용이 영어공용화를 향해 나아가고 있는 우리 사회 언어 상황의 현재와 미래를 진단하고 예측하는데 시금석을 제공한다고 판단하여 번역을 결심하게 되었다.

　이 책은 언어접촉 또는 2개언어상용이 어떤 의미를 가지는지를 이해하는데 도움이 되는 개념들을 제공하고 있다. 이 책은 추상적이고 분석적인 차원에서만 분리될 수 있는 언어접촉과 2개언어상용의 사회적이고, 심리적이며, 언어적인 양상들을 주제로 삼고 있다. 이 책은 3부로 구성되어 있으며, 1부에서는 2개언어상용의 사회적인 양상이 다루어진다. 2부에서는 2개언어상용의 심리적인 양상들, 즉 2개언어상용인의 두뇌 속에 두 언어가 저장되는 방식, 제2언어의 습득방법, 그리고 2개언어상용인의 심리적인 결과 등이 논의된다. 마지막 3부에서는 2개언어상용사회 내에서의 언어사용의 다양한 양상과 결과가 구체적인 예와 함께 논의된다.

이제 우리 사회도 개인적 또는 사회적인 2개언어상용사회로 진입하기 시작하였다. 개인적으로는 능통한 2개언어상용인이 요구되고 있고, 사회적으로는 2개언어상용(영어공용)화도 추진되고 있다. 이러한 맥락에서 시의적절하게 언어접촉과 2개언어상용을 체계적으로 다룬 번역서를 출간하게 되어 기쁘게 생각한다. 이 책이 언어학과 외국어를 전공하는 학부 상급생들, 언어학관련 대학원생들, 외국어 교사들, 그리고 언어학에 관심이 있는 모든 사람들에게 도움이 되는 참고서적으로 활용되기를 기대한다. 번역은 원문에 충실하려고 노력하였으나 역자의 능력부족으로 모자라는 점이 많으리라 사료된다. 독자의 넓은 아량을 구한다.

끝으로, 이 번역판이 나오기 까지 수고해 주신 분들께 감사를 표한다. 먼저 이 책을 함께 읽고 정리해준 대학원생들에게 감사드린다. 특히 우리말 다듬기에 시간과 노력을 아끼지 않은 박사과정의 김연희 선생께 고마움을 표한다. 마지막으로 시장성이 별로 없는 이 번역서가 출판되도록 허락해주신 도서출판 동인 이성모 사장님과 출판사 편집진들에게도 진심으로 감사드린다.

2008년 7월
역자 김 남 국

서문

우리는 여러 해 동안 언어접촉의 다양한 양상들에 관한 연구를 해왔고, 또 이런 양상 등에 관한 과정을 가르쳐 왔다. René Apple은 소수민족 언어들에 관한 연구를 했으며, 특히 네덜란드의 이주 노동자 자녀들의 교육문제를 다루었다. Pieter Muysken은 안데스산맥 지방의 케추아어(Quechua)와 스페인어(Spanish)의 접촉에 초점을 두고 연구하였으며, 이것을 크레올화(creolization)와 언어혼합(mixture)의 일반적인 양상들과 관련지었다.

언어접촉에 관한 과정을 계획함에 있어 우리는 두 사람이 다루었던 문제들과 개념들이 서로 밀접하게 관련이 있다고 생각하였다. 이 책에서의 주 과제는 언어접촉의 사회적, 심리적, 그리고 (사회)언어적 양상들 간의 관계를 명료하게 탐구하는 것이다. 우리의 탐구가 모든 부분에서 성공적이었다고는 확신하지 못한다. 왜냐하면 서로 다른 연구 전통을 가진 여러 학문 분야들이 관련되어 있기 때문이다.

우리는 이 책의 초고를 읽고 코멘트를 해준 Amsterdam 대학교 일반 언어학 연구원(Institute of General Linguistics)의 모든 학생들과 동료 연구자들에게 감사를 드린다. 또한 우리는 이 책에서 언급된 모든 분들에게도 감사를 표하고 싶다. 우리는 마음속으로 이 책의 제목을 Uriel Weinreich의 선구적인 책 *Languages in Contact*와 같은 제목을 붙였다. 그러나 우리는 Weinreich의 책에서 성취된 깊은 통찰력을 넘어설 수 없음을 깊이 인식하고 있다.

1986년 9월
암스테르담

CONTENTS

1. 서론: 2개언어상용과 언어접촉 ⋯ 11

■ **제1부 2개언어상용사회의 사회적 양상 _ 27**

    2. 언어와 정체성 ⋯ 29
    3. 언어선택의 사회학 ⋯ 48
    4. 언어유지와 전환 ⋯ 66
    5. 언어계획 ⋯ 91
    6. 2개언어상용교육 ⋯ 113

■ **제2부 2개언어상용자 _ 139**

    7. 2개언어상용의 심리적 차원 ⋯ 141
    8. 제2언어 습득 ⋯ 158
    9. 2개언어상용 효과 ⋯ 193

■ **제3부 2개언어상용사회에서의 언어사용 _ 221**

    10. 언어전환과 언어혼용 ⋯ 223
    11. 중립성 전략 ⋯ 247
    12. 2개언어상용에서의 상호작용 전략과 문제점 ⋯ 264

■ **제4부 언어적 결과 _ 291**

    13. 언어접촉과 언어변화 ⋯ 293
    14. 어휘차용 ⋯ 314
    15. 피진어와 크레올어 ⋯ 336

    ■ References ⋯ 359

서론 : 2개언어상용과 언어접촉

인류의 역사를 민족이나 국가의 역사가 아닌 언어의 역사로 상상해 보자. 지구상에 존재하는 5,000여 개의 언어가 끊임없이 서로 상호작용한 언어의 역사로 상상해 보자. 베르사이유 조약을 국제간의 외교사건이 아니라 프랑스 사람들이 자국의 이익과 권익을 최대한 추구하기 위해 자신들의 훌륭한 프랑스어를 사용한 조약으로 상상해 보자. 1532년 코르테스(Cortes)의 Mexico 정복을 용맹, 잔인 그리고 배반의 이야기가 아니라 아즈텍어와 스페인어 사이의 통역자인 코르테스의 인디안 부인 Malinche의 결정적인 역할의 입장에서 생각해 보자. 고국에서 팔려온 노예들이 내몰렸던 사탕수수 농장을 아프리카의 많은 언어들이 함께 만나는 장소로 생각해 보자.

이런 모든 것을 상상해 볼 때 두 가지 사실이 떠오른다. 첫째, 언어의 역사는 민족과 국가의 역사와 아주 밀접하게 연결되어 있고 또 그 역사를 반영하고 있다. 둘째, 우리는 언어접촉에 대해 아는 바가 별로 없다. 1918년 발칸반도의 오스트리아 제국이 분열되었을 때, 이 제국의 붕괴가 가져온 경제적인 결과에 대해서는 잘 알려져 있지만 제국의 모든 언어들이 어떻게 되었는지에 대해서는 잘 알지 못한다. 이 책에서 우리는 두 언어의 접촉이 어떤 의미를 가지는지를 이해하는데 필요한 개념들을 제공하고자 한다. 여러 개의 언어가 사용되는 사회에서는 어떤 현상이 일어나는가? 어떻게 사람들은 이러한 언어들을 동시에 다룰 수 있는가? 언제 그리고 왜 서로 다른 언어가 실제로 사용되는가? 언어접촉은 관련 언어에 어떤 결과를 가져오는가? 이러한 것들이 여기서 다루고자 하는 주요한 논점이다.

이 장에서 우리는 몇 가지 개념적인 문제를 개략적으로 서술하고, 연구자들이 언어접촉을 연구하고 싶었던 몇 가지 이유를 열거하며, 언어접촉의 몇 가지 주요 유형을 기술하고, 이 분야의 역사를 간략히 기술하고 난 후, 마지막으로 이 분야에 기여하는 그 밖의 하위 학문분야와 이 책의 개요를 개략적으로 제시함으로써 논의의 배경을 제공하고자 한다.

1.1 2개언어상용 : 개념과 정의

언어접촉은 필연적으로 2개언어상용에 이르게 한다. 2개언어상용은 일반적으로 두 가지 유형, 즉 사회적 2개언어상용(societal bilingualism)과 개인적 2개언어상용(individual bilingualism)으로 구분된다. 개략적으로 말해서, 사회적 2개언어상용은 어떤 사회 내에 둘 또는 그 이상의 언어가 사용될 때 발생한다. 이러한 의미에서 보면, 거의 모든 사회가 2개 언어를 상용하지만 2개언어상용의 정도나 형태에 따라 다를 수도 있다. 이론적으로는 다음과 같은 형태로 구분할 수 있다 (그림 1.1 참조).

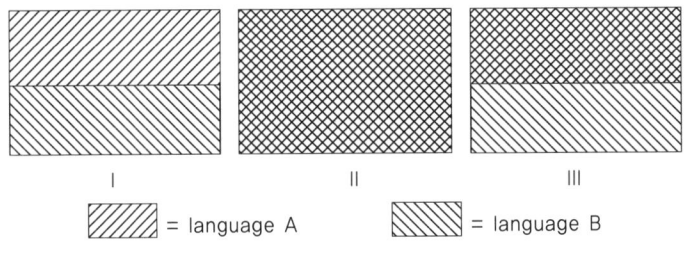

그림 1.1 도식화된 사회적 2개언어상용의 형태

    그림 I 상황에서는 두 언어가 서로 다른 두 집단에 의해 사용되지만 각 집단은 단일언어사용자(monolingual)이다. 소수의 2개언어상용자들이 두 집단간 필요한 의사소통을 담당한다. 이러한 형태의 사회적 2개언어상용은 종종 과거 식민지국가에서 일어났는데, 예를 들면, 정복자들은 영어를 사용하고 원주민들은 토속언어(local language)를 사용하였다. 두 번째 유형의 사회에서는 모든 사람들이 2개언어상용자들이다. 이러한 사회적 2개언어상용에 가까운 형태들은 아프리카의 여러 나라와 인도에서 찾을 수 있다. 사람들은 흔히 두 개 언어 이상을 구사한다.

    세 번째 형태의 사회적 2개언어상용은 한 집단은 단일언어사용자이고, 다른 집단은 2개언어상용자이다. 대부분의 경우, 이 마지막 그룹이 숫자적 또는 통계적인 의미에서가 아니라 사회학적인 의미에서 소수(minority)를 구성한다. 이 그룹은 피지배적 또는 억압받는 집단이다. 그림 III과 같은 상황은 그린란드(Greenland)에서 관찰될 수 있는데, 이곳에서 그린란드의 이누이트어(Inuit)를 말하는 사람은 덴마크어(Danish)를 배워서 반드시 2개언어상용자가 되어야 한다. 반면에 사회적으로 지배적인 덴마크어를 사용하는 집단은 단일언어사용자로 남을 수 있다.

    물론 I, II, III 형태는 우리가 살고 있는 지구상에서 순수한 형태로는 존재하지 않는 이론적인 유형에 불과하다. 여러 가지의 형태가 섞인 혼합형이 훨씬 더 흔한 형태이다. 대부분의 국가의 언어상황은 두 개 이상의 집단과 두 개 이상의 언어가 관련되어 훨씬 더 복잡하다. 그러나 복잡한 2개언어상용사회를 기술할 때 위에서 말한 이상적인 유형학(typology)을 염두에 두는 것이 유용할 것이다.

개인적 2개언어상용이 무엇인지는 아주 분명하다. 그러나 어떤 사람이 2개언어상용자인지 아닌지를 결정하기란 결코 간단하지 않다. 많은 영국 사람들은 학교에서 불어를 배우고, 해마다 프랑스에서 휴가를 보내면서 불어를 연습한다. 그렇지만 이들이 스페인어와 영어를 둘다 똑같이 쉽게 사용하는 New York에 사는 푸에르토리코 어린이와 같은 방식의 2개언어상용자인가? 2개언어상용자로 분류되기 위해서는 두 개의 언어를 어느 정도로 구사해야 하는가? 두 언어에서 유창한 구두 및 쓰기 능력을 소지해야 하는가? 진정한 2개언어상용자는 수용적인 기능(듣기, 읽기)은 물론 산출적인 기능(말하기, 쓰기)에서도 능숙해야 하는가? 언어의 어떤 구성성분이 기준이 되는가? 어휘, 발음, 통사, 화용론인가?

   2개언어상용의 연구 역사를 살펴보면 여러 가지 정의가 제안되었다. 극단적이지만 잘 알려진 두 개의 서로 다른 정의를 소개하자면 Bloomfield와 Macnamara의 정의이다. Bloomfield에 의하면 2개언어상용자는 '두 개 언어 또는 그 이상의 언어에 대해 원어민과 같은 제어능력'을 반드시 소유해야 한다(1933: 56). 반면에, Macnamara(1969)는 어떤 사람이 자기 모국어외의 언어에서 4가지 기능(말하기, 듣기, 쓰기, 읽기) 가운데 어느 한가지에서든 약간이라도 제2언어 능력을 가지고 있다면 그는 당연히 2개언어상용자로 불리어야 한다고 주장하였다.

   언어숙달(proficiency)이라는 관점에서 심리학적인 정의의 문제는 해결하기 어려울 것이다. 왜냐하면 측정의 문제가 아니라 언어숙달에 대한 일반적인 기준이나 표준을 찾는 것이 불가능하기 때문이다. 그러므로 여기에서는 Weinreich (1953)의 사회학적인 정의를 택한다. Weinreich는 '두 언어를 번갈아 사용하는 능력을 2개언어상용이라 하며, 여기에 해당하는 사람들을 2개언어상용자'라고 하였다. 두 언어 또는 그 이상의 언어를 번갈아 규칙적으로 사용하는 사람은 2개언어상용자이다. 이런 정의로 본다면 화자들은 실제적인 언어능력에 있어서는 상당히 다를 수 있다. 그러나 단일언어사용자에게 적용되는 기준 이상의 언어 기준을 2개언어상용자에게 강요하지 않도록 조심해야 한다. 2개언어상용자들이 서로 다른 상황에서 서로 다른 언어를 사용한다는 것은 바로 2개언어상용자의 전반적인 언어능력과 단일언어사용자의 언어능력을 비교해야 한다는 것을 의미한다. 2개언어상용자에 대한 Bloomfield의 기준을 너무 자주 적용하는 것은 이들이 언어능력 면에서 어떻든 부족하다고 낙인을 찍는 것이다.

이 책에서 사용된 용어에 관해서 두 가지 사실을 더 언급하면 다음과 같다. 첫째, 2개언어상용자(bilingual)와 2개언어상용(bilingualism)이라는 용어는 두 개 이상의 언어가 관련된 상황에 적용된다. 분명히 합당한 경우에만 우리는 다언어상용자(multilingual)와 다언어상용(multilingualism)이라는 용어를 사용할 것이다. 둘째, 비록 2개언어상용 연구에서의 많은 연구 결과와 개념이 2개방언상용(bidialectism)에 까지 적용된다는 사실을 알고 있다 하더라도, 이 책에서 사용된 2개언어상용자/ 2개언어상용이라는 용어는 관례적으로 인정된 언어를 말하는 것이지 한 언어의 방언들, 예를 들면, 런던 사투리(London Cockney)와 표준 발음(Received Pronunciation)과 같은 것을 지칭하는 것은 아니다.

2개언어상용에 대한 모든 정의는 사회과학분야에서의 중심적인 문제, 즉 규모와 전체의 문제에 부딪친다. 우리는 개인들, 가족들, 이웃들, 또는 전체 사회에 관해 이야기하는가? '언어'는 추상적인 개념이므로 '언어접촉'이란 무엇을 의미하는가? 사람들은 접촉할 수 있다. 비유적으로 말해 두 개의 문법이 한 개인의 두뇌 속에서 접촉할 수 있다고 말할 수 있을지 모르지만, 전체적인 실체로서의 언어들이 접촉한다고 말할 수 있을까? 우리는 많은 개인들이 2개언어상용자가 아닌 2개언어상용사회를 발견하는데, 이런 사회는 특히 신분에 따라 구성되거나 아주 분명한 사회적 구분으로 나뉘어져 있다. 사회적으로 명확히 구분이 된 예로는 제2차 세계 대전 이전의 퀘벡 지방을 들 수 있는데, 이 지방에서는 영어를 말하는 도시 중산계층과 불어를 말하는 농촌 사회가 공존하였다.

두 번째 문제는 물론 언어의 정의와 관련이 있다. 언어와 방언을 구별할 줄 모른다면 언어접촉에 관해 말하여 본들 무슨 의미가 있겠는가? 힌두어(Hindi)와 우르두어(Urdu)는 종교적으로 구별되지만, 본질적으로는 똑같은 언어의 두 가지 변이형이다. 힌두어는 힌두사람이 사용하고, 우르두어는 회교도 사람들이 사용한다. 이러한 상황에서 언어접촉의 가능성이 있는가? 아니면 방언혼합이 있는가? 네덜란드 동쪽 국경지대에서의 네덜란드어와 독일어의 상황도 마찬가지이다. 접촉되는 두 언어가 어디에서 말해져야 의미가 있게 되는가? 두 언어가 얼마나 달라야 하는가?

세 번째 문제는 문법적 분석단계와 관련이 있다. '언어'의 중심적 개념을 '문법'이라는 개념으로 받아들인다면, 이는 분명히 '문법 접촉'(grammars in contact)을 의미한다. 그렇다면 많은 독립된 성분들(구절구조성분, 변형성분, 어휘부, 음운성분)이 문법을 구성한다는 1970년대 후반 이래의 생성문법에서의 일반적 개념을 받아들인다면, 접촉되는 언어의 문법성분들을 다뤄야 할 것인지 말 것인지가 문제가 된다. 이 문제는 매우 학문적인 문제로 보일 수 있다. 제10장과 13장에서 이 문제에 대해 논의할 것이다.

1.2 언어접촉을 연구하는 이유

언어접촉을 연구하는 이유를 살펴보면, 사회적 관심과 언어연구의 발달으로부터 강력한 자극을 받았음을 알 수 있다. 벨기에나 캐나다와 같이 서로 대립되는 언어집단이 있는 나라에서는 2개언어상용 연구를 위한 센터를 건립하여 연구를 격려하고 훌륭한 학자들을 길러냈다. 2개언어상용 행위를 철저하고 면밀하게 분석하는 것은 사회나 개인의 언어문제에 대한 통찰력을 얻고, 그로 인해 언어계획과 교육정책을 지원하는데 도움이 될 것으로 기대되었다. 이러한 유형의 연구는 인도와 같은 나라에서도 중요하게 인식되었다. 인도는 엄청나게 복잡한 언어들의 결합에 직면하고 있으며, 언어접촉 연구를 위한 세계적인 연구 중심지로 '다언어상용의 실험실'이라 불린다.

2개언어상용의 역사가 오래 된 것이 특징인 이러한 나라들 이외도, 산업화된 서구의 많은 나라들은 이민으로 인해 지난 20년 동안 대규모로 2개언어상용국이 되었다. 이민사회의 출현은 이러한 사회에 상당한 영향을 미쳤다. 단일언어사용 및 단일문화의 정체성에 관한 많은 신화가 갑자기 무너졌다. 정치적인 해방과 이주사회 집단의 교육적 욕구가 유럽, 미국, 캐나다에서 일련의 새로운 언어접촉에 관한 연구를 자극하였다.

소수 이주민족뿐만 아니라 많은 전통적인 소수민족 집단이 이러한 정치 및 문화적인 해방 과정에 참여하게 되었다. 이러한 집단들은 정치적인 분권과 자신들의 언어와 문화의 인정, 그리고 2개언어상용교육을 끈질기게 요구하였다. 이로 인해 언어접촉 문제에 대한 많은 연구가 이루어졌다.

이념적 측면에서 새로운 사회적 대변동은 큰 반향을 불러일으키지 않을 수 없었다. 탈식민화 과정은 이전의 식민지 강대국들에게 많은 연구 과제를 남겨 놓았다. 식민지정책의 조건과 과정, 결과에 초점을 둔 역사적 조사 연구라는 전통이 식민지 강대국과 제3세계에 생겨났다. 이러한 연구전통으로 식민지화라는 개념이 폭넓게 이해되었으며, 넓은 관점에서 유럽 언어들의 보급과 확산도 살펴보게 되었다. 또한 언어체계에 관해 논할 수 있는 어휘와 개념 모형의 개발이 이루어지게 되었다.

    1960년대 서구의 문화 발달은 소수민족의 구어(spoken language)를 포함한 토착어(vernacular language)의 연구로 되돌아가게 하였는데, 이는 순수주의와는 거리가 먼것이었다. 이러한 현상을 명백히 보여주는 초기 증거로는 1970년대 초반 미국에서의 흑인과 아메리칸 인디언에 대한 연구가 있으며, 언어접촉 현상의 연구는 이같은 연구 결과에서 큰 도움을 받았다. 이 연구에는 순수주의라는 개념에는 적합하지 않던 크레올어와 같은 현상이 포함되어 있다.

언어학 자체로 살펴보면, 언어접촉 연구는 전체적으로 사회언어학의 패러다임으로 발전하였다. 학문 분야로서의 사회언어학은 언어사용에서의 다양성을 강조한다. 다양성의 연구는 다양성의 분명한 예가 되는 다언어상용에 초점을 둔다. 소위 단일언어사용사회에 대한 사회언어학적 연구에서의 모든 중요 문제들, 즉 스타일 전환, 언어변화, 언어선정, 발화목록, 태도, 그리고 변이형과 같은 것들은 언어접촉 연구에서는 더 확대된 모습으로 다시 나타난다. 사회적 압력과 문화적 인식 그리고 언어학내의 여러 경향으로 다양한 관점에서 언어접촉 연구가 촉진되었다. 이러한 면모를 살펴 볼 것이다.

1.3 언어접촉 상황

제 1장 1절에서 2개언어상용의 유형을 도식적으로 제시하였다. 여기에서는 최근의 주요 언어접촉 상황에 대하여 기술한다. 이러한 개관은 특히 시간과 공간의

제약 때문에 일시적이고 잠정적일 수밖에 없다. 현재 안정적으로 보이는 상황이 앞으로 갑작스럽게 변할 수도 있고, 또 우리가 알 수 없는 엄청난 변화의 와중에 있는 결과일 수도 있다.

언어접촉의 첫 번째 역사적 상황은 언어군도(linguistic archipelago)이다. 언어군도란 서로 관련 없는 언어들이, 각각의 언어를 사용하는 사람들이 매우 적음에도 불구하고, 같은 생태권내에서 사용되어지는 것을 말한다. 이러한 상황은 현재는 드물지만 식민 이전 시대에는 빈번하였다. 오늘날에도 현존하는 곳은 아마존강 유역과 오스트레일리아의 사막 지역으로, 이곳의 많은 원주민들은 아직도 종족 단위로 살고 있다. 사회언어학적으로 이러한 지역은 언어간 어휘와 문법 요소들이 널리 퍼져나간 경우로, 언어학적으로는 광범위한 2개언어상용으로 특징지을 수 있다.

언어접촉의 두 번째 상황은 어족(language families)간의 경계가 어느 정도 안정적으로 유지되는 접경지역이다. 이러한 예로는 스위스(불어와 로망스어는 남쪽에서 사용되고, 스위스 독일어는 북쪽에서 사용됨)와 벨기에(네덜란드어와 독일어는 북쪽에서 사용되고, 불어는 남쪽에서 사용됨)에서 로망스어와 독일어 사이에서 이루어지고 있는 언어 경계지역을 들 수 있다. 또 다른 예로는 인도에서의 인도-유럽어(Indo-European)와 드라비다어(Dravidian)간의 언어 접경지역이다. 이러한 경우들을 통틀어 일반화하기란 매우 어렵다. 인도에서는 광범위한 차용(borrowing)이 보고 되고 있으나 스위스에서 차용은 존재하지 않으며, 벨기에에서는 아주 적게 보고된다. 이러한 차이점들은 관련 언어들이 갖는 상이한 힘과 지위 관계 때문에 생겨난다. 이 책에서 우리는 이러한 차이점들을 반복해서 살펴본다. 언어접촉 연구에서 배울 수 있는 것이 하나 있다면 그것은 전반적인 사회적 맥락의 중요성이다. 사회언어학은 화학과 다르다. 두 언어를 함께 섞는다고 해서 항상 같은 결과가 발생하는 것은 아니다.

언어접촉이 발생하는 세 번째 상황은 유럽의 식민지 팽창의 결과이다. 식민지정책은 권위있는 유럽 언어들이 피정복민의 모국어와 공존하는 사회를 만든 것만이 아니다. 신세계 및 오스트레일리아에서의 영어, 불어, 포르투갈어 및 스페인어의 경우에는 원주민어(original)를 닮은 새로운 식민지 언어의 변이형들이 만들어졌을 뿐만 아니라 카리브해 지역, 서부 아프리카 그리고 태평양 지역의 크레올어에서 처럼 종종 인지할 수 없는 변이형들도 만들어졌다. 식민지 언어의 확산은 대략적으로 지도 1.1에서 보는 바와 같다.

네 번째 상황은 주위에서 사용되는 국어를 사용하지 않고 소수민족 언어를 사용하는 개별적인 독립지역이다. 영국에서의 웨일즈어(Welsh)와 게일어(Gaelic), 네덜란드에서의 프리즈랜드어(Frisian), 프랑스에서의 바스크어(Basque)가 그 예가 된다. 이러한 집단들은 새로운 민족과 언어들이 휩쓸고 들어올 때도 이미 존재했던 전통적인 집단이다.

마지막 상황은 역이민 움직임의 결과이다. 즉 식민지 이후 제3세계 사회로부터 산업화된 세계로의 인구 유입이 그것이다. 카리브 해안의 사람들이 북아메리카와 유럽으로 이주하였고, 중앙 아메리카사람들이 주로 미국으로 이주하였으며, 지중해 연안의 사람들이 눈에 띄게 서구 유럽으로 이주하였다. 지도 1.2가 이러한 이주의 경로를 보여주고 있다.

이러한 이주 패턴의 결과는 이미 언급되었다. 즉 역이민의 결과로 새롭고 불안한 다문화적이고 다언어적인 사회가 형성되었고 새로운 교육문제가 제기되었을 뿐만 아니라 문화적 풍성함과 새로운 가능성이 열렸다.

지도 1.1 유럽 식민지 팽창의 도식적 표시

　인간과 언어의 역사는 매우 풍부하다. 그러나 많은 언어에서 그 발달 흔적들이 모두 사라져 버렸다. 앞서 제시한 유형의 언어접촉 상황만이 언어접촉의 유일한 상황은 아니다. 로마인 또는 몽고인들의 정복에 따른 모든 사회언어적인 대변동을 상상해 보라. 지금은 어느 정도 안정된 발칸반도 제국과 같은 지역을 보더라도 그곳에서 많은 언어적인 변화가 일어났음을 알 수 있다. 오늘날의 안정은 과거 이동의 결과이다.

지도 1.2 식민지 이후 유럽과 북아메리카로의 이주의 도식적 표시

서 론 ｜ 21

1.4 언어접촉 연구의 역사

언어접촉에 대한 언어적 연구의 기원은 적어도 19세기의 비교 연구와 역사 연구의 전통으로 거슬러 올라간다. William Dwight Whitney(1881)는 언어변화에서 언어차용의 역할을 명료하게 논의하고 있다. 제14장에서 이 문제에 대한 Whitney의 견해를 살펴보게 될 것이다. Hugo Schuchardt는 자신의 저서에서 1880년 이후의 많은 복잡한 언어접촉 상황을 기록하였다. 그는 현대 크레올어 연구의 창시자이며, 그의 가장 큰 업적인 *Kreoliche Studien IX* (1890)은 아직도 이 분야에서 타의 추종을 불허한다. Schuchardt의 뒤를 이어 Hesseling(예를 들면, 1899, 1905)과 Turner(1949)를 포함한 많은 크레올어 연구가들(creolists)이 언어접촉 현상의 언어학적인 연구를 계속 발전시켰다. 이들의 연구 업적은 제15장 피진어와 크레올어에서 논의될 것이다.

여기에는 Weinreich의 *Language in Contact*(1953)와 Haugen의 상세한 연구인 *The Norwegian Language in America*(1953)가 포함된다. 언어접촉에 관한 종합적인 견해를 처음으로 제시한 연구는 1950년대 초반부터 시작되었다. 이러한 연구가들의 공헌은 후에 사회언어학이라 불리게 된 학문의 기초를 닦은 것으로 간주된다. 이러한 학자들과는 별개로 프랑스의 Marcel Cohen의 연구를 언급하지 않을 수 없다. 그는 아랍어 전문가로 출발하여 *Pour une sociologie du language*(1956)에서 보는 바와 같이 점차 언어접촉 현상에 대해 깊은 관심을 가지게 되었다.

1.5 기여학문 분야 및 이 책의 구조

2개언어상용(bilingualism) 또는 언어접촉(language contact) 그 자체는 과학 분

야가 아니다. 이것은 여러 학문이 기여해야 하는 연구과제, 주제 또는 분야이다. 이러한 여러 분야들은 서로 다른 관점이나 방법론 또는 용어 때문에 서로 상호작용하거나 독립적으로 기능한다.

어떤 사회에서 언어들이 서로 접촉한다면 이것은 사회학자나 사회인류학자들에게 흥미거리가 될 수 있다. 언어란 사회적 현상 또는 사회적 관습이다. 어떤 사회가 여러 사회적 집단으로 나누어질 때 이는 종종 언어적 분할을 반영한다. 2개언어상용사회에서의 언어행위와 언어에 대한 태도는 사회 규범과 가치에 대한 깊은 통찰력을 제공한다. 대부분의 경우, 2개언어상용에 대한 사회학적 접근 방식은 상이한 변이형들, 언어내적 변화의 과정, 구조적인 양상을 무시한 채 언어를 전체적으로 다룬다. 이 책의 앞부분 '2개언어상용의 사회학'에서 여러 자료, 관점 그리고 이론들이 다루어지게 될 것이다.

학교에서의 소수민족 언어의 지위, 2개언어상용교육의 효과, 그리고 언어계획의 문제점들과 같은 특정한 주제 이외에도, 언어와 (사회)정체성과의 관계 그리고 사회 내에서의 두 언어의 기능과 같은 일반적인 주제도 논의될 것이다.

이 장의 앞부분에서 사회적 2개언어상용과 개인적 2개언어상용을 구분하였다. 2개 언어를 상용하는 개인은 심리학적 관점에서 더 잘 연구될 수 있다. 이 책의 2부인 *The bilingual speaker*에서는 2개언어상용의 심리적인 양상들, 즉 2개언어상용인 두뇌 속에 2개 언어가 저장되는 여러 방식들과 제2언어가 습득되는 방법, 그리고 2개언어상용인의 심리적인 결과 등이 논의된다.

이 책의 3부에서는 2개언어상용사회 내에서의 언어사용이 논의된다. 이를테면, 사회적으로 지배적인 언어행위의 연구와 같은 사회언어학의 공헌이 제시될 것이다. 3부의 여러 단원에는 서로 상호작용하는 상황에서 사람들이 선택하는 언어에 관한 정보, 특정한 선택을 회피하는 방식, 서로 다른 언어배경을 가진 사람들이 상호작용하는 방법, 그리고 특정한 상호작용 유형의 사회적인 결과가 포함될 것이다.

　언어들이 접촉할 때 언어학 분야는 언어구조에 어떤 일이 발생하는지를 발견함으로써 기여할 수 있다. 이러한 언어적 관점은 이 책의 마지막 부분에서 제시된다. 언어들이 다른 언어들과 접촉할 때 언어들은 변하는가? 언어들은 문법 규칙을 차용하는가 아니면 단지 어휘만 차용하는가? 언어들은 서로 섞이는가? 그렇다면 언어접촉을 통해 어떻게 새로운 언어들이 출현할 수 있는가?

　2개언어상용과 언어접촉에 관한 연구에서 사회학적, 심리학적, 그리고 사회언어학적인 기여가 무엇이었는지를 구분하는 것은 인위적이며 만족스런 결과도 얻지 못한다. 왜냐하면 이것들은 아주 복잡하게 서로 연결되어 있기 때문이다. 관련된 언어들의 상대적인 지위와 같은 사회적 요인들을 고려하지 않고 2개언어상용인의 인지적인 결과와 같은 심리학적 주제를 연구하는 것은 불가능하다. 마찬가지로 관련된 두 언어체계를 자세히 비교하지도 않은 채 제2언어 습득에서 전이(transfer) 현상을 연구하는 것은 불가능하다.

이 책의 주제는 추상적이고 분석적인 차원에서만 분리될 수 있는 사회적, 심리적, (사회)언어적인 양상들을 띤 복잡한 주제이다. 이러한 분리는 이 책의 구성에 반영되어 있다. 그 이유는 이 방법만이 서로 다른 학문 분야의 연구결과를 제시할 수 있는 유일한 방법이기 때문이다. 우리는 이 방법이 언어접촉이라는 복잡한 주제에 대해 독자들이 일관성 있는 관점을 키우는데 방해가 되지 않기를 바란다. 왜 이렇게 많은 언어들이 사용되고 있는가에 대한 이유가 무엇이든지간에 많은 언어들이 사용되고 있는 것이 사실이다. 또 다른 사실은 많은 사람들이 두 언어의 접경지대에 놓여 있음을 스스로 알고 있다는 것이다. 우리가 이 책에서 보여주려고 하는 것은 바로 이러한 상황에 대처하는 방법이 여러 가지가 있다는 사실이다. 관련 언어들의 구조적인 특징들은 언어접촉에 의해 생길 수 있는 언어적 결과에 대해 외형적인 제약을 가한다. 화자에 의해 선택되는 전략은 여러 요인들, 즉 화자와 언어와의 관계 그리고 화자 자신이 처해있는 사회적인 맥락에 달려있다. 화자들의 융통성과 풍부한 지략에 놀라지 않을 수 없으며, 다언어상용은 결코 문제가 되지 않는다. 이것은 인간 정신의 승리이다.

[추천도서]

언어접촉에 관한 현대 연구에 관심이 있는 사람은 관련 자료가 많고 백과사전식 조사가 이루어진 Mackey의 *Bilinguisme et contact des langues*(1976)와 Grosjean의 개인적인 2개언어상용 경험을 많이 설명한 아주 재미있는 책 *Life with Two Languages*를 참고하면 좋다. Fasold의 *The Sociolinguistics of Society*(1984)는 언어접촉의 연구와 일반적인 사회 언어학과의 관계를 상세히 기록하고 있다. Baetens Beerdsmore의 *Bilingualism; Basic Principles*(1982)는 심리언어학적 양상들을 강조하고 있으며, Skutnabb-Kangas의 *Bilingualism or not: The Education of Minorities*(1983)는 설명이 필요하지 않은 책이다. 이외에도 논문들을 묶은 상당히 많은 책들이 있다. 이 가운데 Fishman(1978), 그리고 Mackey와 Ornstein(1979)을 추천할 수 있는데, 이들은 인구학, 언어유지와 언어, 그리고 교육과 같은 사회학적인 주제에 초점을 두고 있다. 마지막으로 McCormack와 Wurm(1979)의 책에는 언어전환과 언어계획을 포함하여 다양한 주제의 논문들이 수록되어 있다.

제1부
2개언어상용사회의 사회적 양상

언어와 정체성

Sançak는 네덜란드에서 약 5년간 산 8살의 터키 소년이다. 그가 다니는 학교 학생의 거의 절반은 터키 국적이거나 모로코 국적이다. 이들의 아버지들은 이주 노동자로 네덜란드에 왔고 나중에 가족들도 건너 왔다. 교실에서 사용되는 언어는 네덜란드어(Dutch)이지만, 터키 어린이들은 일주일에 한 번씩 아침에 별도의 교실에서 터키인 교사로부터 터키어 수업을 받는다. Sançak는 매우 사교적인 어린이지만 대부분의 시간에는 또 다른 터키 소년인 Mamouta와 함께 지내려고 한다. Mamouta에게는 항상 터키어로 말하며, 특히 수학을 할 때는 터키어로 셈을 한다. 그는 자신의 가족이 '곧' 터키로 돌아갈 것이며, 터키어가 네덜란드어보다 더 아름다운 언어라 생각한다. 또한 그는 터키에서 살기를 원하며, 네덜란드어를 말하는 사람이 터키어에 관해 물어보거나 그로부터 몇 마디 터키어를 배우려고 할 때면 매우 기뻐한다. Sançak는 생기발랄하고 표현을 잘 하는 어린이지만 때로는 반항적이기도 하다. 교실 규칙을 어겨 교사로부터 야단을 맞을 때나, 전혀 좋아하지 않는 것을 해야 할 때면 갑자기 터키어로 소리를 지르기도 한다(비록 네덜란드 교사에게는 항상 네덜란드어로 말을 하지만). 어린이들이 교사와 함께 네덜란드 노래를 부를 때 Sançak는 의자에서 벌떡 일어나 터키 노래를 부를 지도 모른다.

 분명히 Sançak에게 터키어는 특별한 의미가 있다. 그의 가장 유창한 언어는 터키어이며, Mamouta에게 터키어를 사용할 때면 그는 Mamouta(가장 친한 친구)를 혼자 독차지할 수 있다. 왜냐하면 교실에는 다른 터키 소년이 없기 때문이다. 그러나 더 중요한 것은 메시지를 전달하기 위해서는 터키어를 사용하지 않는다는 것이다. 네덜란드 교실에서 일어나는 일련의 사건들에 동조하지 않는 터키 소년으로서의 정체성을 나타내기 위해서만 터키어를 사용한다. 터키 노래를 부를 때 Sançak는 터키 문화의 일면을 보여주는데, 터키문화에 어느 정도 자부심을 가지고 있는 듯하다.

 언어는 메시지를 주고받는 도구만은 아니다. 이같은 사실은 특히 여러 집단들이 나름대로의 언어를 가지고 있는 (예를 들면, 벨기에의 플랑드르어 및 인도의 구제라티어) 다언어상용사회에서 분명해진다. 언어는 집단을 구분한다. 한 집단의 문화적인 규범과 가치는 그들의 언어로 전수된다. 집단의 정서는 집단 고유의 언어를 사용함으로써 강조되며, 타 집단은 내적인 상호교환에서 배제된다(Giles 외, 1977 비교).

 그러므로 언어가 사회적 의미 또는 사회적 함축을 지닌다는 것은 사회언어학에서는 많은 개인적인 관찰과 연구 자료를 통해 타당성이 입증된 일반적인 가정이다. 이 장에서는 2개언어상용사회에서의 언어와 정체성간의 관계라는 관점에서 가정이 다루어 질 것이다. 사회학적이고 사회언어학적인 문헌에서는 한 집단의 정체성을 종종 문화 정체성이나 민족 정체성(cultural or ethic identity) 또는 민족성(ethnicity)이라 부른다. 제2장 1절에서는 민족성의 개념과 언어와의 연관성이 논의될 것이다. 여기에서 답해야 할 주요 질문은 바로 '언어와 민족성 간에는 항상 절대적이고 필연적인 관계가 있는가?'라는 것이다.

언어에 사회적 의미가 있다면 사람들은 언어를 사용하는 사람들의 사회적 지위와 관련지어 그 언어를 평가할 것이며, 언어에 대한 사람들의 태도는 사회적인 태도일 것이다. 제2절에서는 언어태도에 관한 연구가 다루어진다.

2.1 언어와 민족성

어떤 집단과 다른 집단을 구분짓는 모든 것은 그 집단의 정체성을 구성한다. 일정한 기준은 없지만 어떤 민족 집단이 다른 민족 집단과 분명히 구분될 때 그 민족은 특정한 민족 정체성을 가진 것으로 여겨진다. 예를 들면, 선원들은 분명히 어떤 집단을 구성하지만 민족으로 간주되지는 않는다. 반면에 미국에 살고 있는 멕시코 출신의 스페인어를 사용하는 사람들(종종 Chicanos로 불림)은 분명히 어떤 민족 집단을 구성한다. 그들은 그들의 모국어를 가지고 있다. 따라서 이러한 민족 집단은 '민족언어집단(ethnolinguistic group)'이라 불린다. 한동안은 우리가 살고 있는 현대사회에서 민족 집단이 사라지고 있다고 추측되었다. 왜냐하면 이러한 민족 집단들이 주류사회에 통합되어 자신들의 생활양식, 문화, 언어 그리고 민족 정체성을 포기하는 것으로 여겨졌기 때문이다. 그러나 민족 집단과 민족 정체성에 대한 관점이 변하였다. Glazer와 Moynihan(1975)은 민족 집단이 전에는 구시대의 유물로 여겨졌지만, 이제는 자신들을 새롭게 하고 변화시킬 수 있는 사회적 삶의 형태라는 생각이 점점 확산되고 있다고 주장한다. Glazer와 Moynihan은 민족성이라는 낱말이 이 새로운 사회적 현실을 반영한다고 지적한다.

많은 학자들이 민족 정체성의 개념을 정의하려고 하였는데, 예를 들면, 어떤 자질들이 민족 집단의 특징을 나타내는지를 입증하려고 하였다. 이 책에서는 민족 정체성의 정의에 대한 논쟁을 다시 시작하거나 요약하려고 하지는 않을 것이며, 두 학자의 관점에 국한해서 민족 정체성을 논의할 것이다.

Fishman(1977)에 의하면 민족성은 세 가지 차원에서 고려되어야 한다. 가장 중요한 차원은 부계(paternity)라 불린다. 다시 말해, 민족성은 '부모들이 그들의 부모로부터, 또는 무한히 거슬러 올라가는 부모로부터 습득된 유전적 특성으로서 부분적이지만 핵심적으로 경험되는 것'이다(Fishman, 1977;17). 이런 식으로 민족성은 정서의 계속성과 관련된다. 두 번째 차원은 유산(patrimony)이다. 이것은 집단의 유산으로 교육 유형, 음악, 의상, 성적인 행동, 특별한 직업 등과 같이 행동과 관점을 정의한다. 현상학(phenomenology)이 세 번째 차원으로서, 이것은 사람들이 자신들의 부계(집단 구성원으로서의 혈통)와 (민족적)유산에 부여하는 의미를 가리킨다. 현상학은 잠재적으로 민족 집단의 소속감에 대한 사람들의 주관적인 태도를 다룬다.

또 다른 접근법은 Ross(1979)에 의해 제시되는데, 그는 민족성의 정의를 두 가지로 구분한다. 첫 번째 정의는 객관론자(objectivist)의 견해로, 한 민족 집단의 민족성은 언어, 전설, 음식, 의상과 같은 구체적인 문화적 관습과 유형에 의해 정의된다. 사실 이 견해는 Fishman의 유산 차원에 해당된다. 두 번째 견해는 주관론자(subjectivist)의 접근법으로, 민족성은 그 민족의 구성원들이 의상, 종교, 심지어는 언어마저 상당히 다를지라도 함께 나누는 동질감(a shared us-feeling)이 반영된 것으로 여겨진다. 그러한 민족 집단에서 주관적인 요인-동질감 또는 이질감(us-against-them-feeling)-은 다른 객관적인 요인들의 중요성을 무시한다. Lapage와 Tabouret-Keller(1982)는 이러한 점을 영국의 서부 인도인을 예로 들어 설명한다. 서부 인도인 이주민들이 처음에는 단절된 부족이라거나 고립된 민족이라는 꼬리표를 달고 다녔지만, 후에 이들이 새롭고 보편적인 서인도인 정체성을 갖게 되자 대다수의 백인 영국인들은 적개심을 갖게 되었다. 민족성의 정의에 대한 주관적인 접근방법은 Fishman의 견해에서는 찾아볼 수 없다. Fishman은 사람들이 유산에 부여하는 의미를 고려하는 현상학 차원에서도 민족성의 기원을 강조하고 있다. 민족성에 대한 주관적인 관점은 민족성이 실제 환경에 반응하여 발전될 수 있다고 주장한다. Fishman(1977)에게 있어 언어는 민족성을 나타내는 훌륭한 상징이다. 즉 '언어는 부계의 기록이고, 유산의 표현자이며 현상학의 운반자이다. 그러한 귀중한 화물을 운반하는 차량은 화물의 일부로서 똑같이 귀중한 것으로 여겨져야 된다'(Fishman, 1977;25). 언어의 중요성은 언어가 다른 민족의 경험에 대처하기 위해 사용된다는 사실에 의해 더욱 증대된다. 사람들이 온갖 종류의 문화적, 민족적 활동과 이슈들에 관해 이야기를 나누므로 언어는 이러한 것들과 관계가 있다. 문화와 언어간의 연결이 이루어진다. 관련된 문화적 항목들은 - 의상 종류, 결혼식의 양상 등 - 언어에서 그 나름의 표현을 갖고 있으며, 종종 다른 언어로는 표현될 수 없다.

여러 연구에서 언어와 민족성과의 관계가 제시되었다. Mercer 외 (1979)는 영국의 Leilester지역에서 구제라티어(Gugerati)와 영어를 말하는 2개언어상용 학생들을 연구하였다. 학생들은 그 자신들이 이민자이거나 인도나 동아프리카에서 온 이주자들의 첫 후손들이다. 정체성에 관한 연구에서 Mercer 외는 세 가지 그룹 즉, 자신을 인도인으로 생각하는 그룹, 자신을 영국인으로 생각하는 그룹, 자신을 '혼합된' 영국인-인도인으로 생각하는 그룹으로 구분하였다. 인도인으로 정체성을 밝힌 그룹의 대부분은 구제라티어의 사용과 유지에 대하여 가장 긍정적으로 생각하였으며, 또한 그들은 자신과 조국 인도, 그리고 문화유산과 연계를 유지하기 위해 구제라티어의 기능을 아주 강력하게 강조하였다. 자신을 영국인이라고 밝힌 사람들은 구제라티어에 대한 긍정적인 태도가 가장 낮았으며, '혼합'그룹은 중간적인 태도를 지니고 있었다.

Guboglo(1989)는 우드무르트 자치 소비에트 사회주의 공화국(Udmurt Autonomous Soviet Socialist Republic)에서의 언어와 민족성 관계를 보고하고 있다. 그에 따르면, 민족성과 관련해서 언어는 통합적인 기능을 가지고 있다. 언어와 우드무르트 문화와의 관계는 다음의 자료에서 볼 수 있다. 우드무르티아(Udmurtia)에서 우드무르트어를 사용하는 도시인 33%와 시골사람 46.3%가 전통적인 우드무르트의 출생의식 행사를 치르지만, 다른 언어를 사용하는 사람들의 수치는 각각 13.4%와 21.2%에 불과하다. 물론 이러한 자료들은 명확한 인과관계로 해석될 수는 없다. 우드무르트어를 말하는 것이 전통적인 출산의식을 택하는 원인이 된다 또는 그 반대가 된다고 말하는 것은 불가능하다. 두 선택의 원인이 되는 다른 요인이 있을 수도 있다.

영국의 흑인(그리고 백인) 청소년들이 사용하는 크레올어의 사용이 Hewitt(1982)에 의해 연구되었다. Hewitt가 16살 난 흑인 소년에게 자메이카 크레올어(Jamaican creole)의 런던 변이형과 같은 크레올어를 즐겨 사용하느냐고 물었을 때 그는 다음과 같이 대답하였다. "예, 그 이유는... 우습지만, 내가 흑인으로 느껴지고, 그렇게 말하는데 자부심을 느낍니다. 그게 바로 이유입니다. 제가 그 말을 할 때는 지금처럼 (영어를) 말할 때 보다 훨씬 기분이 좋습니다. 무슨 말인지 아시겠지요? ... 제가 더 두려운 말(dread)을 할 때면 저는 더 살아있는 듯이 느껴지고, 더 깨어있는 것 같이 느껴집니다. 어떤 면에서는 더 행복하다고 느껴집니다"(Hewitt, 1982;220). '두려운'이라는 어휘는 흑인 청년 문화에서는 중요한 개념이다. Hewitt에 의하면, 이것은 백인사회와 밀접히 관련되어 사용되는 '두려운'이라는 의미와는 실제적으로 다른 어휘이다.

Lowley 외(1983)은 미국의 세 민족 언어 집단, 즉 불어, 스페인어 그리고 유태어의 대표들과 인터뷰를 하였다. 그 결과 세 집단 모두 미국인의 정체성과 함께 자신들의 고유 민족 정체성을 유지하기를 원하고, 그들의 민족 모국어(ethnic mother tongue)를 가장 중요하고 분명한 표현수단으로 여긴다고 결론지었다. 그러나 소수 민족 언어 또는 모국어가 정체성의 필요불가결한 요소는 아닌 것으로 드러났다. Ross(1979)는 미국 인디언의 경우 개인이나 종족 사회가 공통의 혼성어(lingua franca)를 선호하여 자신들의 언어를 포기할 때 정체성이 발달한다고 보고한다. Edwards(1981)의 관점에서 보면, 정체성을 눈에 띄게 표현하는 언어일수록 잘 변화하고 쇠퇴하기 쉽다. 언어는 너무 공공연한 것이기 때문에 사람들은 언어야말로 정체성을 나타내는 가장 중요한 성분이라고 잘못 생각하고 있다. 특히 소수 민족들이 주류사회 속에 통합되기를 원하는 곳에서는 소수 민족 모국어의 일상적이고 통례적인 기능은 감소한다. 언어는 의례적인 기능을 유지할 수 있다. 그리고 정체성을 나타내는 다른 지표들이 개인의 사생활에서 어떤 기능을 가지고 있다면 마찬가지로 보존될 수 있다. 이렇게 남아있는 양상들은 주류문화의 참여에 방해가 되지 않으며, 그 사회에서 성공하는데 방해물이 되지 않는다고 Edwards는 추정하고 있다.

Apte(1979)는 인도 남부의 Tamil Nadu주에서 Marathi어를 사용하는 사회의 언어 상황을 기술함으로써 언어와 민족성과의 관계가 항상 1대1의 관계가 아님을 보여주고 있다. 이곳에서는 Tamil어가 공식어이며(제5장의 서문 참조) Marathi어를 사용하는 사람들은 대략 50,000명 정도 된다. 인도 서부 해안가의 Maharashtra주의 공식어는 Marathi어로서 대략 4,100만명 정도가 사용한다. 오늘날 Tamil Nadu에서 Marathi어를 사용하는 사람들의 대부분은 약 200년 전에 이주해 온 Marathi어 사용자들의 후손들이다. Apte에 따르면 Tamil Nadu주의 Marathi어 사회는 세 가지 주요 계급(caste)으로 구분된다. 즉 행정관과 성직자의 역할을 하는 Tanjore 왕과 밀접한 관련이 있는 Deshasta Brahmins 계급, 나중에 이민 온 것으로 보이는 Tailors 계급, 그리고 Kshatriyas(전사)로서 Tanjore

왕국의 지배계급이었던 Marathas 계급으로 구분된다.

주요 구분은 Brahmins 계급과 비 Brahmins 계급과의 구분이다. 이념적인 이유로 Marathi어를 사용하는 Brahmins 계급은 대다수를 차지하는 Tamil어를 사용하는 Brahmins 계급과 연계가 된다. Tailor 사회는 범인도 사회구조의 틀 내에서 자신들의 계급 정체성을 강조하고 있다. 이들은 또한 종교적인 행위에 있어서는 자신들의 모국과의 연대를 보여주고 있다. 같은 모국어를 가지고 있는 이 두 사회는 서로 다른 민족성을 가지고 있으며, 이 두 사회간에는 소통이 거의 없다고 Apte는 주장한다. 인도에서의 이 같은 예는 민족간의 경계를 긋는 데에는 언어 이외에도 사회계급, 사회계층 또는 정치적인 동맹과 같은 다른 요인들이 있을 수 있다는 것을 분명하게 보여 준다.

지금까지 우리는 언어란 동질적이라는 (잘못된)가정을 근거로 하여 언어와 정체성간의 관계를 논의하였다. 그러나 언어는 여러 변이형으로 구분될 수 있다. 각 민족들은 원래 다른 민족에 속했던 언어를 그 민족 변이형으로 개발해서 그 언어를 점차 자신들의 언어로 사용하고, 민족성을 전달하는 수단의 하나로 간주한다. 이러한 예가 바로 이태리계 미국인들이 사용하는 영어이다. 이들은 다소 성공적으로 주류 미국사회에 통합된 민족으로 압도적으로 많은 사람들이 자신들의 언어를 영어로 바꾸었다. 그럼에도 불구하고, 이태리 사회 내부에서 이태리계 미국인들(Italo-Americans)은 때로는 특정한 억양패턴을 사용하고, 초기 이민자들이 했던 것처럼 특정 모음과 자음을 발음하고, 문화적인 내용을 가지고 있는 단어(예, mozzarella)들을 사용한다. 또한 이들의 언어사용에는 (1)과 같이 대명사 행위자를 생략하는 것과 같은 통사적인 특징들을 보이고 있다.

(1) Go to a Scorsese movie. (I go to ...... 대신에)

민족적인 특성을 나타내는 또 다른 예는 이스라엘계 미국인들 특히 New York에 살고 있는 이스라엘 사람들의 언어에서 (2), (3)과 같은 발화이다.

(2) A cadillac he drives.
(3) Some milk he wants.

영어를 사용하는 대부분의 사람들에게 이러한 문장은 용인될 수 없는 문장이다. 그 이유는 강조하기 위해 맨 앞으로 이동시킨 구성성분(constituent)은 (4)에서와 같이 반드시 한정적이어야 하기 때문이다.

(4) This book he has read (but not that one).

Feinstein(1980)에 따르면, (2)와 (3)유형이 뉴욕에 사는 비이스라엘계 사람들에게 퍼져나갔다 하더라도 그것은 민족성을 나타내는 것으로 평가될 수 있다. 주제화된 비한정적인 명사구의 출현은 아마도 주제화를 훨씬 더 일반적으로 사용하는 이스라엘어의 영향으로 볼 수 있다.

이 단원의 주요 쟁점으로 돌아오면, 언어와 정체성 사이에는 절대적이고 필수적인 관계가 존재하지 않는다고 말할 수 있다. Lieberson(1970)이 캐나다에 있는 민족들의 언어상황에 관한 연구에서 지적했듯이, 별개의 언어를 가진 같은 민족의 예도 많고, 공통의 언어를 가진 별개의 민족의 예도 많다. 민족이 다르다고 해서 반드시 언어가 다른 것이 아니고, 그 반대도 마찬가지이다. 더욱이, Fishman의 민족성에 대한 접근법으로 생각해볼 때, 언어가 반드시 유산의 필수적인 부분이 아님은 분명하다. 언어가 유산의 필수적인 부분이라 하더라도 그것은 현상학의 차원에서 아주 가치가 있을 것이다. Ross의 구분에 따르면, 민족성을 객관적인 관점으로 보면 언어와 민족성간의 관계는 우연적(accidental)이라고 말할 수 있다. 언어는 민족의 문화적인 총체(cultural bag)에 포함될 수도, 포함되지 않을 수도 있다. 주관적인 관점에서 보면 민족 구성원들은 다소 의식적으로 민족성을 언어와 관련지으려 한다. Hewitt의 서부 인도 크레올어 사용자에 관한 연구에서처럼 이 두 관계는 주관적이다. 2개언어상용의 여러 양상들은 언어와 정체성간의 관계가 고려될 때에만 비로소 올바르게 이해될 수 있다. 그러므로 이 문제는 앞으로 여러 장에서 재론될 것이다.

2.2 언어태도

언어가 의미를 전달하는데 있어 객관적이고 사회적으로 공정한 도구일 뿐만 아니라 사회 집단 및 민족의 정체성과도 관련되어 있다는 사실은 그 언어에 대한 사회적인 평가와 태도에 있어서도 매우 중요하다. 다른 말로 바꾸면, 언어와 정체성간에 밀접한 관계가 있다면, 이 관계는 언어와 언어 사용자들에 대한 개인들의 태도에서도 그 의미를 찾아야 한다.

이러한 사실의 기저에는 어떤 사회에서 그 사회집단이나 민족집단들은 서로 다른 사회적 지위와 관련해서 특정한 태도를 가지고 있음을 의미한다. 이러한 태도는 문화적 관습이나 유형에 대한 태도에 영향을 미치고 전달되어, 그 사회 개별 구성원들에 대한 태도에도 반영된다. 이러한 연쇄가 그림 2.1에 제시된다.

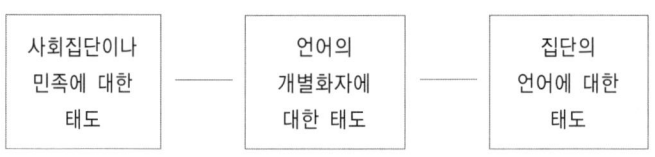

그림 2.1 태도 형성을 나타내는 도식

일반적으로 언어태도(language attitude) 연구는 두 가지 이론적인 접근방법으로 구분된다. 그 첫째가 행동주의자 견해(behaviorist view)인데, 이에 따르면 태도는 실제 상호작용에서의 언어사용과 같이 언어에 대한 반응을 관찰함으로써 연구되어야 한다. 심성주의자 견해(mentalist view)는 태도를 내적, 정신적인 상태로 간주하는데 이런 태도가 특정 행동을 일으킨다고 본다. 이것은 '어떤 사람에게 영향을 미치는 자극과 그 사람의 반응사이에 끼어드는 변인'으로 설명될 수도 있다(Fasold, 1984:147).

심성주의자의 견해는 연구방법에 있어 심각한 문제가 있음에도 불구하고, 언어태도 분야의 거의 모든 연구가들은 이 견해를 고집하고 있다. 이 연구는 내적, 정신적인 상태를 직접 관찰할 수 없고, 자신이 기록한 자료나 행동을 통해서 추론해야만 하는 문제점으로 인해 종종 타당성에 의문이 제기된다.

심성주의자적 접근방법으로 언어태도를 조사하는 데에는 다음 두 방법이 흔히 사용된다. 첫 번째는 1950년대 후반과 60년대 초반 캐나다의 Lambert와 그의 동료들에 의해 개발된 짝맞춘 위장기법(matched-guise technique)이다. 기본적인 짝맞춘 위장기법(mg) 실험에서 완전한 2개언어상용자가 똑같은 글을 두 언어로 읽는 것이 녹음되었다. 녹음 순서는 화자 A는 영어로, 화자 B는 불어로, 화자 C는 영어로, 화자 A는 불어로, 화자 D는 불어 등으로 무작위 순이다.

피험자들은 각 2개언어상용자의 말이 한 번만 녹음된 것으로 생각하고 이 녹음을 듣는다. 피험자들(또는 판단가들)은 화자의 성격 특성을 의미분별척도(semantic differential scales, Osgood, Suci와 Tannenbaum, 1957)에 따라 평가한다. 이 척도의 양쪽 끝에는 반대되는 성격이 제시되고, 그 사이에는 많은 공란이 있다. 흔히 사용된 성격의 예를 보면 다음과 같다. intellectual/dull, friendly/unfriendly, successful/unsuccessful, kind/cruel, aggressive/timid, trustworthy/unreliable. 피험자들은 같은 화자가 두 언어로 읽었다는 사실을 깨닫지 못하며,

두 녹음부분에 대해 반응하는 차이점들이 피실험자의 기저에 깔려있는 언어태도를 나타낸다.

두 번째 방법은 설문지(questionnaire) 기법인데 여기에는 언어와 언어사용에 관한 여러 가지 유형의 질문이 포함된다. 질문은 개방적이거나 폐쇄적(open or closed)일 수 있다. 폐쇄적인 질문으로 된 설문지에는 의미분별 또는 다항식 선택항목이 사용될 수도 있다. 다음과 같이 질의될 수 있다(Wales 지방에서의 언어 태도 연구에서).

- 다음 척도에 따라 웨일즈어(Welsh)를 평가해 보시오.
  (예, beautiful/ugly; modern/old-fashioned; logical/illogical)
- 다음 척도에 따라 영어(English)를 평가해 보시오. (척도가 같음)
- '더 많은 웨일즈어 텔레비전 프로그램이 방영되어야 한다'는 말에 동의합니까? (agree/do not agree/no opinion)
- Howard는 Cardiff에서 태어나서 성장하였고 그곳에서 웨일즈어를 배웠다. 지금 그는 웨일즈어가 거의 사용되지 않는 Manchester에 살고 있다. Howard가 웨일즈사람이라고 생각합니까? (yes/no/no opinion)

위에서 언급했던 것처럼 언어태도에 관한 대부분의 연구는 심성주의자 관점을 따르고 있다. 이 방식의 큰 문제점은 정신적인 상태를 행위로부터 추론해야 한다는 것이다. 언어태도 연구가 사회언어학의 주요한 부분이기는 하지만, 이 영역의 연구에 관한 이론적이고 방법론적인 문제를 더 이상 깊이 다루지는 않겠다(Fasold, 1984 참조). 여기에서는 언어태도 연구 결과가 언어와 정체성간의 관계를 이해하는데 어떻게 기여하는지를 보여 주고자 한다.

첫 번째 짝 맞춘 위장기법연구(Lambert 외, 1960)에서 영어를 사용하는 캐나다(EC) 대학생과 불어를 사용하는 캐나다(FC) 대학생들이 영어와 캐나다식 불어를 유창하게 말하는 2개언어상용자들의 mg연구를 평가하였다. 영어를 사용하는 캐나다 대학생들은 불어를 사용하는 캐나다 대학생들에 대해 좋지 않은 편견을 가지고 있고, 영어를 말하는 사람들에 대해서는 호의적인 생각을 가지고 있었다. 같은 화자들도 자신들의 불어위장(FC-guises)에서 보다는 영어위장(EC-guises)에서 더 나아 보이고, 더 커 보이고, 더 지능적이고, 더 신뢰할 수 있고, 더 친절하고, 더 야망이 있고, 더 특성이 있는 것으로 평가되었다. 이러한 점에서 불어를 제2언어로 사용하는 영어 평가자들(EC-judges)은 단일언어 평가자들과 차이가 없었다.

이러한 결과가 아주 놀랄만한 것은 아니었다. 그 이유는 영어를 사용하는 캐나다 대학생들(ECs)이 캐나다에서 권위가 없는 언어를 사용하는 사람들을 폄하할 것으로 예상되었기 때문이다. 그러나 정말 놀라운 것은 프랑스 학생들의 평가였다. 그들 또한 불어를 사용하는 캐나다 대학생들의 위장(FC-guises)에 친절함과 종교심이라는 특성을 제외하고는 전반적인 성격 특성에서 영어를 사용하는 캐나다 대학생들의 위장(EC-guises)을 더 호의적으로 평가하였다. 매우 놀랄만한 결과는 불어를 사용하는 캐나다 대학생들이 영어를 사용하는 캐나다 대학생들보다 많은 특성에서 불어위장을 더 부정적으로 평가하였다는 것이다. Lambert(1967:95)는 '이런 결과는 불어를 사용하는 캐나다 사람들을 상대적으로 2류 사람이라고 보는 사회 전반에 퍼져있는 고정관념, 다시말해, 불어를 사용하는 일부 캐나다 사람들이 분명히 공유하는 견해를 반영한다'고 주장한다.

이러한 mg연구는 다른 여러 언어접촉 상황에서 반복되었다. 예를 들면, Lambert, Anisfeld 그리고 Yeni-Komshian(1965)은 히브리어(Hebrew)와 아랍어(Arabic)에 대한 아랍계 이스라엘(Arab-Israeli)과 유태계 이스라엘(Jewish-

Israeli) 청소년들의 태도를 조사하였다. 평가자들은 다른 집단을 나타내는 언어보다 자신들의 집단을 대표하는 언어를 더 호의적으로 평가한 것으로 나타났다. 예를 들면, 아랍계와 유태계 평가자들 모두 자신들의 언어 집단이 더 신뢰할 수 있고, 더 나아 보이고, 더 친절한 것으로 평가하였다. 영어와 아프리칸스어(Afrikaans: 남아공 연방의 공용 네덜란드어)에 대한 흑인 남아프리카 학생들의 언어태도에 관한 mg실험에서 (Vorster와 Proctor, 1976) 영어와 아프리칸스어의 위장사이에는 아주 큰 차이가 있는 것으로 밝혀졌다. 영어가장(English guises)이 훨씬 나아 보이고, 더 상위 신분을 가지고 있고, 더 호감이 가고, 더 사교적이고, 더 친절한 것으로 생각되었다. Vorster와 Proctor는 아프리칸스어를 말하는 사람은 '육체적으로 강한' 사람이라고 생각하는 고정관념이 있는 반면에, 영어를 말하는 사람은 '좋은'(nice) 사람이라고 생각하는 고정관념이 있다고 추정한다.

어린이들의 언어태도 연구에서 열 살의 어린이들은 일반적으로 어른들에게 흔히 나타나는 문화적인 고정관념이 아직 없는 것으로 밝혀졌으나, 열 살이 넘어서면 어린이들도 이러한 고정관념을 알게 되고, 소수민족 언어에 대해 부정적인 평가를 보이기 시작하는 것으로 알려졌다 (Day, 1982 참조).

언어가 특정한 활동이나 상황에 관련이 있다는 사실은 언어태도 조사 결과의 해석에 문제를 야기시킬 수 있다. 대부분의 연구에서는 일상적인 화제에 대한 자연스러운 대화 또는 산문 읽기의 녹음이 이용되었다. 그러나 어떤 언어는 특정상황(context)에 적합하지 않다 (제3장 참조). 예를 들면, 권위가 없는 소수언어로 읽는 것과 같은 것이다. 만약 이러한 요인이 고려되지 않는다면 화자들의 평가에 영향을 미칠 수 있다.

Carranza와 Ryan(1975)은 시카고에 사는 멕시코계 청소년과 영국계 청소년의 언어태도에 관한 연구에서 이 점을 명확하게 밝혔다. 멕시코계 청소년들은 스페인어를 집에서 배웠고, 영국계 청소년들은 고등학교 외국어 시간에 배웠다. 두 그룹 모두 테이프로 녹음된 16명 화자의 성격을 평가하였다. 4명의 화자는 영어를 가정에서, 4명은 스페인어를 가정에서, 4명은 영어를 학교에서 사용하고, 4명은 스페인어를 학교 상황에서 사용하였다. 연구가들은 짝맞춘 위장기법을 사용하지 않았다. 각각의 화자들은 자기 모국어로 녹음하였다. 이렇게 함으로써 녹음된 문장이 가능하면 표준에 가깝게 되었다. 일반적으로 영어가 스페인어보다 높게 평가되었다. 그러나 스페인어는 학교에서 보다는 가정상황에서 더 호의적으로 평가되었다. 연구가들의 기대와는 반대로 두 학생 그룹 간 차이가 없었다. Carranza와 Ryan에 따르면, 이러한 결과는 청자가 특정한 상황에 맞는 언어 변이형의 적합성을 고려하여 평가한다는 것을 나타낸다. 그러나 이 결론은 부분적으로만 지지받는 것 같다.

언어접촉 상황에서 언어가 특별히 동일한 특성을 가진 전체(homogeneous wholes)로 간주될 수 없다 하더라도, 우리는 지금까지 언어에 대한 태도를 전반적으로 논의하였다. 2개언어상용사회에서 언어는 4가지 언어 변이형으로 구분된다. 즉 A언어의 표준 변이형, A언어의 비표준 접촉 변이형 (언어 B에 의해 영향을 받은), B언어의 표준 변이형, 그리고 B언어의 비표준 접촉 변이형(언어 A에 의해 영향을 받은)으로 구분된다. 대부분의 멕시코계 미국인들은 표준 스페인어에 높은 가치를 부여하고, 자신들의 스페인어를 경시하며 단지 국경 속어로 간주하는 경향이 있다. 그러나 젊은 스페인어 사용자들, 특히 자신들이 멕시코계 미국인이라고 생각하는 화자들은 Tex-Mex(영어 요소가 섞인 멕시코의 스페인어)와 같은 지방 스페인어 변이형 화자들을 긍정적으로 평가하였다 (Flores와 Hopper, 1975 참조). 지방 영어 변이형에 대한 태도는 스페인어에 대한 태도와는 다르다. 영어의 경우, 액센트가 있는 말은 낮은 지위와 연상되며, 평가자들은 이 말에 대해 일관되게 부정적인 태도를 보인다 (Ryan과 Carranja, 1977 비교).

완전히 다른 상황으로 관심을 돌려보면, Bentahila(1983)는 모로코에서 아랍어-불어 2개언어상용자들의 언어태도를 연구하였다. 세 가지 언어 즉 고전적인 아랍어, 모로코 아랍어(모로코에서의 '표준적인' 지방어), 그리고 불어(초등학교에서는 필수과목, 그리고 과학, 상업, 기술 분야에서 사용됨)가 관련되었다. 설문지 답변을 통해 Bentahila는 세 언어 중 고전적인 아랍어가 가장 귀중하고 아름다운 언어로 평가되며, 불어는 현대적이며 학문하는데 유용한 언어로 여겨진다고 결론지었다. 또한 Bentahila는 세 가지 언어 화자들이 참여하는 짝 맞춘 위장 실험을 하였다. 두 사람은 상류 모로코 불어(원어민 불어 화자의 언어와 매우 가까움)를 사용하고, 한 사람은 아랍어 외에 강한 모로코 액센트가 있는 불어를 사용하였다. 첫 번째 두 사람이 지위와 교육에 관련된 특성에 관한 불어위장 실험에서 세 번째 사람보다 훨씬 더 높은 것으로 평가되었다. 모로코 액센트가 심하게 발음되는 불어는 모로코-아랍어와 아주 다르게 평가되지는 않았다. 액센트가 있는 불어는 권위와 교양과는 관련되지 않았다.

언어태도 연구 결과에 대한 일반적인 설명은 언어는 객관적, 문법적, 그리고 논리적으로 비교될 수 있다는 가정에 달려있다. 그러나 언어의 주관적인 평가에 있어서의 차이점은 민족 언어 집단간의 사회적 지위 차이에 의해 생겨난다. 그렇다면, 언어란 비교가능한 것인가? 이 문제는 주로 한 언어의 두 가지 변이형(표준어와 비표준어)과 관련지어 연구되었지만, 이 결론을 다른 언어들까지 확대 적용하지 못할 이유는 없다.

Giles 외(1979)는 이런 문제에 대한 연구를 하였는데, 이 연구는 Canada와 Wales에서 실시되었다. 두 가설, 즉 선천적 가치 가설(the inherent value hypothesis; 한 변이형이 다른 변이형보다 더 낫고 아름답다)과 강요된 규범 가설(the imposed norm hypothesis;한 변이형이 권위있고 지위가 높은 그룹에 의해 사용되기 때문에 그 변이형이 더 낫고 아름답다고 여겨진다)을 연구하였다. Giles와 그의 동료들은 두 번째 가설이 지지됨을 발견하였다. 즉 캐나다에서 불어를 사용하는 캐나다인의 경우처럼, 사회의 화자들한테서 부정적으로 평가받았던 한 변이형이 그 변이형을 사용하지 않는 Wales 사람들에게서는 낮게 평가되지 않았다. Edwards(1982;21)에 의하면 '언어 변이형(사투리와 액센트)의 평가가 언어적이거나 미적인 질(quality) 자체를 반영하지 않고 사회적 관습과 선호의 표현으로 평가된다면, 즉 이러한 변이형의 화자들에게 부여되는 신분과 권위의 인식을 반영한다면, 그 평가는 어느 정도 적합한 평가라 할 수 있다.'

권위가 없는 언어의 화자들이 권위가 있는 언어의 화자들보다 더 낮게 평가된다 하더라도, 특히 권위가 없는 사회 구성원들에 의해 평가가 이루어질 때는 서로 다른 성격에 대한 평가 간에는 반드시 구분이 이루어져야 한다. 예를 들면, Lambert와 그의 동료들(1960)에 의한 첫 번째 짝맞춘 위장 실험에서 불어를 사용하는 캐나다 평가자들은 'religiousness'와 'kindness' 특성에 관한 평가에서 불어 캐나다인 위장을 영어 캐나다인 위장보다 더 호의적으로 평가하였다. 스페인어와 영어 평가에 관한 연구에서 Carranza와 Ryan(1975)은 신분척도(status scales)와 결속척도(solidarity scales)로 구분하였다. 신분척도에는 educated/uneducated, intelligent/ignorant, successful/unsuccessful, wealthy/poor가 포함되었고, 결속척도에는 friendly/unfriendly, good/bad, kind/cruel, trustworthy/untrustworthy가 포함되었다. 앞에서 밝혀진 바와 같이 영어 화자들이 스페인어 화자들보다 일반적으로 더 높게 평가되었다. 그렇지만 신분척도보다 결속척도에서 차이가 더 적었다. 이러한 상이한 태도의 두드러진 예는 페루에서의 케추아어-스페인어 2개언어상용자에 관한 연구에서 찾아볼 수 있다(Wölek, 1973). 이 연구에서 케추아어(스페인어와 비교해서)는 ugly/pretty, weak/strong, kind/

unkind와 같은 사회적 또는 정의적 기준에서는 더 높은 평가를 받은 반면, low class/high class, educated/uneducated와 같은 특성에서는 스페인어가 더 높게 평가되었다.

　권위가 없는 사회 또는 언어적 소수 민족의 구성원들은 권위가 없는 언어나 소수 민족 언어가 사회적으로 신분상승 하는데 별다른 기능을 하지 못한다는 사실을 분명히 알고 있는 것 같다. 따라서 미국에서의 스페인어, 캐나다에서의 불어, 모로코에서의 모로코-아랍어 또는 페루에서의 케추아어는 학문적인 성취 또는 경제적인 성공과는 관련되지 않는다. 소수 언어 화자들이 여러 면에서 자신들의 언어에 대해 부정적인 태도를 보인다는 사실은 그들이 자신들의 언어에 중요성을 전혀 부여하지 않는다는 것을 의미하는 것은 아니다. 이런 언어들은 특히 이민 환경에 있는 젊은 세대의 화자 또는 일반적으로 소수 문화에 어떤 자부심을 느끼는 사람들로부터는 사회적, 주관적 그리고 정의적인 이유에서 더 높이 평가된다. 이런 형태의 언어충성(language loyalty)은 언어와 민족 언어 집단의 사회 정체성과 밀접한 관계가 있음을 반영한다. 그럼에도 불구하고 언어와 정체성간에는 일대일의 관계는 없다. 사회적, 문화적, 민족적 정체성이 그에 걸맞은 독특한 언어를 항상 가지는 것은 아니며, 별개의 언어를 가진 집단도 상당히 겹치는 정체성을 가질 수도 있다. 더욱이 정체성과 언어는 하나로 된 전체가 아니라 분명히 구별되며, 이질적이고 가변적이다. 그러므로 특정한 상황에서 이러한 관계는 더욱 더 복잡해진다.

[추천도서]

언어와 정체성에 관한 논문을 모아 놓은 아주 유익한 두 권의 책은 H. Giles(편집)의 *Language, ethnicity and intergroup relations* (1977)와 H. Giles와 B.

Saint-Jacques(편집)의 *Language and ethnic relations* (1979)이다. J. J. Gumpers(편집)의 *Language and Social Identity* (1982)에는 상호작용의 민족 지향적 관점에서 연구한 정체성에 관한 논문들이 수록되어 있다. *International Journal of the Sociology of Language*(No. 20, 1979)에는 'Language planning and identity planning'이란 주제가 다루어지고 있다. *Journal of Multilingual and Multicultural Development* (Vol.3, no.3, 1982)에서는 2개언어상용사회 내에서의 언어와 정체성에 관한 특별한 문제가 다루어진다.

언어태도 연구에 관한 초기 유명한 책은 R. W. Shuy와 R. W. Fasold(편집)의 *Language attitudes; Current trends and prospects* (1973)이다. 언어태도에 대한 최근의 논문을 수록한 책으로 E. B. Ryan과 H. Giles(편집)의 *Attitudes forwards language variation* (1982)을 독자에게 권한다.

언어선택의 사회학

많은 공동체 사회에서는 하나의 언어가 아니라 몇 가지 언어가 사용된다. 이러한 공동체 사회에서는 2개언어상용이 예외라기보다는 보편적인 기준이 된다. 두 언어가 기능하는 데에는 화자들에게 특정한 기준이 요구되며, 관련 언어들의 기능적 세분화가 필요하다. 여기에서는 많은 상황에서 두 개 이상의 언어가 관련되어 있다는 사실을 전제해 두자. 문제의 복잡성을 이해하기 위해서 Mauritius(1968년 영국으로부터 독립한 마다카스카르 섬의 동쪽 인도양에 있는 섬나라)와 같은 상황을 예로 살펴보자(Moorghen와 Dominigue, 1982). 인구가 백만이 안 되는 이 섬나라에는 언어마다 상당한 규모의 화자가 있는 10개 이상의 언어가 있다. 이들 언어의 대부분은 주로 남아시아 출신 이민자 후손들의 특정 민족집단과 관련이 있다. 이외에 식민언어인 프랑스어도 있다(어느 정도는 영어와 공존하고 있음). 이러한 언어들 사이에 크레올어(Creole)가 있는데, 이 크레올어는 한편으로는 일반적인 인구(General Population)라 불리는 특정 집단의 민족 언어이며, 다른 한편으로는 공용어(lingua franca)로서의 기능을 하고 있다. 그래서 Bhojpuri 민족 출신의 사업가는 전화상으로는 영어를 사용하고, 대기업과 거래를 할 때나 정부 관료에게 건축허가를 낼 때는 프랑스어를 사용하고, 동료들과 농담할 때는 크레올어를 사용하고, 집에 가서 부인과는 힌디어를 사용하고, 아이들과는 힌디어와 크레올어 둘 다 사용한다. 다시 말해 아이들과 농담할 때는 크레올어를 사용하고, 아이들에게 숙제하라고 할 때는 힌디어를 사용한다.

우리는 관련된 두 개 언어가 어떻게 분할되어 사용되고 있는지를 살펴볼 수 있고, 그러므로 여러 관점에서 언어 선택문제에 접근할 수 있는데, 이것을 도식으로 나타내면 표3.1과 같다.

표3.1 언어선택의 사회학적 모형

관점	주요개념	참조
사회	영역	Fishman(1965;1972)
언어	2개언어상용사회	Ferguson(1959)
화자	결정나무	Sankoff(1972)
상호작용	수용	Giles(1973)
기능	기능적 세분화	Jakobson(1960) Halliday 외(1964)

이제 2개언어상용사회의 특징적인 예를 기술하면서 이와 같은 다양한 관점들을 논의한다. 첫 번째 두 개의 관점은 영역(domain)과 2개언어상용사회(diglossia)의 개념으로 구성된 것으로써, 결정론적인 관점으로 간주된다. 이 관점은 화자들이 사회현실을 구성하고 해석하고 적극적으로 변형시키는 방식을 강조하기보다는 주어진 사회규범을 강조한다. 이러한 관점들은 첫 번째 절에서 다루어진다. 두 번째 두 개의 관점은 개인을 출발점으로 한다. 다섯 번째 시각은

주어진 언어가 지니고 있는 기능이라는 관점에서 좀 더 일반적이고 통합적인 관점을 시도한다.

3.1 결정론적 관점

영역(domain)은 사회조직을 개념적 기반으로 한다. 화자들이 두 개의 언어를 사용할 때 그들은 모든 상황에서 두 언어를 다 사용하지는 않는다. 어떤 상황에서는 그 중 하나를 사용하고, 다른 상황에서는 또 다른 하나를 사용한다. 이와 같은 일반적 인식은 Fishman의 여러 논문에서 탐구되었다. 그는 뉴욕에 사는 푸에토리코 사람들을 연구했으며, 그 노력의 결과로 'Bilingualism in the Barrio'(Fishman 외, 1968)와 같은 유명한 연구보고서를 만들었다. Fishman (1965)에게 있어서 출발점은 다음과 같은 의문이었다. 누가 어떤 언어를 누구에게, 그리고 언제 사용하는가?

한 가지 유형의 대답은 언어선택과 관련된 여러 요소들, 즉 집단 구성원, 상황 그리고 주제들을 목록으로 작성해 보는 것이다. 언어는 자신의 정체성을 표현하는데 사용되기 때문에, 자기가 소속된 집단에 부여된 정체성은 언어선택에 있어 중요한 요소가 된다. 런던에 사는 서인도인은 대화를 할 때 자기의 민족적 뿌리를 표출하고 싶어할 것이다. 마찬가지로 상호작용이 이루어지는 상황 역시 중요한 영향을 미친다. 두 명의 멕시코계 미국인이 직장에서는 영어를 사용하지만 저녁에 술집에서 만나게 되면 스페인어를 사용하는 것과 같다. 마지막으로 대화의 주제가 언어선택에 영향을 줄 수 있다. 대부분의 2개언어상용사회에서 경제 상황과 실업률과 같은 주제들은 농담을 할 때나 잡담을 할 때와는 다른 언어를 선택하는 경향이 있다.

언어선택에 영향을 미치는 그 밖의 요인들을 생각해 보는 일은 독자들에게 맡기겠다. 문헌에서는 수많은 요인들이 제시되었다. 언어선택은 모든 종류의 언어행위와 똑같은 요인들에 의해 영향을 받는 것으로 나타난다. 이러한 접근방법은 단편화(fragmentation)될 위험이 있다. 즉, 상호작용하는 여러 요인들에 의해 엄청나게 많은 서로 다른 상호작용 상황이 일어날 가능성이 있지만, 하나의 일관된 모습으로 나타나지는 않는다. 이러한 단편화는 네덜란드에 살고 있는 모로코 사람들의 상황과 같은 구체적인 경우들을 관찰할 때 분명해진다. 언어선택의 일반적 형태는 표3.2에서 제시된 바와 같다.

표3.2 세 가지 다른 언어가 사용되는 상황

	모로코 방언	독일어	아라비아어
가정			
남편/아내	+	−	−
부모/자식	+	+	−
친구(성인)	+	−	−
친구들(아동)	+	+	−
쇼핑			
모로코인 상점	+	−	−
독일인 상점	−	+	−
교육			
독일 학교	+	+	−
코란 학교	+	−	+
종교	−	−	+
직장	+	+	−
공식 제도	?	+	−
이민 기관	+	?	?

표3.2는 완전한 모습을 보여주진 못한다. 많은 상황들이 언급되지도 않고, 또 여러 다른 상황에서 상호작용에 참여하는 사람들이 다 열거되지도 않는다(가정에서의 조부모와 같이). 완벽한 리스트를 상상하기란 어렵다. 그 이유는 삶 그 자체가 가능성 면에서 무한하기 때문이다. 그리고 각각의 상황마다 언어선택을

설명하는 것은 헤라클레스에게나 어울리는 일일 것이며, 따라서 어떠한 경우에도 이론적으로 만족스럽지 못할 것이다.

이런 이유 때문에 Fishman은 영역의 개념을 좀 더 추상적인 어떤 것으로 생각하였다. 화자들이 이러한 상황들을 인식할 수 있도록 하는 원형적인 주제를 둘러싼 특징적인 상황을 영역이라고 생각하였다. 그래서 시청의 주택 담당 부서를 방문하거나 소아과 의사와의 면담은 둘 다 어떤 특별한 언어선택을 필요로 하는 제도적인 영역(institutional domain)에 속한다는 공통적인 특징을 지니고 있다. 보다 편리한 사회적 추상개념인 영역이란 개념을 통해, Fishman은 특정 언어를 요구하는 또 다른 상황을 목록화하는 것과 관련하여 지나친 단편화 현상을 피할수 있었던 것이다.

2개언어상용사회를 조사하는 사회언어학자는 관련된 영역이 무엇인지를 결정할 필요가 있다. 이것은 지역사회마다 다를 수 있다. 예를 들면, 카리브해 사회에서의 거리는 도시화된 독일이나 영국에서와는 매우 다른 역할을 한다. 카리브해에서 집과 거리의 경계는 독일이나 영국보다 덜 엄격하다. 가정에서 언어행위를 지배하는 선택은 거리에서도 유효하다.

2개언어상용사회(diglossia)라는 개념은 관련된 언어들의 특징들을 출발점으로 삼는다. 2개언어상용 행위를 상황의 관점에서 바라보는 것이 가능할 뿐만 아니라 관련된 언어들에 초점을 두는 것 또한 중요하다. 이 방법은 지금은 고전이 된 초기 Ferguson의 논문에서 취해진 접근방법인데, 여기에서 2개언어상용사회란 개념이 개발되었다(1959). 그의 정의에 따르면, 2개언어상용사회에는 공동체 사회에서 사용되는 두가지 변이형의 언어체계가 포함된다. 즉 H(high)로 칭하는 형식적인 변이형과 L(low)로 칭하는 토속적이고 대중적인 변이형은 각각 언어사회에서 나름대로의 기능을 가지고 있으며, 그 기능은 H형태인 정치적 연설에서부터 L변이형태인 친구와의 비공식적 대화에까지 이른다. 언어의 형식적 유형은 훨씬 더 높은 권위를 지니고 있을 뿐만 아니라 종교적인 기능과도 관련이 있고, 또 문학적이고 역사적 유산과도 관련이 있다. H변이형은 국제적으로 표준화되어 있으며 상대적으로 안정되어 있다. 이 변이형은 모국어로써 어린이들에게 습득되어지는 것이 아니라 나중에 생활 속에서 습득된다. 이외에도, H변이형은 L변이형보다 문법적으로 더 복잡한 경향이 있다고 Ferguson은 주장한다. H변이형은 좀 더 필수적으로 표시되는 문법적 특징들을 가지고 있고, 좀 더 복잡한 형태음소 체계를 가지고 있으며, 덜 대칭적인 굴절체계와 덜 규칙적인 격표식 체계를 가지는 경향이 있다.

   Ferguson(1959)이 의미했던 언어적 대조를 잘 설명해 주고 있는 고전 아랍어(CA)와 모로코 아랍어(MA)에서 다음의 문장들을 살펴보자.

(1) CA   qāla   rabīçun li-'abī-hi : 'urīdu   xizānatan
     MA   qal   rbiç   l -ḫḫa -h : bġit   waḥed l-maryu
          said   Rabi   to father-3   want-1   a cupboard

     CA   'aḫuṭṭu   fī-hā   kutub-ī   wa-' adawāt-ī
     MA   baš ndir   fi-h   le-ktub dyal-i   u-l-'adawa
          for put-1   in-3   the books of-1   and the things
          Rabi said to his father: I want a cupboard to put my
          books and things in.

   예 (1)에서처럼 변이형들 간에 많은 대조점들이 2개언어상용사회의 특징으로 여겨질 수 있다. CA에는 *rabiçun* 과 *xizānatan* 같은 격어미가 있다. 그러나

MA에서는 이런 것이 없다. 더욱이 MA에서는 인칭 표식을 특정 명사에만 붙이는 것이 가능하다. *bba-h* ('father-3')와 같은 명사는 가능하나, 대부분의 명사들의 경우는 그렇지 못하다. 예를 들면, CA형태 kutub-i ('my books')는 MA의 완곡한 표현 형태인 *le-ktub dyal-i* ('the books of-me')로 대체된다. 마지막으로 CA의 종합적인 목적 부정사 'ahuttu'은 MA에서는 완곡한 표현 형태로 바뀐다. 또한 어휘적이고 형태론적인 차이로 짝을 이루는 두 변이형 사이에 기본적인 문법적 유사성이 관찰되는 것도 인상적이다.

고전적인 2개언어상용사회 체계의 예는 아랍어권으로, 이 곳의 국가들은 코란 아랍어에 가까운 전통적이고 국제적인 고전적 아랍어와 지방 토속적 형태의 아랍어가 있다. Ferguson의 개념은 이 곳 대부분의 나라에 잘 적용된다. 모로코가 좋은 예가 될 것이다. 고전적 아랍어와 모로코 아랍어는 수행되는 기능면에서 구분된다. 고전적 아랍어는 전통적으로 풍부한 문법적 해설, 논문, 훌륭한 문학작품에 쓰이며, 종교적이고 문화적인 언어로써 높은 권위를 지닌다. 그러나 모든 모로코인들이 이 언어를 배우지는 않으며, 아랍어를 배우는 사람들 대부분은 자신들의 토속어보다 훨씬 나중에 이 언어를 배운다(베르베르어를 사용하는 모로코인들은 고전 아랍어를 배우기 전에 모로코 아랍어를 배운다). 한편 모로코 아랍어는 위에서 보여준 예에서 처럼 별도의 언어로 인식되지도 않고, 공식적으로 인정되는 활자 형태도 갖고 있지 못하며 덜 복잡한 동사 패러다임을 갖고 있다.

2개언어상용사회 개념은 안정된 2개언어상용상황을 설명하는 데에 적합치 않는 경우도 상당히 많다. 여기서는 일치되지 않는 점을 간단하게 언급하겠다. 예를 들어, Ferguson(1959)의 L과 H변이형의 관점에서 볼 때, 파라과이에서는 스페인어와 본래의 Amerindian 민족어인 과라니어(Guarani) 사이에 고전적인 구분이 있어 보인다.

표3.3 스페인어와 과라니어의 서로 다른 특징

GUARANI (L)	SPANISH (H)
private life	public life
low prestige 'Indian'	high prestige 'international'
mostly oral literature	rich literary tradition
acquired at home	acquired outside the house by most speakers
little standardization	clear standard norm

비록 과라니어가 분명히 토착어로 여겨지고 스페인어가 식민지어로 여겨진다 하더라도, 많은 파라과이 사람들은 스페인어와 과라니어 두 언어를 모두 사용한다(Rubin, 1968). 그러나 언어학적 특징으로 볼 때 그 상황은 Ferguson에 의해 그려진 상황과는 같지 않다. L형태와 H형태가 관련이 없을 뿐 아니라 Ferguson의 기준으로 보면 과라니어가 스페인어 보다 문법적으로 훨씬 더 복잡하다.

    Ferguson의 개념이 유용하지 않는 두 번째 유형의 상황은 아랍어권의 중심지인 이집트 도시 지역에 있다. Ferguson의 개념은 앞서 모로코 상황에 대한 설명에는 잘 적용되었다. 그러나 지금은 토속적인 이집트 아랍어와 국제적인 아랍어 사이에 여러 변이형들이 나타나고 있고, H형과 L형 사이에 구분이 모호하게 되어, 언어학적인 기준으로 새로운 정의가 요구되고 있다 (Meiseles, 1980; Diem, 1974). 사실 지금도 모로코의 상황은 변화하고 있을지 모른다. 모로코에는 모로코식 아랍어 자체내에 H형과 L형의 변이형이 있다는 사실이 점점 더 분명해지고 있으며, 고전적 아랍어와 모로코식 아랍어 사이의 구분도 모호해지고 있다.

    세 번째로 현재의 서유럽에서의 지역적 소수언어를 생각해보자. 한 예가 프로방스어(provençal)이다. 중세 시대에 프로방스어는 번창하는 문학적 전통을 지닌 표준어였으나, 프랑스 민족국가의 형성으로 말미암아 북부지역의 프랑스어인 Langue d'oil어가 프로방스어인 Langue d'oc어보다 우위를 차지하게 되었다. 이로 인하여 오랫동안 프로방스지역은 2개언어상용사회 상황이 되었으며, 프랑스어는 H 변이형, 프로방스어는 L 변이형이 되었다. 모든 면에서 Ferguson의 분류가 적합하다. 그러나 프로방스어가 본 고장에서 전반적인 사용 빈도가 떨어지게 되며 사라지게 되자, 새로운 상황이 발생하였다. 프로방스어는 어느 면에서 L변이형으로 존재하지만 대체로 지방의 정체성을 지닌 언어로써 존재한다. 이 언어는 가정에서는 더 이상 학습되지 않지만 집 밖에서 청소년기 쯤에나 학습되는 것 같다. 그리고 이 언어는 H형 기능의 일부기능을 재습득하고 있지만 엄격히 지역적인 수준에서만 이루어지고 있다 (Kermnitz, 1981). 이런 점에서 프로방스어의 상황은 서유럽내에서 기반을 잃어버린 전통적인 소수언어의 특징을 잘 나타낸다고 할 수 있다.

마지막으로 Ferguson이 사용한 관련성(relatedness)의 기준은 또 다른 측면에서 문제가 된다. 우리는 파라과이의 경우에서 전혀 관련이 없는 두 개의 언어를 살펴보았다. 그러나 Ferguson이 인용한 Haiti와 같은 상황을 생각해 보자. 물론 Haiti에서는 도시 엘리트층이 사용하는 프랑스어와 함께 보통 사람들이 사용하는 Haiti 크레올어가 발견된다. 사회학적으로 프랑스어는 H변이형의 고전적 예로 기능하고 있고, Haiti어는 전형적인 L변이형으로서 기능하고 있다. 크레올어를 연구하는 학자들은 Haiti어의 어휘가 주로 프랑스어에서 파생된다는 매우 피상적인 의미에서만 Haiti 크레올어와 프랑스어가 관련이 있다는데 동의한다. 구조적으로 볼 때 이 두 개 언어는 공통점이 거의 없다. 15장에서는 Haiti어와 같은 언어가 어떤 구조를 지니고 있으며 그런 언어들이 유럽의 식민언어와 어떻게 관련이 있는가 하는 문제가 다루어질 것이다.

Rubin의 파라과이의 2개언어상용에 관한 분석과 이집트, Haiti 그리고 서유럽의 상황에 대한 분석은 점진적으로 2개언어상용사회라는 용어의 정의를 사실상 다시 내리게 했다. 이 용어는 지금 대부분의 화자들이 두 개 언어를 자유자재로 구사하는 2개언어상용사회를 지칭하며, 그 사회내에서 두 개 언어는 H형과 L형의 관점에서 기능적으로 구분된다.

3.2 인간지향적 접근방식

Fishman이 제안한 영역의 관점에서의 분석과 Ferguson이 제안한 2개언어상용사회 개념은 둘 다 전반적인 사회규범이라는 매우 큰 시각을 필요로 한다. 개별 화자와 청자는 이러한 규범들을 어떻게 다루는가? 이러한 규범들은 엄격한가, 변동하는가? 우리는 좀 더 미시적 시각을 필요로 하는 언어선택의 문제를 다루는 방법을 살펴보게 될 것이다.

언어선택의 문제에 접근하는 좀 더 인간지향적 방식은 결정나무(decision tree) 모형을 이용하는 것이다. 이 모형에서 화자는 위계구조를 지닌 두 갈래 선택 상황에 직면하게 되는데, 이것은 형식적으로 나무처럼 표현될 수 있다. 네덜란드에 살고 있는 베르베르어를 사용하는 성인 모로코인을 다시 예로 들어보면 그 나무 형태는 그림 3.1과 같다.

대화자의 민족성, 스타일, 대화의 주제와 같은 요인들은 어떤 언어가 최종적으로 선택되는가를 결정한다. 결정나무 모형의 큰 이점은 이것을 기술하는데 있어 아주 명료하다는 점이다. 그러나 이 모형은 경직성에서 오는 문제점을 가지고 있다. 많은 상황에서 한 개 이상의 언어가 가능하다. 종종 화자들은 나무 모형으로 정확하게 예측할 수 없는 선택을 하는 경우가 관찰되며, 또한 이 모형은 한 상황에서 두 개 언어가 동시에 사용(언어전환)되는 것은 배제하고 있다.

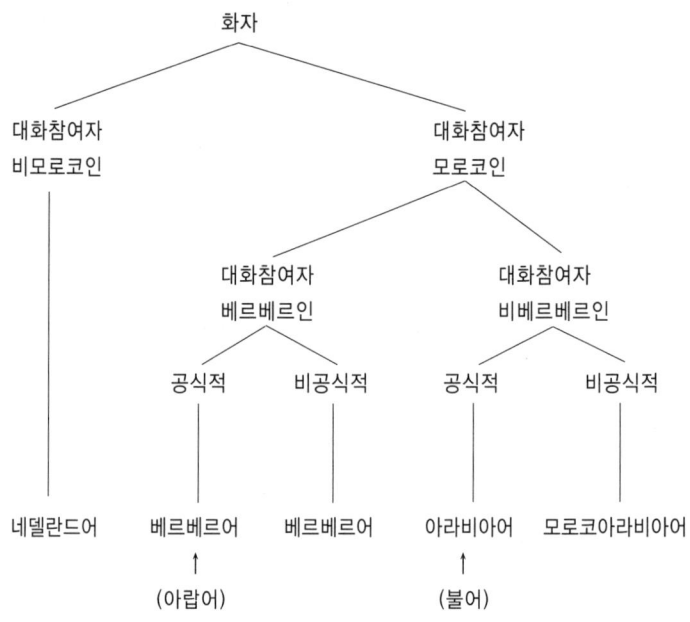

그림3.1 네델란드에 사는 모로코인들의 언어선택을 위한 결정 나무 모형

이런 이유 때문에 Sankoff(1972)는 결정론적인 나무 모형을 Gumperz와 Hernandez-Chavez (1971)에 의해 개발된 좀 더 해석적인 모형과 결합할 것을 제안하였다. 나무 모형이 상황에서 일상적 또는 예상할 수 있거나 무표적인 선택만을 제시한다고 가정해 보자. 그러나 많은 경우 특별한 의도, 아이러니, 스타일의 변화 혹은 그 밖의 것을 나타내기 위해 화자에게는 유표적 선택을 하려는 선택권이 있다. Sankoff(1972)는 뉴기니아에서 실시한 그녀의 연구를 근거로 해서 해석적 접근방법을 범주적으로 사용하는 것에 대해 회의를 나타낸다. 그녀는 세 가지 언어가 사용되는 공동체 사회를 연구하였다. 세 가지 언어는 부족 언어인 Buang어, 공용어인 Tok Pisin어, 그리고 선교사들에 의해서 소개된 언어인 Yabem어이다. 많은 경우 세 개 언어 모두가 체계적으로 사용되는 정치적인 연

설의 경우처럼 무표적 선택을 하는 것이 가능하지는 않았다. 10장에서는 동시에 한 개 이상의 언어가 요구되는 몇 가지 경우를 살펴 볼 것이다.

사회심리학에서도 상호간 언어 수용 이론(Interpersonal Speech Accomodation Theory)이라고 불리는 언어선택 모형을 개발하려는 노력이 있었으며, 주로 Haward Giles와 그의 동료들이 시도하였다(Giles, 1973; Giles , 1973 비교). 이 이론의 주된 골자는 언어선택이 상황적 요소만을 언급해서는 충분히 설명될 수 없다는 것이다. 상호관계의 여러 측면들이 고려되어야 한다. 애초에 한 언어 내의 액센트 변화를 설명하기 위해 개발되었던 이 모형은 참가자 사이의 관계를 강조하고 있다. Giles의 이론은 유사성-끌어당김(Similarity - Attraction)에 관한 사회심리학적 연구에서 나온 것으로써, 한 개인은 자기 자신과 상대방 사이에 차이점의 수치를 줄임으로써 상대방으로 하여금 자신을 좀 더 호의적으로 평가하게 할 수 있다고 주장한다. 화자들은 제스쳐, 몸의 자세, 언어의 유형 면에서 자동적으로 서로 맞추어 나간다. 이것이 2개언어상용상황에 적용될 수 있으며, 특정 언어의 선택을 해석하는 한 가지 방법은 상대 화자의 언어와 정체성 관점에서 보는 방법이다.

   조정의 과정을 수용(accommodation)이라 한다. 사실 수용이라는 것은 두 개의 정반대의 방식으로 이루어 질 수도 있다. 첫 번째 방식이 수렴(convergence)이다. 즉 화자는 청자가 알고 있거나 가장 좋아하는 언어를 사용한다. 예를 들면, 브뤼셀의 2개언어상용자가 (플란더스 출신의 사람이 네덜란드어 이외에 약간의 프랑스어를 알 수 있다 하더라도) 플란더스 출신의 사람에게 네덜란드어로 말을 거는 경우이다. 수용의 두 번째 형식은 분산(divergence)이다. 화자는 언어 사용상의 차이점을 극대화함으로써 자기 자신과 청자 사이에 거리를 두려고 한다.

   Giles 외(1973)는 Dell Hymes가 제시한 예를 이용하여 언어 수용의 과정을 설명하고 있다. 한 서양인이 탄자니아인 관리에게 말을 거는 모습을 생각해 보자. 이 서양인이 스와힐리어를 사용하면 이런 형태의 수용은 화자가 기대하는 승인을 끌어내지 못한다. 왜냐하면 관리인은 그 서양인이 자신은 영어를 유창하게 하지 못한다고 생각할 것이기 때문이다. 이것은 모욕이 될 수도 있다. 수용은 다음과 같은 순서로 진행되어야 한다. 탄자니아인 관리가 영어 능력을 보여줄 수 있도록 먼저 영어를 사용한다. 그런 후에 유대감을 표현하기 위해 스와힐리어로 전환한다.

대략 같은 맥락이지만 약간 다른 시각에서, Gumperz와 그의 동료들은 화자와 청자의 공통 이해의 관점에서 언어선택을 연구하였다. 언어 형태는 그 자체로는 사회적 의미를 지니지 못한다. 상호작용에 참여하는 사람들이 동의하는 범위내에서만 사회적 의미를 지니게 된다. 이것은 중요하다. 언어의 사회적 의미라는 것은 화자에게만 달려 있는 것도 아니고 청자에게만 달려있는 것도 아니다. 청자와 화자 사이의 합의, 말하자면 협상의 결과에 달려있는 것이다. 어느 한 시점에서 고정된 상황은 없으며, 오히려 대화 참여자가 상황에 대하여 계속 해석해가는 과정이 있을 뿐이다. 특히 다언어사용사회에서 언어 형태의 사회적 의미를 해석하는 방식들은 상호교류에 참여하는 사람들에 의해 저절로 공유되지는 않는다. 오히려 이런 방식들은 각각의 대화 과정에서 확립되고 재해석될 필요가 있다. Blom과 Gumperz (1972)는 노르웨이의 언어사용에 대한 연구에서 해석 과정을 3가지 단계로 구분하고 있다. 먼저, 환경이 결정된다. 이는 상호작용을 위한 장소로서 사회적으로 인정되는 환경이다. 이러한 환경의 한 예는 우체국이 될 수 있다. 그 다음으로 주어진 환경내에서 다양한 사회적 상황이 가능하다. 어떤 특정 순간이 타당한가 하는 것은 그 시간에, 그 장소에서의 특정한 사람들을 근거로 하여 대화에 참여한 사람들에 의해 결정된다. 우체국이라는 환경내에서 다양한 사회적 상황이 성립될 수 있다. 우표를 구입하는 상호활동이 될 수도 있고, 서로 알고 지내는 사람과 우연히 마주치는 상황이 될 수도 있다. 마지막으로 특정한 사회 상황 속에서 화자와 청자는 자신들이 어떤 사회적 사건(social event) 속에 있는가 하는 문제에 동의할 필요가 있다. 사건들은 분명하게 정의되고, 사회적으로 인정된 순서가 있으며, 제안된 범위의 주제가 중심이 된다. 우체국의 예를 계속 살펴보면, 사회적 사건이라는 개념은 우연히 마주친 대화 참여자들이 어느 정도 거리를 두거나 과거의 유대관계를 새로이 하기 위해 선택하는 방식을 나타낼 수 있다. 이러한 각각의 선택은 일련의 일상적인 말과 제스처를 필요로 하며, 화자는 복잡한 선택에 직면한다. 다시 말하면 장소, 상황 그리고 사건과 같은 세 가지 개념이 주어지지는 않지만 각 상호작용에 참여하는 화자와 청자에 의해 해석되고 재구성될 필요가 있다.

이러한 패러다임내에서 연구하면서 Heller는 몬트리올의 작업장과 공공장소에서 영어와 프랑스어 사이에 이루어지는 선택에 관한 많은 연구 논문을 썼다. 다음은 식당에서의 상호작용의 한 예이다(1984).

웨이터: Je reviens dans une minute.
I'LL BE BACK IN A MINUTE.
(Pause. Second look.)
Anglais ou français, English or French?
고객 : Ben, les deux, WELL, BOTH.
웨이터: Non, mais, anglais ou français? NO, BUT, ...
고객 : It doesn't matter,
c'est comme vous voulez. ... AS YOU LIKE
웨이터: (Sighs)
Okay, okay, I'll be back in a minute

Heller의 민족지학적 관찰에 따르면, 언어선택은 몬트리올의 변화하는 사회언어학적 현실을 반영하는 것이 아니라 그런 현실의 일부를 반영하는 매우 복잡한 과정이다.

3.3 기능 세분화

앞에서 밝힌 여러 접근방법을 통합시킬 가능성이 있는 모형은 기능적 세분화(functional specialization)에 의한 모형이다. 언어사용은 언어체계의 다양한 기능을 의미한다. Jakobson 과 Halliday의 연구에 따라, Mühlhäusler (1981)는 언어의 기능을 6가지로 구분한다.

1. 지칭적(referential) 기능: 언어외의 실재(reality)를 지칭함으로써 정보가 전달된다. 이 지칭적 기능이 언어의 유일한 기능으로 생각되며, 어떤 언어에 대한 지식이 있다면 그것은 이 언어 기능을 구사하는 능력이 있음을 의미한다.
2. 지시적(directive)이고 통합적(integrative) 기능: 일반적인 인사, 말을 거는 관습적인 방식, 명령, 감탄 그리고 의문문을 통해 타인과의 접촉이 이루어지며, 협력을 이루기 위해 충분한 상호작용적인 구조가 만들어진다.
3. 표현적(expressive) 기능: 자신의 감정을 알림으로써, 사람은 자기를 타인에게 독특한 존재로 표현할 수 있다. 유창하지 못한 많은 화자들이 이러한 기능을 사용하는데 상당한 어려움을 겪고 있다.
4. 교감적(phatic) 기능: 의사소통의 통로를 만들기 위해 그리고 그 대화 통로를 계속 열어 두기 위해 화자들은 관습화된 시작과 끝맺음, 자기 말 순서를 표시하는 방법, 그리고 필요하다면 상호작용이 이루어지는 집단내에 속해 있음을 확인해 주는 언어 형태들을 이용한다.

5. 상위언어적(metalinguistic) 기능: 언어를 사용함으로써 언어사용과 언어기준에 대하여 화자가 갖는 태도 및 인식이 알려지게 된다.
6. 시적(poetic) 기능: 농담, 말장난과 언어 유희 그리고 의식적인 스타일과 언어 사용역의 전환(register shifts)을 통하여 언어는 유희된다. 그래서 언어의 사용은 하나의 목표가 되면서 본질적으로 기쁨의 원천이 된다.

그러면 이와 같은 서로 다른 기능들이 언어선택과 2개언어상용과 어떤 관계가 있는가? 간단히 말해, 서로 다른 언어들이 2개언어상용자의 생활속에서 서로 다른 기능을 수행할 수 있고, 또 2개언어상용 대화에서 한 특정 언어의 선택은 그 순간에 알맞는 그 특정언어의 주요 기능들을 나타낼 수 있다. 여기 목록에 적혀 있는 기능들은 앞에서 간략하게 설명했던 접근방법들을 망라해 놓은 것이다.

비록 외국어로 아주 편안하게 항공 예약을 할 수 있다 하더라도, 그 외국어로 시를 쓰거나 언어적인 말장난을 한다는 것은 매우 어렵다는 것을 우리는 잘 알고 있다. 상위언어적 기능에도 똑같이 적용된다.

언어의 다양한 기능들이 한 언어의 다양한 구사 요구에 따라 1에서 6까지 위계적으로 배열될 수 있을 뿐 아니라 그러한 기능들이 자주 요구되는 영역에서도 차이가 날 수 있다. 그림 3.2 에서의 평행구조와 같은 것이 전혀 터무니 없는 것은 아니다.

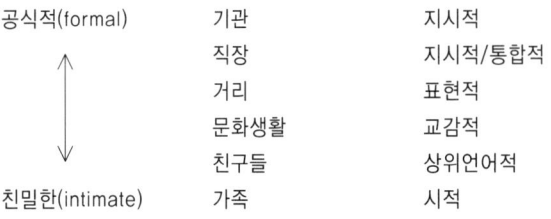

그림3.2 영역과 기능적 관점의 통합

기능들이 영역보다 더 추상적이기 때문에 이런 평행구조는 완벽하지 않다. 그러나 영역부문의 낮은 쪽으로 움직이면 움직일수록 오른쪽 부문의 낮은 쪽에 있는 기능들이 더 많은 역할을 하게 된다고 말하는 것이 더 적절할 것이다.

기능적 모형의 통합 가능성은 그림 3.3과 같이 예시될 수 있다.

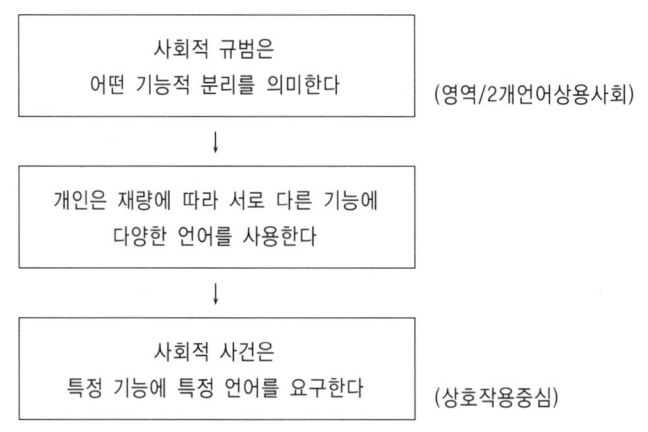

그림3.3 언어선택이 이루어지는 방식의 추상적 표식

기능이라는 개념은 언어선택의 결정론적인 접근방식과 상호작용에 중심을 둔 접근방식을 연결시킨다.

이 장을 마무리하면서 2개언어상용의 모든 경우가 여기에서 채택된 기능 세분화의 개념으로 만족스럽게 논의될 수는 없다는 것을 지적하지 않을 수 없다. 11장 중립성 전략에서 대안적인 접근방식이 논의될 것이다. 별도의 기능을 가지지 못한 두 개의 언어가 사용되는 상황들이 분명히 있을 수 있다.

[추천 도서]
두 권의 소논문 모음집은 언어선택의 문제에 대한 고전적인 접근방법을 전체적으로 잘 개관하고 있다. J. A. Fishman (편집.). *Readings in the Sociology of Language* (1968) 그리고 J. J. Gumperz 와 D. Hymes (편집.). *Directions in Sociolinguistics* (1972)이 그것이다. 좀 더 최근의 연구서들은 언어선택을 다른 주제와 관련해서 강조하고 있으며, 이 점에 대한 추가 독서목록은 2장, 4장, 10장, 그리고 11 장에서 제공된다.

언어유지와 전환

1977년 12월 Dolly Pentreath의 죽음으로 마지막 콘월어(Cornish) 원어민 화자가 사라졌다. 콘월어는 수천 명의 콘월인(Cornwall)들에 의해 공식적으로 사용되었지만, 콘월어 화자 사회는 권위있는 주류언어(majority language)이자 국어인 영어의 압력 하에서 자기언어를 유지하는데 실패했다. 달리 말하면, 콘월 사회는 콘월어에서 영어로 전환되었다 (Pool, 1982 참조). 이러한 일련의 과정은 많은 2개언어상용사회에서 계속되는 것 같다. 점점 더 많은 화자들이 전에는 소수언어로 말했던 영역에서 주류언어를 사용한다. 그들은 의사소통의 일상적인 수단으로서 주류언어를 택하는데, 이는 주로 그 언어로 말하는 것이 사회적인 지위향상이나 경제적인 성공에 있어서 더 좋은 기회를 준다고 믿기 때문이다. Dressler 와 Wodak-Leodolter (1977:35) 는 Brittany(프랑스 서북부의 대서양으로 돌출한 반도)에서의 언어 보존과 사멸에 관한 논문에서 다음과 같이 지적하고 있다. '지위(직업, 공공기관, 교육 기관과 같은)를 얻기 위해서 자신을 국가의

주류의 일원으로 드러내는 것이 필요하다. 이런 경우 소수언어는 쇠퇴할 위험에 빠지게 된다.'

한 사회가 소수언어(minority language) 사용을 멈춘다고 해서 그 언어가 반드시 소멸되는 것은 아니다. 예를 들어 영국에 있는 구제라티어(Gujerati)를 쓰는 사람들이 영어로 완전히 전환한다고 해서 구제라티어가 사어(dead language)가 되지는 않을 것이다. 지구상의 다른 곳, 특히 인도에는 수백만의 구제라티어 화자들이 있다. 다만 영국의 옛 구제라티어 사회에서 이 언어는 소멸된 언어가 될 것이다.

때때로 '전환'(shift)은 '주류언어 혹은 권위있는 언어로의 전환'과 동등하게 여겨질 수 있지만, 사실 '전환'은 중립적인 개념이고, 또한 광범위한 소수언어 사용으로의 전환도 관찰된다. 예를 들면, 지난 수 십 년 동안 불어는 퀘벡에서 영어를 제치고 입지를 굳혀왔다. 주류언어로의 언어전환이 이루어진 후에 이 과정을 되돌리려는 경향이 종종 있었는데, 이는 몇몇 사람들이 소수언어가 사라져가고 있다는 것을 인식하여 소수언어의 사용을 촉진하려고 노력하기 때문이다. 이러한 소수언어 옹호자들은 주로 소수집단의 사회, 경제, 문화적인 이익을 지키려는 문화적, 정치적 단체의 젊고 적극적인 회원들이다.

왜 어떤 언어는 생존하고 또 어떤 언어는 사라지는가? 4장 1절에서는 언어의 유지와 전환을 결정하는 요인들을 살펴본다. 이러한 요인들에 관한 지식이 있다고 해서 언어전환의 과정을 꿰뚫어 볼 수 있는 것은 아니다. 그 이유는 일상의 대화에서 언어전환이 이루어지기 때문이다. 이 단계에서 전환에 관한 설명이 반드시 이루어져야 한다. 이러한 접근은 4장 2절에서 약술될 것이다.

한 언어의 기능이 축소되면, 이는 주로 주류언어로의 전환일 경우 발생하는데, 일반적으로 화자는 그 언어에 덜 능숙하게 된다. 그러면, 언어상실이 발생한다. 상실과 관련되는 언어전환은 결국 언어사멸의 결과를 초래한다. 4장 3절에서 이 주제가 더 논의된다.

4.1 언어유지에 영향을 미치는 요인들

언어유지에 영향을 미치는 요인들은 Glazer(1978), Gaarder(1979)와 Clyne(1982)의 여러 저술에서 논의되고 있다. Giles, Bourhis 그리고 Taylor(1977)는 작용하는 많은 요인들을 체계화한 모형을 구축하였다. 그들은 세 가지의 요인 (지위, 인구통계적, 그리고 제도적 지지)을 소위 '민족언어의 생존력' (ethnolinguistic vitality)이라 부르는 한 요인에 결합시킬 것을 제안하고 있다. Giles 외에 의하면 '민족언어집단의 생존력은 한 집단을 총체적인 개체로서 독특하고 적극적으로 행동하게 한다. 집단 생존력이 거의 없거나 아주 없는 언어적 소수민족들은 결국에는 고유한 집단으로 존재하지 못하게 된다고 주장한다. 반대로 언어집단이 생존력을 많이 가지면 가질수록, 집단간의 상황에서 총체적 개체로서 생존하고 번창하게 될 것이다.' 소수언어의 관점에서 보면, 이것은 생존력이 높으면 언어가 유지될 것이며(혹은 광범한 사용으로의 전환), 생존력이 낮으면 주류언어로 전환되거나 또 다른 더 권위있는 토착언어로 전환하게 될 것이라는 것을 의미한다. 이 절에서는 용어에 있어서 부분적으로 다소 간접적이고 평범하기는 하지만, 집단이 생존력을 많이 가지면 가질수록 더 생존할 것이라는 Giles 외(1977)의 모형을 따를 것이다.

Giles 외에 의해 구분된 요인들 중의 첫 번째 주요 범주는 지위(status)에 관한 것이다.

경제적 지위(economic status)는 언어유지와 전환에 관한 거의 모든 연구에서 두드러진 요인이다. 소수언어 화자 집단이 상대적으로 낮은 경제적 지위에 있는 곳에서는 주류언어로 전환하려는 경향이 강하다. 예를 들면, 미국에 사는 대부분의 스페인어 화자는 자기들이 저소득층에 속한다는 것을 알고 있다. 그들은 영어사용을 학업성취와 경제적 향상과 연관짓는다. 스페인어는 가난한 사람들의 언어라는 오명을 얻고 있고, 영어를 잘 구사하지 못하는 부모들은 자기 아이들에게 영어를 잘 구사하도록 격려한다. 그 부모들에게는 스페인어에 대한 사회적인 태도가 내재되어 있기 때문이다. 서유럽에 있는 이민 노동자들 역시 자신들의 낮은 경제적 지위가 주로 자신이 터어키어, 세르보 크로아티아어, 그리고 그리스어와 같은 소수언어를 쓰고 있기 때문이라고 믿는다. 사회에서 출세하기를 원하는 이민자들은 주류언어 사용에 높은 가치를 둔다. 이것은 그들 자신의 언어를 사용하는데 부정적인 영향을 미칠 것이다. Li(1982)에 의하면 사회경제적 지위가 낮은 중국계 미국인들은 높은 지위의 사람들 보다 더 쉽게 동화되려는 경향이 있다. 저소득 중국계 미국인들은 중국어로부터 영어로 전환하려는 경향이 아주 높게 나타난다.

경제적 변화, 즉, 현대화, 산업화, 그리고 도시화는 언어유지와 전환을 기술하는데 있어서 중요한 변인들이다. Rindler Schjerve(1981)는 사르디니아인(Sardinian)에 관한 논문에서 이러한 유형의 경제적 변화는 이탈리아어를 더 많이 사용하는 추세로 이끌고, 이는 '현대적인 삶'과 보다 높은 생활수준과 연관된다고 설명하고 있다. 현대화시기에, 소수언어는 가난하고 전통적인 사람들이 사용하는 언어이며, 현대적인 경제생활의 현실에 잘 대처할 수 없는 시대에 뒤떨어진 사람들이 사용하는 언어라는 이중적인 오명에 시달렸다. 그러나 경제적인 변화는 언어유지에 긍정적인 영향을 미칠 수도 있다. Paulsen(1981)은 16세기의 경제발전을 설명하면서 독일 북해연안의 Föhr 와 Amrun섬에서 사용되고 있는 게르만어인 Ferring어에 관하여 기술하고 있다. 이 섬은 청어 낚시 수입이 많이 줄어 든 후 어린 소년들에게 항해술을 가르치는 학교가 설립되었다. 그래서 그

섬은 새로운 네덜란드 해외 회사들에게 주로 북극해에서의 고래잡이나 극동지역으로의 항해를 위해 잘 훈련된 선원과 직원들을 많이 제공할 수 있었다. 이 결과 거의 3세기동안 경제적으로 독립하여 Ferring어의 지위를 안전하게 보호할 수 있었다.

사회적 지위(social status)는 경제적 지위와 매우 밀접하게 관련되어 있으며, 언어유지에 있어서도 비슷하게 중요하다. 한 집단의 자존심에 해당하는 집단의 사회적 지위는 주로 그 집단의 경제적 지위에 달려 있다. 페루의 케츄아어 화자인 에쿠아도르인과 볼리비아인들은 그들 스스로 낮은 사회적 지위에 있다고 생각하며, 보다 높은 사회적 지위를 암시하는 스페인어로 전환하려는 경향이 있다.

사회역사적 지위(sociohistorical status)는 민족언어 집단의 역사로부터 유래된다. 많은 집단은 민족성이나 독립을 지켜야 했던 시기가 있었다. 이러한 역사적인 사건은 집단 구성원들이 과거에 했던 것처럼 민족언어 집단의 구성원으로서 공통된 이익을 추구하도록 하는 상징으로 보여질 수 있다. 예를 들어, 플랑드르(Flemish) 사람들은 프랑스 지배에 대항하는 투쟁에서 영감을 이끌어낼 수 있다. 1301년 플랑드르 군대가 프랑스어를 말하는 귀족으로부터 자신들을 지켰던 'Guldensporenslag'(Golden Spurs의 전쟁)는 여전히 힘을 발휘한다. 18세기 스페인의 식민지 제도에 저항했던 페루인 Tupac Amaru는 케츄아어(Quechua)를 과거의 영화로운 잉카의 상징이라고 강조하여 구세주와 같은 지도자로서 많은 추종자들을 이끌어 냈다.

언어지위(language status)는 2개언어상용사회에서 중요한 요인이 될 수 있다. 예를 들어, 불어, 러시아어, 영어 그리고 스페인어는 국제적인 의사소통 언어로서 높은 지위를 가지고 있다. 그러므로 퀘벡에서는 우크라이나어, 베트남어, 혹은 네덜란드어보다 불어를 유지하는 것이 더 용이할 것이다. 그러나 한 사회 내에서의 언어지위는 그 사회 밖에서의 지위와 구분되어야 한다는 것에 유의해야 한다. 불어는 캐나다 밖에서 높은 지위를 가지고 있지만, 캐나다 내에서는 영어가 더 높은 신뢰를 가진다. 또한 아랍어는 코란어, 즉 신의 언어이기 때문에 아랍세계에서는 높은 지위를 가진다. 그러나 벨기에, 프랑스, 그리고 네덜란드에서의 아랍어는 대부분의 사람들로부터 높은 평가를 받지 못한다.

언어와 언어사회적 지위는 후자가 전자에 영향을 미친다는 의미에서 매우 밀접하게 관련되어 있다. 언어의 지위는 특히 소수집단 화자들이 문제가 되는 언어의 방언을 사용할 경우 그로 인해 그 언어의 지위는 낮아진다. 미국 남서부의 많은 스페인어 화자들은 스페인어의 변이형에 대해 부정적인 태도를 가지고 있다. 그들은 그것을 단지 방언이나 일종의 속어로 간주할 뿐 실질적인 언어로는 간주하지 않는다. 이러한 언어적 열등감은 표준화되거나 현대화되지 않은 소수언어의 경우에 특히 심하다. 이러한 이유 때문에 아이티어(Haitian) 같은 크레올어는 아이티 이민자나 피난민 사회가 많은 뉴욕에서는 낮은 지위를 가지게 된다. 낮은 지위를 가진 언어는 쇠퇴해질 위험에 빠지게 되며, 이런 일이 발생할지의 여부는 '경쟁언어'(competing language) 즉, 주류언어의 지위에 달려 있다. 덴마크에 있는 이민자들이 덴마크어로 전환하려는 경향은 영국에 있는 이민자들이 영어로 전환하려는 경향보다 더 약한데, 이것은 일반적으로 덴마크어에 비해 상대적으로 영어가 더 높은 지위를 가지기 때문이다.

인구통계학적 요인(demographic factors)은 Giles 외(1977)의 모형에서 두 번째의 주요 범주가 된다. 그들은 소수언어 집단 구성원들의 수와 지리적인 분포를 고려한다. 어떤 특정 언어 화자의 절대적인 수는 그 수가 감소할 때 매우 중요하다. 그러한 결과는 문제 언어의 유용성이 감소하고, 이어 언어전환이 발생될 것을 암시한다. Clyne(1982)은 오스트레일리아에 있는 이민자의 언어유지에 관해 연구하였는데, 수적인 강세와 언어유지 간에는 일반적인 상호관련성이 없다고 결론을 내렸다. 그러나 오스트레일리아의 여러 주에서 언어전환에 관한 자료를 비교한 결과 몰타인(Maltese) 사회 집단에서는 이러한 연관성이 발견되었다. 상대적으로 몰타어 인구가 많은 두 개의 주에서 영어로 전환하는 비율이 아주 낮게 나왔으며, 몰타 이민자가 거의 없는 주에서는 매우 높은 비율의 전환이 있었다(표 4.1 참고).

표 4.1 오스트레일리아의 4개 주에서의 몰타인 인구 비율과 이민 1세대 즉, 오스트레일리아 밖에서 태어난 이민자의 영어로의 언어전환 (Clyne, 1982의 표에서 채택된 것임)

주 혹은 영역	전체인구 중 몰타 태생 %	1세대의 언어전환 (%)
Victoria	0.81	29.29
New South Wales	0.52	28.31
Northern Territory	0.06	66.67
Tasmania	0.02	67.95

소수언어를 유지하고 있는 화자의 비율은 민족혼합 혹은 민족간 결혼으로 영향을 많이 받을 수 있다. 이러한 결혼에 있어서, 일반적으로 아주 권위있는 언어가 집에서 사용되는 언어가 될 가능성이 높으며, 결과적으로 어린아이의 모국어가 된다. Pulte(1979)는 오클라호마의 여러 체로키(북아메리카의 원주민) 사회에서 체로키 가족들의 언어유지와 전환에 관한 자료를 얻기 위해 가구설문 조사를 실시하였다. Pulte는 체로키어가 몇몇 사회에서 여전히 번성하고 있다고 결론을 내렸지만, 체로키 화자가 비체로키 화자와 결혼한 모든 가족의 아이들은 영어단일화자였음을 지적하고 있다.

또한 Clyne(1982)는 영어 원어민 화자와 다른 언어 화자와의 결혼, 즉 앵글로-이민족 결혼의 결과에 대한 자료를 제공하고 있다. 표 4.2 (Clyne의 연구에서 두 개의 표를 기초로 하여 편집된) 는 앵글로(Anglo) 민족간 결혼과 앵글로-이민족 결혼 2세 어린이들의 언어전환 비율을 나타낸다.

표 4.2는 앵글로-독일, 앵글로-말타, 그리고 앵글로-네덜란드인의 결혼으로 인한 어린이들에게 있어서는 영어로의 전환이 거의 완전히 일어나고 있음을 보여주고 있다. 영어 원어민 부모가 없는 다른 민족간 결혼에 관하여 Clyne은 다음과 같이 언급한다. 이런 결혼으로 태어난 아이들의 수는 일반화하기에는 너무 적지만, 부모 중 한쪽, 특히 아버지가 이탈리아나 그리스계일 경우를 제외한 대부분은 주언어로 영어를 채택하는 것으로 보인다.

표 4.2 오스트레일리아에서의 민족간 결혼과 앵글로-이민족간 결혼으로 인한 2세 어린이들에게 있어서의 언어 전환의 비율

양친 혹은 부모 중 한명의 출생지	민족간 결혼의 2세 어린이들의 언어전환 %	앵글로-이민족 결혼의 2세 어린이들의 언어전환 %
독일	62.3	96.2
그리스	10.1	68.4
이태리	18.6	78.5
말타	53.7	94.6
네덜란드	80.0	99.1

소수집단 구성원들의 지리적 분포는 일반적으로 언어유지와 전환에 상당한 영향을 미친다. 이들이 특정 지역에 집중적으로 살고 있는 경우 소수집단은 자기언어를 유지할 수 있는 더 좋은 기회를 가진다. 이러한 요인의 중요성은 전 세계적으로 나타나는 예로 설명할 수 있다. 특히 불어 화자들이 많이 살고 있는 캐나다 퀘벡에서 불어는 매우 중요한 언어인 반면, 불어 화자가 분산되어 살고 있는 캐나다의 다른 지역에서는 영어로 전환하려는 경향이 있다 (Lieberson, 1967 참조). Li (1982)는 중국계 미국인의 언어전환에 관한 연구에서 차이나타운에 살고 있는 중국계 미국인 3세는 차이나타운 밖에 살고 있는 같은 연령층보다 영어로 더 적게 전환했다는 사실을 밝혀냈다. 예를 들어, 차이나타운 안에 사는 20-39세의 3세들 중 30% 이하가 영어를 모국어로 채택한 반면, 차이나타운

밖에 살고 있는 집단의 50%가 영어를 모국어로 채택하였다. 이와 마찬가지로 소수언어 화자의 분포는 이민과 이주 유형으로 인하여 변화할 수 있다. Jones (1981)는 19세기 말 웨일즈 지방에서 지배적인 웨일즈어가 20세기 초 수 십 년 동안 웨일즈 밖에서 온 대규모의 이민 노동자들 때문에 웨일즈어가 이 지역에서 밀려난 사례를 보여주고 있다. 1930년대 불경기 동안, 웨일즈어가 널리 쓰이던 광산촌으로부터 외지로의 이주 역시 동일한 결과를 가져왔다. Jones는 보다 최근의 원인으로 여행, 영어를 사용하는 퇴임자의 이주 그리고 별장 등을 들고 있다. 그 결과 웨일즈어 화자들의 언어집중도가 낮아지고, 영어로의 전환과 함께 웨일즈어 영어혼합 사회가 생겨났다.

도시-시골 차이 역시 언어전환의 유형 분석에 있어서 중요하다. 일반적으로 시골집단은 도시집단보다 소수언어를 더 오래 유지하는 경향이 있다. Hill과 Hill(1977)은 멕시코 중부에 있는 Nahuatl어 화자 사회의 언어전환을 연구하였다 (Nahuatl어은 'Mexicano어' 혹은 'Aztec어'로 알려져 있다). 연구자들은 시골 사람들이 도시와 교외 공장지역에 정착하면서 스페인어로의 전환이 촉진되었음을 발견하였다. 캐나다에 있는 소수민족 언어집단의 생존에 관한 논문에서 Anderson(1979)은 다음과 같은 결론을 내렸다. Saskatchewan(캐나다 남서부의 주도)에서의 연구에서 그는 농촌에 사는 민족집단 구성원들이 (예를 들어, 우크라이나인들과 같은) 작은 마을에 사는 사람들보다 더 자기 언어를 잘 유지했으며, 이들은 또한 큰 도시 중심부에 사는 사람들보다 영어로 전환하는 것을 강하게 저지하였다고 결론을 내렸다.

지리적인 분포 그 자체가 언어유지와 전환의 인과적인 요인은 아니더라도, 의사소통 유형과 권위있는 언어를 사용하게 하는 일상의 사회적인 압력과는 관련이 있다. 동일한 소수언어 집단의 구성원이 이웃인 농촌에 살면, 주류언어를 사용할 필요성이 별로 많지는 않다. 가정이 언어사용의 가장 중요한 영역이고 이 영역에서는 소수언어가 확보된다. 반대로 도시 중심에 사는 사람들은 매일 주류언어를 사용해야 할 다양한 상황에 처하게 되며, 이것은 소수언어의 지위를 약화시킬 것이다.

Giles 외(1977)에 의해 제안된 세 번째 주 요인은 제도적 지지(institutional support) 요인으로서, 이것은 소수집단의 언어가 국가, 지역, 사회의 다양한 기관에서 표출되는 정도를 나타낸다. 소수언어가 정부, 교회, 문화기반 조직 등 다양한 기관에서 사용되어질 때 소수언어 유지가 이루어진다. 정치적으로 잘 조직된 소수 집단에서는 (예를 들어, 미국에 사는 멕시코계 미국인들) 소수언어가 표현의 수단이 된다.

대중매체(mass media)는 언어전환에 상당한 영향을 미칠 수 있다. 앞에서 언급된 Hill 과 Hill(1977)의 연구에서 Nahuatl어가 스페인어로 전환된 것은 1940년대 초 전기와 라디오의 도입때문이라고 주장되고 있다. 최근의 조사에 의하면 중부 멕시코지역의 거주자들은 대부분 스페인어 사용을 더욱 증진시키는 고성능 스테레오, 텔레비전, 라디오를 가지고 있다. 소수언어로 방송하는 것은 소수언어로 신문, 책 등을 출판하는 것처럼 단지 소수언어를 후원하고 활성화시킬 뿐이다.

소수언어가 종교 언어가 되면, 이는 그 언어를 유지하는데 힘이 될 것이다. 예를 들면, 네덜란드어나 스웨덴어와 같은 이민 언어와 비교해 볼 때, 독일어는 미국에서 오랫동안 강한 위치를 가지고 있었는데 이것은 루터교의 언어였기 때문이다. 종교 역시 일반적인 구분을 짓는 힘이 될 수 있는데, 이것은 무엇보다 언어유지에 영향을 미친다. Kloss (1966)는 펜실베니아에 살면서 모국어로 펜실베니아 네덜란드어를 말하는 독일인 후세의 Old Order Amish(신교의 재세례파에 속하는 메노파에서도 엄격한 교리를 가진 파로서 펜실베니아, 오하이오, 인디아나의 각 주 및 캐나다에 신도가 있음) 와 Old Order Mennonites(메노파: 16세기 유럽에서 일어난 그리스도 복음교회의 한 파)의 언어상황에 관하여 연구하였다. Kloss에 의하면, 이들 Old Order 집단의 출발점은 국적이나 언어라기보다는 오히려 그들의 종교이다. 그들은 세상의 영향을 완전히 배제시키기 위하여 또 변화 그 자체가 죄악이라고 여기기 때문에 자신들의 언어를 유지한다. 언어도 국적도 그 자체가 가치있게 여겨지지는 않는다 (Kloss, 1966:206).

정부업무나 행정적인 업무가 모국어로 제공되면 언어유지가 촉진될 수 있다. 현대사회에서 개인은 지방 혹은 국가 관료들과 자주 접촉해야만 한다. 의사소통의 매체가 항상 주류언어라면 이것은 소수언어의 유용성을 약화시킬 것이다.

교육(education)은 언어유지의 측면에서 매우 중요하다. 어린이의 소수언어 능력이 학교에서 함양되고, 그들이 소수언어로 읽기, 쓰기를 배운다면 소수언어 유지에 공헌할 것이다.

다언어상용사회에서 언어에 관한 정부의 활동은 5장의 언어계획(Language planning)에서 더 다루어질 것이다. 정부 활동 중의 하나는 교육에 관한 것으로, 예를 들면, 주류언어 외에도 소수언어 교육을 위한 시설을 설립하는 것이다. 이것은 6장의 2개언어상용교육에서 논의될 것이다.

Giles 외(1977)에 의해 구분된 주요 요인들 외에 언어유지/전환 분석에서 중요한 변인 중 하나인 문화적 (비)유사성(cultural (dis)similarity)에 관해 더 언급하겠다. 오스트레일리아의 이민자들의 언어전환에 관한 자료를 기초로 하여, Clyne (1982)은 관련된 문화가 비슷하면 덜 비슷할 때 보다 언어전환이 더 많이 일어나는 경향이 있다고 결론을 내리고 있다. 영어를 쓰는 오스트레일리아 사회와 문화적인 공통점을 가지고 있는 독일인 및 네덜란드인 이민자들은 이탈리아와 그리스 이민자들보다 훨씬 더 많은 영어전환을 보이며, 후자들은 더 큰 문화적인 거리감을 경험하게 될 것이다.

언어전환 자체의 과정에 관하여 논의될 다음 절로 넘어가기 전에, 지금까지 제시된 요인들에 관해 다음과 같이 세 가지가 언급되어야 한다.

1. 다양한 요인과 부수 요인들이 분리되어 제시되지만 상호관련성이 매우 높을 수도 있다. 예를 들면, 낮은 경제적 지위에 있는 집단은 종종 사회역사적으로도 낮은 지위를 갖게 된다. 이 집단은 대중매체를 지배하지도 못하며, 소수언어의 교육 프로그램을 위해 싸울 수도 없다.
2. 매우 많은 요인들이 서로 관련되어 역할을 하기 때문에 어떤 집단의 언어유지나 전환을 예측한다는 것은 불가능하다. 이 논제에 관한 대부분의 연구는 전적으로 사후에 기술한 것으로 언어유지에 관한 완전한 이론도 불가능하다.
3. 고려된 요인들은 그림 4.1에 나타난 것과 같이 언어유지와 전환에 직접적이 아닌 중재변인들을 통해 간접적으로 영향을 미친다.

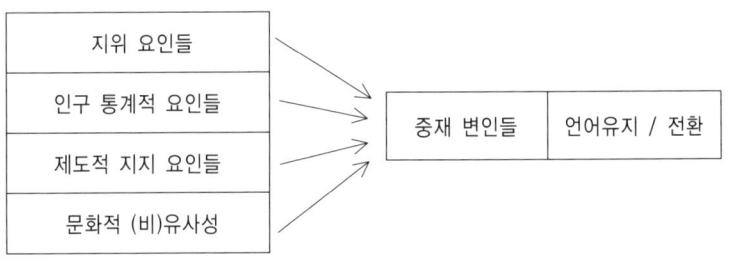

그림 4.1 언어유지에 영향을 미치는 요인들

물론 다음과 같은 중대한 의문이 있다. 이 중재변인들은 어떤 것들인가? 대규모의 사회적 요인들이 개인의 행동에 어떻게 영향을 미치며, 그래서 언어유지와 전환에 어떻게 영향을 미치는가? 이 질문에 답하기 위해 다른 유형의 연구가 필요하다. 이 문제는 다음 절에서 다루어 진다.

4.2 언어전환의 과정

언어유지나 전환을 연구하기 위해 연구자는 앞 절에서 다루었던 요인들에 대한 연구자료를 모을 수 있을 것이다. 또한 '집에서는 보통 어떤 언어로 말하는가?', '직장에서는 보통 어떤 언어를 사용하는가?'라는 질문을 통해서 다언어상용사회에서의 언어분포와 사용에 관한 연구자료를 모을 수도 있을 것이다. 그리고 사회적인 요인들을 언어사용의 연구자료에 관련시키려고 노력할 것이다. 보통 이러한 종류의 연구는 대규모로 이루어져 사회 구성원의 실제적인 언어행위와 태도는 연구되지 않는다. 또 다른 접근법에서 연구의 초점은 개인의 언어행위와 태도에 맞추어진다. 그것은 이러한 방법을 통해서만 언어전환 과정이 실질적으로 간파될 수 있다고 여겨지기 때문이다 (다언어상용 환경은 항상 유동적이기 때문에 얼마간의 언어변이가 항상 일어난다. 따라서 본 절과 다음 절에서는 이런 전환과정만을 다룰 것이다.). 연구자는 개인들의 사회생활을 잘 알고 있어야 하기 때문에 이런 연구들은 좁은 범위에서 수행되어야 한다. 참여 관찰법은 이런 목표에 도달할 수 있는 최선의 방법으로 아프리카의 영어마을에서 인류학자들이 했던 것처럼 연구 대상이 되는 사회에 살면서 그들의 일상생활에 참여하여 관찰하는 방법이다.

오스트리아 오버와트(Oberwart)에서의 언어전환에 대한 Susan Gal의 연구는 이러한 차원에서 두드러진 본보기이다(Gal, 1979). 오버와트(헝가리어로 Felsöör)는 헝가리와 인접한 오스트리아 서쪽지방 버젠랜드(Burgenland)의 한 마을이다. 오버와트는 농촌마을이고 주로 헝가리어가 사용되었으며 독일어는 외지인들과 말할 때만 사용되었다. 지난 50년대에서 70년대 동안에, 특히 세계 2차 대전 후에 일상대화의 많은 부분이 헝가리어에서 독일어로 대체되었다. 1920년대만 해도 어린이들은 서로에게 말할 때 헝가리어만 사용했다. 그러나 Susan

Gal이 오버와트에 머무는 동안에(그녀는 일 년 동안 그곳에서 살았다) 15세 이하의 어린이들간의 독일어 사용은 아주 일반적이었다. 젊은 부모들은 그들의 부모들과는 달리 어린이들에게 말할 때 헝가리어 대신에 독일어를 사용했고 가끔씩만 헝가리어로 말했다.

    오버와트에서의 언어전환은 경제변화와 관련될 수 있다. 이전의 다소 '순수'했던 농촌 경제는 더 이상 존재하지 않는다. 1950년경 이후 산업화가 중요한 가치를 갖게 되었고 농업은 한물 간 것으로 간주되어 사회적 지위 이동과 경제적 기회가 결여되는 것으로 생각되었다. 오버와트의 한 주민이 농업이외의 다른 일을 하려고 한다면 그는 반드시 독일어에 능숙해야만 했다. 독일어가 여러 영역에서 사용되기 시작하였는데, 그 예로 여관은 전에는 거의 예외없이 헝가리어로 예약을 받았다. 물론, Gal은 언어전환이 사회경제 변화와 관계가 있다는 것에 주목했다. 그러나 실제적인 문제는 어떤 중재과정을 통해서 산업화 또는 다른 사회적 변화가 사람들의 일상생활에서 언어사용의 변화를 가져오게 하였는가 하는 것이다 (Gal,1979:3). 이것에 대한 대답으로 Gal은 두 가지의 사회언어학적인 현상을 제시한다. 첫 번째 현상은 언어와 정체성간의 관계와 관련이 있다. 전쟁 후에 오버와트의 헝가리어는 권위를 잃게 되었으며 전통을 중시하는 노년층을 연상시키는 언어가 되었다. 반면, 독일어는 경제적 발전과 현대생활을 나타내는 언어로 인식되었다. 일반적으로 화자들은 그들의 언어행위로 자신의 사회적인 지위를 나타내려 하며, 한 언어를 선택함으로써 자신의 정체성을 내세우려 한다. 마을 밖에서는 헝가리어를 사용하는 사람들을 볼 수가 없었기 때문에 오버와트의 대부분의 젊은이들은 독일어를 사용했다. 헝가리어는 후진적인 사회집단을 연상시키는 언어가 되었다.

    두 번째 사회언어학적인 현상은 사회조직망(network)의 중요성이다. 이 사회조직망이란 화자들을 구속하는, 그리고 압력과 회유를 통해 구성원들이 서로에게 언어적 기준을 강요하는 비공식적인 사회적 상호작용의 조직망을 의미한다 (Gal, 1979:14). 사회적인 접촉의 빈도수뿐만 아니라 화자들간 관계의 본질, 접촉의 사회적 성격, 상호작용의 목적 등도 중요하다. 단순하게 오버와트에서 '농부집단에 속하는 사람은 헝가리어를 사용하고, 농부집단에 속하지 않는 사람은 독일어를 사용한다' 라고 말할 수는 없다. 또한 사람들이 참여하는 사회조직망이 더 강하고 직접적인 영향을 미치기 때문에 사회적 요인들과 언어사용간에 직접적인 관계는 없다. 예를 들면, 농부들과의 폭넓은 사회조직망을 가진 산업노동자는 다른 조직망을 가진 사람보다는 더 많이 헝가리어를 사용할 것이다. 그림 4.2는 나이가 다른 세 집단의 독일어 사용 비율을 보여주고 있다 (G + GH)/ (G + GH + H). 각 세대별로 그들 조직망의 농부 수에 따라 피험자들을 분류했다. 독일어 사용 비율은 영역별로 언어사용자가 제공하는 정보에 기초하여 계산되었는데, 독일어 사용 영역(G), 독일어와 헝가리어 사용 영역(GH), 그리고 헝가리어 사용 영역(H)으로 나뉜다.

그림 4.2는 일반적으로 청년층은 독일어를 더 많이 사용하고, 중년층과 노년층은 참여한 조직망에 따라 사용언어가 다르다는 것을 보여준다.

Gal이 묘사한 언어전환의 과정들이 다언어상용사회에만 나타나는 것은 아니다. 이런 과정들은 언어의 여러 변이형이 사용되는 단일언어사회에서도 관찰된다. 헝가리어가 점차 독일어로 대체된 오버와트의 언어변화 모형은 하나의 언어변화 형태가 다른 변이형을 대신하는 단일언어사회의 것과 직접적인 유사성이 있다. 이런 언어 변이형의 사회적 의미, 특정한 변이형의 사용으로 화자들이 얻고자 하는 지위, 그리고 이들 화자들이 포함된 사회 조직망은 이런 상황에서의 언어변화를 설명하는데 중요한 요인들이다.

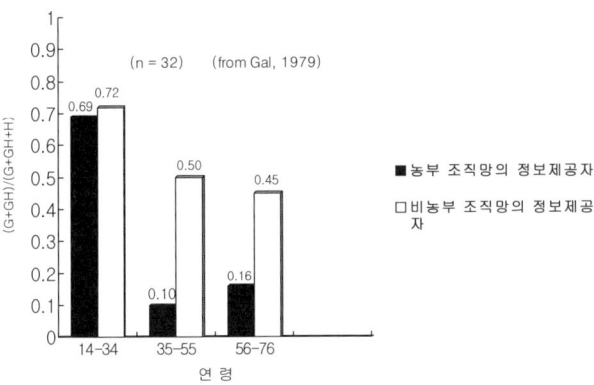

그림 4.2 농부 조직망과 비농부 조직망을 가진 오버와트 주민들의 세대별 독일어 사용 비율

언어변화는 어떤 한 언어영역에 새로운 언어형태의 사용이 조금씩 확대되어 나가면서 일어난다. A라는 언어(또는 A변이형)는 B(또는 B변이형)라는 언어에 의해 갑자기 대체되지는 않으나 언어사용은 다양해진다. 즉, A와 B 둘 다 같은 사회상황 안에서 사용된다. 이런 다양한 언어사용 단계를 거쳐 B의 사용이 절대적으로 될 것이다. Gal은 오버와트에서 전에는 헝가리어의 사용이 사회적 상황에서 절대적이었으나 후에 독일어와 헝가리어가 다양하게 사용된다는 것을 관찰하고, 장차 독일어 사용이 사회적 상황에서 절대적일 것을 예견하고 있다. 한 언어 내부에서 또는 오버와트와 같은 언어전환의 형태에서 언어의 변화는 언어 공동체 안에 내재한 공시적 이종성(synchronic heterogeneity)에 그 뿌리를 두고 있다. 언어적 다양성은 동시에 이런 변화의 반영이며 이런 변화의 추진력이 된다.

많은 소수집단에서 민족언어는 비공식적 영역, 특히 가족간의 의사소통에서 우월한 지위를 차지하였다. 그러나 이런 상황에서도 주류언어가 사용되고 결국에는 언어가 다양하게 사용된다. Lieberson과 McCabe(1982)는 나이로비의 구제라티어를 사용하는 화자들의 언어사용 영역과 모국어 전환간의 관계를 연구하였다. 그들은 많은 부모들이 아이들에게 말을 할 때 구제라티어와 영어를 모두 사용한다는 것과 이런 사실에서 구제라티어로부터 영어로의 전환에 관한 많은 부분을 설명할 수 있다는 점을 알게 되었다. 서유럽으로 이민을 온 가족들이 집에서 대화를 할 때도 같은 형태가 관찰될 수 있는데, 여기서는 특히 어린이들이 주류언어를 쓰기 시작한다.

사실 언어전환은 여러 영역에서의 언어 변이형의 재배분이다. 언어전환이 주류언어 쪽으로 진행된다면, 이 언어는 두 개 언어를 사용하는 중간단계를 거쳐 한 영역 한 영역씩 계속해서 지배해가게 된다. 소수집단의 언어가 아주 작은 집단에서 사용될 때, 그 언어의 가치는 감소하게 되고 이는 젊은이들이 그 언어를 배워서 사용하고자 하는 동기를 감소시킬 것이다.

'영역'의 개념이외에도 언어전환의 분석에 있어서 중요한 개념은 '세대'이다. 그림 4.2에서 오버와트의 젊은 세대의 사회적 시각이 반영된 명확한 세대 차이를 이미 보았다. 그들은 부모 세대와는 다른 사회적 지위를 요구한다. 따라서 젊은이들은 통상적인 의사소통의 수단으로서 또 다른 언어를 선택하게 된다. 사르디니아에서의 2개언어상용과 언어전환에 대한 논문에서 Rindler Schjerve는 (1981) 4대가 함께 사는 한 가정을 소개하고 있다. '80세의 할머니는 문맹이며 사르디니아어(Sardinian)만을 사용했다. 50세의 어머니는 부족한 교육으로 다소 제한된 이탈리아어 사용능력을 지니고 있었다. 8년간의 학교 교육을 받은 30세의 딸은 완벽하지는 않으나 이탈리아어를 잘 구사했으며 자식들에게는 이탈리아어를, 남편에게는 사르디니아어를 사용했다. 그녀가 자식들에게 이탈리아어를 사용한 이유는 어린이들이 학교에서 차별받는 것을 피하기 위한 것이다. 그 결과 12 살짜리 학생은 사르디니아어를 제한적으로만 구사할 수 있게 되었으며, 다소 단조로운 어투로 사르디니아어화된 이탈리아어를 말하게 되었다' (Rindler

Schjerver, 1981:212).

언어전환은 천천히 일어나고 수 세대를 거쳐 계속되기도 하지만, 변화하는 사회 상황에서는 급속히 일어나기도 한다. 이런 변화는 이주민 집단에서도 일어난다. Tosi는 (1984) 영국의 베드포드(Bedford)로 이주해 온 이탈리아인들 사이에서 일어나는 2개언어상용과 언어전환에 대해서 연구하였다. 이민 1세대들은 보통 가족간의 주된 의사소통 수단으로서 이탈리아의 한 지방 사투리를 사용한다. 학교 갈 나이가 될 때까지 그 집 어린이들은 그 사투리를 주로 사용하고 간혹 영어를 사용하기도 한다. 집에 어린이가 서너 명이 있는 경우에 어린이들은 자기들끼리는 영어를 사용한다. 어린이들이 학교에 다니게 되면 영어 구사능력이 더 능숙해진다. 그때에야 비로소 영어는 실제적인 영향력을 갖게 된다. 그렇게 되면 집에서도 처음에는 주로 형제자매들 사이에서, 나중에는 부모와의 의사소통에서도 필연적으로 영어가 사용될 것이다. 어린이는 점차 두 언어가 서로 다른 두 개의 가치체계와 연관되어 있으며, 이 두 체계는 서로 자주 충돌한다는 것을 알게 될 것이다. 이것은 개인적, 정서적 불일치를 초래한다. Tosi는 세대간의 언어적, 문화적 대립을 지적한다. 두 세대 간의 이런 '통상적인' 대립은 가치관의 차이, 견해의 차이 그리고 목표의 차이로 인해 두드러진다. 이런 차이들은 세대간의 언어행위에서 나타난다. 즉, 이탈리아어(사투리)와 영어의 사용에 있어서의 선호차이로 나타난다.

이주민 집단의 일반적인 언어전환의 유형은 다음과 같다. 자신의 고국에서 태어난 1세대는 두 개 언어를 사용하는데 모국어의 사용이 단연코 우세하다. 2세대는 두 개 언어를 사용하고, 두 언어 중 어느 한쪽 언어의 사용이 우세하다. 3세대도 두 개언어를 사용하는데 주류언어를 주로 사용한다. 4세대는 오직 주류언어만을 구사하게 된다. 이것은 단지 일반적인 유형일뿐이고, 실제 특정 이주민 집단에 대한 언어전환 묘사는 4장 1절에 언급된 요인들에 따라 다르다.

이 절을 마치면서 하나의 중요한 문제를 제기하고 싶다. 언어전환에 관한 연구는 때로 한 소수집단 전체가 한 언어에서 다른 언어로의 전환과정 와중에 있다는 것을 암시한다. 그리고 개개의 차이는 무시된다. 그러나 소수집단은 구별되지 않은 하나의 통일체가 아니라 다른 문화적 경향과 정치적 견해를 가진 하위집단으로 이루어져 있다. 이런 차이점들이 언어행위에서 다르게 표출될 수도 있다. 언어전환은 필연적인 것이 아니다. 그리고 개인이나 집단은 2개언어상용능력을 기르기 위해 가정에서 소수집단 언어의 사용을 장려할 수도 있다. Tosi(1984)는 베드포드의 이탈리아계 젊은이들 사이에서 이런 태도가 보이고 있음을 증언하고 있다.

4.3 언어상실

한 언어가 특정 공동체에서 사용영역을 잃게 되면, 그 언어에 대한 화자들의 능숙도는 떨어질 것이다. 언어적 소수집단에서 흔히 어린이들은 부모보다는 그 언어를 잘 하지 못할 것이다. 호주 남부에 사는 이탈리아계 어린이들의 2개언어상용을 연구한 Smolicz(1983)는 그들의 이탈리아어와 그 방언의 구사능력이 일반적으로 영어구사능력에 뒤진다는 결론을 내리고 있다. Stölting(1980)도 독일에 사는 유고슬라비아 어린이들의 언어능숙도를 분석하고 같은 결론을 내렸다. 어린이들의 가족은 세르보-크로아티아어(Serbo-Croatian)를 사용하며 유고슬라비아에서 태어났고 2년 이상 독일에서 살았다. Stölting은 어린이들이 제한적인 세르보-크로아티아어 구사능력만을 가지고 있다는 사실을 알아냈다. 특히 어린 나이에 독일에 온 어린이들은 더 그러했다. 많은 어린이들은 세르보-크로아티아어보다 독일어를 잘 구사했는데 특히 어휘면에서 그러했다.

많은 소수집단 구성원들이 단어를 생각해 내는데 어려움을 겪는 것 같다.

Appel (1983:164)은 4년 동안 네덜란드에 살고 있는 14세의 모로코 소년을 예로 들고 있다. 그 소년은 자신이 다른 모로코 소년들과 말할 때 보통 네덜란드어와 모로코-아랍어를 섞어서 사용한다는 사실을 인정하고 있다. Kiers (1982)는 모로코 청년들과 면담을 했는데 그들은 자신들의 모국어 단어들이 '날아가서 없어져' 버린 것 같다고 불만을 털어놓았다.

소수언어에서의 어휘의 상실은 또 다른 현상과 함께 일어난다. 이를 재어휘화(relexification) 과정이라 하는데, 주류언어의 단어들이 소수언어의 단어를 대체하는 것이다. 중부 멕시코에 사는 나와틀어(Nahuatl)를 사용하는 언어공동체의 언어전환을 연구한 Hill과 Hill (1977)은 스페인어로부터의 다량의 재어휘화를 확인했다. 이것은 나와틀어에 대한 사람들의 태도에 부정적인 영향을 주었다. 사람들은 그 말이 더 이상 순수하다고 생각하지 않으며 이런 생각이 그 언어사용의 감소를 부추기는 역할을 하였다. Jones(1981)도 웨일즈어의 영어 재어휘화가 '웨일즈어에 대한 태도를 훼손시키고 웨일즈어를 언어학적으로 부적합하게 느끼도록 하는 결과를 가져왔다' 고 지적하였다 (p. 49). 더욱이 Jones는 웨일즈어에서 관찰한 언어전환과 언어혼합을 부정적인 현상으로 간주했는데, 이 현상이 웨일즈어만 사용하는 단계에서 영어만 사용하는 단계의 중간단계일 수도 있기 때문이다 (4.2절 참조). 그러나 언어전환은 그 나름대로 의미를 가질 수 있다. 이것은 10장과 11장에서 설명될 것이다.

언어상실에서 빈번히 관찰되는 또 하나의 형태는 능숙하지 않은 화자들에 의한 형태적인 체계의 축소이다. 소수언어의 형태는 많은 경우 단순해진다. 또한 유창한 화자라 할지라도 예외규칙을 몰라 일반적인 규칙을 적용한다. Nancy Dorian은 그녀가 '사라져가는 스코트 게일어 사투리' 라고 명명한 동부 서덜랜드 게일어(East Sutherland Gaelic; ESG)를 폭넓게 연구하였다. 이것은 스코틀랜드 본토

북단에 있는 서덜랜드주의 동부 연안에서 사용되는 언어이며, 연구 당시인 1970년대에 사용 인구는 150명도 되지 않았다 (그들은 영어도 사용하고 있었다). 2개 언어상용의 여러 양상외에, Dorian은 세 화자집단의 형태규칙 적용을 분석했다. 세 개의 ESG 화자 집단은 이 말을 유창하게 구사하는 나이든 집단과 젊은 집단 그리고 서투른 화자 집단으로 나누어졌다. 나이든 집단에 비해서 서투른 화자들이 사용하는 게일어는 여러 면에서 불완전했다. 그녀는 이 세 집단의 피험자들에게 영어문장을 ESG로 번역하도록 했다. 이것은 ESG의 명사 복수형과 동명사의 복잡한 형태에 어떤 변화가 있는가를 알아보기 위한 것이었다.

Dorian(1978)은 명사 복수형을 만드는 11가지의 방법을 구분하였는데, 이 방법에는 가장 단순한 방법인 단순 접미사를 붙이는 경우와 모음의 길이에 변화가 생기면서 접미사를 붙이는 경우, 그리고 모음이 교체되고 접미사를 붙이는 것과 같이 복잡한 방법이 있다. 그녀는 또한 동명사를 만드는 11가지 방법을 구분하였는데, 여기서도 단순 접미사만을 붙이는 경우가 가장 간단한 방법이며, 복수형을 만드는 방법에 비교될만한 복잡한 방법들도 있다. 표 4.3은 명사의 복수형과 동명사의 실제 구현에 대한 Dorian의 분석 결과의 일부분이다.

표 4.3 동부 서덜랜드 게일어(ESG)의 세 화자 집단에 의해 구현된
명사의 복수형과 동명사의 표시

	화 자 집 단		
	나이 든 능숙한 화자들	젊은 능숙한 화자들	서투른 화자들
단순 접미사에 의한 복수형의 %	50	44	63.5
복수형의 영 변화 %	-	0.5	9
단순 접미사에 의한 동명사의 %	49	46	63.5

이 표는 서투른 화자들이 복잡한 방법을 사용하는 다른 두 집단보다 단순 접미사를 붙이는 방법을 (동명사뿐만 아니라 복수형에서도) 훨씬 많이 사용한다는 것을 보여준다. 인상적인 것은 복수형과 동명사의 표시의 비율이 서로 거의 맞아 떨어진다는 것이다. 더욱이 복수형의 영 변화(zero plurals)는 실제 서투른 화자들에게서만 나타난다. Dorian은 그녀의 논문 제목에서 '형태적 복잡성의 운명'이라는 표현을 사용하고 있다. ESG의 서투른 화자들에게는 형태적으로 복잡한 방법을 버리고 단순한 규칙을 쓰고자 하는 경향이 분명히 있다.

어휘의 감소와 대체, 그리고 형태적 단순화 다음으로 나타나는 언어상실의 세 번째 유형은 단일어투(monostylism)의 사용이다. 일반적으로 언어들은 이종성(heterogeneous)을 가지고 있다. 한 언어의 여러 변이형들이 같은 의미를 표현할 수 있다. 실제로 어떤 변이형이 선택되는가 하는 것은 말을 하는 특정 상황에 달려있다. 한 언어는 여러 어투(style)로 구성되어 있다고 말할 수 있으며 (비록 한 언어의 여러 어투를 정확하게 구분하는 것은 불가능할 지라도) 또한 이런 어투들은 발화 상황과 관련되어 있다고 말할 수 있다. 즉 어떤 특정한 어투는 어떤 특정 상황에 적절하다고 생각된다. 그러나 언어전환의 경우 전환을 겪는 언어가 사용되는 상황은 거의 없을 것이다. 이와 같이 어투적 변이형들의 수는 감소하게 된다. Dressler와 Wodak-Leodolter(1977)가 브르타뉴어(Breton)에 대해서 주목했듯이, 어투들은 서로 흡수되고 그 결과 단일어투만 남게 된다. '민족주의적이지 않은 젊은 브르타뉴어 화자들은 특히 공식적인 상황에서 프랑스어를 사용한다. 그리고 브르타뉴어는 비공식적인 경우에만 사용되게 된다. 만약 어떤 민족주의자가 그런 단일어투의 브리타뉴어를 여러 상황에서 사용하도록 강요한다면 브리타뉴 사람들은 적절한 어투 구사능력을 갖지 못하게 된다'(p.37). 더 나아가 단일어투는 언어의 사용 가치를 제한하기 때문에 언어소멸의 원인이 될 것이다.

Lefebvre(1979)는 언어의 기능과 형태사이의 관계분석을 통해서 단일어투 문제를 언급하고 있다. 많은 학자들은 크레올화(creolization) 과정에서 언어의 기능적 확장은 언어의 구조적 확장과 상관관계가 있다는 것을 보여주고 있다 (15장 *Pidgins and Creoles* 참조). Lefebvre는 페루의 쿠스코(Cuzco) 지방에서 사용되는 케추아어의 구어에 관한 논문에서 한 언어의 기능적 상실은 특정한 언어적 특성의 상실을 가져온다는 것을 보여준다. 쿠스코 언어공동체가 상당히 이종적이라 하더라도, 일반적으로 케추아어에 유창한 화자들에게 케추아어는 사적인 말로, 스페인어는 공적인 말로 간주된다. 지난 10년 간 스페인어는 케추아어보다 더 중요하게 되었다. 그 이유는 스페인어가 공식적인 교육 및 사회적 신분 상승과 연관되기 때문이다. Lefebvre는 다음과 같은 문장에서 1인칭 복수형의 용법을 분석하였다.

(1) maymanta   wayqi-y   ka-n-čis
     where-from   brother-my   be-1st pers. pl.incl.
     문자그대로: 'Where are we(incl.) from my brother?' - Where are you from, brother?

1인칭 복수형은 듣는 사람에 대한 존경을 표시하며, 대화자간의 거리를 나타내는 동시에 부드러움과 애정을 표시한다. 대체형인 2인칭 단수는 어떠한 내포적 의미도 없다. Lefebvre에 따르면 2인칭 단수는 중립적이거나 무표적인 형태이다. (1a)에서 화자는 말을 듣는 사람과의 관계를 표현하지 않는다.

(1a) maymanta   wayqi-y   ka-nki
      where-from   brother-my   be-2nd pers. sg.

Lefebvre가 기록한 자료에는 1인칭 복수형이 2인칭 단수를 칭할 때 사용되는데, 이는 나이든 화자의 말에서만 나타나고 (케추아어로 보도하는 두 명의 라디오 아나운서를 제외하고는) 서른 살 이하의 사람에게는 전혀 나타나지 않았다. 1인칭 복수형의 사용과 서투른 스페인어의 사용사이에는 한 가지 상관관계가 관찰된다. Lefebvre는 케추아어만을 할 줄 아는 화자나 이와 유사한 화자들은 2개언어상용자들이 스페인어로 말을 전환하는 상황에서 1인칭 복수형을 사용한다고 주장한다. 이는 공식적인 영역에서 스페인어의 확대 사용으로 케추아어의 형태적 표시들이 없어지는 것을 뜻한다. 케추아어의 기능적 상실은 형태의 상실과 상관관계가 있다. 두 명의 아나운서들이 여전히 그런 '구식어(old form)'을 사용한다는 사실은 이 같은 결론을 뒷받침해 주는 증거로까지 생각될 수 있다. 방송에서는 공식적인 말이 사용된다.

언어전환과 언어상실은 더불어 일어난다. 두 과정은 상호 강화되며 언어소멸에 이르게 되고 결국 어떤 사회에서도 그 언어를 사용하지 않게 된다. 어디에선가 사용되기 때문에 완전히 소멸되지는 않더라도, 특정 사회에서는 사언어(dead language)가 될 수 있다. 이럴 경우 그 사회는 심리상태와 사회생활에 상당한 영향을 주는 강력한 정체성의 상징물을 잃게 되는 것이다.

 그러나 언어전환과 상실이 불가피한 과정은 아니다. 소수집단의 사람들은 주류언어로의 언어전환이 항상 학업성취와 사회적 지위의 상향 이동을 위한 더 좋은 기회를 의미하는 것은 아니라는 것을 경험할 수 있다. 어떤 민족 집단은 사회 경제적 이득도 얻지 못한 채 자신의 언어를 '포기' 할 수도 있다. 그 민족은 언어 때문에 차별 받는 것이 아니고 피부색이나 문화와 같은 것들 때문에 차별을 받는 것이다. 그런 경험을 토대로 소수집단의 구성원들은 자신들의 언어사용을 권장하고 언어의 능숙도를 향상시켜서 사용을 증진시키는 전략을 개발해 낼 수도 있다. 프랑스어가 캐나다에서 다소 강한 입지를 회복했던 사실은 그와 같은 전략이 성공할 수 있다는 것을 보여준다.

[추천도서]

Fishman의 *Language loyalty in the United States*(1966)는 최소주의 언어학자들의 언어유지와 언어전환에 관한 초기적이고 전형적인 연구서이다. Veltman의 저서인 *Language shift in the United States*(1983)에서 최근의 뒤따르는 연구를 찾을 수 있다. 세계 여러 지역으로부터의 언어유지와 사례 연구를 주제로 한 논문의 모음집이 J. Fishman(ed.)의 *Advances in the study of societal multilingualism*(1978)과 *International Journal of the Sociology of Language*, no 25 이다. Clyne의 *Multilingual Australia* (1982)에서 호주인 이주자의 언어유지와 사용의 광범위한 연구의 많은 정보가 제시된다. Cooper는 언어의 확산 즉, 특정언어 사용의 증대에 관한 책 *Language spread; Studies in diffusion and social change*(1980)를 편찬하였다. 마지막으로 Gal의 저서인 *Language shift; Social determinants of linguistic change in bilingual Austria*(1979)를 추천하고자 한다. 이 책은 언어전환이란 주제와 관련된 다양한 사회언어학적인 쟁점이 논의된다.

언어계획

인도는 세계에서 언어적으로 가장 혼잡한 나라 중의 하나이다. 구어(spoken language)의 수가 적어도 800개에 달하며, 방언을 같은 언어의 변이형이 아닌 개별 언어로 간주하면 그 수는 훨씬 더 많아질 것이다. 인도의 구어는 인도-아리안어(Indo-Aryan), 드라비다어(Dravidian), 오스트리아-아시아어(Austro-Asiatic), 그리고 티베트-버어마어(Tibeto-Burman)와 같은 네 개의 어족에 속한다. 이 중 인도-아리안어와 드라비다어의 모국어 화자가 가장 많다 (각각 인구의 70%와 25%).

1947년에 독립한 후 인도 연방정부는 다음과 같은 언어정책을 세웠다. 연방의 공식어는 힌디어로서 당시 북 인디아에서 가장 널리 사용되는 영어 대신 사용되어져야 하며, 더 나아가 지방 언어는 각 인도 주들의 공식언어로서 사용되어져야 한다. 주(states)는 언어적인 구획에 따라 다시 재조정되었다. 힌디어의 확산을 고무하기 위해 책들은 힌디어로 번역되었고, 힌디어로 된 사전과 백과사

전이 편찬되었으며, 타자기와 전신인자기(teleprinter)의 키보드는 표준화되었다. 또한 많은 주들은 각 주의 주요 언어의 발전에 관심을 기울였는데, 예를 들면, 특별 위원회는 새로운 기술적, 법적, 행정적인 어휘를 고안해냈다. 인도의 이중 언어정책(dual-language policy)은 정치적, 종교적, 실용적인 면에서 힌디어에 반대하는 저항 때문에 부분적으로 실패했다. 결국, 1967년에 영어가 다시 제 2 공식어로 채택되었다. 이 결과 많은 어린이들이 학교에서 자신들의 모국어 외에 두 개의 언어(영어와 힌디어)를 배워야만 했다. 비공식적 소수언어를 사용하는 어린이들은 영어, 힌디어, 그리고 그들이 사는 주의 공식어까지 세 개의 언어를 배운다.

인도의 예는 다언어상용(multilingual) 국가, 특히 제 3세계나 최근에 독립한 국가들의 정부가 무엇을 할 수 있고, 무엇을 해야만 하는 지에 대한 첫 사례를 제공한다. 이러한 국가의 정부는 국어를 선택해야만 하고, 다양한 의사소통 욕구를 위해 더 유용하게 사용할 수 있는 국어를 개발해야 하고, 이것이 폭넓게 확산되도록 장려해야 하며, 소수언어의 위치도 고려해서 정책을 결정해야 한다. 이 장에서는 언어계획 과정의 다양한 양상을 논의한다.

    정부기관이 언어계획을 책임지지만, 개인 역시 새로운 단어를 창조하고 지속적으로 사용함으로써 이 과정에 영향을 미칠 수 있다. 5장 1절에서는 국가 대 개인의 언어계획 그리고 전반적인 정부정책을 반영하는 언어정책의 한 부분으로서 언어계획을 다룰 것이다. 또한 언어계획의 두 가지 상반된 이론이 논의될 것이다. 이 논의는 언어계획에 사용되는 명확성, 경제성, 잉여성에 대한 언어적이고 객관적인 기준이 있는가하는 질문에 초점을 두고 있다. 5장 2절에서는 언어계획에서의 여러 활동과 단계가 기술된다. 이장의 마지막 절에서는 언어계획이 사회-정치적 진공상태에서 일어나는 과정이 아니기 때문에 어떤 요인들이 언어계획 과정에 영향을 주는지를 살펴볼 것이다.

5.1 언어계획의 유형과 이론

언어계획(language planning)은 사실 언어정책의 한 부분이거나 실질적인 실현이다. 정부는 그 나라에서 사용되는 언어를 고려하여 특정 언어정책을 채택하고, 언어계획 형태로서 정책을 수행하도록 노력한다. 모든 언어계획은 언어정책을 토대로 하고 있으며, 언어정책은 더 일반적인 정부의 정책을 반영한다. 예를 들면, 스페인에서 독재자 Franco가 지배할 때 학교에서는 카탈로니아어(Catalan)의 사용과 카탈로니아어로 쓰인 책과 신문 등의 발행이 금지되었다. 그 이유는 카탈로니아어가 카탈로니아 운동의 중요한 상징으로 간주되었기 때문이며 이 운동은 카스티야 사람들이 주도하는 스페인 단합에 위협적으로 보여졌기 때문이다. 그래서 정부는 카탈로니아어의 사용을 억압하였다. 즉, 통일된 국가의 힘을 강하게 하기 위한 정책의 일부분으로서 그 언어를 없애려고 계획하였다. 이 장에서 언어계획이라는 용어는 언어정책을 포함해서 상당히 폭넓고 일반적인 의미로 사용될 것이다.

정부가 언어계획에서 적극적으로 활동한 두 가지 예를 이미 살펴보았다. 하지만, 이런 활동은 정부 또는 정부 기관만이 준비하는 것은 아니다. 개인 또는 단체 역시 이 활동에 참여할 수 있다. 특히 다언어상용 상황에서 소수언어가 사라지게 될 위험에 처했을 때 언어 문제로 사람들을 단결시킬 수 있다. 재생하거나 유지하고 싶은 언어로 책을 발행할 수 있고, 문화 행사를 조직하고, 신문을 발행하며, 언어교육 과정을 구성할 수도 있다. 이러한 개인 언어계획자의 독특한 예는 팔레스타인에서 살고 있는 Eliezer Ben-Yehuda(1852-1922)인데, 그는 다수의 추종자와 함께 히브리어(Hebrew)를 구어로 복원시키려고 노력하였다. 거의 1700년 동안 히브리어는 일상생활에서 구두로 사용되지 않고, 성서를 읽고 공부하며 기도하는 예배용 언어로만 사용되었다. Ben-Yehuda는 팔레스타인에서 최초로 히브리어를 말하는 가정을 만들어 다른 사람들에게 본보기를 보여주려 하였다. 그 당시 히브리어 단어에는 'kitchen' 또는 'stamp'와 같은 일상적 단어가 부족했는데, 이 같은 점을 고려하면 그 가정에서 일어나는 잠재적인 의사소통의 문제를 충분히 상상할 수 있을 것이다. Ben-Yehuda가 관련했던 언어계획 활동 중에는 현대 히브리어 신문 발행과 현대와 고대 히브리어 사전 편찬을 꼽을 수 있다 (Fellman, 1974). 노르웨이어 교사인 Ivar Aasen도 또 다른 유명한 '개인 언어계획자'이다. 그는 노르웨이 방언의 광범위한 연구를 토대로 두 종류의 노르웨이어 중 하나인 란트말어(Landsmal)를 고안한 집단의 창시자이자 후원자였다.

공식적 언어계획 또는 정부 언어계획은 언어기관, 학술원, 담당부서를 통해 이루어진다. 그런 담당부서의 과제는 철자법을 개정하고, 새로운 언어를 만들고, 문자가 없는 언어에 정자법을 고안하는 것이다. 그러나 정부의 힘이 강력하다 할지라도 사람들에게 특정한 방식으로 말하도록 강요하는 것은 어려운 일이다. 일상에서의 개인들의 언어선택은 학술원이 제안한 공식적이고 신중한 언어계획과는 상반될 수도 있다. 특히, 대부분의 구어에서 언어는 화자들이 원하는 방식으로 이루어진다. 예를 들면, 라틴-아메리카의 여러 나라와 스페인의 스페인어 학술원은 영어 차용어를 새로운 스페인 단어로 대체할 것을 제안하였으나 화자들은 여전히 영어 차용어를 사용하고 있다(Guitarte 와 Quintero, 1974). 심지어 프랑스 정부는 1975년 같은 의미의 프랑스어가 있는데도 차용어를 사용하는 사람에게는 벌금을 물리도록 하는 법을 통과시켰다(예. billet 대신에 ticket). 대부분의 경우 언어계획은 구어보다 문어에서 더 성공하였다. 이런 방법으로 토속어와는 상당히 다른 문어적 기준이 만들어졌다.

국가 또는 집단의 상황에 따라 언어계획은 다른 형태를 취할 수 있다. 개발도상국에서의 첫 번째 과제는 어느 언어가 국어의 역할을 담당할 것인가를 결정하는 일이다. 최근에 독립한 많은 나라들은 이같은 국어선택 과정을 거쳤다. 예를 들면, 인도네시아는 국어로서 바하사 인도네시아어를 채택했고, 모잠비크는 포르투칼어를 선택했다. 이런 형태의 언어계획을 '언어선정(language selection)'이라 부른다.

많은 나라에서 소수언어는 국어 다음으로 사용된다. 언어계획은 이러한 소수언어의 위상과 관련이 있다. 이 언어들의 사용을 허용할 것인가, 격려할 것인가 또는 억압할 것인가? 소수언어를 교육적으로, 행정적으로 사용할 것인가? 이같은 문제와 관련해 정부는 소수언어와 관련된 공식적인 정책을 갖고 있지 않더라도 암묵적인 정책을 가지고 있을 수 있다. 왜냐하면 소수언어를 지지하지 않으면 소수언어의 쇠퇴나 더 나아가 상실의 결과를 초래할 수 있기 때문이다. 이것은 오히려 정부의 은밀하고도 감추어진 궁극적인 목적이 될 수도 있다. 소수언어의 위상을 다루는 언어계획을 '소수언어처리(minority language treatment)'라 한다.

언어계획은 국어 뿐만 아니라 소수언어의 개발 방향으로도 나아갈 수 있다. 특정 언어를 국어 표준어로 선택하는 것과 철자법 개정과 같이 더 나은 언어개발은 구어와 문어의 양상에 영향을 미칠 수 있다. 구어의 형태로만 존재하는 언어에는 철자법이 고안될 수도 있다. 이러한 계획의 형태를 언어개발(language development)이라고 부르는데, 이것은 어린이의 모국어 습득과 같은 개체 발생적 언어발달과 혼동되어서는 않된다. 언어계획의 형태로서 언어개발은 비록 정도의 차이는 있을지라도 모든 국가와 언어 공동체에서, 선진국은 물론 개발도상국에서도 일어난다. 한 개 또는 그 이상의 국어를 가진 오랜 전통의 산업화되고 선진화된 나라에서의 언어개발은 별로 중요하지 않은 사업이지만, 개발도상국에서는 많은 언어개발 활동이 수행되어져야만 한다. 다음 절에서는 더 광범위하게 이러한 활동이 다루어질 것이다.

중요한 문제는 언어계획의 방향이 어떻게 잘 결정될 수 있는가 하는 문제이다. 어떤 언어계획(가정 활동의 계획에서부터 경제적 계획까지)이 상황을 개선시키는데 목적이 있다고 한다면, 문제는 '개선'(improvement)이라는 정의(물론 이 향상된 상황을 어떻게 달성할 것인가에 대한 문제는 별도로 하고)에 달려있다. 이 문제를 언어계획에 적용시키면, 언어사회의 의사소통 욕구를 최상으로 충족시키기 위해 선택되고 개발된 '최적의 언어'(optimal language)가 있는가라는 물음이 제기될 수 있다. 이 문제에 대한 두 가지 답을 언어계획에 관한 문헌에서 찾아 볼 수 있는데, 이 두 해답은 언어의 사회적인 본성과 언어학의 범주와 관련해서 서로 다른 이론적 관점에 토대를 두고 있다.

첫 번째 해답은 개념도구설이론(theory of instrumentalism)이다. 이 이론은 사회언어학자들 사이에서 높은 인기를 얻지는 못하였으나 비전문가들로부터는 많은 지지를 받았다. Tauli(1968)는 가장 강력한 지지자 중 한 사람이다. 그는 언어를 도구나 연장으로 보았으며, 따라서 언어는 평가될 수 있고, 변화하며, 규제되고 개선될 수 있으며, 심지어 새로운 언어가 창조될 수도 있다고 여긴다. Tauli에 의하면 언어는 효율성과 관련해서 평가될 수 있다. 언어학자들은 가치판단을 할 수 있고, 비논리적인 구조나 명확치 않는 구조를 지적할 수 있다. 하지만 Tauli는 언어를 전체적으로 평가할 필요는 없고 경제성, 명료성, 유연성의 관점에서 구체적인 언어자질에 대한 평가가 필요하다고 지적한다. 그런 평가가 가능하고 객관적으로 증명할 수 있다는 것이다. 많은 경우 양적으로 측정될 수 있어서 특정 관점에서 보면 어떤 언어자질이나 언어는 다른 언어자질이나 언어보다 더 낫다고 말할 수 있다. Tauli가 논의하는 첫 번째 예들 중 하나를 보면,

그의 접근방식은 심각한 문제에 부딪치고 있음이 분명하다. 그가 언급하는 '특정 관점'은 다른 관점과 대립되는 아주 제한적인 관점이다. Tauli는 문법구조에서의 경제성과 잉여성과 관련해서 언어는 서로 다르다고 설명한다. 그는 이인칭 단수의 의미가 두 가지로 표현(du 와 접미사 -st)되는 독일어 표현 du kommst를 예로 들고 있다. 이것과 일치하는 영어인 'you come'이라는 발화에서 이 의미는 단 한번만 표현된다. 그러므로 이런 점에서 영어가 더 경제적이다. 하지만 만약 같은 표현이 다른 관점으로 평가된다면, 예를 들면, 많은 언어에서 두 개 또는 그 이상의 대명사로 표현되는 영어에서의 you의 의미는 어떻게 평가되어야 하는가? 독일어는 du(이인칭 단수, 비존칭) 그리고 Sie(이인칭 단수, 존칭; 그리고 이인칭 복수, 존칭, 비존칭)를 가지고 있다. 영어와 독일어 대명사체계를 더 완전하게 비교해 보면 차이점은 더 밝혀질 것이다. 그러나 이 제한된 비교만 보더라도 영어에서는 대명사 선택으로 표시될 수 없는 구분(형식적 vs 비형식적, 단수 대명사들)을 독일어에서는 표현하고 있다. 그러므로 구두로 하는 상호작용에서 사회적 관계를 형성하고 확인하는데 언어적인 경제성의 관점으로 보면 독일어가 영어보다 더 경제적이다. 게다가, 언어에서의 잉여성은 기능적이라는 것에 주목해야만 한다. 한 개의 의미 단서를 이해하지 못하면, 청자는 좀 더 쉽고 적절한 해석을 할 수 있는 또 다른 단서를 찾을 것이다.

두 개의 언어로부터 두 언어 또는 구조를 비교하여 '가장 좋은 구조'를 정의내리기에는 기술적인 문제가 있다는 것을 위의 예에서 설명하였다. 언어계획의 두 번째 이론은 그런 시도가 이론적으로 불가능하다고 주장한다. 언어계획의 사회언어학적 이론(sociolinguistic theory)이라고 불리는 이 이론은 두 가지 원리를 토대로 하고 있다.

(a) 알려진 모든 언어들은 동등한 본질적 가치를 지닌 상징 체계이

다.
  (b) 언어계획은 언어의 기술적(technical)인 양상뿐만 아니라 사회
      적인 양상도 다루어야 한다.

원리(a)는 많은 언어연구에 의해 지지를 받고 있는 현대 언어학에서 일반적으로 받아들여진 가정과 일치한다. 19세기 전부터 기준적이고 규범적인 언어학은 언어 또는 언어구조의 우수성과 관련된 가치를 언급하지 않는, 기술적(descriptive)이고 이론적인 목적을 가진 과학으로 진화하였다. 이러한 입지를 고수한 Haugen는 논리적인 기준에 따라 자연 언어(natural language)에는 잉여성과 모호성이 있다고 주장한다. 한 가지 이상의 언어에 친숙한 것은 각각의 언어를 불완전하게 아는 것이라는 것을 어쩔 수 없이 인정할 수 밖에 없다. 이것이 논리학과 수학이 발달한 이유이다. 논리학과 수학은 자연 언어의 논리적 불완전성으로부터 자유롭다. 그러나 누가 사회생활에서 언어를 수학으로 대신하길 원하는가? 인간 언어와 방언의 풍부한 다양성은 인간 조건의 일부분이다. 모든 언어들이 똑같이 논리적이거나 동일하기 위해서 다양성을 없애는 것은 시쉬포스(Sisyhus)의 헛된 노력일 뿐만 아니라 인문주의자들에게는 가치없는 무모한 목적에 지나지 않는다. 이런 관점에서 '원시적인 언어'(primitive language) 또한 존재하지 않는다. 물론 몇몇 언어들은 산업화 사회의 현대 생활에 관한 다양한 양상을 설명하는데 필요한 어휘가 부족하지만, 그렇다고해서 그 언어가 원시적이라고 말할 수는 없다. 실제로 그 언어들은 종종 매우 복잡한 문법을 가지고 있다. 게다가, 단어들은 쉽게 확장될 수 있다.

  언어계획의 사회언어학적 이론의 두 번째 원리에서는 언어의 사회적 본성이 강조된다. 언어는 일상생활, 사회적인 상호작용에서 사람들에 의해 만들어진다. 언어들은 서로 다른 사회적 가치를 가지고 있고, 사람들의 정체성은 그들이 말

하는 언어와 밀접하게 연관되어 있다. 그러므로 언어는 단순히 망치나 톱과 같은 도구로 간주될 수 없다. 언어계획은 언어의 사회적 지위에 대한 설명, 다양한 사회 상황에서의 사용, 다양한 화자 집단의 정체성과의 관계 등이 기본적 역할을 하는 사회계획의 형태로서 간주되어야 한다. 이런 관점은 계획된 언어개발의 가능성을 부정하는 것이 아니라 그 가능성이 제한적이며 사회적 여건에 영향을 받는다고 주장한다.

일반적으로 오늘날의 언어학자들은 언어계획에 많은 관심을 기울이지 않는다. 관심이 부족한 데에는 두 가지 분명한 이유가 있다. 첫째, 많은 언어학자들은 언어가 체계 밖에 있는 변수들에 의해 변하지 않는 '자동적인 체계(autonomous system)'라는 관점을 가지고 있다(Rubin 과 Jernudd, 1971 a). 둘째, 대부분의 경우 언어계획은 문어와 관련이 있고 구어는 부차적으로 간주된다. Haugen(1966b:53)이 말하듯이, 언어학자들에게 이것은 본말이 전도된 것이다. 언어계획은 언어학자들이 부차적으로 간주하는 것을 근본적으로 간주하고, 언어학자가 단지 현실의 그림자로만 여기는 것에 가치를 부여한다.

5.2 언어계획에서의 단계와 활동

초기 실태조사(Initial fact-finding)는 언어계획 과정에서 첫 번째 단계이다. 언어 상황에 대한 개관은 어떤 조치를 취하기 전에 이루어져야 한다. 그런 배경조사에서 각 언어의 모국어 화자와 제2언어 화자의 수, 언어의 사회적 분포, 언어의 사회언어학적 지위, 문어 형식의 존재여부, 단어의 정교성 등에 관한 정보가 모아져야만 한다.

어떤 사실을 연구할 것인가는 공동체의 사회언어학적인 실제 상황에 달려 있다. 예를 들면, 아프리카의 많은 나라들에서처럼 언어상황이 매우 복잡한 개발도상국에서는 실태가 많이 알려져 있지 않다. 그런 경우 실제로 사용되는 언어의 수 뿐만 아니라 심지어는 국어 화자들의 수도 조사에 의해 확인되어야 한다. 한 예로, 이디오피아의 언어학적 조사는 많은 학자들에 의해 4년 계획으로 행해졌다. 이디오피아 언어는 네 개의 어족에서 70여개의 언어가 관련되어 있으며, 화자의 수는 이디오피아 언어인 암하라어(Amharic)가 7백80만4백명에 달하며, 나일사하라어(Nilo-Saharan)인 쿠웨가어(Kwega)는 250명에 이른다(Bender, 1976). 하지만, 최근 서양의 많은 나라에서도 역시 식민지로부터 이민과 이주 노동자의 정착으로 다언어상용이 증가했다는 것을 지적하지 않을 수 없다. 이것이 영국에서 소수언어계획(Lingustic Minority Project)을 세우는 이유 중의 하나이다. 이 계획의 목적 중 하나는 사용되는 언어 수와 각 언어의 화자의 수를 조사하는 것이었다. 예를 들면, Haringey의 런던지구에서 학교 아이들은 87개 언어를 사용하는데, 이 중 그리스어와 터키어의 모국어 화자가 가장 많다는 사실이 발견되었다.

두 번째 단계에서 실제적인 계획이 세워진다. 실행계획으로 구성된 '절차'(procedures)가 모색되며, 언어계획 과정의 특정한 목적이 결정된다. 절차는 과정의 핵심이기 때문에 다른 나라에서 행해진 실제적인 계획 활동의 예를 살펴보면서 다른 단계보다 더 폭넓게 다루어질 것이다.

절차의 처음 두 단계, 즉 언어선정과 소수언어처리는 이 장의 첫 번째 부분에서 이미 언급되었다. 언어선정은 새로운 국어의 선택을 의미한다. 위에서 설명했듯이 많은 개발도상국은 독립 후 이 문제에 직면했다. 사용 중인 언어는 이전의 식민통치 국가와 너무 관련되어 있다. 따라서 탄자니아는 영어 대신에 스와힐리어를 선정했다. 하지만, 많은 경우 사회적, 정치적, 또는 언어적 요인들이 바람직하지 않는 국어를 선택하게 했다. 이는 이전의 식민 언어가 그 지위를 유지한 결과로 볼 수 있으며, 그 예로 케냐에서의 영어 선정을 들 수 있다.

소수언어처리는 교육, 행정, 공공 생활에서 소수언어의 사용에 대한 결정을 의미한다. 예를 들면, 몇몇 남미 국가에서 소수언어는 초등교육에서 어느 정도 사용된다. 파라과이에서는 구라니어(Guarani) 그리고 에콰도르에서는 케추아어가 사용된다. 네덜란드의 북부인 프리슬란드(Friesland)에서 프리즐랜드어(Frisian)는 독일어와 함께 행정어로 사용된다. 소수언어처리의 이런 형태들은 소수언어유지를 위해서 종종 계획된다.

세 번째 절차는 '성문화'(codification)인데, 이는 사전, 문법, 철자, 구두점 그리고 발음 지침 등을 통한 언어의 명시적 설명이다. 성문화는 언어의 '표준화'를 위한 전제조건이다. 만약 어떤 언어 사회에 표준언어가 없거나 새로운 표준언어를 택해야 한다면, 이 사회에서 성문화는 표준 형태로 존재하지 않았음을 의미한다. 물론, 성문화에 있어 중심 문제는 언어적 복잡성에 있다. 예를 들면, 한 언어 문법의 성문화란 단순히 그 언어의 문법 규칙을 기술하는 것이 아니라 서로 다른 방언으로부터 두 개 또는 그 이상의 규칙 중 하나를 '표준적'인 규칙으로 선택하는 것을 의미한다. 성문화는 표준 변이형이 확립되는 것을 의미하고, 일반적으로 이것은 문제 언어의 변이형 또는 방언 중의 하나를 토대로 하는 것을 의미한다. 예를 들면, 탄자니아에서는 스와힐리어의 많은 방언들이 사용되었다. 성문화될 방언은 이미 독립 전에 선택되어졌으며, 1930년에는 후에 동아프리카 스와힐리 위원회라고 불리는 영토간 언어 위원회(Inter-Territorial Language Committee)가 케냐, 우간다, 탄자니아에서 교육에 사용될 스와힐리어 형태를 선택하기 위해 설립되었다. 그들은 표준언어의 토대를 구성하기 위해 쟌지바(지금의 탄자니아) 지방에서 사용되는 방언인 키웅가자어(kiungaja)를 선정하였다. 그래서, 키웅가자어의 문법과 어휘가 성문화되었다(Whiteley, 1969 비교).

노르웨이는 흥미로운 장기 언어계획 문제에 직면했다. 노르웨이는 1814에 덴마크로부터 독립하였다. 수세기간에 걸친 덴마크의 지배 때문에 노르웨이는 언어사용에 있어 덴마크어가 큰 영향을 미쳤다. 노르웨이에서 사용되는 변이형은 다소 순수한 덴마크어에서부터 덴마크어의 영향을 받지 않은 지방 노르웨이의 방언에 이르기까지 다양하였다. 19세기 중반에 두 가지의 성문화 노력이 노르웨이의 표준 언어의 방향을 이끌어 냈다. 언어개혁가 크누드 크누드센(Knud Knudsen)이 이끈 첫 번째 노력은 노르웨이어의 영향을 강하게 받아 덴마크어의 변이형 특징을 갖고 있는 소위 '구어 표준(Colloquial Standard)'의 방향으로 문어 덴마크어를 개정하는 것이었다. 이 노력의 결과로 리크말(Riksmal: state language)이 생겼으며, 이것은 후에 보크말(Bokmal:book language)이라 불리어졌다. 비교할 만한 또 다른 기준은 이바 아센(Ivar Aasen)이 이끌고 그의 영향을 받은 그룹에 의해 만들어졌다. 이들은 성문화를 위한 토대로서 하나의 변이형만을 취하지 않고, '진짜'(real) 또는 '순수한'(pure) 노르웨이어를 발견하기 위해 모든 노르웨이 방언에서 노르웨이어를 재생하려고 노력하였다. 그들이 제안했던 언어는 'Landsmal'(국어)이라고 불렸으며 후에 이 이름은 '니노르스크'(Nynorsk: 새로운 노르웨이어)로 바뀌었다. 이후로 노르웨이인들은 두 개의 성문화된 국어를 가지고 있으며, 정부는 새로운 성문화 노력을 통해 두 언어를 좀 더 합쳐지게 하거나 언어학적으로 수렴하기 위해 노력하고 있다 (Haugen, 1966a).

성문화는 국어가 채택될 때 필수적일 뿐만 아니라 소수언어처리의 한 부분이 될 수 있다. 특히, 소수언어가 교육적 또는 행정적 지위를 얻을 때, 성문화된 형태가 필요하다. 예를 들면, 1957년 이후 토속어(vernacular) 교육이 필리핀 공립학교 체제에서 가능하게 되었다. 그러나, 교육용 자료는 거의 이용할 수 없었고, 대부분의 토속어는 성문화된 형태로 존재하지 않았다. 이후 많은 언어학자들은 수십 개의 필리핀 언어를 연구하고 과학적으로 기술하는데 몰두하였다. 이러한 기술은 반드시 성문화로 귀착된다. 이 때문에 방언의 기술을 목적으로 하는 방언 연구가들은 방언의 성문화에 노력을 기울이고 있다.

언어가 문자 형태로 존재하지 않는 곳에서 성문화는 '문자화'(graphication)를 의미할 것이다. 즉 구어를 문어로 변경하거나 구어의 형태를 나타내기 위해 문자 기호를 고안하는 것이다. 문자화 과정에서의 첫 번째 결정은 알파벳 또는 활자의 선택과 관련된다. 이어서 음소와 문자소 사이는 어떤 관계인가, 또는 단어가 어떻게 철자화되어야 하는가하는 중요한 문제가 뒤따른다. 에콰도르와 같은 나라에서 아메리카 인디언 언어인 케추아어의 철자에 대한 논쟁의 예를 들어 철자 개발과 관련된 기술적(technical)인 문제가 예시될 것이다. 많은 다른 언어처럼, 케추아어는 연구개 폐쇄음(velar stops)과 순음 활음어(labial glides)를 가지고 있다. 언어적 철자법으로 다음과 같은 단어들이 만들어진다.

kasa ('frost') and *kira* ('tooth')
wasi ('house') and *wira* ('fat')

사실, 국내외 언어학자들은 이런 원칙에 따라 공식적인 철자를 제안해 왔다. 하지만 문제는 k와 w가 대다수의 에콰도르인들에게 영어처럼 느껴지고, '순진한' 인디언 농부에게까지 미국적 냄새가 전달되는 느낌을 준다. 스페인어 철자법으로 만들어진 대안 역시 그다지 매력적이지 않다.

casa and *quiru*
huasi/guasi and *huira*

이 철자는 두 가지의 어려움을 일으킨다. 기술적인 면에서, 스페인어 철자법은 뒤따르는 모음에 따라 두 개의 문자소에 하나의 음소가 나타나는 연구개 폐쇄음의 결과가 되고, gu 또는 hu의 선택은 순음 활음어의 결과가 되어 혼란과 불일치를 야기할 수 있다. 이데올로기 측면에서, 스페인어 철자법은 케추아어의 스페인어에 대한 의존성 및 인디언의 메스티조어(Mestizo)에의 의존성을 강조한다.

언어가 이미 성문화된 형태로 존재하는 곳에서는 재성문화(re-codification)가 시도될 수 있다. 예를 들면, 혁명 후에 소련연방은 중앙 아시아 지역의 많은 언어 사용자들에게 덜 알려지거나 특유한 그들의 아라비아어 활자 대신 라틴 알파벳을 쓰도록 하였다. 대략 1935년 이후에, 중앙 정부의 정책은 러시아어로 쓰인 키릴어(Cyrillic) 활자를 도입하는 방향으로 바뀌었다. 1940년경에 키릴활자는 대부분의 공화국으로 퍼졌다 (Lewis, 1972).

노르웨이는 재성문화의 전형적인 예를 제공한다. 1934년에 노르웨이 의회는 음운적이고 구문적으로 매우 유사한 두 국어의 친화를 목적으로 철자 개정을 위한 위원회를 설립하였다. 정부는 인가된 철자 목록을 통해 공식적으로 사용이 권장된 새로운 언어 형태들이 두 언어 사용자에 의해 채택되어 보크말과 니노르스크어 사이의 간격이 좁혀지길 희망했다.

마지막 계획 절차는 언어의 '현대화'(morderization)이다. 성문화와 현대화는 함께 언어개발의 활동을 구성한다. Ferguson(1968:32)에 의하면 '언어의 현대화는 의사소통의 매개체로서 다른 발달된 언어와 동등하게 되는 과정'으로 생각될 수 있다. 이것은 어떤 의미에서는 현대적인 담화 형태의 적절한 수단으로써 언어간 해석이 가능한 세계 공동체에 참여하는 과정이다, 두 과정에는 (a) 어휘의 확장 (b) 새로운 문체와 담화 형태의 개발이 포함된다. 지금까지 (b)는 (a)의 관점보다 관심을 훨씬 덜 받았다. 만약 비공식적인 상황에서만 기능하는 언어가 국어나 교육 매개언어로서 선정된다면 사람들은 언어를 적절하게 사용할 수 있는 능력이 부족하게 될 것이다. 이런 경우 언어계획에는 문체를 소개하는 책, 글쓰기 책

등의 개발이 포함될 수 있다.

어휘확장은 언어계획에서 가장 많이 논의되는 문제 중의 하나이다. 새롭게 조성된 국어와 공식적으로 인정된 소수언어는 종종 현대적, 과학적 그리고 산업화된 세계의 여러 양상들을 설명할 수 있는 어휘가 부족하다. 히브리어는 놀라운 예를 제공하는데, 히브리어가 재생되는 동안 일상생활의 많은 양상들, 즉 자동차의 여러 부분들, 군사적 개념, 많은 도구들에 대한 단어들이 만들어져야만 했다. 일반적으로 기술과 관련된 단어가 만들어지는 과정은 세 가지 주요 과정으로 구분될 수 있다. 기존 단어의 합성어, 모국어 파생 과정을 통한 새로운 단어형성 그리고 외국어로부터 단어차용이 그것이다. 타갈로그어(Tagalog)를 토대로 하는 필리핀 국어인 필리핀어(philipino)로부터 몇 가지 예를 들어 이러한 과정을 설명할 것이다. 1964년 이후 필리핀의 *Lupon sa Agham* (과학 위원회)는 기본적인 기초과학 및 기술 관련 단어들을 통합시킨 어휘와 현대생활에 적절하면서도 타갈로그어의 형태론과 일관성이 있는 표현들을 마련하였다. 제안된 새로운 단어의 예가 표 5.1와 같다.

음성적으로 조정된 형태의 외국어 차용은 *Lupon*에 의해 제안되었다. *eruplano* ('airplane'), *Merkuryo* ('Mercury'), 그리고 *ampir* ('ampere')가 여기에 해당된다. 이러한 세 가지 과정외에 적용되는 다른 과정으로는 기존 단어의 의미 확대 (필리핀의 mikmik는 매우 작다는 의미에서 현미경을 뜻하는 의미로까지 확장되었다)와 방언으로부터의 단어 사용이 있다. 'Soil'의 동의어인 'earth'는 타갈로그어에서는 lupa이다. 과학 위원회(Science Committee)에서는 행성으로서 'Earth'를 나태내기 위해 비샤얀(Visayan) 방언에서 lupa에 상응하는 단어 duta를 택하였다.

표 5.1

합성어	buumbilang	buo plus bilang
	'integer'	'whole' 'number'
	bahagimbilang	bahagi plus bilang
	'fraction'	'part' 'number'
파생어	pamahiga	pang- plus bahagi
	'denominator'	instrument prefix 'part'
	sabansain	sa- plus bansa plus -in
	'nationalize'	action prefix 'nation' action suffix
결합된 합성어와 파생어		
	balikhaan	balik plus likha plus -an
	'regeneration'	'return' 'create' process suffix
	dalubwikaan	dalub plus wika plus -an
	'linguistics'	'expert' 'language' process suffix

이휘확장과 비교할만한 것은 의도적으로 제안된 어휘변화의 절차이다. 이런 언어계획 절차는 너무 많은 외국 단어들이 언어에 들어왔다고 느껴질 때 수행된다. 특히, 미국의 기술과 오락의 영향을 많이 받는 나라의 언어에서 나타나고 있다. 그 이유 때문에 라틴-아메리카들과 보고타의 스페인어 학술원 의회(1960)는 각 학술원이 기술적인 어휘를 다룰 위원회를 만들어야 한다는 결의안을 승인했다. 콜롬비아어 학술원 위원회는 다른 학술원에 의해 승인된 영어 차용어를 대체하기 위해 많은 스페인어 용어를 제안하였다 (Guitarte 와 Quintero, 1974).

언어계획 프로그램의 모든 절차는 개별 언어 화자에게도 적용된다는 것이 강조되어야 한다. 예를 들면, 언어의 현대화는 항상 일어났고 또 계속 일어날 것이다. 이는 사람들이 언어를 의사소통적 욕구에 맞추어 쓰기 때문이다. Ferguson이 지적하듯이, 현대화의 과정은 반드시 새롭거나 '현대적'이지만은 않다. 즉, 비문학적 산문 강의와 전문적 상담과 같이, 구두로 하는 의사소통을 포함하여 이전에는 사용되지 않던 담화 형태와 주제를 다루기 위해 언어가 확장되었던 15세기 영어와 19세기 헝가리어가 겪었던 현대화 과정은 본질적으로 같은 과정이다(Feruson, 1968:32).

계획되거나 계획되지 않은 언어 변화 사이의 유사성은 새로운 단어의 '자연발생적' 형성의 예로 설명될 수 있다. O' Grady(1960)는 새로운 서부 개념이 호주의 원주민 언어인 Nyaŋumada어로 표현되는 다양한 방식을 예로 들고 있다. 파생과정에서 'ŋankapinti'('razor', from ŋanka, 'beard' plus -pinti), 또는 waŋalpinti('electric fan', from waŋal, 'wind' plus -pinti)에서처럼 특정한 목적이나 행위와 관련된 물질문화의 요소를 나타내면서 'complement of'의 뜻을 지닌 접미사 -pinti가 사용된다. 또한 기존 단어에 새로운 의미가 주어졌다. 'head-rest'를 의미하는 kitaita는 'pillow'의 의미도 가지게 되었고, 'clever man'의 의미를 가진 'mapan'은 'European doctor'를 의미하게 되었다.

이행(implementation)은 언어계획 과정의 세 번째 단계이다. 언어 위원회 또는 학술원이 언어에 대해서 계획만 하고 일상적인 언어사용에 영향을 미치지 않는다면 아무 소용이 없다. 이행의 일반적인 방법에는 단어 목록과 문법책 발간, 언어유지 노력을 위한 기금 마련(소수언어의 경우에), 교과서 발행, 새로운 언어에 대한 교사 훈련, 언어에 대한 정부의 결정 공포, 언어사용에 관련한 법의 통과 등이 있다.

언어계획 과정의 네 번째이자 마지막 단계는 평가(evaluation)이다. 목표가 달성되었는가? 많은 평가 연구는 언어계획이 성공될 수 있다고 본다. 예를 들면, 스와힐리어는 탄자니아에서 실제적이고 다목적인 국어가 되었다. 스와힐리어는 강력한 우위를 점하고 있는 영어와 경쟁해야 하는 중등교육에서도 사용되고 있다.

두 개의 노르웨이 표준언어는 정부 계획의 노력 결과로 점차 합쳐지고 있는 것 같다. 소련연방에서 새로운 철자법의 소개는 성공적이었다.

한편, 언어계획은 개별 화자가 자신의 언어습관을 바꾸지 않거나 계획했던 방향과 다른 방향으로 바꿀 경우 실패할 수도 있다. 이것은 특히 어휘가 확장되거나 새롭게 혁신될 때 그러하다. 언어위원회는 항상 차용어의 수를 줄이려고 노력하지만 그들이 제안한 순수한 형태는 종종 언어 공동체에 의해 채택되어지지 않는다. 화자는 완고하고, 언어는 언어 나름의 길을 간다. 게다가, 많은 경우 언어계획은 단지 언어의 문어 형태에만 영향을 미치며, 구어의 변화가 목적일 때조차도 구어형은 바뀌지 않은 채 남아있다. 사실, 언어계획은 순환적인 과정이다. 그 이유는 평가란 언어와 언어사용에 대한 사실을 발견하고 해석하는 것을 의미하며, 이것은 또 언어계획의 새로운 과정의 첫 단계이기 때문이다.

5.3 언어계획에 영향을 미치는 요인들

앞에서 언급되었듯이, 언어계획은 사회적 공백상태에서 일어나지 않는다. 대신에 언어계획은 많은 요소의 영향을 받는다. 이 절에서는 사회-인구 통계적, 언어적, 사회적-심리적, 정치적, 그리고 종교적 요인들이 다루어질 것이다. 이것들은 추상적인 단계에서 분리되어 연구될 수 있기 때문에 개별적으로 논의될 것이다. 사회적 현실에서 이 요인들은 서로 밀접한 상호작용을 한다는 것이 명백하게 밝혀질 것이다.

사회-인구 통계적(social- demographic) 요인에는 사용되는 언어의 수, 그 언어의 화자 수, 그리고 지리적인 분포가 포함된다. 한 예가 동아프리카인데, 특히 탄자니아와 케냐는 대조적이다. 탄자니아에는 화자가 있는 비교가능한 많은(약 100개) 언어가 있다. 이러한 민족 언어학적 단위가 숫자적으로 적다는 사실이 분명히 스와힐리어를 국어로 택하게 했다(Whiteley, 1971 비교). 탄자니아와는 대조적으로, 케냐는 상대적으로 언어의 수가 적다. 이 숫자적으로 적은 언어들은 스와힐리어와 경쟁할 수 있었고, 따라서 영어가 그 지위를 강화할 수 있었다.

사회-인구통계적 요인들은 간접적으로 언어계획에 영향을 미칠 수 있다. 예를 들면, 인도네시아와 말레이시아는 수 천개의 섬으로 이루어져 있다. 이곳에는 항상 공통어인 혼성어(lingua franca)에 대한 필요성이 있어 왔다. 말레이어가 혼성어로 결정된 데에는 말레이어의 모국어 화자가 이 지역에서 가장 중요한 바다 항로인 Malacca해협의 양쪽 지역에 살고있다는 점이 크게 작용하였다. 공통으로 사용되는 혼성어였기 때문에 말레이어는 비록 문화적으로나 양적으로(모국어 화자의 수와 관련해서) 말레이-폴리네시아 사회의 가장 중요한 언어가 아니었음에도 불구하고 말레이시아에서 국어로 선택되었으며, 인도네시아에서는 국어인 바하사 인도네시아어의 토대가 되었다(Alisjahbana, 1974 비교).

언어적 요인(Linguistic factors)은 주로 언어의 지위와 특성 그리고 언어 사이의 (비)유사성과 관련이 있다. '언어의 지위'란 개념은 문학적인 전통뿐만 아니라 (현대화된) 발달의 정도를 의미한다. 아프리카 개발도상국의 많은 모국어들은 국어의 후보가 될 수 없었는데, 이는 현대화된 발달정도가 낮았기 때문이다. 특히 완전히 발달된 식민언어가 사용되는 곳에서는 더욱 그러했다. 남 인도에서 대부분의 사람들은 공식어로서 영어의 지속적 사용을 환영했다. Apte(1976)에 의하면, 당시 힌디어는 오랜 문학적인 역사를 가지고 있는 몇몇 다른 인도 언어들, 특히 Tamil어와 Bengali어 만큼 발달되지 않았다고 알려졌다.

언어사이의 유사성과 비유사성은 언어계획에서 매우 중요할 수 있다. 예를 들면, 탄자니아에서 스와힐리어의 강력한 지위는 스와힐리어가 반투어(Bantu)이고 인구의 90 퍼센트 이상이 반투어를 사용하고 있다는 사실에 의해 신장되었다. 즉, 스와힐리어는 몇 개의 반투어와 밀접한 관련이 있어서 배우기가 어렵지 않았던 것이다. '언어의 특성'은 Alisjahbana(1974)에 의해 사용된 개념이다. 자바어와 비교해서 말레이어의 특성 때문에 말레이어는 상대적으로 배우기가 쉽다고 그는 설명한다. 말레이어는 자바어와 달리 사회적인 방언이 없다. 자바어는 듣는 사람의 나이, 신분, 사회적 지위에 따라 같은 생각을 표현하는 데에도 상이한 단어를 사용한다. Alisjahbana에 관점에서 보면, 이것은 수적으로 그리고 문화적으로 가장 중요한 언어인 자바어가 인도네시아의 국어가 되지 못했던 이유 중의 하나이다. 물론, Surinam의 자바어 공동체 사회에서 발견되듯이 단순한 사용역을 가진 자바어를 개발하는 것이 가능하였을 지도 모른다. 하지만 이것은 이루어지지 않았다. 언어가 실제로 국가적인 표준어로서 기능하기 위해서는 문체적인 변이형이 개발되어야 한다는 것은 앞에서 강조되었다.

사회-심리적 요인(social-psychological factors)은 넓은 의미에서 언어에 대한 사람의 태도와 관련이 있다. 이러한 태도는 언어사회에서 언어의 사회적 분포와 관련이 있고, 사회적 의미는 다양한 언어에 부여된다. 개발도상국 아프리카 여러 나라에서의 많은 언어들은 특정 민족집단과 동일시된다. 만약 그러한 언어가 국어가 된다면, 다른 민족집단은 그 언어에 대해 부정적인 태도를 가질 수 있다. 한 민족언어의 국가 주도는 그 언어의 원래 화자들에 의한 지배를 의미하며, 이는 특정한 민족 언어학적 집단에 의한 지배를 의미하는 것으로 보인다.

정치적 요인(political factors)들은 언어계획에서 상당히 중요하다. 여기에서 일반적인 정책과 언어정책 사이의 직접적인 관계를 볼 수 있다. 5장 2절에서 러시아화의 정책의 일부로서 소련연방에서 중앙아시아 언어에 키릴 문자를 소개한 예를 살펴보았다. 1984년과 1985년에 불가리아는 불가리아에 사는 터키 민족을 불가리아화 하려고 노력하였다. 터키인들은 터키 이름 대신에 새로운 불가리아 이름을 택하거나 터키로 되돌아가는 것 중 하나를 선택하도록 강요받았다. 이름을 바꾸는 것은 언어정책의 전형적인 예이다.

일반적인 정책목적과 언어계획 사이의 강력한 관계는 아일랜드의 경우에서도 볼 수 있다. 1750년과 1850년 사이에 대다수의 아일랜드 사람들은 아일랜드어에서 영어로 전환한 것으로 보인다. 아일랜드어는 점차 가난하고 상속권이 없는 농부의 언어가 되었다. 1893년에 게일 연맹(Gaelic League)이 결성되어 아일랜드어의 회생을 촉진하였다. 이것은 독립 운동과 밀접히 관련있다. 아이러니하게도 1922년 아일랜드 자치국가의 건립을 가져왔던 독립 운동의 성공은 이 연맹을 약화시켰고, 이로 인해 언어 운동도 약화되었다(Macnamara, 1971 비교). 아일랜드어 사용을 확대하고자 하는 아일랜드 정부의 노력은 아일랜드 정체성을 확립하는 일반적인 정책을 반영한다. 언어는 정체성의 중요한 부분으로 간주된다.

이전의 식민지 지배국가들의 일반적인 정책은 언어계획에서도 나타났다. 예를 들면, 벨기에와 대영제국은 그들의 아프리카 영토에서 지방언어의 사용과 표준화를 촉진시켰다. '온정주의적 분위기를 풍기는'(스펜서, 1974:168) 이 계획은 아프리카에서 접촉하는 서로 다른 민족에 대한 '분리 개발'을 강조했던 식민지 정책에서 유래되었다. 대조적으로 포르투갈 당국은 제한적 동화정책(assimlation)을 추구했고, 지방어의 사용을 금지시켰다. 예를 들면, 포르투칼어(스펜서, 1974)로 번역하지 않고서는 어떤 것도 아프리카어로 인쇄되는 것이 허락되지 않았다.

언어계획에 대한 정치적 요인들의 강한 영향력은 2개언어상용교육 또는 소수언어교육의 경우에서도 설명될 수 있다. 이 주제는 6장에서 다루어질 것이다.

종교적 요인(religious factors)은 여기에서 논의될 마지막 요인이다. 이것들은 언어와 종교 사이의 관계, 더 구체적으로 종교의 보급에서 지방언어를 사용하는 것과 관계가 있다. 전자와 관련해서, 수단에서의 예를 들 수 있다. 이 나라는 비록 영어가 소수의 중요한 엘리트에 의해 사용되었지만, 공식어로서 영어를 물려 받았다(Whiteley, 1974). 하지만 영어는 아랍어에 의해 대체되었는데, 아랍어는 인구 반 이상의 모국어였다. 정부는 나라의 이슬람화와 함께 성공적으로 아라비아어의 사용을 장려했다.

크리스찬 선교사들은 국어 또는 식민지어 대신에 지방어 또는 토속어의 사용과 표준화를 강력히 지지했다. 복음전도에 관심이 많았기 때문에 선교사들은 지방어를 공부하였고, 문법, 철자법, 학교 교과서, 종교 서적을 썼으며, 이러한 언어로 성경책을 번역하였다. 복음전도는 사람들이 사용하는 모국어로 시작하는 것이 성공적이라는 것이 그들의 주장이었다.

[추천도서]

Joan Rubin 외(1999)가 편집한 책 *Language Planning Process*에는 주로 언어계획의 사례연구와 좀 더 이론적인 기고문들이 포함되어 있다. 논문이 수록된 두 개의 다른 책도 비슷한 내용으로 구성되어 있다. O'Barr 와 O'Bar (편집)의 *Language and Politics (1976)*은 탄자니아와 파푸아뉴기니에 관한 정보를 제공하고 있으며, Cobarrubias 와 Fishman (편집)의 *Progress in language planning (1983)*도 참고할만하다. Carol Eastman의 *Language Planning (1983)*은 이 주제에 대해 이용할 수 있는 유일한 입문서이다.

2개언어상용교육

2개언어상용사회에 살고 있는 어린이들이 두 개의 언어, 즉 가정에서 사용하는 언어와 지역사회의 다른 집단이 사용하는 언어로 교육받을 수 있는 기회를 가져야 한다는 것은 당연해 보인다. 그러나 현실은 다르다. 대부분의 2개언어상용사회에서 두(혹은 그 이상의) 언어는 같은 지위를 가지고 있지 않다. 권위와 긍정적인 사회·경제적 의미를 내포하고 있는 주류언어(majority languages)와 나란히 소수언어(minority languages)가 있으며, 이 소수언어는 종종 낮은 사회·경제적 지위, 그리고 교육적 성취의 결여와 관련된다. 소수언어는 좋은 평가를 받지 못하며, 의사소통의 적절한 수단이나 교육시켜야 할 교과목으로 간주되지 않는다. 그러나 같은 나이 또래의 모국어 사용자들은 물론 자신들도 전혀 사용하지 않는 언어를 학교에서 사용해야만 하는 사례는 어디서든 찾아볼 수 있다. 네덜란드어가 교실에서 사용되고 있는 수리남에서 Sarnami-Hindi 어를 쓰는 어린이들, 집에서는 Shona어를 사용하지만 학교에서는 포르투칼어만 사용해야하는 모잠비크 어린이들, 완전히 스웨덴어만 사용하는 교실에서 공부해야하는 핀란드 어린이들, 교실에서는 이탈리어를 사용하는 사르만디어 어린이들이 그러한 예들이다.

이 모든 경우 가정 - 학교 간 언어 불일치 또는 전환이 일어나는데, 이런 불일치는 낮은 학업 성취와 같은 부정적인 결과를 가져올 수 있다. 소수언어가 이런 실패의 주원인으로 여겨지고, 이것의 부정적인 함축적 의미가 또 다시 강화되기 때문에 많은 연구자들은 이러한 상황이 변하기 위해서는 소수언어가 학교에 도입되어야하고 소수언어 교육을 위한 시설들이 설립되어야 한다고 주장한다. 6장 1절에서는 소수언어로 행해지는 학교교육에 대한 찬성과 반대의 주장들이 분석될 것이다.

소수언어가 학교에 도입되면 이것은 관련 지역사회에서의 사회언어적이고 정치적인 상황에 따라 여러 방식으로 이루어 질 수 있다. 6장 2절에서는 2개언어상용교육의 다양한 유형이 기술된다. 또한 주류언어를 사용하는 어린이들 (혹은 권위있는 언어를 사용하는 어린이)을 위한 교육적 모델이 논의될 것이며, 이 모델은 어린이들로 하여금 소수언어를 배우도록 동기를 부여하는 몰입(Immersion) 모델이 될 것이다.

6장 3절에서는 2개언어상용교육에 관한 연구 결과들이 제시된다. 이는 과연 이런 교육이 소수언어를 사용하는 어린이들의 교육적 성공을 촉진하는가의 여부와 소수언어와 주류언어에 있어서의 능숙도의 결과에 대한 것이다.

이 장은 제4장과 5장을 연계해서 읽어야 한다. 4장에서는 언어유지와 전환이 다루어졌다.제도적 지원은 소수언어의 유지 및 전환에 영향을 미치는 중요한 변인으로 논의되었다. 제도적 지원은 대부분의 경우 정부에 의해서 즉, 정부의 언어정책을 통해 결정된다(제5장). 학교는 현대 사회에서 중요한 기관이다. 그리고 정부의 결정은 학교에서의 소수언어 지위에 상당한 영향을 미친다.

6.1 학교에서의 소수언어

전통적으로 소수언어는 전반적으로 교육체계 내에서 한계적 지위를 지니고 있었지만 여러 가지 예외들도 있다. 예를 들면, 19세기와 20세기 초 몇십 년 동안 미국의 많은 이민자 집단은 모국어 교육을 하였다. 소련에서는 혁명 이후 교육 개혁이 이루어져 학교에서는 러시아어 이외의 다양한 국어의 사용이 권장되었다. 독립 이후 인도 연방 정부는 인도 교육제도 내에서 강력했던 영어의 지위를 약화시켰다. 새로운 정책에 따라 어린이들은 모국어로 초등교육을 받아야 했는데, 대개의 경우 모국어는 영어도 아니고 새로 선정된 국어인 힌디어도 아니었다.

대략 1950년이래 소수집단의 어린이 교육은 예전보다 더 광범위하게 논의되었으며 소수언어에 대한 관심이 증대되었다. 이러한 맥락에서 보면 1951년은 중요한 해이다. 교육에 있어 토속어 사용에 관한 유네스코 전문가 회의가 개최되었기 때문이다. 이 회의의 주 관심사는 제 3 세계의 언어교육이었다. 이 회의는 여러 국가의 소수언어의 교육적 지위에 관한 논의에도 영향을 미쳤다. 이 회의 보고서에서 가장 유명하고 잘 인용되는 선언은 '어린이를 교육하는데 있어서 가장 좋은 매체는 모국어이다'라는 자명한 이치다 (유네스코 1953 :11).

미국에서 소수언어의 교육적 재건은 1960년대 초반에 시작되었다. 1963년에 플로리다의 Wade County 공립학교들이 점점 늘어나는 쿠바계 어린이들의 욕구를 충족시키기 위해 스페인어와 영어를 교육시키는 Coral Way 학교를 세웠다. 주목할만한 점은 학교에서의 스페인어 사용에 대한 준비가 여러 세대 동안 이미 미국에서 살아온 스페인어 가족의 어린이들을 위해서가 아니라 새로 이민 온 어린이들을 위한 것이었다는 점이다. 1967년에는 2개언어상용 교육법 (Title VII of the Elementary and Secondary Education Act)이 통과되었다. 이에 따라

2개언어상용 프로그램에 대한 자금이 할당되었으며, 원칙적으로는 소수언어를 사용하는 모든 어린이들이 대상이 되었다.

　서유럽에서도 비슷한 상황이 전개되었다. 교육체제 상에서 소수언어의 지위는 1970년대에 개선되었는데, 이러한 내용들은 EEC(1977)와 유럽의회(1976)의 여러 가지 지령과 결의안에 나타나 있다. 여러 아프리카 국가들, 예를 들면, 수단과 나이지리아에서도 소수언어 교육방법을 개발하려는 시도가 있었다. 1957년에 필리핀 정부가 내린 결정에 따르면, 처음 2년 동안의 학교 교육에서 지방 토속어를 교육매체로 사용할 수 있다.

　1951년 유네스코회의 이래 30년 동안 전 세계적으로 불고 있는 하나의 경향은 학교 교과과정 상에서 소수언어의 역할을 강화시키는 것이었다. 논의에 있어 부분적으로 중복되는 다음의 주장들은 소수언어 사용을 찬성하는 입장에서 제기되었다. 처음 다섯 가지 주장 (a) - (e)는 소수언어 사용 어린이들의 교육 상황 및 미래에 관한 것이다.

(a) 어린이의 모국어는 학업적 진전이 방해되지 않도록 초기 교육매체로 사용되어야 한다. 반면에 주류언어는 하나의 교과목으로써 학습될 수 있다. 교육자들은 어린이의 모국어가 초기 단계에서는 학습의 최상의 도구라는 점과 모국어를 통한 읽기와 쓰기는 제 2 언어로 하는 읽기 쓰기 능력보다 앞서야 한다는 점에 의견의 일치를 보인다. Larson(1981)은 완전히 스페인어로만 이루어지는 교과과정이 페루 정글에 살고 있는 Amuesha어를 사용하는 어린이들에게 미친 부정적인 영향들에 대해 명료하게 기술하고 있다. Amuesha 어린이들은 스페인어를 거의 혹은 전혀 모르는 상태에서 입학을 했고, 따라서 학교에서 수 년을 보낸 후에야 1학년 과정을 마쳤는데 이는 선생님이 하는 이야기를 이해할 수 없었기 때문이다. 의사소통 문제는 너무 심각해서 어떤

학교에 다니는 Amuesha 어린이들은 하루의 대부분의 시간을 선생님의 정원에서 일을 하도록 보내졌다. 반면에, 스페인어를 아는 어린이들은 수업을 받았다(p.39).

(b) 모국어로 교육을 받지 않고 또 학교에서 모국어가 발달되지 않으면 언어발달은 지체될 것이다. Cummins(1978)는 2개언어상용교육 연구 결과를 설명하기 위해 입문가설(threshold hypothesis)을 개발했다. 이 가설에 따르면 소수 어린이들은 모국어에서 그리고 제2언어에서도 일정 수준의 능력(입문수준)에 도달해야만 인지적 장애를 피할 수 있다. 소수언어의 경우처럼 어린이의 모국어가 권위가 없을 때 언어발달은 학교 밖에서 촉진되지 않는다. 그래서 이것은 교육시스템이 해야 할 과제이다. Cummins 의 여러 가지 견해는 제9장에서 더 논의될 것이다.

(c) 소수언어 교육은 어린이의 건강한 인격발달과 긍정적인 자기 이미지 발달에도 필수적이다. 만약 학교가 소수언어 교육을 하지 않는다면 소수언어 사용 어린이들에게 있어서 학교는 그들의 언어나 문화가 존재하지 않는 곳이며, 심지어는 그들이 받아들여지지 않는 곳, 그들의 사회적 정체성이 의심받고 손상을 입게 되는 곳이 될 것이다 (Toukomaa와 Skutnabb-Kangas, 1977:20). 만약에 학교에서 소수언어의 읽고 쓰는 능력이 개발되지 않는다면 소수언어 사용 어린이의 자기 이미지는 손상을 입게 될 것이다. 소수언어 사용 어린이들이 주류언어를 읽고 쓸 수 있는 것만을 배운다면, 소수언어는 불가피하게 2류의 의사 전달 수단으로 여겨지게 될 것이 틀림없다. 그것은 집에서 사용하는 언어를 따로 가지고 있는 사람은 하류라는 결론과 다름없다(Christian 1976:28).

(d) 위의 (c)를 확대하면 이렇게 주장할 수 있다. 소수언어를 교육매체로 사용하면 소수언어 사용 어린이들이 가정에서 학교로의 전환 과정에서 겪을 수 있는 문화적 충격이 완화될 것이다. 소수언어야말로 어린이와 지역사회를 연결하는 고리가 될 것이다. 이러한 주장은 어린이들의 자기 이미지 발달에 관한 주장 (c)와 관련이 있다.

(e) 소수언어 교육은 어린이의 모국어를 발달시키는데 필요하고, 이것은 주류언어를 성공적으로 습득하는 데에도 필요한 전제 조건이 된다. Cummins (1978)는 발달 상호의존 가설(developmental interdependence hypothesis)을 만들어 이러한 관계를 설명하였다. 9장 1절에서 이 가설이 다시 다루어지는데, 2개언어상용성의 언어학적 영향이 논의된다.

다음의 3개의 주장((f) -(h))은 개별적인 소수언어 사용 어린이들과 이들의 학업적인 성공보다는 소수집단과 전체로서의 사회에 관한 일반적인 목표와 더 관련이 있다. 두 가지 주장을 구분한 것은 사회적이고 개인적 발달 사이에는 밀접한 상관관계가 있다는 점을 감안하여, 다만 명확하게 하기 위해 구분한 것뿐이다.

(f) 소수언어 교육은 소수자 집단에게 강제적으로 언어적이고 문화적인 동화를 하지 못하도록 도와준다. 문화적 다원주의는 사회전체를 풍요롭게 하는 것으로 여겨진다. 소수언어는 소수집단의 문화 정체성의 근본적인 일부분이며(제2장), 많은 소수집단은 그들의 힘을 이러한 정체성에서 이끌어 낸다. 특히 아주 큰 사회에서 소수집단이 차별을 받을 때 그러하다. 더 나아가 한 나라안에는 많은 언어가 사용되고, 그 나라 안에 많은 2개언어상용 시민이 있다는 사실은 혜택이 될 수도 있다. 이러한 예가 바로 스위스이며, 미국내에서의 스페

인어가 똑 같은 경우에 해당될 것이다.

(g) 소수집단의 언어(그리고 문화)가 인정을 받게 되면 소수집단과 주류사회와의 사회적이고 문화적인 관계는 개선될 것이다. 소수집단의 문화 정체성(소수언어 교육을 통해)을 강화시키는 것은 사회의 양극화 및 사회적·정치적 마찰이 발생할 수 있는 가능성을 줄이는데 도움이 될 것이다.

(h) 특히 제 3세계 국가에서 소수언어 교육은 주류사회에 속하지 못하는 고립된 집단에 다가갈 수 있는 최상의 방법인 것 같다. 그러한 집단에 속한 구성원들은 자신의 모국어와 주류언어 둘다 읽고 쓰는 능력을 기를 수 있으며, 그 나라 전반에 대해 배울 수 있다. 정부측 입장에서 보면, 이러한 집단에 영향을 주고 또 이런 집단의 사회적 발전을 도모하는 것이 더 쉬울 수 있다는 이점이 있다. 물론 이와 똑같은 주장이 원주민 부족을 그들의 모국어를 통해서 교육시켰던 선교사들에 의하여 이용되었는데, 이것은 원주민들의 발전을 도모하고 그 원주민들을 기독교로 개종시키기 위한 것이었다.

1980년대부터 이 같은 흐름이 바뀌게 된 것은 부분적으로 전세계적인 경제 침체에 의한 것으로 보인다. 소수언어 교육이 사치로 여겨졌다. 많은(서방의) 국가들에게서 나타난 첨예한 인종 갈등 또한 그 책임이 있다. 소수언어 교육을 반대하는 다음의 주장들이 제기되었는데 부분적으로는 중복된다.

(a) 한 나라의 문화 정체성은 모든 사람들이 똑같은(주류) 언어로 교육받을 때 촉진될 수 있다. Edwards(1981)에 따르면 문화적 다원주의라고 하는 것이 과연 목표가 되어야 하는지 그리고 민족적 다양성이 — 특히 이것은 언어유

지를 통하여 분명히 보여주기 때문에 – 권장되어야 하는지 의심해 봐야 한다. Edwards는 다원적 통합(pluralistic integration)을 주장하고 있는데, 이것의 의미는 학교에서 소수언어가 최소한의 역할을 해야 한다는 것을 의미한다.

(b) 한 나라의 정치적 통합은 모든 사람이 똑같은 국어로 교육될 때 이루어 질 것이다. 미국에서 '한 국가, 한 국기, 한 언어'(one nation, one flag, one language)라는 슬로건은 이러한 맥락에서 사용되었다. 소수언어는 소수집단에게 중요한 문화적이고 정치적인 의미를 지닌다. 소수언어를 사용함으로써 이러한 집단의 정치적 정체성이 강화될 것이며, 따라서 이것은 정치적 통합을 위태롭게 할 수도 있다. 특히 지역적 또는 민족적 독립운동의 경우가 그러하다 (예를 들면, 스페인의 바스크 분리 운동).

(c) 한 국가의 사회적 통합은 모든 사람이 같은 언어로 교육받을 때 촉진될 것이다. 각기 다른 집단이 각기 다른 언어로 교육될 때 집단들 사이의 사회적 거리는 더욱 커질 것이며, 따라서 분리현상이 야기될 것이다.

(d) 긍정적인 사회-경제적 미래를 확보하기 위하여 소수언어 사용 어린이들은 주류언어 교육을 받아야 한다. 이러한 교육은 주류언어를 능숙하게 사용할 수 있는 능력을 보장하는 가장 좋은 방법이며, 이는 학문적 성취와 성공을 도모하는 데에도 필수적이다. 여러 저자들 (예를 들면, Skutnabb-Kangas, 1983)에 따르면, 소수언어 교육이 사회적 분열과 분리주의 운동을 가져올 것이라는 두려움이 이러한 주장 이면에 존재하고 있다.

(e) 언어적 상황은 너무 복잡하며, 다양한 소수집단을 위한 소수언어 교육을 조직하기에는 재정 및 기타 자원이 충분하지 않다. 이처럼 전적으로 실용적이고 경제적인 주장이 제기되고 있는 국가들의 경우, 대부분 많은 언어들이 구어체 형태로만 사용되고 있는 나라들이다. 이런 나라에서는 사용할 수 있는 책도 별로 없다. 따라서 언어는 문자화되어야 한다. 일부 국가들 특히 제3세계 국가들은 국어로 학교교육을 실시하도록 하였으며, 농업 및 의학 발달 그리고 교사교육에 많은 경비를 사용하였다.

(f) 소수집단의 많은 부모들이 소수언어에 대한 자신들의 부정적인 태도 때문에 소수언어 교육을 반대한다. 2장에서 살펴보았듯이, 소수언어에 대한 부정적인 사회적 태도는 종종 소수집단 자신에 의해서 생겨난다. 그래서 부모들은 소수언어에 대한 일반적인 편견을 강화시킨다. 소수언어는 좋은 평가를 받지 못하는 언어이기 때문에 학교에서 사용할 수 있는 적절한 교육매체나 중요한 학교의 교과목이 될 수 없다.

(g) 소수언어 사용 어린이들은 학교에서 사용되고 있는 표준 변이형과는 다른 다양한 소수언어를 사용하는데, 예를 들면, 모로코 어린이는 집에서는 모로코식 아랍어를 사용하면서 학교에서는 고전적(전형적) 아랍어를 사용한다.

Skutnabb - Kangas(1978)는 그럴듯한 여덟번째 주장을 제시하고 있다. 소수언어 사용 어린이들을 위한 주류언어 교육을 주장하는 사람들이나 기관들(예를 들면, 정부)은 이 주장에 대해서 분명하게 의견을 표명하고 있지 않다. 이러한 숨겨진 주장의 내용은 주장(d)와 정반대되는 것으로서 다음과 같다.

(h) 주류언어 교육은 소수언어 사용 어린이들을 불리하거나 억압받는 입장에 처하게 한다. 이것은 값싼 노동력을 필요로 하고 있는 사회나 경제 체제에서 선호된다. Skutnabb-Kangas(1978)에 따르면, 배타적인 주류언어 교육은 소수언어 사용 어린이들에게 효과적이지 않다는 것이다. 소수언어와 주류언어 양쪽의 구사능력도 완전히 발달되지 않는다. 이 결과는 준언어상용(Semilingualism)(이 개념은 제9장 참조)이라 불리운다. 소수언어 사용 어린이들은 준언어상용 때문에 학교에서 수행능력이 뒤떨어지게 될 것이며, 따라서 낮은 지위나 낮은 소득의 직장을 얻게 될 것이고, 결국 미숙련 노동을 하게 될 운명에 처하게 된다.

소수언어 교육의 바람직성이나 필요성에 대한 의문점은 여기에서 더 이상 깊이 다루지 않는다. 이 장 끝 부분에서 다시 논의될 것이다.

6.2 2개언어상용교육의 유형들

6장 1절에서 우리는 '소수언어의 학교 도입'과 '소수언어교육'과 같은 표현들을 사용하면서 실제로 이것에 무엇이 포함되는 지는 설명하지 않았다. 소수언어가 주류언어와 더불어 일정한 역할을 가지고 있는 체계를 보통 2개언어상용교육이라 부른다. 이런 유형의 교육은 일반적으로 초등학교 수준에서만 존재한다. 다음의 몇 가지 기준을 통해 다양한 유형의 2개언어상용교육이 구분될 수 있다.

1. 두 언어가 전 교과과정에서 사용되는가 아니면 일부 단계에서만 사용되는가?
2. 두 언어가 교실에서 의사소통의 매개체로서 기능하는가?

3. 교과목(산수 혹은 지리)과 언어 사이에 1대1 관계가 존재하는가? 혹은 두 언어 자체가 교과목일 경우를 제외하고는 모든 교과목에서 교육 매개체로서 교대로 사용되는가?
4. 두 언어가 교과목으로서 가르쳐지는가? 또한 2개언어상용 프로그램 목표가 두 언어를 읽고 쓸 수 있도록 하는 것인가?
5. 오직 소수언어 사용 어린이들만이 2개언어상용교육 프로그램에 참여하는가 아니면 주류언어를 사용하는 어린이도 참여하는가?

질문 3번과 관련해서 주목해야 할 점은 대부분의 2개언어상용 프로그램에서 '한 과목에 한 언어'(one language for one subject)라는 방식이 사용되고 있다는 것이다. The Redwood City Project (캘리포니아주)는 이러한 일반적인 경향에 대한 하나의 예외이다(Cohen, 1975). Redwood City Project의 스페인어/영어 실험을 간략히 훑어보는 것은 다소 어려운 일인데 그 이유는 매년 변화가 있었기 때문이다. 이 프로젝트의 3년차 2개언어상용교육에서는 언어를 하루씩 교대로 하는 방식이 실시되었다. 즉, 한 과목을 월요일에는 스페인어로, 화요일에는 영어로, 수요일에는 스페인어로 하는 방식이었다. 그 해에 다른 혁신적인 방법들도 도입되었는데, 소위 Preview- Review기술이었다. 이 교수법은 교사가 단원을 한 언어로 예습을 하고, 다른 언어로 본수업을 하고, 그 다음 복습은 예습을 한 첫 번째 언어로 하는 것이다. 이런 방식으로 하면 어떠한 학생도 자신의 제 2언어가 사용되는 날에 제한된 제 2 언어 능력 때문에 개념 습득을 못하지는 않게 된다.

Redwood City Project는 소수언어 사용 학생 및 주류언어 사용 학생 모두 똑같은 수업에 참여하는 프로그램의 한 예이다. 멕시코계 미국인들과 앵글로계 어린이들이 2개언어상용 프로그램에 참여하였다. 그러나 대개의 경우 이런 프로그램은 소수언어 사용 어린이를 위해 구성된다. 2개언어상용 프로그램은 사회의 2개언어상용을 자극하기 위해 고안되었던 것 같지는 않다. 이 절의 끝부분에서 주류언어 사용 어린이들을 위한 2개언어상용 학교교육의 특별한 형태가 언급될 것이다.

위에서 언급한 기준 (1), (2) 그리고 (4)와 관련해서, 2개언어상용교육의 일반적인 두가지 모형을 구분하는 것이 가능하다. 이 모형은 그림 6.1 도식으로 제시되어 있다. 양쪽 모형에서 두 언어에 할당된 시간의 양은 다를 수 있다. 예를 들면, 모형 I의 어떤 프로그램에는 3학년 이후 하나의 교과목으로서 소수언어를 교육할 시설이 없을 수도 있다. 또 다른 프로그램에서는 주류언어가 1 학년때부터 교실활동의 매개체로서 도입될 수도 있다. 종종 적용되는 모형 I형태는 소수언어를 단지 하나의 교과목으로 제시하는 프로그램이다. 이런 경우에 정규 교과과정은 주류언어로 이루어지며, 소수언어 사용 어린이들은 몇시간 동안만 자신들의 언어로 공부한다. 위에 제시한 기준으로 볼 때 이와 같은 프로그램은 2개언어상용교육으로 분류될 수 없다.

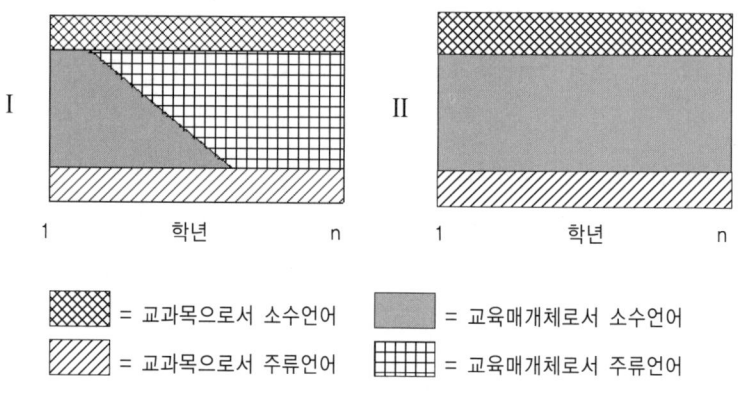

그림 6.1 2개언어상용교육의 모형

모형 I은 대개 과도기적(transitional) 또는 동화주의자(assimilationist) 모형이라고 불린다. 소수언어는 주로 저학년에서 사용되는데, 소수언어의 중요한 기능이 가정과 학교를 연결해 주기 때문이다. 사실상 소수언어는 어린아이가 기존의 교육적 요구에 더 쉽게 적응하기 위해 학교에서 사용된다. Macnamara(1974)에 따르면, 소수언어는 어린아이가 반드시 치유되어야 할 질병으로 여겨진다. 그러한 프로그램은 단일언어사용 사회를 표방하는 기관으로서의 학교에는 전혀 영향을 주지 못한다. 2개언어상용은 실제로 권장되지 않고 있는데, 그 이유는 대부분의 경우 하나의 교과목으로 연장된 소수언어 교육을 위한 시설들이 부족하기 때문이다. Cziko 와 Troike(1984:10)의 주장에 따르면, 대부분의 과도기적 프로그램들은 소수언어의 '인간적인 언어살해'(humane linguicide)를 통하여 동화를 이룩한다는 것이다. 이러한 프로그램은 소수언어 사용 어린이들에게 '잔인한 동화'(brutal assimilation)를 요구하는 단일언어 위주의 프로그램과 대조된다.

모형 II는 다원주의적(pluralistic) 혹은 유지(maintenance) 모형으로서 언어적 다원주의를 촉진한다. 소수언어 자체가 문제가 아니라 억압받는 소수언어에 대한 사회적 태도가 문제로 여겨진다. 이것은 소수집단의 억압받는 사회-경제적 지위와 관련이 있다. 다원주의적 관점에서 소수언어는 나름대로의 가치를 지니고 있으며 주류언어만큼 중요하다. 따라서 소수언어는 소수집단에 대한 1차적 교육매개로 사용될 뿐만 아니라 이후 수업에서도 사용된다. 학교 밖에서 낮은 권위를 갖고 있는 약한 언어는 가장 강력한 지원을 받아야 되기 때문에 소수언어는 주류언어보다 교과과정상에서 더 중요한 지위를 점하고 있다. 따라서 이 모형은 간혹 '언어보호 모형(language shelter program)'이라고 불린다. 이 모형은 소수언어에 대한 좀더 우호적인 태도를 촉진하고, 구두 및 쓰기 능력을 더 끌어올림으로써 소수언어의 유지에 상당히 기여할 것으로 기대된다.

2개언어상용교육을 주장하는 대부분의 사람들이 유지 입장을 고수하고 있음에도 불구하고, 적어도 서방세계에서는 주류사회의 강력한 동화 압력의 결과로서 과도기적 모형이 가장 자주 응용되고 있다. 그러나 일부 개발도상국가에서의 상황은 전혀 다르다. 예를 들면, 인도에서 어린이들이 자신의 모국어를 통해서 초등교육을 받는 반면, 힌두어와 영어는 중등교육 과정에서 공부하게 된다. 그러나 자신의 모국어가 널리 사용되는 언어가 아닐 때 이런 지역언어 역시 중등교육 과정에 도입되어야만 한다.

모국어가 문자형태로 존재하지 않을 때 상황은 훨씬 더 복잡해진다. 그 이유는 이런 경우 초등교육은 어린이들이 아주 약간의 지식만을 가지고 있는 지역언어로 이루어지기 때문이다. 미국 내에서의 스페인어-영어 2개언어상용 및 2개언어상용교육, 또는 스웨덴에서의 핀란드어-스웨덴어 2개언어상용은 인도의 상황보다는 훨씬 단순한 연구 범위를 제공하고 있다.

위에서 언급했듯이 지배언어 또는 권위있는 언어를 사용하는 사람들을 위한 특별한 2개언어상용교육 모형 또한 존재한다. 이를 몰입모형(immersion model)이라 한다. 처음 몰입 프로그램은 몬트리올에 사는 영어를 사용하는 학생들을 위해 만들어졌다(Lambert 와 Tucker, 1972). 나중에 이런 프로그램은 미국내에서도 만들어 졌는데, 예를 들면, Culver City(California)에 사는 영어를 사용하는 학생을 위한 스페인어 교육 프로그램과 같은 것이다. Cohen(1976)은 몰입교육의 17가지 특징을 제시한다. 그 중에서 중요한 것은 다음과 같다.

- 모든 교육은 초기에(즉 유치원과 1학년) 제 2 언어로 이루어진다(캐나다 몰입 프로그램의 경우 프랑스어).
- 2학년, 3학년, 4학년 수업에서 모국어 기능(읽기, 쓰기 등)이 어린이의 모국어로 도입된다.

- 5학년부터 지리 혹은 역사와 같은 과목들은 어린이의 모국어로 가르칠 수 있다.
- 교사들은 2개언어상용자들이다. 다만 이들은 교실에서 제 2 언어로만 한다 (위에서 지적한 두 번째, 세 번째는 예외이다.).
- 유치원에서 어린이들은 제 2 언어가 충분히 능숙하게 될 때까지 모국어 사용이 허용된다. 교사는 어린이가 사용하는 모국어를 이해하고 있다는 것을 적절한 반응을 통해 보여준다.
- 1학년 이후에 교사는 수업시간에 학생들에게 제 2 언어만을 사용하여야 한다고 요구한다. 다만 어린이의 모국어가 교과목인 수업은 예외로 한다.
- 저학년 시절에는 문형연습이나 문법훈련과 같은 제 2 언어 학습을 위한 언어구조 수업은 없다. 주류언어를 제 2 언어로 학습(문법, 발음)시키는 것은 고학년 때 도입될 수 있다.
- 학생들은 몰입 프로그램에 자발적으로 그리고 부모의 동의를 받아서 참여한다.

이러한 특징들은 기본적인 것으로, 몰입교육은 다른 방식으로도 이루어 질 수 있다. 특히 모든 정규수업을 제 2 언어로 하는 시작시기는 더 늦출 수도 있으며, 어린이들에게 자신들의 모국어를 사용하도록 허락하는 정도에 따라서 서로 다를 수도 있다. 일반적으로 초기와 후기 몰입 프로그램들은 확연히 구분된다. 초기 몰입 프로그램은 위에서 설명한 기본적인 특징들을 지니고 있지만 후기 몰입 프로그램의 경우 제 2 언어가 초등교육의 후기 단계에서 도입된다. 초기냐 후기냐의 문제와 함께 전체 대 부분(total vs partial) 몰입 프로그램으로도 구분될 수 있다. 위에서 열거한 여러 특징들은 전체 몰입 프로그램에 적용된다. 부분 몰입 프로그램의 경우 제 2 언어가 하루 종일 혹은 일주일 내내 사용되지는 않는다.

모국어 및 제 2 언어는 교실에서의 의사소통 매체로써 교대로 이용된다.

몰입교육은 퀘백에 살고 있는 영어를 사용하는 학생들의 경우처럼 권위있는 언어를 사용하는 어린이들만을 위해 구성되었다. 프랑스어를 사용하는 어린이를 위한 영어 몰입 프로그램은 존재하지 않으며, 이는 심지어 퀘백 주법에 따라 금지되고 있다. 이유는 이 같은 프로그램이 영어의 입지를 강화시키고 프랑스어를 희생시킬 수 있기 때문이다. 몰입교육 이면에 존재하는 이념은 어린이의 모국어가 학교 밖에서 이미 실질적으로 쓰여지고 있을 때 이러한 몰입교육이 조직되어야 한다는 것이다.

몰입교육은 침잠교육(submersion education)과 분명히 구분되어야 한다. 침잠교육이란 소수언어 사용 학생들이 주류언어를 통해서만 학교교육을 받는 교육의 유형으로써 2개언어상용 교사와 같은 몰입 수단이 전혀 제공되지 않는다. 침잠교육에서 학생들의 모국어는 완전히 무시되고, 단지 주류언어로 하는 제 2 언어 과정이 추가될 뿐이다.

6.3 2개언어상용 프로그램의 결과

먼저 산업화된 서방세계와 제 3 세계에서의 2개언어상용교육 프로그램의 몇 가지 예를 제시하겠다. 그 다음 2개언어상용교육의 효율성에 대한 좀 더 일반적인 결론을 제시하고, 평가 연구에 있어서의 방법론적인 문제들에 대해 언급할 것이다. 이 장의 끝부분에서는 이용가능한 증거들을 참작하여 2개언어상용교육의 바람직성에 대한 견해를 명확히 하겠다.

첫 번째 조사에서 다양한 2개언어상용교육 프로그램들은 다음의 사례별 연구들이 증명하듯이 서로 다른 결과를 보였다. Cohen(1975)은 Redwood City Project에 대해 보고한다. Redwood City는 San Francisco에서 남쪽으로 대략

30마일 정도의 거리에 있다. 이 프로젝트는 1969년 9월에 1학년을 예비실험 집단으로 해서 시작되었다. 1970-71년에 1학년으로 구성된 Follow Up I 집단과 유치원으로 구성된 Follow Up II 집단이 추가되었다. 멕시코계 미국인과 앵글로계 어린이들이 이 프로그램에 참여하였고, 스페인어와 영어로 교육이 이루어졌으며, 2개 언어 모두 교과목이자 교육의 매개체로써 이용되었다(2절 참조). 교과과정의 내용, 즉 방법론적인 용어로 처리(treatment)는 해마다 달랐고, 집단 수준마다 바뀌었다. 그 프로그램의 효과에 관한 장기적 연구(longitudinal study)는 1970년 가을과 72년 봄에 실시되었다. 2개언어상용으로 교육을 받은 멕시코계 어린이들은 오직 영어로만 교육을 받은 Redwood City의 다른 학교의 비교가능한 멕시코계 어린이들(비교집단)만큼 영어가 능숙하였다. 그러나 영어 어휘발달에서는 2개언어상용 학교의 멕시코계 어린이들이 뒤쳐졌다. 2개언어상용으로 교육을 받은 어린이들은 비교 집단의 학생들보다 스페인어 실력은 조금 나았다. 2개언어상용 프로그램은 스페인어를 더 많이 사용하도록 촉진하였던 것 같다. 비언어 교과목의 경우 두 집단의 학생들은 대략 같은 실력을 보였다. 3년 동안 2개언어상용계획(Bilingual Project)에 참여했던 멕시코계 미국 학생들은 단일언어 교육을 받은 멕시코계 동년배보다 멕시코 문화에 대하여 더 긍정적이었다. 마지막으로 Redwood City Project에 참여한 학생들의 학교 출석률은 비교 집단의 학생들보다 훨씬 더 높았다.

필리핀에서는 영어가 여러 해 동안 학교에서 교육매체 언어로 존재해 왔지만, 1957년에 정부는 타갈로그어에서 유래한 가장 널리 쓰이는 토착어인 필리피노어(Pilipino)와 다른 지방언어를 1, 2학년 단계에서의 유일한 교육매체로 사용하도록 했으며, 영어는 3학년의 제 1차적인 교육매체로 사용하도록 결정했다. 리잘 실험(Rizal Experiments)에서는 다양한 영어의 도입 연구를 위해 3개의 집단을 비교하였다. 한 집단은 1학년에서 6학년까지 영어로 교육을 받았으며 Pilipino어는 한 교과목으로 교육받았다. 또 다른 집단은 처음에는 Pilipino어로 교육을 받고 3학년부터 영어로 전환했다. 3번째 집단은 처음 4학년까지는 Pilipino어로 교육받고 그 이후는 영어로 교육받았다.

    Rizal Experiments의 결과는 Davis(1967)와 Revil 외(1968)에 의해 보고된 것처럼, 토속어 접근방식이 그리 긍정적이지는 않았다. 처음부터 영어로 교육받은 6학년 학생들은 초기에 Pilipino어로 교육받은 학생들보다 모든 시험에서 우수했으며, 심지어 Pilipino어 독해 시험에서도 더 나은 성적을 보였다. 두 번째 집단(3학년 때 영어로 전환한)은 5학년 때 전환했던 3번째 집단보다 월등한 능력을 보였다. 고등학교 2학년 학생의 경우에도 영어 단일 교육을 받은 집단이 여전히 가장 좋은 시험 결과를 나타냈다.

    Apple(1984, 1987)은 Leyden(네덜란드)에서 실시한 교육 시험에 대해 보고하였다. 이곳에서 터키와 모로코계 이민 노동자의 자녀들은 상당량의 소수언어 교육이 실시되는 과도기적 2개언어상용 프로그램으로 교육받았다. 즉 소수언어가 1학년 때는 75%, 2학년 때는 40% 사용되었다. 그 후 그들은 평균 10%의 소수언어 교육을 받았으며, 소수언어는 단지 교과목으로만 교육되는 정규학교에 다녔다. 이 어린이들은 터키 혹은 모로코에서 직접 왔기 때문에 학교에 입학했을 때 네덜란드어를 단 한마디도 하지 못했다. 그들의 언어적, 사회적, 감정적, 교육적 발달에 관한 여러 양상들은 소수언어 교육이 거의 이루어지지 않거나 아주 극미한 양으로 이루어지는 정규학교(3년에 걸쳐 평균 13.3%; 소수언어는 다만 하나의 교과목이었음)에 진학한 터키계와 모로코계 어린이들 집단과 비교되었다.

    1학년 학기말에 두 집단의 네덜란드어 회화능력은 아주 대비되었다. 2학년 말에 2개언어상용 프로그램을 교육받은 집단은 네덜란드어 회화능력 면에서는 단일언어 학교교육을 받은 어린이들보다 압도적으로 더 나은 실력을 보였다. 두 집단의 글쓰기 능력은 대략 비슷했다. 3학년 말에 2개언어상용 프로그램 교육을 받은 집단은 네덜란드어 글쓰기 능력 뿐만 아니라 회화능력에서도 다른 집단을 능가했다. 비교집단의 어린이들은 2개언어상용교육을 실시하는 학교의 어린이들보다 공격적인 행동, 무관심, 고립감, 실패에 대한 강한 공포, 과장된 민족주의 등에서 더 많은 문제점을 보였다. 비교집단의 어린이들은 네덜란드어가 지배하는 학교 문화에 대해 더 많은 저항감을 보이는 것 같았다. 수학의 경우에도 실험집단의 어린이들이 네덜란드어가 압도적으로 사용되는 학교의 어린이들보다 더 나은 성적을 보였다.

1952년에 페루 정부는 언어학의 여름 학회(Summer Institute of Linguistics)와 더불어 페루 정글에 살고 있는 스페어어를 사용하지 않는 어린이들을 위해 2개언어상용교육 프로그램을 만들었다. 1953년 11명의 2개언어상용 교사들은 6개의 언어집단의 11개 마을에 근무하면서 대략 270명의 어린이들을 가르쳤다(Larson 과 Davis, 1981). 1977년 그 프로그램은 24개 언어집단의 210개 마을에서 320명의 교사로 늘어났고 대략 1,200명의 학생들을 가르쳤다. 이 프로그램에 참가한 교사들은 학생들의 모국어를 유창하게 말할 수 있는 2개언어상용 인디언들이었다. 이 어린이들은 처음에는 모국어로 교육받고 나중에는 스페인어가 도입되었다. 이 프로그램은 모국어로 뿐만 아니라 스페인어도 읽고 쓰는 능력의 개발을 목적으로 하였다.

실증적인 경험상의 증거가 부족하기 때문에 이용가능한 유일한 평가 보고서는 Summer Institute of Linguistics에서 2개언어상용 프로그램을 조직한 사람들에 의해 작성된 것이다. 이 보고서는 이 프로그램에 많은 장점이 있다고 보고한다. 예를 들면 다음과 같다.

- 어린이가 모든 분야(읽기, 쓰기, 수학)에서 더 효과적으로 배운다.
- 스페인어만 교육되는 학교의 어린이가 극적으로 겪게 되는 문화충격이 줄어든다.
- 지역사회가 교육적 목적으로 사용되고 있는 자신의 언어를 문자형태로 본다는 사실에 민족적 자부심이 고양된다(Larson 과 Davis1981).

대부분의 과거 영국 식민지의 경우에서처럼, 영어는 사하라사막 이남의 아프리카에서 공식적인 언어로 유지되어 왔다. 영어는 교육의 주요한 매체로써 정부의 여러가지 업무를 위해 사용되고 있다. 나이지리아는 언어적으로는 매우 다양한 국가이지만 3개의 중요한 아프리카 언어인 - Hausa어, Igbo어, 그리고 Yoruba어 중에 하나가 광범위하게 사용된다. 이 지역에서는 초등교육에서 토속어를 교육매체로 사용하고, 3학년 이후에 영어로 전환하는 것이 일반적인 관행이다. Cziko 와 Troke(1984)는 나이지리아의 옛 서부 주에 있는 Ile-Ife지역에서 실시된 실험 프로젝트의 결과를 설명하는데, 이곳에서는 Yoruba어가 초등학교 전 교육기간 동안 사용된 유일한 교육매체였다.

3학년, 4학년말에 실시된 평가에 나타난 바로는 Yoruba어 프로그램 교육을 받은 실험집단 학생들이 전과목 시험에서 영어교육을 받은 비교집단과 거의 같거나 더 나은 실력을 보였다. 또한 실험집단의 학생들은 학교생활에서 문제점이 더 적은 것으로 나타났다. 나아가 초등학교를 마치고 중·고등학교에 진학하는 학생들의 비율은 실험집단과 비교집단에서 똑같았다.

Swain과 Lapkin(1982)은 캐나다에서 영어를 사용하는 어린이를 위한 여러가지 유형의 프랑스어 몰입 프로그램의 연구 결과를 개략적으로 보여주고 있다(이 프로그램의 특징에 대해서는 앞 절을 참고). 일반적으로 그 결과는 긍정적이다. 여기서는 눈에 띄는 결론만 제시한다.

- 1학년에서의 일시적인 부진에도 불구하고 모든 형태의 몰입 프로그램이 끝날 무렵에는 학생들이 읽고 쓰는 능력인 영어의 기능 분야에서는 정규 영어 프로그램 학생들과 같거나 더 나았다.
- 초기 전체(total) 몰입 프로그램의 학생들은 프랑스어의 수용적인 기능면에 있어서 거의 모국어 수준의 능숙도에 달한다. 그들은 제 2 언어로 자신의 의사를 적절하게 표현할 수 있지만 산출적인 기능은 모국어 수준에는 미치지 못한다 .
- 초기 몰입 집단의 학생들은 후기 몰입 프로그램의 학생들보다 프랑스어 실력이 더 좋게 나타난다.
- 몰입교육은 학생들의 일반적인 지적발달에 부정적 영향을 끼치지 않았다. 오히려 초기 프랑스어 몰입 프로그램은 지적발달에 도움이 된다.
- 초기 전체 몰입 집단의 어린이는 수학, 과학 그리고 사회 과목에 있어서 영어가 교육매체인 정규학교의 학생들만큼 좋은 성적을 거두었다. 초기에 부분적으로 하거나 후기에 몰입 프로그램을 실시한 학생들은 다소 뒤쳐졌다.

우리는 지금까지 캘리포니아, 필리핀, 네덜란드, 페루의 아마존, 나이지리아, 그리고 캐나다에서 실시된 몇 가지 2개언어상용 프로그램 결과를 훑어보았다. 2개언어상용교육의 바람직성 혹은 필요성에 대한 의문에 대하여 명확한 답을 제시하기는 어렵다. 왜냐하면 서로 상충되는 연구 결과와 서로 다른 상황들 때문이다. 이러한 질문에 대한 잠정적인 대답에 앞서 그런 프로그램을 평가하는데 있어서 몇 가지 문제점에 대해 언급하고자 한다.

    우선 서로 다른 국가에서의 교육적, 사회적, 언어적, 경제적, 그리고 정치적인 상황은 전혀 비교가능하지 않다. 영국에 살고 있는 이민 2세대 이탈리아계 어린이와 멕시코에 살면서 Nahuatl어를 사용하는 어린이 사이에는 유사성보다는 차이점이 더 많다. 또한 모잠비크에 살고 있는 Shona어를 사용하는 어린이와 스웨덴에 살고 있는 핀란드계 어린이 사이에도 유사점보다 차이점이 더 많다. 그러므로 2개언어상용교육 문제에 관한 중요한 저술가인 William Mackey는 다음과 같이 말했다. '특정 집단에 대한 특정 유형의 2개언어상용 학교교육을 우리는 개별적으로 하나씩 평가할 수 밖에 없다. 이것은 다음과 같은 질문, 즉, 이러한 수업을 받는 학생의 언어행위 수정이 과연 학습자들에게 언어적 또는 교육적 목적을 어느정도로 달성할 수 있게 하는가?'(Mackey 1977: 277)에 대한 답을 구하고자 하는 노력이다.

    두 번째로 이 분야에 있어서 방법론적으로 결함없는 완벽한 평가를 실행한다는 것은 상당히 어렵다. 문제는 모든 면에서 2개언어상용 프로그램의 학생들과 유사하면서 단일언어로 교육받은 통제집단 학생들을 찾아내야 한다는데 있다. 특히 2개언어상용 프로그램의 경우 실험집단 학생(혹은 그들의 부모들)들은 자발적으로 참여한다. 이들은 이들의 성취에 긍정적으로 영향을 줄 수 있는 프로그램에 대해서 예외적으로 긍정적 태도를 가질 수 있다. 소위 말하는 호쏜효과(Hawthorne effect)는 방법론적인 문제가 된다. 이 효과에 따르면, 비교되는 두 집단의 ― 하나는 실험집단과 다른 하나는 표준집단― 평가 결과가 독립변수 즉, 소수언어 교육의 양에 의해 비교되는 것이 아니라 새로운 실험이었다는 사실에 의해 결정된다는 것이다. 이 효과는 실험이 특별한 것으로 생각되고, 학생들과 교사들에게 자신들이 특별하다고 생각하게 하며, 이것이 자극이 되어서 더 나은 실력을 보여준다는 것이다. 게다가 2개언어상용 학교와 단일언어사용 학교 교육에서 사용되는 교육자료는 서로 비교할 수 없다. 많은 2개언어상용 프로그램의 경우 소수언어로 된 새로운 교육자료가 개발되고 시험되어야 하는 반면,

정규적인 단일언어 프로그램에서의 교사들은 현존하는 교재와 연습문제를 가지고 교육을 담당한다. 이런 점에 있어서는 단일언어교육 프로그램들이 유리한 입장에 있게 된다.

세 번째는 첫 번째 두 개의 사항이 결합된 것으로 2개언어상용 프로그램의 효과는 그 프로그램의 교육적, 사회적, 언어적, 경제적 그리고 정치적 상황과 관련해서 이해될 수 있다. 이것을 방법론적인 용어로 설명하면, 이러한 요인들은 원인적 변인(causal variables)인 반면, 교육 프로그램들은 중재 변인(mediating variables)에 불과하다. 위에서 언급된 요인들은 교육 프로그램을 통하여 영향을 미친다. 그러나 2개언어상용 실험의 대부분의 평가 연구에서 교육 프로그램은 원인 변인으로 간주된다. 또다시 Mackey의 주장을 언급 할수 있다. 특정 상황에서의 특정 프로그램은 특정한 결과를 낳는다.

이러한 제한점을 염두에 두고 앞서 이야기했던 잠정적인 대답을 제시하도록 하겠다. 비록 몇 가지 예외는 있지만 ─예를 들어, 필리핀에서의 실험과 같이─ 연구 문헌에서 나타난 일반적 경향은 언어적으로 소수집단에 속한 어린이들을 위한 2개언어상용교육은 모든 분야에서, 즉 모국어, 제 2 언어 능력, 다른 교과목과 사회적, 감정적인 측면에서 긍정적 결과를 가져온다. 특히 눈에 띄는 것은 소수언어 교육, 다시말하면 모국어를 교육의 매체로 사용하는 것이 제 2언어 습득을 방해하는 것 같지는 않다. Skutnabb-Kangas(1983)와 같은 일부학자들은 2개언어상용 유지 프로그램에서의 장기적인 소수언어 교육은 긍정적 결과를 가져오는데 필수적이라고 주장한다.

이러한 결론에 극명하게 대조되는 것은 몰입교육에 대한 평가 결과들이다. 이러한 연구들은 제 2 언어에 의한 초기 및 연장 교육이 긍정적 결과를 가져온다는 것을 보여준다. 그러나 이러한 유형의 교육은 비교적 사회-경제적 지위가 높은 가정 출신의, 높은 지위의 언어를 말하는 어린이들을 위해 구성된다. 이러한 어린이들은 낮은 지위의 소수집단 어린이들처럼 제2 언어를 강제로 배우는 것이 아니다. 요약하자면, 불이익을 받거나 억압받는 언어적 소수집단의 어린이들은 자신들의 모국어가 중요한 역할을 하는 2개언어상용교육 프로그램에서 혜택을 보는 반면, 지배적인 사회집단 혹은 높은 사회 계층의 어린이는 제2 언어가 자주 사용되는 2개언어상용 프로그램으로부터 혜택을 본다. 이 장에서는 이러한 결론에 대한 이론적인 설명을 제시하지는 않을 것이다. 왜냐하면 이런 설명은 개별 화자에 대한 2개언어상용성의 효과와 관련이 있기 때문이다. 이 설명은 제 9장으로 미루겠다.

이 장을 마무리하면서 강조하고 싶은 점은 여러 연구 결과들이 낮은 지위의 언어적 소수 계층의 어린이를 위한 2개언어상용교육은 이득이 된다는 것을 보여주고 있다는 것이다. 그러나 다양한 사회적 상황 때문에 이러한 결과로부터 어떠한 예측도 끌어낼 수는 없다. 상당히 흥미로운 점은 주류집단이 소수집단에 대해 보여주는 사회적이고 정치적인 태도이다. 만약 이러한 태도가 너무 부정적이고 사회에 분리적 경향이 강하다면, 언어적 소수집단의 어린이들을 위한 별도의 2개언어상용교육을 실시하는 것이 바람직하지 않을 수도 있다. 소수언어사용 학생들과 다수자 학생들 사이의 관계를 개선시키기 위해서는 아마도 2개언어상용 프로그램을 정규학교에 통합시키는 것이 좋을 것이다. 2개언어상용 프로그램이 소수집단에게 일종의 '화려한 고립'(splendid isolation)을 가져올 목적으로 이루어져서는 안 된다. 이것은 나중에 위험한 고립으로 드러날 수도 있다. 2개언어상용교육 프로그램들은 소수집단의 어린이들이 보다 나은 교육적이고 사회적인 기회를 잡도록 보장해야 하는 동시에 소수언어의 유지가 촉진되는 것을 보장해야 한다.

[추천도서]

J. Commins 와 T. Skutnabb-Kangas (편집) *Education of linguistic minority children,* 2 vols. (1987) 은 2개언어상용교육에 대한 찬반 주장과 2개언어상용 교육 프로그램에 대한 여러가지 설명을 담고 있다. 여러가지 이론적이고 실제적인 교육적 주제들이 다음 2권의 책에서 논의되고 있다. J. E. Alatis (편집), *Georgetown University round table on languages and linguistics (Current Issues in Bilingual Education)* (1980) 와 B. Hartford, A. Valdman 그리고 C.R. Foster (eds.)의 *Issues in international bilingual education*(1982)이라는 책이다. 전세계의 2개언어상용교육 프로그램은 B. Spolsky 와 R. L. Cooper (편집)의 *Case studies in bilingual education (*1978) 에서 설명된다. 제 3세계 국가, 즉 인도에서의 토속어 교육은 Pattanayak의 책 *Multilingualism and mother-tongue education* (1981)에서 다루고 있다. M. Swain 와 S. Lapkin의 *Evaluating bilingual education* (1982) 는 캐나다의 몰입교육 프로그램의 결과를 개괄하고 있다.

제2부
2개언어상용자

2개언어상용의 심리적 차원

이 책에서는 주로 2개언어상용사회에서의 개별적 또는 총체적인 언어행위가 다루어진다. 언어행위는 기저능력(underlying competence) 때문에 가능하다. 사람들은 자신들이 말하고 이해하는 언어에 대해 암시적(implicit)인 지식을 가지고 있다. 달리 말하면, 사람은 언어를 내재화한다.

　이 장의 초점이 되는 흥미로운 의문은 2개언어상용자의 두 언어가 어떻게 내재화되는가이다. 2개언어상용자들은 내재화 측면에서 단일언어사용자와 다른가? 1절에서는 두 언어의 신경학적 표상(neural representation)의 문제가 논의될 것이다. 이는 두 언어가 뇌의 같은 곳에 위치하는가 아니면 다른 곳에 위치하는가에 대한 질문이다. 2절에서는 두 언어의 정신적 표상(mental representation)이 다루어진다. 이 분야에 대한 연구를 살펴보면서, 각각의 언어와 연결된 정신적 어휘부(mental lexicon)에 관한 정보를 제시한다. 문제는 두 언어가 두 개의 분리된 어휘부를 가지고 있는지 즉, 정신적 또는 심리적으로 분리되어 있는지, 아니면 하나의 통일된 정신적 어휘부에 근거하여 언어를 처리하는지이다. 일반적으로 2개언어상용자는 언어처리과정에서, 예를 들면, 말하기와 이해에서 언어를 분리하여 처리한다. 2개언어상용자들은 두 언어를 혼동하지 않고 언어를 적절히 처리하는 특별한 정신적 기능이 발달하는가? 3절에서 이 문제가 계속 논의될 것이다.

이 장에서 다루는 문제들에 대한 정보는 아직까지 미미하다. Grosjean (1982:267)은 '2개언어상용자의 뇌는 아직까지 상당히 미지의 분야'(terra incognita)라고 말한다. 연구자들은 뇌 또는 2개언어상용 정신(bilingual mind)에 대한 직접적인 접근수단을 가지고 있지 않다. 예를 들어, 하나의 어휘부가 있느냐 또는 두 개의 어휘부가 있느냐라는 질문은 직접적으로 답변될 수 없다. 가능한 답은 관찰할 수 있는 현상들로부터 추론되어야만 한다. 더욱이 연구결과들은 종종 명확하지도 않고, 서로 다른 연구자들 사이에 상당한 의견차이도 있다. 그러므로 이 분야의 연구에서 최근의 일관성있는 이론을 제시하기가 쉽지 않다.

7.1 2개언어상용자의 뇌

일반적으로 뇌의 좌반구가 주로 언어처리를 책임진다고 여겨진다. 이러한 좌반구 지배는 특히 오른손잡이 사람에게 강하다. 문제는 이것이 2개언어상용자에게도 적용되는지, 두 언어가 뇌의 같은 영역에 위치하는지, 그리고 같은 신경기제들을 공유하는지에 있다. 이 질문에 대한 해답들은 주로 뇌손상의 언어학적인 영향에 관한 연구와 좌뇌와 우뇌의 관여를 측정하는 심리학적 실험이라는 두 개의 정보자료를 기초로 한다.

실어증(Aphasia)은 뇌손상으로부터 생기는 언어와 말(speech)에 대한 모든 유형의 혼란을 말한다. 뇌 손상은 사고, 총상, 뇌졸중 또는 뇌종양에 의해 야기될 수 있다. Paradis(1977)는 2개언어상용자의 뇌에 관한 정보를 얻기 위해 2개언어 상용 실어증 환자의 사례에 대한 광범위한 개요을 제공한다. 보고된 사례들의 약 절반가량에서 환자들은 회복에 있어 동반상승 유형(synergistic pattern)을 따랐다. 이 유형은 한 언어가 발전하면 다른 언어도 동반하여 발전하는 것이다. Paradis는 더 나아가서 동반상승 유형 내에서 평행적(parallel) 유형과 차별적(differential) 유형을 구분하였다. 관련 언어의 손상이 동일하고 회복이 같은 비율로 전개될 때는 평행적 유형이다. 언어가 다른 정도로 손상되었으나 같은 비율로 회복될 때는 차별적 유형이다. Paradis에 의해 조사된 67건의 동반상승 사례 중 56건이 회복에 있어 평행적 동반상승 유형을 따른 것으로 나타났다.

또 다른 유형은 선택적인 회복(selective recovery)이다. 분석된 사례들의 거의 30%에서 환자는 자신의 언어에서 한 가지 또는 그 이상을 회복하지 못했다. Paradis는 수 개 언어에 능통한 사람의 실어증에 관한 논문을 Pitres(1895)의 사례 보고서에서 인용하였는데, Pitres의 한 환자는 불어와 스페인어를 회복했지만, 이탈리어는 이해조차 하지 못했다. 또 다른 환자는 그가 사고 전에 유창하게 했던 언어들 중 프랑스어는 어느 정도 유창성을 회복했지만, 독일어, 바스크어, 영어, 스페인어와 아랍어는 회복하지 못했다. 예를 들어, 한 언어가 회복된 후에야 다른 언어가 나타나기 시작하는 연속적인 유형(successive pattern)과 같은 회복 방식은 훨씬 더 드물다. 동반상승 유형은 확실히 가장 빈번하게 나타난다. Nair와 Virmani(1973: Paradis에서 인용, 1977)는 무작위로 뽑힌 33명 환자의 90%가 평행적 유형을 보였다고 보고한다. 회복의 비평행적 유형은 숙달의 정도와 각 언어에 부여된 정의적인 가치를 포함하는 많은 요인들에 의해 영향을 받는다는 사실 또한 주목해야 한다. 게다가, 사례연구의 연구자들은 예외적인 사례를 강조하는 경향이 있다. 그러므로, 일반적인 평행유형은 실제로 문헌에 보고된 것보다 더 빈번하게 일어날 수 있다. 다언어 실어증 연구를 기초로 한 잠정적인 결론은 일반적으로 서로 다른 언어들이 뇌의 같은 영역에 표상된다는 것이다.

어느 정도 우반구도 관여하긴 하지만, 일반적으로 좌반구가 단일언어사용자의 언어처리를 지배한다. 오랫동안 2개언어상용자는, 특히 유아기 이후에 제 2언어를 습득한 2개언어상용자는 단일언어사용자보다 우반구를 더 사용하는 것으로 여겨졌다. 그러나 최근의 연구에 의하면 이것이 사실이 아님이 증명되고 있다. 예를 들어, Soares와 Grosjean(1981)은 영어 단일언어사용자와 포르투칼어-영어 2개언어상용자의 좌반구 언어처리 과정과 우반구 언어처리 과정을 연구하였다. 그들은 심리학적 연구에서 사용되는 아주 짧은 시간동안 시각적 자극을 보여주는 순간기억측정장치(tachistoscope)로, 오른쪽이나 왼쪽 시야에 제시된 한 쌍의 영어나 포르투갈 단어들을 분리해서 오른쪽 또는 왼쪽 눈으로 읽도록 하였다. Soares와 Gresjean이 예측했듯이 단일언어사용자들의 경우, 오른쪽 시야에 제시된 단어들에 대한 반응시간이 좀 더 짧았다. 이는 오는쪽 눈이, 언어 중심(language center)이 위치해 있는 좌반구에 연결되어 있기 때문이다. 2개언어상용자는 영어와 포르투칼어 모두에 있어 단일언어사용자와 정확하게 같은 행동을 하는 것으로 드러났다. 게다가, 두 집단 모두에서 예외의 수는 동일했다. 각 집단의 10명 중 두 명이 좌반구 지배를 보이지 않았다.

언어들이 2개언어상용자의 뇌에서 완전히 다른 영역에 위치하지는 않는다고 하더라도 언어조직에 대한 신경적 측면은 다를 수 있다. Paradis(1981)는 두 관점을 구분했다. 첫 번째 관점은 '확장된 체계 가설'(extended system hypothesis)로 두 개의 언어는 하나의 체계를 구성하고, 두 언어들의 구성요소들도 같은 신경기제에 의해 지원된다는 것이다. 두 번째 관점, 즉 '이중 체계 가설'(dual system hypothesis)의 지지자들은, 두 개의 언어가 같은 지역에 위치해 있지만, 서로 다른 신경기제가 각각의 언어를 지원한다고 믿는다. 이 관점에 따르면, 두 언어는 인간의 뇌에서 따로 표상된다. Paradis(1981)는 절충가설을 제안했다. 언어들은 하나의 확장체계에 저장되지만, 각 언어의 요소는 좀 더 큰 체계 안에서 별도의 하위체계를 구성한다. 이 부분집합 가설(sub-set hypothesis)은 평행적 회복 유형뿐만 아니라 비평행적 회복유형을 설명할 수 있다.

두 언어의 신경학적 처리를 위한 하나의 확장된 체계가 있기 때문에 2개언어상용자의 뇌는 단일언어사용자의 뇌와 비교했을 때 추가적인 부담을 받지 않는다. Segalowitz (1973)에 따르면 뇌는 하나의 언어를 처리하는 것처럼 쉽게 두 개의 언어를 처리할 수 있다. 그러나 이들은 아직까지 가설에 지나지 않으므로 실험적 지지가 필요하다.

7.2 두 언어의 정신적 표상

2개언어상용자들 중에 *kniga*(book)라는 러시아어 단어를 아는 사람이 있을 것이다. Weinreich는 이 단어를 예로 들면서, 2개언어상용자에 대한 그의 유명한 2개언어상용 유형론에서 2개언어상용자를 대등적(coordinate), 복합적(compound), 그리고 종속적(subordinate) 이라는 세 가지 유형으로 구분하였다. Weinreich(1953)에 따르면 대등적 2개언어상용자에게서 두 언어의 상응하는 단어들(equivalent words)은 약간 서로 다른 의미를 갖거나 서로 다른 개념을 의미한다(A). 복합적 2개언어상용자들에게 두 형태(/buk/과 /'kni'ga/)는 동일한 의미를 갖는다: 'book' ≡ 'kniga'(B).

```
            'book'   'kniga'              'book' ≡ 'kniga'
    (A)       |        |          (B)         /     \
            /buk/    /kniga/                /buk/   /kniga/
```

이 예에서 개념들은 단어의 형태로 표현되지만, 그림으로도 그려질 수 있다. (A)의 경우 각각 하나는 전형적인 영어책이고 다른 하나는 러시아어 책이며, (B)의 경우는 일반적인 책이다. 이 개념들은 또한 사전에 있는 것처럼 좀 더 상세하게 묘사될 수도 있다. 위의 예에서 쉼표 사이의 단어들은 사실 아주 복잡한 개념들에 대한 약어(abbreviations)이다.

대등적 2개언어상용자는 두 명의 단일언어사용자의 역할을 하고, 복합적 2개언어상용자는 개념적 수준에서 두 언어들을 통합한다. 종속적 2개언어상용자(C)는 한 언어는 우세하며, 우세하지 않은 언어의 단어들은 우세한 언어의 단어들을 통해서 통역된다. 종속적 2개언어상용자는 모국어나 우세어를 통해 제 2언어를 학습한다.

(C) $\left\{ \begin{array}{c} \text{'}book\text{'} \\ /buk/ \end{array} \right\}$
$|$
/'kn'iga/

Ervin과 Osgood(1954)는 Weinreich의 유형을 수정하여 대등적 2개언어상용자와 복합적 2개언어상용자로 구분하였는데, 후자는 종속적 유형을 포함한다. 그들은 대등-복합 구분에 자극-반응 이론을 부여했다. 자극-반응 이론은 일반적으로 심리언어학 연구에서 유용한 접근법으로서 거부되어 왔기 때문에 이 이론을 여기에서 상세하게 설명하지는 않을 것이다. Ervin과 Osgood는 또한 대등적 2개언어상용자와 복합적 2개언어상용자는 서로 다른 습득 환경에서 발생할 것이라 주장한다. 별개의 상황에서 언어를 습득할 때, 이들은 대등적 2개언어상용자가 된다. 복합적 체계는 같은 환경에서 두 언어를 습득하고 사용할 때 발달된다. Lambert 외(1958)는 이 주장을 실험에 근거하여 증명하려고 하였다. 그들은 이론적 예측에 따라, 영어-불어 2개언어상용자들을 대등적 2개언어상용자와 복합적 2개언어상용자의 두 개 집단으로 나누어 세 가지 실험을 실시했다. 첫 번째 과제에서 피험자들은 자극단어들을 표준척도로 평가하는 방법인 의미분별척도 방법으로 영어 단어들과 이에 상응하는 프랑스어 단어들의 등급을 매겼다. 예를 들어, 피험자들은 집(house)이라는 단어를 7점 척도로 '추한-아름다운' 또는 '쾌적한-불쾌한'으로 등급을 매겼다. 의미차이에 대한 점수를 자극언어가 주는 의미로 취급하면서, Lambert와 그의 동료들은 상응언어가 번역되었을 때 복합적 2개언어상용자보다는 대등적 2개언어상용자에서 의미차이가 훨씬 더 크게 나타난다고 결론지었다. 그러나 지리적으로 별개의 문화에서 두 개의 언어를 습득한 대등적 2개언어상용자와 한 지역내의 분리된 환경에서 언어를 습득한 대등적 2개언어상용자를 비교했을 때, 두 문화의 경험이 대등적 집단과 복합적 집단간의 일반적인 차이를 설명한다는 것이 명백해졌다. 따라서 문화적 경험이 습득상황보다 2개언어상용자의 의미체계를 확립하는데 좀 더 중요한 요인으로 보인다.

두 번째 과제에서 Lambert 외들은 역행억제계획(retroactive inhibition design)이라 불리는 기법을 사용했다. 이 기법의 기본적인 절차는 피험자가 목록 A를 학습한 후에 목록B를 학습하고, 그리고 난 후에 목록A를 재학습하는 것이다. 만일 목록B의 삽입이 이전에 암기한 자료에 영향을 끼치지 않는다면, 그 둘은 기능적으로 별개라 간주될 수 있다. 20개의 영어와 프랑스어로 정확하게 번역된 목록들을 피험자들에게 제시하고, 그들에게 첫 번째 목록의 단어들을 생각해내라고 함으로써 두 언어들의 기능적 분리가 연구되었다. 대등적 2개언어상용 집단은 삽입된 프랑스어 목록을 통해 득을 보지 못한 것으로 드러난 반면, 복합적 2개언어상용 집단에게 프랑스어 목록은 영어목록의 기억에 도움이 되었다. 연구자들에 따르면, 이 복합적 2개언어상용 집단에게 번역된 동의어들은 의미적으로 좀 더 비슷했고 기능적으로 좀 더 종속되어 있었다. '단일문화' 대등집단과

'두개문화' 대등집단 사이의 차이는 이 과제에서 나타나지 않았다.

실험의 세 번째 부분은 번역과제였다. 복합적 2개언어상용자 집단은 언어(A)의 단어로부터 언어(B)의 단어로 직접적인 궤도(path)를 따르기 때문에 개념을 '번역할' 필요가 없어, 대등적 2개언어상용자들보다 더 나은 번역능력(번역의 속도)을 보일 것이라고 예견되었다. 그러나 두 집단의 번역능력에는 차이가 없었다.

Lambert 외(1958:243)들이 대등적 언어체계와 복합적 언어체계 이론이 실증적 지지를 받았다고 결론지었을지라도, 이 결과가 두 체계간의 차이를 명료하게 설명하지는 못해 이것의 유용성에는 많은 의문이 남아 있다. 게다가, 다른 연구들은 Ervin과 Osgood이 주장하는 차이점을 실험으로 증명하는데 실패했다. Kolers (1963)는 2개언어상용자들의 단어연상에 관한 연구를 하였다. 복합적 2개언어상용자들은 영어 자극단어에 대한 반응과 모국어로 번역된 상응어에 대한 반응이 상당히 다른 것으로 나타났다. 이는 언어가 혼용되는 환경에서 두 언어를 습득한 사람들에게 상응하는 두 단어는 같은 의미를 갖는다는 가정에 깊은 의구심을 갖게 한다. Kolers는 2개언어 습득과정과 반응사이에는 관계가 없음을 발견했다.

다양한 방법론적이고 이론적 이의들이 제기되었기 때문에 대등적-복합적 구분은 사용되지 않게 되었다. 예를 들어, 실험에서 사용된 '의미'(meaning) 연구방법은 신랄하게 비판받았다. Lambert와 그의 동료들에 의해 사용된 의미분별방법은 오직 의미에 대한 정의적이고 정서적인 측면들만 다루고, 상징(denotation)과 같은 의미의 중요한 측면은 다루지 않는다. 또 다른 비판은 Weinreich의 구분이 완전한 언어체계에 맞추어져 있는 반면, 위 실험들은 오직 개별 단어들만을 다루었다는 점이다. 게다가 Macnamara(1970)는 두 언어로 의미나 내용이 완전히 겹치는 단어가 많지 않다는 점을 지적하였다. 그는 영어로 to cut (직접목적어로 hair를 가지는)과 to carve(고기를 자르다)의 두 가지 뜻을 가지고 있는 프랑스어 단어 couper의 예를 들고 있다. 2개언어사전을 살펴보면, 부분적으로만 겹치는 의미들에 대한 예들을 많이 보여준다. 물론 일치하지 않는 의미들은 항상 번역가들을 괴롭힌다. 문제는 그러한 경우에서 복합적 2개언어상용자에게 무엇이 일반적인 의미가 될 수 있을까 하는 점이다. 예를 들어, 영어-터어키어 복합적 2개언어상용자에게 다음과 같은 두 언어의 단어들에 기저하는 일반적인 개념은 무엇인가?(표7.1)

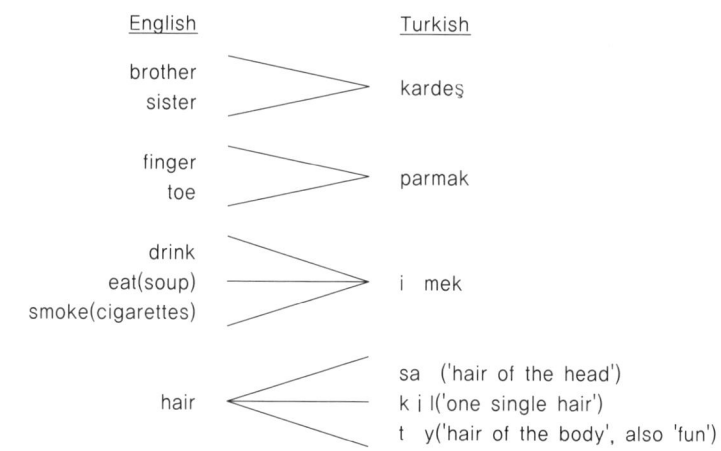

표7.1 영어와 터키어에서 부분적으로 의미가 겹치는 단어들

많은 연구자들이 대등적-복합적 구분을 폐기했을지라도, 2개언어를 사용하는 몇몇 학생들은 2개언어상용에 대한 Weinreich의 종속적 유형을 포함하여 여전히 이 구분에서 어떤 유용성을 발견한다(Skutnabb-Kangas, 1983). 이 구분은 교육을 통한 제2언어 학습의 초기 단계에 나타나는 2개언어상용의 유형을 충분히 설명하는 것처럼 보인다. 복합적-대등적 구분에 관해서는 두 가지 수정이 이루

어진다. 즉, (a)완전한 복합적 2개언어상용과 완전한 대등적 2개언어상용은 두 언어를 사용하는 개인의 등급이 매겨지는 연속선상의 양 끝점들이고, (b) 2개언어상용자의 언어체계는 부분적으로 좀 더 복합적이고(어휘) 부분적으로 좀 더 대등적(문법)일 수 있다. 그러나 이것은 아직 실험적 증명이 필요한 직관적 개념에 불과하다.

복합적-대등적 구분을 더 이상 하지 않게 된 후, 2개언어상용 분야의 많은 연구자들은 유사하지만 조금은 다른 문제로 그들의 관심을 돌렸다. 즉, 같은 의미로 잘못 이해된 개념인 2개언어상용자의 정신적 어휘부 또는 의미기억에 관심을 돌렸다. 정신적 어휘부란 화자가 '아는'(know) 각 단어에 대한 '목록'(entries)을 포함하는 일종의 내면적 사전이다. 각각의 목록은 의미적 내용, 통사적 특성, 음운론적인 형태 등 단어에 대한 모든 언어학적 정보를 포함하고 있다. 이에 대한 예는 다음과 같다.

DECEIVE(속이다)
— 영어 타동사
— /disi:v/로 발음됨
— 약변화 과거시제
— 사기(deceit), 속이는(deceitful) 것과 연관됨
— 의미: '진실을 숨기거나 왜곡하는 것으로 잘못 이끄는 것'
— 등등

의미기억은 세상에 대한 개인 지식의 정신적 표상을 포함하기 때문에 엄격히 말하면 언어적인 문제는 아니다. 이 지식은 개념과 개념 사이의 관계 속에서 표상된다(Lindsay 와 Norman, 1977 비교).

연구자들이 해결하고 싶었던 질문은 2개언어상용자가 한 곳에 정보를 저장하고 두 개의 언어가 이곳에 동일하게 접근하는가 아니면 정보저장이 각각 별개의 언어들에 연결되어 있는가이다. 위에 언급된 Kolers(1963)의 연구는 두 개로 저장(two store)된다는 입장을 지지하였다. 두 언어의 상응하는 자극단어 연상에서 유사성이 낮은 정도로 보아 두 언어는 두 개의 별개의 의미체계를 갖는다고 주장하였다.

다른 연구들은 1개 저장 가설(one-store hypothesis)을 지지하는데, 예를 들면, 그 한 연구가 Stroop 절차(Stroop, 1935)라고 알려진 2개언어버전(bilingual version)기법이다. 원래의 Stroop 실험에서 색의 이름을 말하는 단어들은, 빨간 잉크로 쓰여진 '초록'(green)이라는 단어와 같이, 단어의 뜻과는 맞지 않는 색의 잉크로 쓰여져 있다. 이 기법의 2개언어버전에서 피험자들은 색으로 표시된 단어가 언어 (B)이지만 언어 (A)로 답해야 한다. 예를 들어, 노란색 잉크로 쓰인 schwarz('black')라는 단어는 영어로 yellow라고 말해야만 한다. 이 절차를 사용한 모든 연구에서 상당히 많은 언어간 간섭이 발견되었다. 영어 단일언어사용자가 노란색으로 인쇄된 black을 말할 때와 마찬가지로 영어-독일어 2개언어상용자도 노란색으로 인쇄된 schwarz에서 색의 이름을 말하는 것이 지연되었다(Segalowitz, 1977).

본질적으로 같은 기법이 Ehri와 Ryan(1980)에 의해 그림-단어 간섭 과제(a picture-word interference task)에서 사용되었다. 이들의 변경된 절차에서 피험자들은 혼동을 주는 이름이 없는 그림과 혼동을 주는 이름이 인쇄되어 있는 그림을 보고 이름을 말해야 했다. 2개언어상용 피실험자들은 두 언어 중 하나로 답하기를 요구받았고, 혼동을 주는 단어들은 응답어이거나 그들이 사용하는 또 다른 언어였다. 예를 들어, 피험자들은 집 그림에 대해 영어로 말해야 했는데, 집 그림에는 church나 église 같은 단어가 인쇄되어 있다(영어-불어 2개언어상용자의 경우). 2개언어상용자는 그림 이름과 방해 단어들이 같은 언어인지 아니면 다른 언어인지에는 상관없이, 인쇄된 단어들로부터 상당한 간섭을 받는 것으로 나타났다. Ehri와 Ryan(1980:299)은 '서로 다른 언어의 어휘항목들은 밀접하고도 자동적으로 의미기억에 연결되어 있으며, 2개언어상용자는 사용하지 않는 언어와의 연결고리를 끊을 수 없다'고 단언한다.

실행된 대부분의 연구들은 1개 저장 가설에 찬성하는 증거를 제시하지만, 다른 입장에 대한 실험적 지지를 무시할 수는 없다. 따라서 Paradis(1980)는 절충가설을 고안해 냈다. 그의 관점에 따르면, 2개언어상용자는 '하나 그리고 오직 한 쌍의 정신적 표상을 가지고 있지만 생각을 L1 으로 하느냐 L2로 말하느냐에 따라 다르게 그것을 구성하며, L1이나 L2로 말하거나 해석할 때 그 범위에서 인지적으로 다르게 기능한다'(p.421). 여기서 '의미기억'과 '정신적 어휘부'라는 개념간의 차이를 다시 언급할 수 있다. Paradise(1979)에 따르면, 2개언어상용자는 하나의 의미기억 또는 개념체계를 가지고 있고, 이는 의지대로 활성화할 수 있는 두 개의 어휘 저장소와 연결된다. 이 관점은 2개언어상용 피실험자에게 그림을 제2 언어로 말하고, 모국어 단어들을 제2언어로 번역하도록 요구했던 Potter 외 (1984)의 연구에서 좀 더 구체화된다. 그들은 그림으로도 접근되는, 언어에만 고유하지 않는 별개의 개념 체계인 경우, 개념에서 단어 단계로 가는 데에는 단지 한 단계만 요구되기 때문에 번역보다는 이름을 대는 과제를 피험자들이 더 빨리 수행할 것이라고 예측했다. 번역과제는 개념을 거쳐 단어에서 다시 단어로 가는 두 단계가 요구된다. 결과는 예측과 일치했다.

한 가지 더 주목해야만 하는 사실이 있다. 정신적 어휘부와 의미기억에 대한 연구에서, 복합적-대등적 구분은 불행히도 고려되지 않았다. 그 결과, 단어를 저장하는 방식이 2개언어상용자에게 아주 중요함에도 불구하고, 실험에 참여하는 피험자들의 언어역사는 경시되었다. 이것은 아직도 2개언어상용자 정신에서 의미적이고 개념적 구성에 관한 많은 부분이 명백하지 않은 상태로 남아 있음을 의미한다.

7.3 두 언어의 사용

두 언어에 능숙한 개인은 언어 산출과 수용에서 두 언어를 다소간 분리 유지해야 한다. 어떻게 한 언어는 작동하고('on') 다른 언어는 작동되지 않게('off') 할 수 있을까? Penfield와 Roberts(1959)는 이런 현상을 설명하기 위해 단일전환이론(single-switch theory)으로 알려진 이론을 제안하였다. 그는 하나의 정신적 장치를 전환장치(switch는 아직까지 뇌 안에 있는 알려지지 않은 장치에 대한 비유에 지나지 않는다)라고 가정하였는데, 이것은 한 언어가 작동했을 때 다른 하나는 작동하지 않는다. 이러한 장치가 신경계의 어느 곳에 있는가 하는 문제는 차치하더라도, Stroop 절차의 2개언어버전 기법의 실험 결과는 이 이론이 너무 단순함을 보여준다. 피험자들은 한 언어로 대답해야만 해서 그 체계가 '작동하였음('on')'에는 틀림이 없지만, 다른 언어로 인쇄된 단어 역시 피험자들을 혼동시켰기 때문에 이 언어체계 역시 '작동'(on)되었다. 이러한 발견은 2개언어상용자는 누군가가 다른 언어로 말하는 것을 들으면서 또 다른 언어로 말할 수 있다는 상식적인 의견과 일치한다.

이러한 사실은 출력전환장치(an output switch)와 입력전환장치(an input switch)(Macnamara, 1967)라는 2개의 전환장치가 가정되는 이론에서 설명될 수 있다. 화자는 신중하게 특정 언어를 선택하면서 출력전환장치를 통제한다. 그러나 2개언어상용자의 Stroop 테스트의 결과가 보여주듯이, 이 같은 방식으로 입력전환장치를 통제할 수 없다. 다시 말하면, 피험자들에게 혼동을 주는 단어의 언어를 걸러낼 수 없었다. 따라서 입력전환장치는 받아들여지는 자료(data driven)라고 불린다. 2개언어상용자는 원하든 원치않든 외부로부터의 언어신호에 전환장치를 작동시킨다.

이러한 입력과 출력 전환장치가 실제로 존재한다면, 이것들의 작동은 다른 정신작용과 마찬가지로 시간이 걸릴 것이다. 다양한 연구들이 이것이 사실인지를 알아보기 위해 실시되었다. 예를 들어, Kolers(1966)는 불어-영어 2개언어상용자에게 단일언어로 된 지문과 영어-불어가 혼합된 지문을 크게 읽으라고 요구했다. 피험자들은 한 언어 그리고 두 언어로 된 글에 대한 독해 문제에 대해서는 똑같이 잘 대답했지만, 혼합된 지문을 큰소리로 읽는 데에는 상당히 많은 시간이 걸렸다. Kolers는 각각의 전환에 0.3초와 0.5초 사이의 시간이 걸리는 것을 알아냈다. 이 초기의 연구에 비판적으로 반응하면서, 다른 연구자들은 Kolers가 입력전환과 산출전환간을 구분하지 않았다고 주장했다. 큰소리로 읽는 것은 수용적 언어처리와 산출적 언어처리 두 가지가 다 요구된다. Macnamara 외(1968)는 언어적으로 중립적 자극인 숫자를 한 언어로 먼저 쓰고, 다음에 다른 언어로 쓰고, 그런 후에 두 언어로 번갈아 쓰는 실험에서 2개언어상용자가 출력전환을 구분한다고 주장하였다. 출력전환이 포함된 번갈아 쓰기 과제 실험에서 더 많은 시간이 걸렸음이 밝혀졌다. 각각의 전환에는 약 0.2초가 걸렸다.

그 이후의 연구에서 Macnamara와 Kushnir(1971)는 비교적 단순한 실험에서 입력전환을 구분하여 살폈다. 그들은 2개언어상용자에게 단일언어로 된 지문과 2개언어로 된 지문을 조용히 읽게 했다. 피험자들은 2개언어로 된 지문보다 단일언어로 된 지문을 더 빨리 읽었고, 각각의 전환에는 약 0.17초가 걸렸다.

2개 전환 모형(two-switch model)은 다양한 연구에서 오히려 강력한 지지를 받는 듯하다. 산출시간조차 근사하게 맞는다. Kolers의 입력과 출력전환을 더한 시간이 0.3초에서 0.5초는 걸린 것은 Macnamara와 그의 동료들에 의해 발견된

출력전환에 걸린 시간인 0.2초와 입력전환의 0.17초와 대략 맞아 떨어진다. 그러나 2개 전환 모형의 가치는 후에 2개언어상용자의 자연발생적인 언어전환에 관한 관찰과 새로운 연구 결과가 나오면서 심각하게 이의가 제기되었다.

많은 2개언어상용자는 그들의 일상적인 상호작용에서 한 언어에서 다른 언어로 전환한다. 이런 형태의 언어전환은 문장 안에서 뿐만 아니라 문장 사이에서도 발생한다. 언어전환은 지극히 자연스러운 언어산출 전략인데 반해, 위에 보고된 실험들은 인위적으로 보인다. 실험실에서의 결과들은 언어의 이해(comprehension)와 산출(production)의 자연스런 과정과는 관련이 별로 없어 보이며, 실험에서의 언어자료는 실제 자연스런 언어와는 비교할 수 없다. Kolers 그리고 Macnamara 와 그의 동료들에 의해 사용된 다수의 문장들은 일상적으로 언어를 전환하는 사람들에게는 아주 부자연스러운 것으로 드러났다. 언어전환이 실험 문장 내에서는 무작위로 나타난 반면, 2개언어상용화자의 혼합된 언어분석에서는 문장 내 자연스럽게 끊어지는 지점에서 발생하는 경향을 보인다. 언어전환에는 상당한 구조상의 제약이 있다. 예를 들면, 관사와 명사 사이에서의 언어전환은 어렵다.

전환에 관한 구조상의 제약을 고려한 연구들은 상당히 다른 결과들을 제시하였다. 예를 들어, Chan 외(1983)는 중국어-영어 2개언어상용자에게 자발적이거나 자연스런 전환으로 지문을 읽게 했고, 이 읽기 속도를 단일언어화자의 중국어 지문 읽기 속도와 비교했다. 그들은 두 조건에서 읽기 속도의 차이가 없음을 발견했다. 이 결과는 2개언어상용자의 언어처리과정은 단일언어사용자가 사용하는 기제와 다른 특별한 전환기제(switching mechanism)를 사용하지 않는다는 Paradis의 주장을 지지했다. Paradis(1977:114)에 따르면, 단일언어사용자와는 다른 어떤 특별한 해부학적 구조나 기능이 2개언어상용자의 뇌에 있다고 가정할 필요는 없다. 화자가 주어진 문맥에서 /t/가 아닌 /k/를 택하게 하는 동일하고도 일반적인 신경기제는 fromage 대신에 Käse를 선택하는 것을 설명할 수 있다. 입력과 관련해서 2개언어상용자는 전환을 예측할 수 있을 때에는 전환하는 데 문제가 없다. 예측할 수 없다면, 새로운 언어에 적응하는데 어느 정도의 시간이 걸린다. 이는 지목되리라 생각지도 않고 있는데 갑자기 누군가에게서 질문을 받았을 때 머뭇거리는 것처럼 문장을 처리하기 위한 약간의 추가 시간이 더 필요한 것이며 이는 단일언어사용자에게도 마찬가지이다. 모두 이러한 경험이 있을 것이다.

여기서 간단히 다루게 될 2개언어상용자의 언어사용법의 한 측면은 번역능력(translation ability)이다. 예상과는 반대로, 두 언어에 아주 능숙한 2개언어상용자들이 항상 유능한 번역가는 아닌 것으로 드러난다. Lambert, Havelka와 Gardner(1959)는 영어-불어 2개언어상용자에게 영어와 프랑스어 단어 목록을 번역하도록 요청했다. 번역의 속도는 피험자의 2개언어상용 정도와는 관련이 없었다. 아마도, 2개언어상용자는 삶의 다른 영역에서 두 언어를 사용할 것이다. 두 언어는 서로 다른 문화적 경험과 연결되어 있다. 만일 2개언어상용화자가 비공식적인 상황에서는 항상 언어(A)를 사용하고 공식적 상황에서는 언어(B)를 사용한다면, 비공식적인 상황에서의 경험들과 관련된 지문을 언어(A)에서 언어(B)로 번역하는 것은 어려울 것이다. 이러한 단어들은 언어 (B)가 사용되는 상황에서는 일반적으로 사용되지 않기 때문에 '알맞은 단어'를 찾는 데에는 약간의 추가 시간이 걸릴 것이다.

[추천도서]

이 장에서 논의된 주제들에 관해 추천할 만한 책들이 많지 않다. Albert와 Obler 의 책 *The bilingual brain; Neuropsychological and neurolinguistic aspects of bilingualism(1970)*은 첫 번째 부분에서 다뤄진 논점들에 대한 많은 자세하고 기술적인 정보를 제공해 준다. *The Journal of Verbal Learning and Verbal Behavior* 은 '정신적 어휘부'(Vol. 23, nr. 1, 1984), 특히 2개언어상용자의 정신적 어휘부에 특별히 논점을 두고 중점적으로 다룬다. 이 문헌은 주로 동료 연구자들을 위해 쓰였다.

제2언어 습득

3장에서 우리는 개인적인 2개언어상용이 없는 2개언어상용사회는 실제로 존재하지 않는다고 지적하였다. 이것은 2개언어상용사회의 많은 사람들이 2개 언어를 학습해야 하고, 특히 소수언어를 사용하는 사람들은 반드시 2개 언어를 학습해야 한다는 것을 의미한다. 이들은 자신의 모국어(vernacular) 외에 제2언어를 습득하는데, 흔히 다수의 사람들이 사용하는 주류언어, 즉 보다 넓게 의사소통에 사용되는 언어를 습득한다. 독일에 이민 온 터키 이민 근로자들이 독일어를 학습하거나 수단에서 로투호어(Lotuho) 화자들이 아랍어를 배우는 경우 또는 호주에서 원주민 언어들 가운데 하나를 사용하는 사람이 영어를 학습하는 경우 등이 그 예가 된다. 소수 집단의 구성원들이 주류사회에 참여하기를 원하는 경우 그들은 어느 정도 2개언어를 상용해야 한다. 주류언어 화자들은 훨씬 더 편안한 위치에 놓여있으며, 원한다면 단일언어(monolingual) 화자로 남을 수도 있다. 독일인들은 대체로 터키어를 배우지 않는 것 등이 그 예이다.

*Language in Contact*에서 Weinreich(1953)는 언어 체계간의 차이가 크면 클수록, 다시 말해서 각 언어에서 상호 배타적인 형식과 유형이 많을수록 학습 문제와 잠재적인 간섭영역도 커진다고 주장한다. 그는 모국어가 제 2언어 습득에 영향을 미친다고 주장한다. 간섭(*interference*)이라는 용어와 관련하여, 그는 간섭이란 음운체계에서의 많은 부분, 형태론과 통사론에서의 많은 영역, 그리고 어휘의 일부 영역 등과 같이 상당히 구조화된 언어 영역에 외국어 요소가 도입됨으로써 야기되는 언어유형의 재정렬이라고 언급하였다. 제2언어 학습자가 제2언어를 말할 때 자신의 모국어 요소나 구조를 사용한다는 것은 상식적인 개념이다. 이러한 예로, 영어를 말하는 프랑스인이 자신의 프랑스어 음운론 체계가 간섭하여 'I think' 대신에 'I seank'로 말하거나, 표준 프랑스어를 말하는 영국인이 'Parlay vuw anglay?'라고 말한다.

한 언어가 다른 언어에 미치는 영향은 오랫동안 지속적이고 체계적인 언어 접촉 상황에서 상당히 중요하다. 여기서 다시 Weinreich의 인용은 적절하다. '언어발화에서, 간섭은 시냇물에 운반되는 모래와 같다. 언어에서 간섭은 호수 바닥에 쌓여 침전된 모래와 같은 것이다'(Weinreich, 1953:11). 그러나 제2언어 학습자의 중간언어는, 목표언어에 대한 구조의 단순화에 의한 특징들과 같은 간섭 이외의 다른 구조적인 자질에 의해 특징지워질 수 있다. 이러한 자질들은 습관화되어 확고해지거나 Weinreich의 비유처럼 호수 바닥에 쌓인 침전된 모래가 된다. 개인 화자가 광범위하게 제2언어를 습득함으로써 언어는 변할 수도 있고 새로운 언어변이가 생겨날 수도 있다. 13장에서는 접촉상황에서의 언어변화를 다룰 것이다. 이 장의 1절에서는 제2언어 학습자의 중간언어 특징들이 논의될 것이다.

개인 학습자들은 제2언어 습득의 향상에 있어 서로 상당한 차이가 날 수 있다. 어떤 학습자는 상당히 성공적인 반면에 어떤 학습자는 아주 느리게 언어를 습득하거나, 낮은 숙달단계에 이른다. 많은 요인들이, 예를 들면, 지능, 나이, 언어적성 등이 제2언어 발달속도(rate)에 영향을 미친다. 이 책에서 가장 주요하게 보는 요인은 태도와 동기로 요약되는 사회심리적 요인이다. 자주 언급되는 가정(assumption)은 소수언어사회의 제2언어 학습자가 다수 사회나 제 2언어 사회에 대해 갖는 태도가 학습자의 언어 학습 동기를 유발하기 때문에 제2언어 습득에 상당히 영향을 준다는 것이다. 8장 2절에서는 사회심리적 요인과 제2언어 습득 간의 관계가 논의될 것이다. 사람들은 이미 모국어를 어느 정도 습득한 후에 제2언어를 습득할 수 있지만, 어린이는 동시에 두 언어를 습득할 수 있다. McLaughlin(1978)이 언급하였듯이, 이러한 '두 언어의 동시 습득'은 2개언어상용 가정에서 흔히 나타난다. 본 장의 마지막 절에서는 이 주제에 대한 정보가 제시될 것이다. 여기에서는 다음과 같은 질문 즉, 두 언어의 동시 습득이 어떻게 진행되는가, 두 언어가 상호 간섭을 통해 다른 언어에 어떤 영향을 미치는가, 2개언어상용 어린이가 단일언어로 자란 어린이에 비해 뒤쳐지는가, 부모가 2개언어 습득과정에 어떻게 긍정적인 영향을 줄 수 있는가 등에 대해 알아본다. 이러한 질문들을 다루기 앞서 나이에 관한 문제, 즉 제2언어를 학습하는 최적의 나이는 언제인지를 간단히 논의한다. 여기에서는 제2언어 학습에 관한 연구결과와 이론들을 완벽하게 개관하려고 하는 것은 아니며 언어접촉과 관련된 논의로만 제한한다. 이는 또한 자연적인 상황에서의 제2언어 습득에만 적용되며, 교실 상황에서의 학습을 다루지는 않을 것을 의미한다.

8.1 중간언어의 특징

Selinker(1972)가 도입한 중간언어(*Interlanguage*)라는 개념은 제2언어 학습자의 암시적인 언어지식 또는 언어능력의 일부분으로서 목표언어의 한 변이형이나 유형을 지칭한다. 학습자는 일련의 중간언어를 통해 목표언어를 완벽하게 숙달해간다. 물론, 대부분의 제2언어 학습자는 완벽한 단계에 도달하지 못하고, 중간적인 단계에 머물게 된다. 중간언어란 용어가 이러한 의미를 암시하지만, 중간언어란 모국어와 제2언어 간의 어느 한 곳에 존재하는, 두 언어의 구조적인 특징을 가진 또 하나의 언어가 아니라, 언어학습책략으로 야기되는 특징을 나타내는 중간적인 체계이다. 이 절에서는 다음과 같은 특징들, 즉 간섭, 단순화, 일반화를 논의한다.

    1970년 이후 간섭이나 부정적인 전이가 제2언어 습득 연구상의 중요한 문제가 되어 왔다. 제2언어 학습자의 모국어가 제2언어(목표언어) 습득에 영향을 주는지를 알아보기 위해 많은 연구가 실시되었다. 많은 연구가들은 제2언어 학습자들이 제2언어를 배울 때 겪는 어려움은 모국어와 제2언어 간의 차이나 (비)유사성의 정도에 의해 결정된다는 일반적인 가정이 타당성이 없다는 것을 증명하려고 노력하였다. 외국어 학습 환경에서 개발되었고 자연적인 언어 학습 환경에서도 일반화된 이 가정은 대조분석가설(*Contrastive Analysis(CA) Hypothesis*)이라 불리운다. 이 가설은 대체로 실험적으로 검증되지는 않고, 일화적인 관찰에 의해 지지를 받았다.

    대조분석가설 문헌에는 간섭의 본질에 대한 상당한 오해와 혼돈이 있다. Weinreich(1953)는 이 장의 서론 첫 인용부분에서 분명히 밝혔듯이 두 가지 유형의 영향을 암시적으로 구분하였다. 하나는 모국어와 목표언어 간의 차이에 의해 야기되는 난이(difficulties)이고, 다른 하나는 목표언어 산출시 모국어의 요소, 구조, 규칙 등을 사용함으로써 야기되는 부정적 전이라고도 불리는 간섭(interference)이다. 이 구분은 제2언어학습에 관한 유명한 책 *Linguistics across cultures*(1957)에서 Lado에 의해 채택되었다. Lado는 '외국어에 접하는 학습자는 외국어의 어떤 자질은 쉽고 어떤 것은 어렵다는 것을 발견하게 될 것이다. 자신의 모국어와 비슷한 요소들은 학습자에게 쉬울 것이고(긍정적인 전이가 발생) 반면에 상이한 요소들은 어려울 것이다'라고 주장하였다. 같은 페이지에서 '개인 학습자는 모국어와 자국문화의 형식과 의미를 외국어와 외국문화에 전이시키는 경향이 있다'고 주장하였다.

어쩌면 Weinreich와 Lado의 구분이 명확하지 않기 때문에 다른 많은 연구자들이 난이와 간섭간의 구분을 모호하게 하였는지도 모른다. 대조분석가설에 의한 난이는 '간섭에 의해 야기되는 오류'와 동의어로 사용되었다. '난이'와 '간섭오류'를 동일하게 보는 또 다른 이유는 대조분석가설이 전이를 중심 개념으로 보는 행동주의 학습이론과 상호 협력관계에서 개발되었다는 사실에 있다(Ellis, 1965). 제2언어 수행상의 오류는 주로 모국어나 습관이 전이된 결과라고 믿어졌다. 다시 말해, 과거 습관(모국어)이 새로운 습관(목표언어)을 방해한다는 것이다.

이러한 문제에 대한 연구는 주로 외국어 교실에서 행해졌다. 한 가지 예만 들자면, Duškova(1969)는 체코 성인 제2언어 학습자의 문어체 영어에서 문법오류와 어휘오류를 조사하였다. 많은 간섭 오류가 발견되었다. 직접목적어가 체코어에서 처럼 부사 한정사 뒤에 많이 위치하였다(* 'I met there some Germans'; 체코어: Potkal jsem tam nejake Nemce). 그리고 관사가 자주 생략되었는데(* 'I should like to learn foreign language'), Duškova에 따르면 이는 체코어에는 관사가 없기 때문이다. 그녀는 또한 많은 오류가 학습자의 모국어와 거의 관계가 없다는 사실에 주목하였다. Dalbor(1959)는 스페인어 화자가 자신의 모국어에는 없는 영어 음소 /š/와 /č/를 듣고 발음하는 문제를 다루고 있다. 스페인 영어 학습자는 'While shaving John cut his *shin*'이라는 문장을 발화할 수도 있다.

간섭의 증거는 이러한 연구에서 상당히 일화적이다. 간섭의 영향과 빈도는 어느 정도 당연한 것으로 간주되었고, 많은 학자들은 외국어 교수 자료를 개발하기 위해 부분적으로 두 언어를 대조분석하는 것을 목표로 하고 있다.

언어접촉에 대한 연구에서, 다시 말해서 제2언어가 자연적인 환경에서 습득될 때 모국어가 미치는 영향에 대한 조사가 체계적으로 이루어진 적이 거의 없다. Weinreich(1953)는 모국어의 제2언어에 대한 간섭과 제2언어의 모국어에 대한 간섭을 구분하지 않고 논의하고 있다. 자신이 제시한 예에서, 그는 이러한 예들이 제2언어의 영향을 받은 모국어 화자로부터 취득한 것인지 아니면 제2언어 화자로부터 취득한 예인지 제시하지 않고 있다. Weinreich는 다만 한 언어가 다른 언어에 미친 영향을 - 가령, 스위스 이태리어 방언의 복수형에서만 -en이 Ø(no marking)을 대체한다는 예에서처럼 - 주목한다. 이 예는 아마도 제2언어(스위스계 독일어)의 모국어에 대한 영향일 것이다. 또 다른 예로 Weinreich는 유대어 영향을 받은 영어에서 ge-가 수동형 분사를 Ø으로 대체한다는 사실을 언급하는데, 이는 모국어로부터의 간섭의 예이다.

다른 몇몇 연구에서도 특히 모국어 간섭에 관심이 모아지고 있다. 가령, Muysken(1981)은 케추아어가 제2언어 습득 과정에서 에콰도르의 스페인어에 영향을 미치는 것을 보여주고 있다. 케추아어의 구조적 특징이 2개언어상용화자가 사용하는 스페인 방언에 들어왔다. 언어접촉 상황에서 이러한 유형의 간섭은 13장에서 자세하게 다룰 것이다.

1970년대에 대조분석가설은 언어와 정신에 대한 심성주의이론 주창자들에 의해 상당한 공격을 받았다. 이들은 특히 모국어가 제2언어 습득에 큰 영향을 미친다는 견해와 많은 간섭오류가 발생하는 곳에 이러한 영향이 나타난다는 견해에 이의를 제기했다. 대안적인 가설로 동일가설(identity hypothesis)이 제안되었는데, 이 가설은 L1=L2 가설로 불리며, 보편적 또는 창조적인 건설 가설(universalistic or creative construction hypothesis)이라고도 불린다. 간단히 말해서, 동일가설은 제2언어 학습자가 자신이 듣는 목표언어 발화를 능동적으로 조직화하여, 어린이가 모국어를 배우는 것과 같은 방식으로 목표언어의 구조를 일반화한다고 주장한다. 제2언어 학습자가 범하는 오류는 모국어/목표언어 간의 차이에 기인하는 것이 아니라 목표언어의 구조적 특성에 기인한다. 동일가설에 의하면, 제2언어 학습자가 범하는 오류는 그 언어를 모국어로 배우는 어린이가 범하는 오류와 대부분 동일하다. 대부분의 경우, 오류는 잘못된 일반화와 단순화에 기인하는 것으로써, 이 오류들은 본 장에서 언급하게 될 전략들이다. '간섭/전이는 전혀 중요하지 않다'라고 생각되었다(Hatch, 1977:17).

Dulay와 Burt가 행한 두 연구는 동일가설을 지지하는데 자주 인용되었다. 첫 번째 연구(Dulay와 Burt, 1974a)에서 이들은 스페인어가 모국어인 어린이들의 구어체 영어를 분석하였다. 세 가지 오류 유형이 구분되었다.

— 첫째, 언어내 오류 또는 발달 오류 (모국어 학습자의 '오류'에 비교할 만한, 즉 성인의 규범에서 이탈한 형태)
  'They are hungry' 대신에 'They hungry',
— 둘째, 언어간 오류 또는 간섭 오류
  'They have hunger' ('Ellos tienen hambre'),
— 셋째, 독특한 오류
  'Them hunger'.

이 연구결과는 모국어 영향이 어린이 오류의 4.7%만을 설명할 수 있는 반면에, 87.1%가 발달 오류라는 사실을 보여주었다.

다른 연구에서도 Dulay와 Burt(1974b)는 스페인어를 말하는 어린이와 중국어를 말하는 어린이가 영어 문법 형태소를 산출할 때 이들의 영어 숙달도를 비교하였다. 이들은 복수형 -s, 3인칭 단수 -s, 진행형 be -ing, 연결사 be와 같은 형태소를 연구하였다. 스페인어와 중국어는 형태소의 개념에 있어 상당한 차이가 있기 때문에, 대조분석가설에서는 형태소가 습득되는 순서가 두 언어 집단간에 상이할 것이라고 예측되었다. Dulay와 Burt는 모든 어린이의 숙달 점수를 계산하고 형태소 순서를 등급매긴 후, 두 집단간의 습득 순서가 거의 같음을 발견하였다. 스페인 집단에게 쉬운 형태소는 중국인 집단에게도 쉬운 것으로 나타났으며, 스페인 집단에게 어려운 것은 중국인 집단의 어린이에게도 어려운 것으로 나타났다. Dulay와 Burt는 어린이의 모국어가 실제적으로 영향을 미치는 것이 아니며, 이러한 결과가 바로 동일가설을 지지하는 것이라고 결론내렸다.

    Dulay와 Burt의 연구는 잘 알려져 있지만 사용된 방법론상의 문제로 인해 상당히 논란의 여지가 있기도 하다. 예를 들면, 횡적연구(cross-sectional) 자료가 장기적(longitudinal) 연구로 해석되었다. Dulay와 Burt(1974b)의 연구는 특정한 시점에서 연구된 어린이 집단의 습득순서가, 장기적인 연구 계획이 필요하고 상당한 기간 동안 이루어져야하는 개별 어린이의 습득순서와 동일하다고 가정하였다. 여기서는 더 이상 방법론적인 문제를 깊이 다루지 않고, Dulay와 Burt가 간과하고 있는 하나의 흥미있는 연구 결과를 지적하고자 한다. 중국 어린이 집단과 스페인 어린이 집단의 습득 순서는 거의 같았다. 그러나 중국 어린이 집단이 영어를 학습할 기회가 더 적지 않았음에도 불구하고, 각 형태소 숙달점수에 있어서는 중국 어린이 집단이 스페인 어린이 집단에 비해 훨씬 더 낮았다. 이러한 결과는 중국어가 스페인어에 비해 영어와 더 큰 차이가 있기 때문에 초래되었다고 할 수 있다. 어쩌면 영어는, 대조분석가설이 예측하는 바와 같이, 중국 어린이 집단에게 더 어렵다고 할 수 있다.

    관련된 두 언어 간의 거리는, Weinreich(1953)가 이미 언급하였듯이, 제2언어 습득과정에 영향을 미치는 것 같다. X라는 구조 측면에서 언어A가 언어B와 차이가 있을 때, B라는 언어를 배우는 언어A 모국어 화자에게 이 구조는 습득이 어려울 것이며, 차이가 크면 클수록 전이가 발생하지 않고 학습은 더 어려울 것이다. 네덜란드어의 전치사를 배우는 터키와 모로코 어린이의 예에서 간접적인 모국어 영향의 예를 찾을 수 있다. 네덜란드어는 전치사를 사용하여 구(phrase)를 도입하는 반면에, 어떤 처소격 전치사는 방향적 의미를 나타내는 후치적 대용어(alternative)를 가지고 있다.

(1) in het gebouw
　　in the building

(1a) het gebouw in
　　 the building into ('into the building')

터키어에는 전치사가 없다. 네덜란드어에서는 표현되는 관계가 일반적이고 특정한 것을 요구하지 않으면 전치사가 있게 되는데, 터키어는 이 경우 격 어미(case suffixes)가 사용된다. 가령, 여격 어미 *(y)e*는 일반적으로 방향을 나타내며, 방향을 나타내는 어떤 동사와도 사용될 수 있다. 터키어에서는 특정한 경우에만 개별적인 전치사가 사용된다. 이러한 후치사들은 고정된 형태를 가지고 있어서 하나 또는 두 개의 격을 지배한다. 즉 이들은 접미사의 의미를 한정하는 선행 접미사에 결속된다. 예를 들면, 여격 접미사로 쓰이는 *ev*('house')는 *ev-e*('to the house')로 후치 한정어 *ev-e kadar*('just to the house')가 된다. 터키어와는 달리 모로코 아랍어와 베르베르어(Berber)에서는 전치사만이 나타난다.

Appel(1984)은 네덜란드에서 1년, 2년, 3년 정도 생활한 터키와 모로코 어린이의 네덜란드 중간언어 자료를 제공하였는데 전치사의 사용에 있어서 전이는 발생하지 않았다. 네덜란드어에서 전치사가 요구되는 곳에 터키 어린이는 후치사도 거의 산출하지 않았다. 하지만, 간접적으로 모국어의 영향이 중요한 역할을 하고 있는 것으로 보인다. 전체 3년간의 연구에서, 터키 어린이는 모로코 어린이보다 훨씬 더 자주 네덜란드 전치사를 생략하였다. 모국어의 영향이 단순화를 초래한다는 것은 본 절에서 더 논의 될 것이다.

    Schachter(1974)는 모국어 구조와 상이한 제2언어 구조를 회피하는 다른 형태의 간접적인 모국어 영향을 지적하고 있다. 그녀는 페르시아와 아랍, 중국, 일본 화자의 영어 관계사절 산출을 비교하여 중국과 일본 집단의 작문에는 페르시아와 아랍 실험자들의 작문보다 관계사절이 훨씬 더 적게 포함되어 있음을 발견하였다. 그녀에 따르면, 이 결과에 대한 설명은 페르시아어와 아랍어가 선행사-관계사절 순서와 관련하여 영어와 유사한 반면, 중국어와 일본어는 선행사 앞에 관계사절이 온다는 것이다. 그녀는 중국과 일본 학습들이 영어사용에서 관계사절을 회피하려고 하며, 관계사절이 비교적 정확하다고 확신되는 경우에만 사용한다고 가정하였다. 이러한 해석은 중국과 일본 학습자가 페르시아나 아랍 학습자보다 비교적 적은 오류를 범한다는 사실에 의해 지지를 받았다.

    Hakuta(1976)도 유사한 결과를 보여주었다. 모국어로 일본어를 사용하는 어린이가 스페인어를 모국어로 하는 여자 어린이보다 영어 관계사절을 훨씬 적게 산출하였다. 스페인어의 관계사절은 영어에서처럼 선행사 뒤에 나온다. 모국어 구조와 상이한 목표언어 구조는 습득과정에서 상대적으로 늦게 학습되며, 이것들은 초기 단계에서는 가능한한 회피되는 것 같다.

1970년대 후반과 1980년대 초에 간섭(혹은 부정적 전이)은 제2언어 습득에서 주요 요소로 다시 인정되었다. 이러한 재평가는 주로 중간언어 체계에 대한 방법상의 연구 진전에 기인하였다. 전이에 대한 새로운 접근방식이 많은 논문과 저술에서 밝혀졌다. Wode(1981)는 'L1 전이는 인간으로 하여금 언어를 학습할 수 있도록 해주는 자연적인 언어-인지적 처리 장치의 통합된 부분으로 간주되어야한다' 고 기술하였다. Meisel(1982:6)에 따르면, 전이는 '흔히 인용되는 "창조적 건설" 과정에 포함되어야 하는 것과 비슷한 정신 활동으로 해석되어야한다'. 전이는 심성주의자들의 언어 습득관에서 자리를 차지하였으며, 이 관점에 따르면 학습자는 목표언어를 듣고 정신적으로 조직화하여 이것에 대한 가설을 세운다. 오류적인 가설 중의 하나는 목표언어가 구조 측면에서 모국어와 유사하기 때문에 부정적인 전이를 야기할 수 있다는 것이다.

상세하고 장기적인 제2언어 습득 연구에서 간섭이 발생하는 것은 확실하지만 주로 특정한 발달단계에서 발생한다는 사실이 밝혀졌다. 제2언어 학습자들은 자신들이 준비가 된 경우 - 즉 자신들의 중간언어에서 모국어의 복잡한 구조와 유사한 구조를 사용할 있는 수준에 도달한 경우 -에는 전이 전략을 사용한다. 이는 오랫동안 유지되던 대조분석가설의 가정이 더 이상 유효하지 않다는 것을 의미한다. 즉 '근소한 차이가 더 많은 전이를 초래 한다'는 주장은 '더 큰 차이가 날수록 더 많은 전이를 초래 한다'는 주장으로 대체되어야 한다(Zobl, 1982). 언어간의 부분적인 유사성이 전이가 발생할 기회가 된다.

독일 어린이들의 영어 부정형 습득에 관한 Wode(1981)의 연구에서의 한 예를 들어 이 점을 설명하고자 한다. 제 1단계에서 독일 어린이들은 문장의 처음에 no를 사용하였다.

(1) no finish ('Not finished')

(2) no drink some milk ('I don't want to drink any milk')

(3) no good stupid, o.k.? ('The truck is no good. It is stupid. O.K.?')

제 2단계에서는 be가 절 내에서 부정형이 되었다:

(4) that's no good

(5) it's not raining

(6) there it's not waterski ('There is no waterskiing/water-skier')

다음 단계에서 문장내 부정형이 어린이의 중간언어에서 발견되었다.

(7) me no close the window ('I am not going to close the window')

(8) ich have not home run ('I have not made a home run')

(9) you have a not fish ('You don't have a fish')

지금까지 제시된 잠정적인 구조들은 모국어로서의 영어 습득에 관한 연구에서도 보고되었는데, 여기에서는 독일어가 영향을 주는 어떠한 흔적도 탐지되지 않는다. 그렇지만 부정 요소가 문장에 도입되는 제 3단계에서는 영어 모국어 학습자에게서는 찾아볼 수 없는 발화도 나타났다.

(10) Heiko like not the school

('Heiko doesn't like the school')

(11) You go not fishing

('You don't go fishing')

(12) I want not play

('I don't want to play')

여기서 어린이들은 (10)-(12)의 예에서 보는 것처럼 후동사(post-verbal) 부정형의 독일어 규칙을 적용하는 것 같다.

   (13) Heiko mag die Schule nicht
        Heiko likes the school not
   (14) Du gehst nicht fischen
        You go not fish (inf.)
   (15) Ich will nicht spielen
        I want not play (inf.)

어린이가 겪는 발달순서에 대해 충분하게 설명을 하는 Wode는 문장내 be-부정형(be-negation)의 발화가 주동사가 있는 문장내 부정발화보다 선행하며, 동시에 어린이가 동사 앞(pre-verbal) 부정형을 실험하면서 모국어 학습자의 구조와 똑같은 구조 유형을 잠정적으로 산출한다고 언급하고 있다.

  Le Compagnon(1984)은 또한 제2언어 학습자의 중간언어에서 전이가 언제, 어떻게 발생하는지를 보여주고 있다. 그녀는 영어를 배우는 프랑스 학습자가 산출한 여격 구문을 연구하였다. 'telling'과 같은 동사는 영어에서는 (16)과 (17)의 예와 같은 두 가지 선택 구조가 있다.

   (16) He told me a story
   (17) He told a story to me

그러나 다른 동사는 (17)과 같이 한 가지 구조만 허용한다.

   (18) I can describe the house to you

(19) *I can describe you the house

(19)와 같은 문장은 Le Compagnon이 연구한 제2언어 학습자의 중간언어에서 자주 나타났다. 이러한 예의 설명은 (20)에서처럼 대명사화된 간접목적어가 직접목적어에 항상 선행하는 프랑스어의 구조적 특성에서 찾아볼 수 있다.

(20) Il m'explique la regle

(21)과 같은 문장이 없기 때문에 직접적인 전이는 발생하지 않음이 분명하다.

(21) *He me explained the rule

모국어의 영향이 훨씬 간접적이지만 프랑스어가 영어 중간언어에 영향을 미친다는 사실은 간접목적어가 대명사화 될 때(간접목적어가 명사일 때 프랑스어는 직접목적어-간접목적어의 어순을 지닌)에만 (19)와 같은 구조가 나타난다는 관찰로 보다 확실해 진다.

전이가 발생하기 전에 모국어와 제2언어(제2언어 내의 과도적인 구조) 간에 어떤 유사성이 있어야 한다는 사실은 분명하다. 언어간 어떤 구조에 있어서 너무 큰 차이가 있는 경우 전이가 일어날 가능성이 적다. 중국어와 일어 화자는 자신들의 모국어에서와 마찬가지로 선행사에 앞서는 영어 관계사절 발화를 산출하지 않는다. 영어 구조로는 명사 앞 관계사절이 가능하리라고는 생각 할 수 없다. 제2언어 학습자에게는 그러한 가설을 설정할 자료가 없다. 중간언어의 다른 특징으로 돌아가기에 앞서, 전이와 관련된 세 가지 문제가 간단히 다루어질 것이다.

첫 번째 문제는 나이 차이에 관한 것이다. 일반적으로 중간언어에서 나이 든 학습자가 어린 학습자보다 훨씬 더 전이를 보인다고 가정된다. 어린이는 성인보다 더 자발적으로 제2언어를 학습하며, 이것이 모국어 학습자와의 구조적인 유사성을 더 가져오는 것 같다. Dittmar(1981)는 터키 이민 근로자의 독일어에서 다양한 전이의 예를 제공한다. 예를 들면, 터키어에서의 지배적인 유형과 유사한 끝에 동사가 오는 발화가 나타나는데, 독일어의 주절은 두 번째 위치에 시제 동사가 온다.

> (22) dann Kinder Frau alles hier kommt (then children wife all here come; 'Then my children and my wife, they all come here')

그러나 Pfaff(1984)는 마찬가지로 베를린에서 실시된 연구에서 이런 유형의 구조는 터키 어린이의 독일어에서 간헐적으로만 발생한다는 것을 알아냈다.

두 번째 전이 문제는 다양한 언어 구성요소와 관련된다. 앞에서는 주로 통사적인 전이에 대해 논의하였다. 나이 많은 학습자들은 특히 발음에서 광범위한 전이를 보였다. 이러한 유형의 음성적인 전이는 아마도 다른 차원에서의 전이보다 더 자주 나타날 것이다. 왜냐하면 이러한 전이는 신경적인 원인과 생리적인 원인이 있기 때문이다. 이는 기존의 발음습관에 추가하여 새로운 발음을 학습하는 것이 어렵다는 것을 보여주는 것 같다. 어휘적, 의미론적, 화용론적 차원에서 전이는 대체로 자주 발생하지는 않는다(어휘 전이는 목표언어를 말할 때 모국어 단어를 사용하는 것과 관련되는 반면, 의미론적 전이는 모국어 단어의 의미가 목표언어의 상응어로 확장된다). Pfaff(1984)는 그리스 어린이의 독일어에서 의미론적 전이의 분명한 예를 들고 있다. 어떤 어린이는 *warum('why')*을 사용하여 'why'와 'because'의 의미 －독일어에서는 각각 *warum*과 *deshalb*인데－ 두 가지 모두를 나타낸다. 터키 어린이의 독일어에서 이 이중적인 *warum*의 사용은 발견되지 않았다. Pfaff에 따르면, 이것은 어쩌면 그리스어에는 'why'와 'because'의 의미가 하나의 어휘항목만 있는 반면, 터키어에서는 이들이 구분되는 점에 기인하는 것 같다.

다시 말해서 실제 단어전이와 같은 어휘전이는, 제2언어로부터의 차용어 형태로 모국어로 전이되는 것과는 달리, 광범위한 현상은 아니다(14장 참조). 이따금 제2언어 학습자는 제2언어의 단어를 알지 못하는 경우 자신의 모국어 단어를 사용한다. Faerch와 Kasper (1983)는 다음과 같은 덴마크 영어학습자의 예를 제공하고 있다. 'Sometimes I take er ... what's it called ... er ... *knallert*'(*knallert*는 덴마크어로 'moped'(경량급의 motorbike라는 의미임). 제2언어 상황에서 모국어 단어의 사용은 학습자가 제2언어에 대한 지식이 상대적으로 결여되어 있음에도 불구하고 의미를 전달하기 위해 사용하는 중간언어 전략의 한 유형이다. Schumann(1978)은 미국에 살고 있는 33세의 코스타리카인 Alberto의 영어 중간언어에서 스페인 단어가 사용되는 많은 예를 －가령, *necesario*나 *interesante*, *arquitectura* 등－ 제시하고 있다. 이 모든 스페인 단어가 영어의 상응어(equivalents)와 비슷하다는 것은 주목할 만한 일이다. 화용론적인 전이는 12장에서 논의될 것이다.

제2언어 학습자 개인이 자신의 모국어 자질을 자신의 중간언어에 전이시키는 범위는 학습자마다 큰 차이가 있는데, 이것은 맨 마지막에 논의될 문제이다. 이러한 차이들을 설명할 수 있는 방법은 그다지 명확하지 않다. 어쩌면 이들은 인지 유형상의 차이와 관련된다고 할 수 있다. Meisel과 다른 연구자들(1981)은 사회심리적 변인이 전이의 차이를 설명할 수 있을 것이라 가정하고, 자신의 모국어 사회에 밀접한 관련이 있으면서(가령, 이민자 집단의 경우) 목표언어 사회와는 실질적인 사회적, 문화적 유대가 없는 학습자들의 중간언어에서 전이가 가장 많이 나타날 것이라 주장한다. 이것은 흥미 있는 가설이지만 실증적인 지지가 결여되어 있다.

Dulay와 Burt(1974a, 1974b)는 제2언어 학습자들이 대체로 모국어 학습자와 같은 전략을 따르며, 이들의 오류는 주로 언어내(intralingual) 혹은 발달(developmental) 오류 즉, 모국어를 습득하는 어린이의 발화에 나타나는 오류와 같은 오류라고 주장하였다. 목표언어 규범에서 벗어난 이러한 오류나 틀린 형태들은 주로 단순화와 일반화라는 두 가지 학습책략에 기인한다. 언어 학습자의 정신 속에 있는 의식적이거나 무의식적인 과정에 관한 정확한 정보가 없기 때문에, 여기서는 '책략(strategy)'이란 용어를 다소 막연하게 사용한다. 사실, 학습자가 단순화한다거나 일반화한다는 것은 중간언어의 특징에 바탕을 둔 이론적인 가정에 불과하다.

단순화(simplification)는 많은 제2언어 습득 연구에서 강조되었다. 학습자는 실제로 목표언어의 구조보다는 자신의 중간언어에서 보다 단순화된 구조를 설정한다. Schuman의 영어 중간언어 피험자 Alberto의 중간언어는 단순화로 특징지워진다. 그는 연결사로서의 is를 제외하고는 어떤 조동사도 거의 사용하지 않았고, 소유격은 표시도 하지 않았으며, -ed로 끝나는 규칙형 과거 시제 동사는 결여되어 있었고, 시제를 나타나는 곳의 60% 정도에서만 진행형 형태소 -ing를 사용했다.

Veronique(1984)는 북아프리가 이민 근로자들의 프랑스어에서 단순화 오류의 많은 예를 제시하고 있다.

(23) garage a fermé (*garage* 앞에 *le*가 빠져 있음)

('(the) car-repair workshop is closed')

(24) cherche un travail (주격 대명사 *je*가 빠져 있음)

('(I) look for a job')

제2언어 학습자는 단순화로 인해 이따금 초기 음절을 빠뜨렸다. 가령, *deposer*('to put down')가 축소되어 *poser*가 되었는데, 이것은 'to place'를 의미하는 *poser*와 같은 형태를 띤다.

제2언어 학습자는 특히 초기발달 단계에서 가능한 한 목표언어의 내용어를 많이 보존하려고 하는 반면, 기능어와 인칭 대명사, 관사, 조동사, 전치사, 시제를 나타내는 형태소는 빠뜨린다. 주로 내용어로 이루어지는 단순화된 중간언어로 말하는 것이 의사소통을 가능하게 하기 때문이다.

일반화(generalization)는 가능한 구조 범위의 축약을 의미하기 때문에 특정한 단순화의 예라고 볼 수도 있다. 앞서 언급한 연구에서 보듯이, Veronique는 북아프리카 이민자들의 프랑스어 중간언어에서 많은 일반화의 예를 지적한다. 예를 들면, (a) (둘 다 영어에서 have의 의미를 갖고 있는) être 동사 대신에 avoir 형태를 사용하는 경향, (b)7개의 변이음이 있지만 어떤 학습자들에게는 [pø], peut, peux 중의 한 형태만이 사용되는 pouvoir('to be able to') 경우와 같이 많은 동사에서의 변이음 축소가 그 예이다.

Appel(1984)은 터키와 모로코 이주 노동자 자녀들의 네덜란드어에서 어순 규칙의 일반화 예를 들고 있다. 네덜란드어의 시제형 동사는 서술문 주절에서 두 번째 위치를 차지한다. 그러므로 (25)에서처럼 주어-동사 어순이 (26)과 같은 부사구가 앞에 있는 문장에서는 도치된다.

(25) Ik *ga* morgen naar Tilburg

I go tomorrow to Tilburg ('I go to Tilburg tomorrow')

(26) Morgen *ga* ik naar Tilburg

Tomorrow go I to Tilburg

많은 터키와 모로코 어린이들이 부사구로 시작하는 문장에 주어-동사 어순을 일반화하여 (27), (28)과 같은 문장을 산출하였다.

(27) En dan hij *gaat* weg

And then he goes away

(올바른 목표언어 구조 : En dan *gaat* hijh weg)

(28) Gisteren ik *heb* gezien De Man von Atlantis

yesterday I have seen the Man from Atlantis

('Yesterday I saw The Man from Atlantis'; 올바른 목표언어

구조: Gisteren *heb* ik De Man van Atlantis gezien)

같은 유형의 오류는 네덜란드어를 배우는 프랑스어와 영어 모국어 화자에 의해서도 만들어진다.

 세 번째 책략은 보편적인 문법전략으로 일반적인 언어 고유의 특성 혹은 인간 정신의 인지적인 특성에 바탕을 두고 있는 것 같다. 이러한 책략은 제2언어 초급 학습자 중간언어에서 문장의 처음 위치에 부정(negation)이 일어나는 것을 설명해 준다.

 많은 제2언어 학습자들의 바램은 모국어 능력과 같은 제2언어의 숙달을 이루는

것이다. 그렇지만, 많은 학습자들, 특히 나이가 많은 사람들이나 목표언어 사회와 동떨어져 있는 사람들은 이 목표에 결코 도달하지 못한다. 이미 본 장의 서론에서 언급하였듯이, 이런 학습자들은 여러 중간단계에서 더 이상 나아가지 못한다. 중간언어 구조의 화석화(fossilization)가 발생하여, 다소 안정된 중간언어로 머물게 된다. 학습책략과 무관하게 중간언어의 모든 자질들이 화석화 될 수 있다. 많은 학습자들의 중간언어가 어떤 구조상 동일한 지점에서 화석화하는 경우, 목표언어의 새로운 변이형이 발달할 수 있다. 엄청나게 많은 제2언어 학습으로 언어변화가 조장된다(13장 참조).

8.2 사회심리적 요인과 제2언어 습득

소수 집단의 구성원이 주류언어(majority language)를 배우지 않으면 안되는 2개언어상용사회에서는 특히 제2언어 학습자의 사회적·심리적·문화적 지위가 중요하다. 이러한 문제에 대한 연구와 인식은 주로 Lambert와 Gardner의 연구에 의해 고무되었다. 그들의 견해로 볼 때, 사회 심리적 요인들은 제2언어 학습성취와 밀접한 관계를 지닌다(Gardner와 Lambert, 1972). 목표언어 사회에 대한 학습자의 태도는, 이러한 태도에 따라 제2언어 학습 동기가 결정되기 때문에, 학습자의 제2언어 학습 성공여부에 상당한 영향을 주는 것으로 여겨지고 있다. 통합적 동기, 즉 목표언어 사회의 구성원이 되고자 하는 목표를 지닌 학습자는 단지 상업적, 교육적 혹은 다른 이유로 새로운 언어를 배우고자 하는 도구적 동기를 지닌 학습자보다 더 잘 제2언어를 배울 것이다.

　이러한 견해를 실증적으로 뒷받침해 주는 많은 연구들이 실시되었다. 예를 들면, Gardner와 동료 연구자들(1976)은 동기적 요인과 영어를 모국어로 하는 캐나다 사람들의 프랑스어의 성취도 사이에 긍정적인 상관관계가 있음을 발견하였다. 통합적 동기와 도구적 동기 간의 점수 비교에서는 통합적 동기가 보다 나은 제2언어 숙달을 가져오는 것으로 나타났다.

하지만 어떤 연구에서는 다소 반대 결과도 나타났다. Oller와 동료 연구자들(1977)은 통합적 동기가 어떤 학습자 집단의 제2언어 습득에서는 성공을 가져오지 않는다는 사실을 발견하였다. 중국어를 모국어로 하는 대학원생들의 경우, 미국에 영구적으로 거주하고자 하는 욕구 요인은 영어 습득과는 오히려 부정적인 관계가 있는 것으로 나타났다. 다른 연구 결과들을 조사하면서, Oller와 그의 동료들은 사회심리적 요인과 제2언어 숙달 간에는 상관관계가 대체로 미약함을 지적하였다. 영어를 모국어로 하는 미국 학생들의 스페인어 성취도에 대한 Teitelbaum과 동료 연구자들(1975)의 연구는 태도와 동기에 대한 학습자 자신들의 보고(self-reports)와 제2언어 숙달 성적 간에는 상관관계가 별로 없다는 것을 보여주고 있다.

Gardner와 Lambert의 견해와 관련되는 또 다른 비판은 사회적·심리적 요인과 제2언어 습득 간에는 아주 미미한 관계가 있다고 하면서도, 이러한 관계가 제2언어를 학습하는데 영향을 주거나 심지어는 제2언어 학습의 성공을 결정짓는 인과적으로 해석된다는 점이다. 하지만, 연구자들이 아직까지 인과적 관계의 방향을 명확히 밝힐 수 없다는 점에서 단순한 가정이라고 할 수 있다. 혹자는 이 방향이 흔히 가정되는 것과는 반대 방향이라 주장할 수도 있을 것이다. 제2언어 학습에서의 성공은 목표언어 사회에 대한 긍정적인 태도와 그 언어를 훨씬 더 잘 배울 수 있도록하는 동기를 촉진시킨다. Gardner(1979)는 제2언어 성취는 목표언어의 동기적인 요인에 영향을 주고, 높은 숙달은 목표언어 화자와 접촉할 수 있는 가능성을 높이며, 이것은 또한 높은 성취를 이루게 한다고 주장한다.

세 번째로 제기하고자 하는 논점은 Gardner와 Lambert 외 많은 다른 연구자들의 관점에서 볼 때, 통합적 동기가 아주 중요하게 여겨지고, 이것은 반드시 문화적인 동화를 초래할 것이라는 주장이다. 이 견해에 따르면 학습자는 목표언어 사회의 문화적 가치에 적응하려고만 하면 제2언어를 숙달할 수 있다. Gardner에 따르면 제2언어를 배우는 학습자는 다른 언어사회의 상징적인 요소를 습득한다. 즉 학습자는 '상징요소들을 자신의 언어의 일부분으로 만들어야 한다. 이것은 학습자 자신의 생활공간에 다른 문화 요소를 부여하는 것이 포함된다. 그러므로 학습자 자신의 문화 공동체와의 조화, 그리고 다른 공동체와 동일시 하고자하는 의지와 능력은 제2언어 습득과정에서 중요한 고려사항이 된다'. 이와 같은 주장은 문화적인 동화 혹은 적어도 목표언어 사회의 주요 문화적 가치 채택이 성공적인 제2언어 습득에 중요한 조건이라는 것을 나타낸다. 그러나 사회적 · 심리적 요인들과 제2언어 숙달간의 다소 낮은 상관관계 때문에, 이런 이론들은 강력한 지지를 받는 증거들이 부족하다. 더욱이, 사회적인 2개언어상용에 대한 연구를 제시할 수도 있다. 2개언어상용자들, 특히 가산적인 상황(additive context)에서의 2개언어상용자들은 각각의 언어와 관련된 두 문화 사이에서 분리되지 않는 것 같다. 물론, 언어는 문화적 상황에서의 습관적 사용 때문에 문화와 관련이 있긴 하지만, 어떤 언어를 사용하는 것이 반드시 그 언어가 주요 매개체인 사회의 문화와 생활양식을 택한다는 것을 의미하는 것은 아니다. 만약 이것이 사실이라면, 숙달된 2개언어상용자들은 정신이 의미하는 두 개의 상호 대립되는 규범과 가치 체계를 가지고 살아야 하는 정신분열증 환자이어야 한다. 2개언어상용과 인성 발달에 대한 문헌연구는 그러한 결론을 보증하지 않는다 (9장 참조). 2개언어상용자들에게 해당되는 것은 제2언어 학습자에게도 적용되어야 한다. 학습자들은 특정 사회의 언어를 적절히 습득하기 위해 목표 사회의 문화와 동일시될 필요는 없다.

사회적 · 정치적 관점에서 볼 때, 많은 서구나라에서의 소수집단들이 자신들의 문화적 가치를 포기하고 주류사회에 문화적으로 적응하는 방향으로 내몰린다는 사실도 지적되어야 한다. 소수집단들의 동화를 주장하는 사람들은 자신들의 입장을 지지하고 합리화하기 위해 문화적인 적응과 제2언어 숙달간의 인과관계 이론을 이용할 수도 있다. 그러므로 연구자들은 이 문제와 관련한 결과나 결론을 공식화하는데 주의해야 한다.

네 번째로 제기하고자 하는 점은 '태도'와 '동기'가 흔히 개인적인 요인, 즉 제2언어 학습자의 개인적인 특성으로 여겨지는 것과 관련된다. 이 주장에 따르면, 제2언어 학습자들이 낮은 숙달단계에 머물 경우 개인적으로 비난을 받아야 한다는 결론을 쉽게 이끌어 낼 수 있다. 그렇지만, 자연적인 언어습득 상황(외국어 교실에서의 상황은 완전히 다르다.)에서 한 변인으로서의 동기는 개인적인 요인이 아니라 사회적으로 결정된 요인이다. 제2언어 학습자가 동기의 결여로 제2언어를 습득하지 못한다는 책임을 질 수는 없다. 태도와 그에 따르는 동기는 사회-정치적 조건에 기인한다. 그것들은 제2언어 개인 학습자의 성격과 사회적 환경, 특히 목표언어 사회 간의 상호작용의 결과로 나타난다. 따라서 사회적, 심리적 요인들과 제2언어 학습간의 관계를 설명함에 있어 John Schumann이 주장한 접근법을 따르는 것이 더 나을 것 같다.

많은 저술에서 Schumann은 제2언어 학습자와 목표언어 사회 구성원간의 사회적, 심리적 거리(social, psychological distance)가 학습과정에 상당히 영향을 미친다고 강조하였다(Schumann, 1978). 거리가 큰 경우에 학습은 성공을 거두지 못할 것이라는 개념은 중립적이다. 양쪽에서 거리를 줄이는 노력을 할 수 있다. 이것은 제2언어를 성공적으로 습득하지 못하는 이유가 목표언어 사회에 대한 학습자의 부정적인 태도로 인한 학습 동기의 결여라는 것을 의미하는 것은 아니다. 거리 개념 이론에서는 차별에서 나타나는 것처럼 목표사회 구성원의 부정적인 태도가 훨씬 더 중요한 요소일 것이다. 어쩌면 Schumann의 사회적 거리 개념은 문화적 차이를 설명할 수 있는 문화적 거리를 포함하는 개념으로 확대될 수도 있을 것이다.

결론적으로, 사회적·심리적 거리와 제2언어 습득 간에는 어떤 상관관계가 있지만 이런 관계가 지나치게 강조되어서는 안된다. 더욱이, 이러한 요인들은 학습자의 개별적인 요인을 나타내는 것이 아니라 학습자와 목표언어 사회 간의 사회적·심리적·문화적 거리를 나타내는 것으로 보아야 한다.

8.3 연령 문제와 두 언어의 동시 습득

흔히 어린이가 성인보다 더 빨리, 더 잘 제2언어를 배운다고 여겨진다. 어린이는 특별한 노력 없이도 제2언어를 쉽게 습득하는 것으로 보이며, 높은 숙달 단계에 도달한다. 그러므로 어린이는 가능한 한 빨리 제2언어 학습을 시작하는 것이 좋다고 권고된다. 어린이는 나이가 들면서 이러한 특별한 능력을 상실한다. 그렇지만 연구에 따르면 이런 주장은 성인과의 구분과 상세한 설명이 요구되는 섣부른 일반화에 불과하다. 나이 문제에 대한 연구 결과와 오늘날의 관점을 요약하면 다음과 같다.

(1) 예를 들면, 학습은 사춘기 이전에 반드시 이루어져야 하며, 사춘기 이후에는 제2언어 학습이 이전과는 완전히 같은 방식으로 이루어지지 않는다는 제2언어 습득의 결정적 시기에 대한 결론적인 증거는 없다. 모국어와 제2언어 습득에 대한 이러한 결정적 시기는 Lenneberg(1967)에 의해 주장되었다. 결정적 시기는 뇌의 편재화, 즉 서로 다른 뇌반구 기능분화와 관련이 있는 것으로 여겨졌다. Lenneberg는 이러한 뇌의 편재화 현상이 사춘기 경에 끝난다고 가정하였으나, 보다 최근의 연구들은 이 가정에 심각한 의문을 제기하고 있다. 언제 반구 편재현상이 일어나는지는 확실하지 않다(Krashen, 1973 비

교). 아마도 제2언어의 기능들 중에서, 특히 발음을 습득할 수 있는 민감한 시기 또는 최적의 시기만 설정될 수 있을 것이다.

(2) 습득 속도(rate)와 성취된 숙달 수준(level) 간의 구분이 있어야 한다. 특히 초기 단계에 있는 성인은 어린이보다 더 빨리 제2언어를 학습하는 것 같지만, 어린이는 어떤 시점에서 어른을 능가하여 더 높은 수준에 이른다. 또한 연령이 높은 어린이들(9세에서 12세 사이)은 연령이 낮은 어린이들(5세에서 8세 사이)보다 더 빨리 학습을 한다.

(3) 제2언어 습득 시 많은 요인들이 나이의 영향에 개입된다. Lenneberg 이후 생물학적인 요인, 즉 뇌의 반구 편중현상에 의해 결정되는 결정적 시기에 주로 많은 관심을 보여 왔다. 보다 최근의 출판물에서는 인지적 요인과 정의적 요인 그리고 사회적 요인들이 강조되고 있다. 나이가 다른 집단의 학습자들은 인지발달 수준의 차이로 다른 학습책략을 이용할 수도 있는데, 이런 책략들은 제2언어 습득에서 다른 결과를 가져올 수도 있다. 학습자와 목표언어사회 간의 관계에 있어서도 차이가 있을 수 있다. 즉 학습자와 목표언어사회 간의 사회적 거리와 심리적 거리가 연령이 낮은 학습자들에게는 보다 가까울 수 있다. 마지막으로, 사회적 요인은 서로 다른 연령집단 학습자들의 학습 욕구에 모국어 화자들이 스스로 조정(adjust)하는 방식들을 말한다. 모국어 화자들은 성인보다는 어린이들과 상호작용을 할 때 자신들의 발화수준을 조정하며, 그럼으로써 제2언어 습득에 보다 고무적인 언어 입력을 제공한다 (12.1 *Foreigner talk* 참조).

연령이 낮은 어린이들보다 대체로 더 나은 언어능력을 보이는 연령이 높은 어린이들과 관련하여, (2) 이하의 결론은 5세 이상의 어린이에게만 적용된다는 사실에 주목해야 한다. 나이가 아주 어린 어린이들은 이 문제에 관한 연구에 참여하지 않았는데, 이는 주로 언어숙달을 평가하는데 사용된 언어 테스트가 이 나이 집단에는 맞지 않았기 때문이다. 더욱이, 아주 연령이 낮은 어린이들 집단의 사회적 여건은 다른 연령집단의 여건과 차이가 너무 많아서 타당성 있는 결론을 이끌어내는 것이 불가능하다. 제2언어를 습득하는 아주 어린 어린이들의 일화적인 관찰에서 이들이 외국어를 아주 빨리 학습할 수도 있다는 결론을 내릴 수 있는 가능성은 여전히 남아 있다.

아주 어린 어린이들은 제2언어를 빨리 습득할 뿐만 아니라 특별한 어려움 없이도 두 가지 언어를 동시에 습득할 수 있는 것으로 보인다. 본 장의 나머지 부분은 이 문제에 할애될 것이다. 계속 나아가기에 앞서, 용어상의 문제를 명확히 하고자 한다. 즉 두 개의 언어가 언제 동시에 습득되는가? 물론, 어린이가 동시에 두 언어로 학습을 시작한다면, 그 상황은 명확하다. 그러나 가령, 어린이가 처음에는 프랑스어로 양육되다가, (이미 프랑스어를 조금 말할 수 있는 상태에서) 두 번째 생일 무렵부터 스페인어가 추가된다면 어떻게 말하겠는가? 그러한 상황에서의 습득은 연속적이며 또한 동시에 이루어지는 것으로 보인다. 습득이 연속적이라 여겨지는 시점은 자의적으로만 결정될 수 있다. 3세, 또는 4세에 모국어 습득에서는 어떤 단계에 도달해 있는가? 이 영역에 대한 연구는 거의 전적으로 아주 어려서부터 두 언어를 습득하는 어린이들에게만 관계가 있기 때문에, 이 질문에 대한 대답을 하지는 않겠다. 더욱이, 두 언어가 연속적으로 습득되는 시점을 명확하게 결정지을 수 있는지는 더욱 의문이다. 그럼에도 불구하고, 많은 이민 사회에서는 제2언어 습득을 3-4세경에 시작하는 어린이들이 많다.

두 언어를 말할 수 있는 어린이를 키우고자 원하는 부모들이 제기하는 첫 번째 질문은 두 언어를 배우는 것이 언어학습과정을 방해하거나 혼란스럽게 하는가 하는 문제이다. Taeschner(1983)가 조사한 많은 연구에서 어린이들은 대체로 단일 언어사용 어린이와 비교해 볼 때 어느 언어에도 뒤지지 않는다는 것이 밝혀졌다. 2개 언어처리과정의 부담은 두 언어 중 어느 언어의 숙달에도 영향을 미치지 않는다.

흔히 제기되는 또 다른 질문은 두 언어의 형식적인 분리와 관련되는데, 특히 두 언어체계가 서로에게 미치는 영향과 관련된다. 어린이들의 초기 2개언어상용 발달(약 1-2세) 단계에서 두 언어는 하나의 혼성체계(hybrid system)를 이룬다 (Leopold 1939-49, Vo. III:179). 이 단계에서 어린이들은 대체로 각 지시물에 대해 한 단어만을 알고 있으며, 두 언어 간의 상응어(equivalents) 사용은 자주 나타나지 않는다. 물론 이 이유는 상응어들이 동의어로서 기능을 하기 때문이며, 또 이러한 초기 단계에서의 동의어 습득은 어린이에게 너무나 큰 부담이 되기 때문이다. Taeschner(1983)는 Lisa라는 소녀가 독일어와 이태리어를 동시에 습득하는 사례를 보고하면서, 의미가 그다지 중복되지 않는 분명한 상응어들을 예로 들었다. Lisa는 'there'의 의미를 지닌 *da*(독일어)와 *la*(이태리어) 두 가지 모두를 사용하였지만, *la*는 존재하지 않거나 볼 수 없는 사물을 나타내는데, 반면에 *da*는 존재하는 사물을 나타내는데 사용하였다. 그러나 Leopold(1939-49)는 자신의 딸인 Hildegard의 영어-독일어 2개언어상용 발달에 대한 광범위하고 고전적인 연구에서, 상응어의 사용뿐만 아니라 사용을 회피하는 예들을 제시하고 있다. 가령, 1년 8개월이 되었을 때, Hildegard는 독일어 단어 *nass*('wet')에 해당하는 [na]를 습득하였다. 그러나 *wet*를 활발하게 사용하게 된 직 후에는 [we], [wɛ], 그리고 [na]는 더 이상 들을 수 없었다. 1년 11개월이 되었을 때, Hildegard는 꽃을 나타내는 독일어와 영어 형태를 습득하여 사용하였다. 즉 [bu](blume)와 [wau]가 다소 동시에 사용되었다. 어린이들이 마음대로 상응어들을 사용하게 되면, 이것들을 함께 사용하기도 하고, 한 단어를 사용한 다음에 다른 단어를 사용하기도 한다. Burling(1959)은 인도의 Assam에 있는 Garo Hillss

지역에서 사용되는 언어인 Garo어와 영어를 습득한 자신의 아들 Stephen이 두 개 언어를 발달시켜 가는 과정을 연구하였다. Stephen은 *milk*라는 단어와 Garo어의 상응어 *dut*라는 단어를 모두 알고 있었으며, 어떤 경우에는 'milk dut'이라 하기도 하고, 'dut milk'라고도 하였다. 아마도 2개언어상용 어린이들이 가능한 한 자신의 메시지를 많이 전달하기 위해 이렇게 하는 것 같다. 연령이 높은 2개언어상용 어린이들도 후기 발달 단계에서 이러한 책략을 사용하는 것으로 보고되었다.

상응어들은 어린이들이 두 언어 체계를 분리하기 시작할 때 더욱 자주 나타난다. 이런 현상은 거의 대부분의 경우, 어린이가 첫 단어를 발화한 1년 후에 일어난다. 대체로 이러한 형식적인 분리는 많은 문제를 발생시키지는 않는다. 2개언어상용 어린이들은 단일 언어사용 어린이와 같은 발달 단계를 거친다. 가령, 부정체계를 습득함에 있어 영어-스페인 2개언어상용 어린이들은 영어를 단일언어로 말하는 어린이와 같은 발달경로를 거치며, 또한 스페인어를 단일언어로서 말하는 어린이와 같은 경로를 거친다. 아주 대략적인 윤곽에만 경로가 같으며, 한 언어가 다른 언어에 간섭하는 현상은 여러 발달단계 및 서로 다른 언어 수준에서 일어난다. Burling(1959)은 음성적 차원에서의 간섭의 예를 제공하고 있다. Stephen은 영어의 *f* 와 *v*를 습득하는데 문제가 있었는데, 이는 Garo어에 같은 위치의 음소가 없기 때문이다. Rũke-Dravina(1965)는 보다 직접적인 모국어 영향 사례를 보고하고 있다. 그녀는 두 명의 스웨덴-라트비아 2개언어상용 어린이의 발화를 연구하였으며, 더 일찍 습득된 스웨덴어의 연구개음/R/이 라트비아어 정점음(apical) /r/로 대체되는 것을 발견하였다.

어휘간섭은 흔히 2개언어상용 어린이의 발화에서 나타난다. 대부분의 연구에서 이러한 예가 다양하게 제시되고 있다. 예를 들면, Burling의 아들 Stephen은 자신의 Garo어 문장에 영어 단어를 많이 삽입하였다. Burling은 'Mami laitko tunonaha'('Mommy turned on the light')이라는 이상한 문장을 예로 들었다. Stephen은 영어 어근을 사용하였지만, 어순과 형태소(직접목적어를 나타내는 것으로서 -ko와 과거 시제를 나타내는 -aha), 그리고 음운은 Garo어를 사용하였다. 그렇지만, 이러한 어휘적 전이는 일화적인 관찰에서 주장되는 것과 같이 규칙적으로 많이 나타나지는 않는다. Lindholm과 Padilla(1978)의 연구는 이 분야에 관한 몇 안 되는 실험적인 연구 중의 하나이다. 그들은 2년에서 6년 4개월 된 18명의 영어-스페인어 2개언어상용 어린이들의 발화 자료를 수집하였는데, 이 자료는 한 어린이와 두 실험자간의 상호작용으로부터 수집되었다. 한 실험자는 아이에게 오로지 스페인어로만 말을 하였고, 다른 한 실험자는 영어로만 말을 하였는데, 이는 어린이가 언어적으로 중도적인 입장으로 행동해야 한다는 것을 암시하였다. 어린이들이 산출한 총 17,864개의 발화 중에서 319개, 즉 1.7%만이 전이된 어휘 항목이 포함되어 있었다. 예를 들자면, 'Este es un fireman'('This (one) is a fireman')이나 'Y los kangaroos tienen plumas'('And the kangaroos have feathers'), 그리고 'Te miras funny'('You look funny')와 같다.

어린이들은 자신들이 말하고 있는 언어에서 단어를 모르거나 단어를 기억하지 못할 때 주로 어휘항목을 전이시킨다. Saunders(1982)는 자신의 아이들인 Frank와 Thomas의 영어-독일어 2개언어상용 발달을 연구하였는데, 어머니에게 대체로 영어로 말하는 Thomas와 어머니가 나누는 이야기를 다음과 같이 예로 들고 있다.

> T (어머니에게 목이 아프다고 보이면서): What's on my tongue?
> M: Show me. Is it a pimple?
> T: It might be a *geschwur*('ulcer'를 의미하는 독일어; 그는 'geschwur'를 말하기 다소 주저하다가 말을 할 때 당황한 미소

를 보였다.)

M: Oh, you mean an ulcer, do you?

T : Yeah, that's the word.

Jaroviskij(1979)에 따르면, 어휘전이는 한 언어의 단어가 다른 언어의 단어보다 음성적으로 더 단순할 때 발생한다. 따라서 헝가리-러시아어를 말하는 어린이들은 헝가리어를 말할 때 가끔 러시아 단어를 선택한다. 다음 경우를 생각해 보자.

러시아어 *bulavak* VS 헝가리어 *biztositotu* ('safety pin')
러시아어 *banka* VS 헝가리어 *konzervdoboz* ('(tin) can')

통사적 전이는 아주 드물게 보고된다. Saunders(1982)는 몇 가지 예를 들고 있다. 그의 아들 Thomas는 *weil* ('because')로 시작하는 독일어 종속절에서 줄곧 영어 어순을 사용하였다. 예를 들면 다음과 같다. 'Du musst die Säcke gold tragen, weil sie sind zu schwer'('You have to carry the bags of gold because they are too heavy'; 원래 독일어 발화에서 동사 sind(= 'are')는 마지막 위치에 있어야 한다).

Saunders는 의미적 전이(Semantic transfer)의 사례도 보고하고 있다. 그는 '동족어나 부분적인 상응어(partial equivalent), 혹은 동음어에서의 단어의 전이가 아니라 의미의 전이'를 의미적인 전이라고 정의하고 있다 (p. 180; 본 장의 첫 절 참조). Saunders가 제시한 예를 살펴보자.

Frank   (자기와 아버지가 여름휴가 비행기 표를 구입했다고 어머니에게 말하면서): Mum, we got the cards.

Mother (이해하지 못하고): What cards?

Frank : The cards so we could go to Grandma's.

(여기서 영어 단어 'card'의 의미는 확장되어 ticket을 포함한다; 독일어 단어 karte는 상황에 따라 'card'나 'ticket', 심지어는 'map'을 의미한다.)

간섭이나 전이의 두드러진 예들을 인용하는 것은 이 예들이 두 언어를 동시에 습득하는데 나타나는 주요 현상이라는 점을 시사한다. 그렇지만 앞에서도 제시했듯이, 이 현상은 두 언어 모두가 동등하게 잘 습득되지 않을 경우에는 사실이 아니다. 한 언어가 지배 언어가 될 경우 지배 언어는 잘 알지 못하는 언어보다 자주 간섭을 일으킬 것이다. 이런 현상은 언어들이 사회적인 분포면에서 구분이 분명하지 않을 때 발생할 수도 있지만, 이러한 견해를 뒷받침하는 증거는 그리 많지 않다.

세 번째 질문은 2개언어상용 어린이들을 키우는 사회적이고 교육적인 측면과 관련된다. 바람직한 2개언어상용 발달을 촉진할 수 있는 최선의 방법은 무엇인가? 그 대답은 오히려 간단하다. 한 사람의 언어를 따르는 것이다. 즉 가능한 한 많이 한 사람의 언어책략을 택하는 것이다. 예를 들면, 한 부모는 계속해서 영어로 말하고, 다른 한 부모는 웨일즈어로 말하는 경우이다. 아이 앞에서 부모들은 서로 웨일즈어(혹은 계속해서 영어)를 사용한다. 양 부모는 가족 간의 상호작용이 실패하지 않도록 또는 자신들이 실패하지 않도록 하기 위해 두 언어에 익숙해야 한다. 이 전략이 적용되고 언어숙달 조건이 충족되면, 어린이들의 2개언어상용 발달은 성공적으로 이루어질 수 있다. 어린이들은 두 언어체계를 분리하는데 있어 어려움을 보다 적게 겪을 것이며, 어느 상황에서 어느 언어가 적합한지를 보다 쉽게 배우게 될 것이다. 또한 부모들은 두 언어 모두를 동등하게 학습할 수 있는 기회를 제공하도록 노력해야 한다. 이것은 두 언어 중 한 언어가 가정 밖에서 사용되지 않거나 부정적인 가치를 지닌 소수언어인 상황에서는 어려울 것이다. 특히 보다 연령이 높은 어린이는 틀림없이 습득에 영향을 미치게 될 비지배적인 언어에 대해 부정적인 태도를 발전시킬 수도 있다. Sondergaard(1981)는 자신의 아이를, 핀랜드어에 반대하는 환경적인 압력 때문에, 덴마크어와 핀랜드어의 2개언어상용자로 키우는 것이 불가능했다고 주장하였다. 그러나 Saunders(1982)는 이러한 문제들은 아이들의 문제에 이해심을 보여주면서 부모들이 인내하고 동시에 지나치게 압력을 가하려고 하지 않을 때 성공적으로 극복될 수 있다고 주장한다.

어린이들은 두 언어를 형식적일 뿐만 아니라 기능적으로도 분리할 수 있어야한다. 어린이들은 상황에 맞는 언어를 선택하고, 한 언어에서 다른 언어로 전환할 수 있도록 배우는가? 이것이 여기서 논의될 네 번째이자 마지막 문제이다. 많은 관찰에서, 2개언어상용 어린이는 언어의 형식적이고 기능적 분리를 잘 하는 것으로 나타났다. 두 언어 체계의 형식적 분리가 시작될 때, 어린이들은 어떤 사람에게는 어떤 언어체계가 사용하기에 보다 적합하고, 또 다른 사람에게는 다른 언어체계가 적합하다는 것을 배운다. Saunders(1982)는 어린이가 두 개의 다른 언어를 사용하는 부모에게 말을 건네고자 할 때 어떻게 문제를 해결하는지에 대한 좋은 예를 보여주고 있다. 자신의 아들 Thomas가 세 번째 생일이 되었을 무렵에, 그는 다음과 같은 상호작용 전략을 택하였다. Thomas는 부모 중 한사람에게 이름을 부르면서 눈을 맞추었으며, 그 이후에는 그 부모와 함께 일상적으로 사용했던 언어로 말을 시작하였다.

부모나 보모를 본보기로 삼는 2개언어상용 어린이들은 일반적으로 한 사람-한 언어책략을 사용하지만, 이것에서 벗어나는 경우도 있다. De Houwer(1983)는 부모 중에서 아버지가 항상 네덜란드어로 말하고, 어머니는 항상 영어로 말하는 Kate의 영어와 네덜란드어 2개언어상용 발달에 관한 연구를 보고하고 있다. 어떤 경우 그녀는 자기 아버지에게 영어로 말을 건넸다. 그녀는 그녀의 아버지가 영어(물론 아버지는 어머니에게 영어를 사용함)에 능통하다고 생각했던 것 같다. 그 이유는 Kate가 네덜란드어만을 하는 조부모에게는 한 번도 영어로 말을 한 적이 없기 때문이다.

언어선택 규칙을 안다는 것은, 언어전환이 상황의 변화와 관련이 있는 것처럼, 언어전환 규칙을 아는 것을 의미한다. 그 이유는 상황에는 또 다른 대화자, 또 다른 화제, 그리고 배경의 변화 등이 있기 때문이다. 이러한 형태의 상황적 언어전환외에도, 2개언어상용 어린이들은 특정한 의미가 대화에 더해지는 은유적인 언어전환도 할 수 있다. Lindholm과 Padilla(1978)는 영어만을 사용하는 실험자(어린이가 영어만을 알고 있다고 잘못 알고 있음)를 조롱하려고하는 스페인어-영어 2개언어상용 어린이의 예를 다음과 같이 들고 있다.

어린이: Know what's wrong with your teeth?
실험자: What about my teeth?
어린이: Look at this one.
실험자: What about it?
어린이: Es chueco('비뚤어 졌어'; 킥킥거리며 웃는다)
실험자: It's what?
어린이: Es chueco
실험자: What's that?

어린이: Chueco (다시 킥킥거리며 웃는다)

실험자: What's the English for that? I don't understand what you are saying

어린이: Chueco (아이가 주제를 바꾼다).

2개언어상용 어린이는 때로 문장 내에서 언어를 전환하기도 한다. 어휘전이(단어 수준에서의 전환으로 보여 질 수 있는) 형태와는 별도로, 이러한 문장 내 전환은 주로 유창한 2개언어상용 어린이의 발화에서 발생한다 (문장 내 언어전환에 관한 보다 충분한 토론은 10장 참조).

이 절을 결론짓자면, 두 언어의 동시습득과 관련한 모든 진술들은 잠정적인 것으로 간주되어야 한다는 사실이다. 상기의 모든 결론에서, 일반적(general(ly))이라는 단어를 사용할 수도 있었으며, 각 주장을 'probably'나 'possibly', 혹은 'in some cases'로 수식할 수도 있었다. 이 분야의 연구는 일화적인 것들이며, 가끔 한 사례 혹은 몇 사례들이 보고된다. 연구자들이 두드러진 현상에 대해서만 보고를 하고, 현저하지는 않지만 훨씬 더 흔한 현상에 대해서는 무시하는지도 확실하지 않다. 대부분의 연구는 양적인 측면에서 자료가 충분하지 못하다. 더욱이, 관찰된 어린이들의 대부분은 중산층 출신이며 학문적인 배경이 있는 집안의 어린이들로서, 부모들이 때로는 의도적으로 자녀들이 2개언어상용 어린이로 양육되도록 선택된 어린이들이다. 이와는 다른 환경에서 자라는 어린이들의 2개언어상용 발달이 똑같이 긍정적인 결과를 나타낼지는 분명하지 않다. 그렇지만, 한 가지 결론은 이끌어낼 수 있다. 즉, 어린이들에게는 어떤 실제적인 문제를 경험하지 않고서도 두 언어를 동시에 습득할 수 있는 언어학습능력이 있다.

[추천도서]

제2언어 습득 연구와 이론의 개관은 다음 두 책에서 발견된다. H. Dulay, M. Burt와 S. Krashen의 *Language Two*(1982)와 Rod Ellis의 *Understanding Second Language Acquisition* (1985) 이다. R. Andersen(편집)의 *Second Language; A Cross-linguistic Perspective* (1984)은 다양한 이론적인 문제의 연구가 집대성된 책이며 영어이외의 다른 언어의 중간언어에 대한 자료를 제공한다. Saunders의 책 *Bilingual children: guidance for the family* (1982)는 아주 읽을 만하다. 특히 두 언어의 동시습득에 관한 사회적이고 교육적인 측면의 정보는 흥미진진하다. Taeschner의 책 *The Sun is feminine: A study on language acquisition in bilingual children* (1983)은 언어적인 주제를 좀더 집중적으로 다루고 있다.

2개언어상용 효과

'피험자 408/16'은 두 언어와 계속 접촉하고 있는 사람은 두 언어 중 어느 한 언어도 정확히 사용하지 못한다고 생각한다. 이런 생각은 불안과 소심함을 가져올 수 있으며 심지어는 열등감까지 느끼게 한다. 이것은 Vildomec(1963: 213)의 설문지 조사에서 다른 국가나 집단에서 온 다른 언어를 말하는 2개언어상용 유럽인 중 한 사람이 가지는 감정이다. 또 한 피험자는 '한 언어를 집중적이고 능숙하게 사용하는데 간섭현상이 일어나고, 다른 언어의 특정 단어가 생생하게 나타나거나 그 단어가 지니는 함의때문에 항상 방해를 받았다' (p.213)고 보고하였다. 2개언어상용으로부터 확실히 부정적인 영향을 느꼈을 이 두 피험자의 생각은 서구 세계에 널리 퍼져있는 2개언어상용에 대한 태도를 반영하는 것으로 보인다. 많은 서구 국가들은 실제로 자국의 국경 안에 다른 언어의 화자들이 있음에도 불구하고, 자국은 본질적으로 단일언어를 사용하는 나라로 생각하거나 스스로를 단일언어 국가로 여긴다. 예를 들어, 프랑스에는 불어만 사용되는 것이 아니라, 브리타니아, 바스크어, 네덜란드어(플라망어), 독일어, 아라비아어 외에 많은 다른 언어들이 있다. 마음 속에 다언어사회를 생각한다면, 프랑스는 당신이 생각하는 그런 나라가 아니다. 2개언어상용은 고대시대로부터 내려온 낡은 잔유물 또는 이민의 결과로서 생긴 일시적인 현상으로 여겨진다. 만일 2개언어상용이 있다면, 그것은 사라져서 단일언어사용으로 발전되도록 기대된다.

많은 사람들은 한 언어를 사용하는 보통사람과 달리, 두 언어의 사용은 2개언어상용자에게 해로운 결과를 가져 올 것이라고 생각한다. 그러나 많은 비서구 국가들에게 있어서, 예들 들면, 아프리카나 아시아에서 2개언어상용은 일상적이다. 따라서 이 나라 사람들은 2개언어상용에 대한 부정적인 함축에 관한 얘기를 들을 때면 놀라지 않을 수 없다. 그들에게 이것은 서구적 민족중심주의의 표현으로 보여진다.

Vildomec의 자료에서 2개언어상용의 긍정적인 효과 즉, 시야의 확대, 민활한 정신활동의 증진, 사물의 상대성을 파악하는 능력의 향상 등이 보고된 피험자들도 있다는 사실이 주목되어야 한다. 최근의 거의 모든 연구에서 긍정적인 측면에 대한 증거들이 제시되었음에도 불구하고, 개인의 2개언어상용 결과에 대해서는 긍정적이거나 부정적인 두 견해 모두 연구에 의해 지지되어 왔다. 다음 절에서 이러한 견해들과 관련된 연구들이 더 논의될 것이다.

1절에서는 2개언어상용의 측정을 포함한 언어적인 측면이 다루어진다. 연구는 흔히 2개언어상용 어린이의 학업에 초점이 맞춰졌기 때문에 언어적인 측면은 교육적인 관점에서 논의될 것이다. 2절에서는 2개언어상용의 인지적인 효과를 살펴보고, 3절에서는 2개언어상용 어린이의 성격발달에 관한 주제가 다루어진다. 이런 내용을 다루기에 앞서 우리는 사회적으로 정의된 중요한 두 가지 유형의 2개언어상용 즉, 가산적(additive) 2개언어상용과 감산적(subtractive) 2개언어상용의 차이점을 강조하고자 한다. 가산적 2개언어상용인 경우, 개인은 사회적으로 관련된 제2언어를 자신의 기능 저장고에 추가한다. 모국어는 권위있는 언어이고 모국어의 발달은 대중매체와 같은 다양한 방법으로 지지를 받으므로 대체될 위험이 없다. 불어를 습득하는 모국어가 영어인 캐나다인이나 자신의 언어 저장고에 스페인어를 추가하는 모국어가 영어인 미국인들은 가산적인 2개언어상용자가 된다(6장의 몰입교육 참고).

제 2언어 학습이 모국어나 '가정'(home)언어로부터 언어전환이 일어나는 과정이 될 때 감산적인 2개언어상용 결과가 된다. 예를 들면, 서부 독일로 이민간 터어키 이민자나 영국으로 이민간 이탈리아인의 경우처럼, 자신의 모국어를 잃으면서 어느 정도 독일어와 영어에 능숙해지는 경우이다. Lambert(1980)가 관찰한 것처럼, 많은 소수 민족집단은 국가 교육정책과 다양한 사회적 압력에 의해 자신들의 언어를 민족언어에서 국가어로 전환하도록 강요받는다. 소수언어는 권위가 없는 언어로서 적절하게 유지될 수 없으며 2개언어상용능력에서 감산적이 된다.

이 책 앞에서 자주 언급했듯이 2개언어상용은 그 사회적 상황에서 분석되어야만 하며, 2개언어상용의 효과는 사회적인 요소들이 고려되어야만 충실하게 연구되고 적절하게 이해될 수 있다. 가산적이고 감산적인 2개언어상용 개념은 2개언어상용의 효과를 설명하는 유용한 방법을 제공한다.

9.1 언어적이고 교육적인 측면

언어기능에 미치는 2개언어상용의 효과를 다루기 전에 2개언어상용의 측정과 이것에 내포된 문제점들을 간략하게 기술하고자 한다. 연구자들이나 교사들은 2개언어상용의 평가에서 두 가지 목표를 둔다. (a) 이들은 두 언어에서 2개언어상용자의 언어능력과 단일언어사용자의 능력을 비교하길 원한다. (b) 이들은 2

개언어상용자에게 '더 강하거나' '더 약한' 언어 또는 지배적이거나 비지배적인 언어를 확립하고자 한다.

첫 번째 목표를 위해 다음의 기법들이 사용될 수 있다.

- 서로 다른 언어 수준(어휘, 통사론 등)의 테스트가 두 언어에서 실시된다.
- 자연스러운 말(speech)의 기록이 여러 언어적인 변인들로 분석된다.
- 자연스러운 말의 기록이 평가자에 의해 측정된다.

대부분의 2개언어상용자가 자신이 2개언어상용사회(diglossia) 상황에 처해 있음을 알고 있다는 사실은 이러한 접근법에 문제가 있음을 암시한다. 어휘검사에는 서로 다른 사회적이고 인지적인 영역의 항목들이 포함될 것이지만, 2개언어상용자는 어떤 한 영역에서는 두 언어 중 하나를 사용하지 않을 수도 있으며, 그 영역과 연결된 단어를 알 수 없을 수도 있다. 자연스러운 말을 사용할 때 분석되는 언어가 일상적으로 사용되는 '적정한'(fair) 상황에서 녹음이 이루어져야 한다는 것은 매우 중요하다. 서부 독일에서 살고 있는 터키 이민 어린이의 터키어가 독일어로만 말해지는 독일학교에서 녹음될 때, 그 어린이가 매우 형편없는 터키어를 말하더라도 놀랄만한 일은 아니다. 언어산출에 영향을 주는 다른 중요한 요인과 마찬가지로 대담자와 주제도 중요하다. 위의 예를 자세하게 분석해보면 비교를 하는 것이 매우 어렵다는 것이 분명해진다. 뮌헨에 있는 터키 어린이와 앙카라에 있는 터키 어린이는 매우 다른 문화적 환경에 살고 있으므로 상호작용의 '주제'(topic) 요인이 어떻게 변하지 않을 수 있겠는가?

2개언어상용자의 두 언어 중 어느 언어가 지배적인지를 확인하고 싶으면 연구자들은 다음의 기법 중에서 하나를 이용할 수 있다.

- 두 언어로 번역하는 테스트
- 2개언어상용자에게 두 언어로 지시하고 반응 속도를 측정하기(실험실 상황에서)
- 단어 연상(두 언어로 번역된 자극 언어에 연상되는 단어의 수), 예를 들어, 스페인어-영어 2개언어상용자가 *cucina*와 *kitchen*이 제시되었을 때 두 언어에서 얼마나 많은 단어들을 떠올릴 수 있는가?
- 두 언어로 된 진술문들을 제시하고 참-거짓 반응을 묻기
- 두 언어의 동족어를 제시하고 발음 녹음하기(예를 들어, *element*, *prime*, 그리고 *lingerie*와 같은 영어-불어가 혼합된 어휘목록의 발음을 녹음. 불확실한 항목들을 발음하는 언어가 지배적인 언어로서 간주된다.)
- 2개언어상용자에게 두 언어에 대한 자신의 유창성을 측정하도록 요구하기

자기 평가라는 마지막 기법은 부분적으로 두 언어에 대한 사회적인 편견에 근거하기 때문에 타당하지 않을 수 있다. 2개언어상용자는 아마도 높은 사회적 지위에 있는 언어를 잘 한다고 말하기 쉽다. 나머지 한 언어는 '중요하지 않은' 언어가 되기 때문에 그 언어에 숙달할 필요가 없게 된다.

언급된 다른 실험 기법의 결과는 두 언어의 영역분포에 의해 영향 받는다. 어떤 진술이 한 언어에서는 매우 정상적인 반면, 다른 언어로 번역되었을 경우에는 그 언어가 일상적으로 사용되지 않는 곳의 상황이나 영역을 의미할 수 있기 때문에 '적절'(appropriate)하지 않을 수도 있다.

2개언어상용 평가에서의 문제점들은 아직 만족스럽게 해결되지 않고 있으며, 앞으로도 해결이 될 것인지에 대해서는 여전히 의문으로 남아 있다. 아직도 연구자들과 교육자들은 2개언어상용자의 숙련도에 관해 알고 싶어하고 또 논의하기를 원한다. 적절한 측정 기법이 부족하기 때문에 이 문제에 대한 많은 진술

은 잠정적인 것으로 봐야하며, 이것은 이 절의 나머지 부분에도 해당된다. 또 어느 의미에서는 2개언어상용능력은 두 언어를 모두 포함하는 개념인데 두 개의 부분적인 능력을 분리하는 것은 진정한 2개언어상용의 관점으로 볼 때 인위적이다.

8장에서 두 언어의 동시습득이 논의되었다. 여러 사례의 연구에서 2개언어상용으로 양육된 어린이들이 단일언어사용 어린이들처럼 두 언어에 모두 능숙하다는 결론을 지지하는 증거가 제시되었다. 그러나 이러한 어린이들의 사회적 상황은 소수민족 집단 어린이들이 사는 조건과 비교해 볼 때 훨씬 더 호의적이다. 사례연구에서 대부분의 어린이들은 학구적인 가정환경 출신이며, 그들의 부모는 이들의 2개언어상용 발달에 관심을 보였고, 그것이 경험을 풍부하게 할 것이라 기대했기 때문에 2개언어상용을 장려하였다. 따라서 이러한 사례연구의 결과는 2개언어상용 상황의 모든 어린이에게 일반화될 수 없을 것이다. 그러나 이 결과는 단일언어사용 어린이들과 비교해 볼 때 2개언어상용으로 자라는 것이 두 언어의 발달을 저해하는 것은 아니라는 사실을 보여주고 있다.

언급된 사례연구의 증거에도 불구하고, 1960년대 이전의 교육자와 연구가들의 공통된 의견은 어린이의 2개언어상용이 언어능력에 해로운 영향을 미친다는 것이었다. 이 연구들은 2개언어상용 어린이들의 수동적인 어휘와 능동적인 어휘, 문장의 길이, 복문과 중문의 사용에 있어 언어적 결함이 있음을 지적하였다. 2개언어상용 어린이들은 말을 할 때 일반적이지 않은 어순과 형태적 오류같이 더 틀린 형태들을 보이는 것으로 보고되었다. 이런 많은 결론들은 하와이에서 중국어-영어 2개언어상용 어린이들의 영어숙달에 관한 Smith 연구에서 도출되었다. 그러나 그 당시 하와이의 중국인 공동체 안에서는 일종의 영어 피진어가 매우 흔히 사용되었다는 점에 주목해야 한다. 평가를 받은 어린이들이 만약 이러한 영어 피진어를 사용하였다면, 영어 단일언어사용 어린이들과 비교하여 볼 때 그들의 영어가 불완전한 것으로 여겨지는 것은 오히려 당연한 일이다.

자주 인용되는 또 다른 연구는 Texas에 있는 초등학교에서 스페인어-영어를 사용하는 어린이들과 단일언어로 영어를 사용하는 어린이들을 비교한 Carrow (1957)의 연구이다. 두 집단은 묵독, 구두 읽기 정확성과 독해, 철자쓰기, 듣기, 조음 기능, 어휘, 산술적 추론 등의 부문에서 측정되었다. 이야기 다시 말하기 과제에서는 어린이들이 말한 표본이 녹음되었고, 이어서 이 녹음이 많은 변인들에 따라 분석되었다. 단일언어사용 어린이들은 구두 읽기 정확성과 독해, 수용적 어휘 부분에서만 2개언어상용 어린이들보다 나았다. 다른 검사와 변인들에서는 단일언어사용 어린이들이 더 높은 평균점수를 얻었지만 그 차이는 유의미하지 않았다. Carrow의 연구와 관련해서 두 가지 점이 주목되어야 한다. 첫 번째, 이런 연구들의 대부분이 그렇듯이, 2개언어상용자의 두 언어 중 한 언어에서만 비교가 이루어졌다는 것이다. 즉 영어가 '주요 언어'로 생각되며, 영어가 언어의 모든 것이며, 소수언어에 대해서는 사회적 편견이 있다.

두 번째 점은 Carrow의 연구결과는 다른 많은 연구에서의 연구결과처럼 그렇게 부정적인 것이 아니라는 것이다. 이점에 대해서는 두 가지 이유가 있다. 먼저, 대부분의 다른 연구에서는 어린이들이 영어를 제 2언어로 습득한 반면, Carrow의 2개언어상용 피험자는 영어와 스페인어를 동시에 습득하였다. 언어를 학습하는 데에는 시간이 걸리는데, 부정적인 결과가 나온 연구에서의 2개언어상용 피험자들은 제 2언어를 학습하는데 충분한 시간을 갖지 않았을 수도 있다. 두 번째 이유는 Carrow의 연구는 다른 많은 연구들보다 혼동되는 변인들이 더 잘 통제되었다는 사실에 있다. 두 집단의 어린이들은 나이, 비언어적 IQ, 사회-경제적 지위가 대등했다. 많은 연구들은 특별히 비언어적 IQ와 사회-경제적 지위가 언어측정 점수와 다른 시험 점수에 상당한 영향을 미친다고 알려져 있음에도 불구하고 이러한 변인을 잘 통제하지 못했다.

2개언어상용이 언어기능에 해로운 영향을 미친다는 생각은 균형가설(balance hypothesis) (Macnamara, 1966)로 이론화되었다. 이 가설은 인간은 언어를 배우는 어떤 잠재력 또는 신경적이고 생리적인 능력을 가지고 있다고 주장한다. 만일 한 개인이 한 언어 이상의 언어를 학습한다면, 한 언어를 알고 있는 것이 다른 언어를 배울 가능성을 제한한다. 한 언어가 더 능숙할수록 다른 언어에서는 그 능력이 약해짐을 의미한다.

2개언어상용과 몰입교육(immersion education)에 대한 긍정적인 연구 결과와 Toukomaa와 Skutnabb-Kangas(1977)의 견해에 힘입어 James Cummins는 균형가설과는 다른 2개언어상용의 언어적이고 인지적인 결과에 대한 흥미있고도 중요한 이론을 발전시켰다. Cummins는 Lambert의 가산적이고 감산적인 2개언어상용간의 구분을 택하였으며, 부정적인 영향을 지적한 모든 연구는 감산적 2개언어상용 환경에서 이루어 졌다는 사실을 주목하였다. 그는 더 나아가 '가정과 학교에서의 언어전환은 중류계층의 주류언어 사용 어린이들에게는 높은 수준의 2개언어상용과 학업성취가 나타났지만, 많은 소수언어 사용 어린이들에게는 모국어와 제 2언어의 부적절한 구사와 저조한 학업성취를 가져온다'(Cummins, 1979:222)는 사실을 발견하였다. 여기에서 Cummins는 캐나다와 미국에서 높은 지위의 언어를 말하는 어린이들을 위한 몰입교육의 긍정적인 연구 결과들, 그리고 주류언어 교육에서 소수언어 사용 어린이들의 낮은 학업성취에 대해 언급한다. 또 다른 실험적인 연구결과는 소수언어 사용 어린이를 위한 2개언어상용 교육이 일반적으로 두 언어 L1과 L2 모두에 긍정적인 효과를 미치는 것으로 보인다는 것이다.

제 2언어습득이 이루어지기 시작할 때, 모국어가 제대로 기능한다면 이러한 자료는 설명될 수 있다. 발달적 상호의존 가설(developmental interdependence hypothesis)에 의하면, 어린이들의 모국어 발달이, 특히 학교생활과 관련된 언어 기능의 사용과 어휘와 개념의 발달이 학교 밖의 환경에 의해 촉진된다면, 어린이들은 제 2언어에서도 높은 수준의 언어능력을 달성할 수 있다. 모국어의 높은 수준은 제 2언어에서도 비슷한 수준의 성취를 가능하게 한다. 반대로, 모국어 능력이 잘 발달되어 있지 않고 또 초기교육이 전적으로 제 2언어로 이루어지면 모국어 발달도 지체될 것이며, 이것은 제 2언어 습득에도 제한적인 효과를 가져올 것이다. 주류언어 집단의 어린이들은 특히 교실상황과 관련된 측면에서 높은 수준의 모국어 능력을 갖는다. 따라서 그들은 부정적인 영향없이 완전한 제 2언어 교육과정을 따라갈 수 있다. 그들의 제 2언어습득은 그들의 모국어 능력으로부터 도움을 받는다. 이 가설에 따르면, 소수언어 사용 어린이들의 모국어는 성공적인 제 2언어습득을 위한 토대로서 학교에서 더욱 발달되어져야 한다.

소수언어 사용 어린이들의 모국어 발달을 촉진함에 있어 가장 주의를 기울여야 할 점은 학문적으로 관련된 언어숙달에 있다. Cummins는 언어숙달의 두 가지 유형을 표면 유창성(surface fluency)과 개념적-언어적 지식(conceptual-linguistic knowledge)의 두 형태로 구분한 Skutnabb-Kangas와 Toukimaa(1976)의 견해를 따른다. 이민 가정의 어린이들은 일상 상황에서 효과적으로 의사소통을 할 수 있지만(표면 유창성), 학습 언어기능 발달에 필요한 특히 읽고 쓰는 능력에 필요한 개념적-언어적 지식이 부족하다.

Cummins(1980)는 Skutnabb-Kangas와 Toukimaa의 두 범주 대신에 인지적이고 학문적인 언어숙달능력(CALP: Cognitive Academic Language Proficiency)과 인간상호간의 기본적인 의사소통능력(BICS: Basic Interpersonal Communicative Skills)이란 용어를 사용하였다. BICS는 일상적인 인간상호간의 상황에 필요한 음운적, 통사적, 어휘적 기능인 반면, CALP는 학생들이 언어시험이나 학교 과제에서처럼 즉각적인 대인간의 상황 밖에서 언어의 표면상의 특질을 조작하거나 반영시켜야 하는 과제에서 요구된다.

후에 자신의 이론적인 틀을 정교하게 다듬으면서, Cummins(1984)는 두 연속선을 따라 언어숙달을 개념화할 것을 제안하였다. 횡적 연속선은 의미를 표현하고 받아들이는데 내포된 문맥적 지지의 양을 나타낸다(그림 9.1). 이 연속선의 한쪽 끝은 문맥이 완전히 내포되는 의사소통이다.

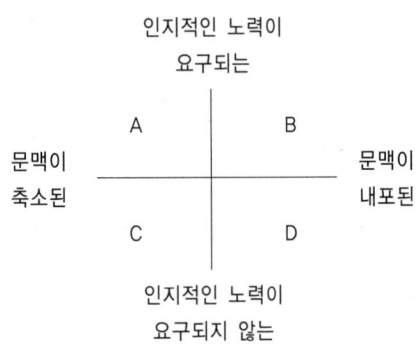

그림 9.1 도식적으로 제시된 Cummins의 언어숙달의 개념화

대화참여자들은 문맥적 단서를 참고할 수 있고, 메시지의 이해를 확인하기 위해 피드백을 줄 수 있으며, 온갖 종류의 준언어적(paralinguistic)인 단서로 언어를 지원받을 수 있다. 연속체의 다른 끝인 문맥이 축소된 의사소통에서 참여자들은 주로 혹은 전적으로 언어적인 단서에만 의존해야 한다. 교실에서의 많은 활동들은 대개 문맥이 축소된 의사소통이다.

연속선의 다른 차원은 인지적인 노력이 요구되는 의사소통 대 인지적인 노력이 요구되지 않는 의사소통이다. 의사소통적 과제가 자동화되어 있고, 적극적인 인지 개입이 거의 요구되지 않는다면, 그 의사소통은 인지적인 노력이 요구되지 않는다. 교실에서의 많은 언어적인 활동들은 인지적인 노력이 요구되는데,

그 이유는 과제를 수행하기 위해 좀 더 의식적으로 언어를 산출해야만 하기 때문이다. 더 나아가 많은 어려운 개념들은 이러한 과제에서 나타날 수 있다.

CALP는 그림 9.1의 A에 위치할 수 있다. CALP가 요구되는 과제로는 작문, 반의어 말하기, 다른 사람에게 전화로 카드놀이 설명하기 등이 있다. BICS는 D에 위치한다. 어린이가 자신이 만든 그림을 바탕으로 그림을 보면서 이야기를 할 때가 BICS에 해당된다. 날씨에 관해 말하는 사람들은 BICS에 의존한다. Cummins의 목표는 언어숙달 능력의 정확한 모델을 제시하고자 한 것이 아니라 소수언어 사용 학생의 학업성취에 관련된 언어능력에 있어 어떤 구분을 하기 위한 것이다. 그림 9.1에서 제시된 모형은 언어숙달도 자체의 모형이라기 보다는 언어숙달도의 어떤 형태를 요구하는 과제들의 모형이라는 것에 주목하는 것이 중요하다.

앞에서 논의된 개념이외에 Cummins는 2개언어상용교육의 언어적 효과를 설명하는데 SUP-모델(Seperate Underlying Proficiency: 분리기저 언어능력)에 반대되는 CUP-모델(Common Underlying Proficiency: 공통기저 언어능력)을 제안하였다. Cummins에 따르면, 두 언어에 기저하는 능력이 분리되어 있다고 주장하는 SUP-모델은 부적절하다. CUP-모델에서는 2개언어상용자가 말하는 두 언어의 기저에는 공통적인 인지적이고 학문적인 능력이 있다고 가정된다. Cummins(1984)는 이러한 비언어적 특성을 가진 공통적인 기저능력 때문에 읽고 쓰는 능력이 한 언어에서 다른 언어로 전이될 수 있다고 주장한다. 예를 들면, 이태리어-영어 2개언어상용 어린이들의 이태리어로 하는 읽기 수업은 공통적인 기저능력을 발달시키기 때문에 그들의 영어 읽기능력 발달에도 도움이 된다.

Cummins의 견해를 이용하여 이 절의 주요 질문에 대해 다음과 같은 답을 제시할 수 있다. 모국어 능력이 적절하게 뒷받침되면 2개언어상용은 언어능력에 해로운 영향을 주지 않는다. 소수민족 집단의 어린이들은 학교에서 제 2언어 습득에 매진하기 전에 적절한 인지적인 언어능력을 발달시키기 위해 그들의 모국어로 교육을 받아야 한다. 모국어로 발달된 언어능력은 제 2언어에서의 학문적이고 읽고 쓰는 능력과 관련된 능력을 습득하는데 도움이 될 것이다. 그런 다음에서야 이러한 어린이들을 위한 2개언어상용이 도움이 될 것이다. 권위있는 언어를 하는 다수자 집단의 어린이들의 경우, 제 2 언어가 초기단계에서 도입된다면 2개언어상용에서도 이득을 볼 것이다. 왜냐하면 읽고 쓰는 능력의 습득과 관련된 모국어 발달이 이미 학교 밖에서 이루어졌기 때문이다.

　　Cummins의 가설은 단지 가설일 뿐이며 아직 강력한 실증적인 지지를 받지 못했다는 사실 역시 강조되어야 한다. 이 가설은 여러 많은 현상을 설명할 수 있어 매우 매력적이다. 그러나 때로는 2개언어상용교육과 관련된 다른 설명들도 발견된다. 사회적이고 심리적인 요인들이 제 2언어 발달에 영향을 준다는 사실은 잘 알려져 있다(8장 비교). 사람들은 자신들의 사회-정서적인 상태가 과도하게 혼란스럽지 않다면 제 2언어를 성공적으로 습득할 수 있을 것이다. 제 2언어 학습자는 다소간 편안하게 느껴져야 하며, 만일 그들이 사회적이고 문화적인 갈등을 겪는다면 제 2언어 습득은 방해를 받을 것이다. 민족적 소수집단의 어린이들을 위한 주류언어의 단일언어교육의 경우가 분명히 여기에 해당될 수 있다. 이런 곳에서는 제 2언어 습득에 영향을 미치는 사회적이고 심리적인 조건이 호의적이지 않기 때문에 2개언어상용은 번성하지 않을 것이며, 모국어는 무시된다.

　　더 나아가 Cummins는 언어능력의 실제적인 언어적 측면에 대해서는 기술하지 않았다는 점에 유의해야 한다. 그는 CALP와 BICS 개념을 언어적 변인들에 따라 언어분석 방법을 제공하지 않았는데, 예를 들어, 그는 CALP가 요구되는 과제에서 사람들이 말하는 언어를 분석하지 않았다. 읽고 쓰기와 관련된 기능은 단지 CALP의 언어적 내용을 막연히 나타난 것에 불과하다. 사실,

Cummins의 이론은 2개언어상용과 교육간의 관계에 적용되며, 언어숙달은 중요한 조정변인이라 가정한다.

2개언어상용의 인지적 효과를 다루기 전에 2개언어상용의 언어적 효과를 기술할 때에 흔히 나타나는 준언어상용(semilingualism)의 개념을 간단히 논의할 것이다. 누군가가 두 언어 모두를 단일언어 모국어 화자보다 낮은 수준으로 사용할 때 이를 준언어상용자(semilingual)라 한다.

준언어상용의 개념은 종종 잘못 이해되고 사용된다. 첫째, 이 개념은 두 언어를 언급하므로 '이중 준언어상용'(double semilingualism)으로 불려야 한다. 즉, 준언어상용 어린이나 어른은 두 언어를 단지 부분적으로 알고 있으며, 두 언어능력이 합해진다면, 총체적인 언어 지식의 양은 한 언어를 말하는 어린이의 능력을 능가하게 될 것이다. 둘째, 좀 더 심각한 오해는 준언어상용의 기원과 관련된다. 몇몇 학자들은 준언어상용의 개념이 소수 어린이들의 낮은 학업성취를 탓하는 결손이론(deficit theory)의 일부라 주장하였다. 1978년 초에 Skutnabb-Kangas는 준언어상용의 사회적 기원을 주장하였다. 그녀는 준언어상용을 소수 언어 사용 어린이들의 한 특징으로 보아서는 안되며, 제 2언어 학습이 강요되는 동안 이들의 가정언어가 학교에서 무시되는 좌절 상황을 반영하는 것으로 보아야 한다고 주장하였다. 이러한 상황에서는 감산적인 2개언어상용이 발달될 것이며, 결국 두 언어 모두 상대적으로 낮은 숙달에 이르게 된다.

또 다른 문제는 이 개념의 표준성에 관한 것이다. 왜 2개언어상용자의 언어능력이 단일언어 사용자의 능력과 비교되어야 하는가? 2개언어상용자는 자신의 언어들을 다른 영역에서 다른 용도로 쓰기 때문에 단일언어사용자와의 비교는 적절하지 않는 것으로 보인다. 사회언어적인 관점에서 보면, 2개언어상용자의 두 언어는 아마도 모든 상황에 적합한 하나의 언어목록(repertoire)으로 보여질 수 있을 것이다. 이러한 문제에 대한 토론은 물론 2개언어상용의 측정에 대한 논의와 유사하다.

준언어상용의 개념을 뒷받침하는 실증적인 지지는 주로 언어시험을 통한 언어기능의 측정에서 유래된다. 이러한 시험으로부터 준언어상용 어린이들이 단일언어사용 어린이보다 어느 언어에서든 잘 알지 못한다는 결론이 내려진다. 더 나아가 구두 언어의 분석을 통해 2개언어상용 어린이들은 또래의 단일언어사용 어린이들이 사용하는 모든 형태적 장치를 다 사용할 수 없다는 사실이 밝혀졌다. 2개언어상용 어린이들은 두 언어를 형태적으로 단순화하는 경향이 있는데, 예를 들면, 이들은 일반적인 규칙만 사용할 뿐이며 예외적인 것은 알지 못한다. 이들의 어휘도 단일언어만을 사용하는 어린이들과 비교했을 때 역시 제한적이다(서부 독일에서 세르보-크로아티인의 언어에 관한 Stölting 연구 비교, 1980). 이러한 자료들은 이들의 언어능력과 관련된 사람들의 인식과도 일치한다. 예를 들어, 소수언어사용 어린이들의 부모들은 가정언어의 구사능력에 관해 불만스러워 하는 반면, 많은 교사들은 이들의 주류언어 능력이 부족하다고 주장한다.

준언어상용에 대한 개념은 위에서 밝혔듯이 더 유창하거나 유창하지 못한, 즉 유창성의 개념으로 표현된다. 그러나 이런 이유때문에 2개언어상용능력의 본질이 무시된다. 단일언어사용의 양적 기준이 고려되지 않는다면, 2개언어상용자의 언어목록은 부족하지 않고 다른 것으로 여겨질 수도 있다. 예를 들어, 2개언어상용자는 독특한 언어전환(code-switching) 능력을 가지고 있으며, 이 능력은 매우 교묘하고 세련된 방법으로 메시지를 전달하는 기회를 제공한다. 이러한 능력은 학교에서 가치있게 여겨지지 않으며, 준언어상용이란 개념은 사회적으로 부족한 능력이란 의미를 함축하고 있는데, 소수 집단의 2개언어상용 어린이들의 교육적인 문제들과 관련하여 이 개념이 발달되었음이 명백하다.

9.2 인지적 효과

2개언어상용의 인지적 효과에 관한 문헌연구에서 Natalie Darcy는 '2개언어상용자들은 구두로 지능검사를 받을 때 언어적인 부족으로 어려움을 겪는다'(Darcy, 1953:50)고 결론지었다. 30년 후에 Rafael Diaz는 문헌을 검토하고 '2개언어상용이 어린이들의 인지적이고 언어적 능력에 긍정적인 영향을 미친다'는 사실을 발견하였다(Diaz, 1983:48). Darcy의 결론은 대단위 집단의 단일언어사용 학생들과 2개언어상용 학습자들을 비교한 많은 연구결과에 기초한 것이었다. 예를 들면, Saer(1923) 그리고 Jones와 Stewart(1951)에 의한 웰즈어-영어 2개언어상용자와 영어 단일언어사용자 집단의 비교가 한 예이다. Jones와 Stewart 연구에서 2개언어상용 피험자는 구두 지능검사 뿐만 아니라 비언어적 지능검사에서도 점수가 낮았는데, 이는 지능에 미치는 해로운 효과가 단지 언어검사에서만 드러난다는 연구 문헌상의 일반적인 경향과는 반대되는 결과이다.

비록 몇몇의 '오래된' 연구가 2개언어상용의 지능에 대한 긍정적인 결과를 나타냈지만, Peal와 Lambert(1962)에 의한 광범위한 연구는 2개언어상용자와 지능간의 관계에 대한 학문적인 합의에서 중요한 전환을 예고하였다. Peal과 Lambert에 따르면, 많은 '오래된' 연구의 부정적인 결론은 그들의 방법론적인 취약점에서 설명될 수 있다. 시험결과를 설명할 수 있는 중요한 변인들이 즉, 사회경제적인 지위, 성, 2개언어상용의 정도, 연령 그리고 사용된 실제적인 테스트가 충분히 통제되지 않았다. 예를 들면, 능숙하지 못한 제 2언어로 시험을 본 어린이들이 그 시험에서 점수가 낮은 것은 자명하다. 낮은 사회-경제적 계층의 어린이들이 더 높은 사회-경제적인 계층의 단일언어사용 어린이들보다 낮은 점수를 받았는데, 이것의 원인을 그들의 2개언어상용 때문이라고 할 수는 없다.

Peal과 Lambert는 자신들의 연구에서 이러한 변인들을 통제하였다. 그들은 몬트리올 학교에서 10살의 불어-영어 2개언어상용자 어린이와 불어 단일언어사용 어린이의 테스트 결과를 비교하였다. 제 1언어와 제 2언어 모두 유창한 오직 '진정한 2개언어상용자' 만을 2개언어상용자 표본에 포함하였다. 이전 연구의 대부분의 결과와는 반대로 Peal과 Lambert의 2개언어상용 피험자들은 언어적이고 비언어적 지능검사에서 또래들 보다 훨씬 더 나았다. 불행하게도, 이러한 발견은 Peal과 Lambert의 2개언어상용 피험자의 선택절차 때문에 역시 '잠정적'이라고 간주되어야 했다. 비록 '진정한 2개언어상용자'의 선택이 중요한 방법론적인 향상을 이루었지만, 검사가 이루어졌던 방법은 2개언어상용 표본 어린이들에게 호의적으로 치우쳐졌을 수도 있다(Macnamara, 1966 비교). 피험자들은 Peabody 영어 어휘 시험에서 일정 수준 이상으로 점수를 받은 어린이들만이 2개언어상용 표본으로 받아들여졌다. 그러나 이 시험은 단일언어사용자의 언어적 지능을 평가하는 데에도 흔히 사용되었다. 더욱이 더 높은 수준의 2개언어상용 점수를 받은 불어를 사용하는 캐나다 어린이들은 처음부터 더 높은 지능을 가지고 있었을 수도 있다. Peal과 Lambert가 2개언어상용 결과로 보았던 높은 지능은 그 때문이었을 수도 있다.

1962년부터 Peal과 Lambert의 연구결과를 확증하는 많은 연구들이 이루어졌다. 예를 들면, Hakuta와 Diaz(1985)는 2개언어상용 정도와 인지능력간의 관계를 확인하고자 노력하였으며, 오랫동안 스페인어-영어를 말하는 어린이 집단을 대상으로 언어적이고 인지적인 변인들 간의 인과적인 방향을 밝히려고 노력하였다. 이들의 연구 결과는 Raven의 Progressive Matrix Test에 의해 측정된 것처럼 2개언어상용 정도와 비언어적 인지능력 간에는 상당한 긍정적인 관계가 있음을 보여주었다(이 시험에서는 실험자의 지시와 피험자의 응답이 비언어적이다. 어린이는 부분적으로 기하학적인 패턴을 완성해야한다.). 장기적인 연구 자료에 의하면, 인과적인 방향은 2개언어상용이 인지에 영향을 미치는 것이지 그 반대 방향이 아니라는 견해가 지지받고 있다.

다양한 여러 연구에서 2개언어상용자들의 인지적 기능에 대한 좀 더 구체적인 양상이 분석되었다. Ianco-Worrell (1972)은 자신의 딸 Hildegard의 영어와 독일어의 동시습득을 분석한 Leopold(1939-49)의 몇 가지 관찰을 기초로 하여, 2개언어상용자의 상위언어능력(Metalinguistic ability)을 조사하였다. Leopold는 단일언어사용 어린이들이 종종 그렇다고 보고된 바와 같이 자신의 딸 Hildegard가 단어에 결코 집착하지 않는 것에 주목하였다. Hildegard는 동화에 나오는 똑같은 단어 사용을 고집하지 않았다. 심지어 그녀는 다른 단어로 대치하여 기억된 자료를 말하기도 하였다(187p; 1970년 판에서 인용). Leopold는 이 처럼 단어로부터 분리하려는 태도 또는 소위 유명론(nominalism)의 결여를 2개언어상용의 탓이라 생각한다. Hildegard에게 음소적 형태와 그 의미간의 연결은 같은 또래의 단일언어사용 어린이들보다 더 느슨한 것으로 보였다.

Ianco-Worrell은 이러한 관찰이 다른 2개언어상용 어린이들에게도 일반화할 수 있는지, 특히 그녀의 경우, 남아프리카에서 두 언어를 동시에 습득한 아프리칸스어와 영어를 말하는 어린이들의 연구에도 일반화할 수 있는지를 알아보려고 하였다. 한 실험에서 그녀는 2개언어상용 피험자집단과 영어 단일언어와 아프리칸스어 단일언어 사용 비교집단에게 8세트의 단음절 단어를 구두로 제시하였다. 각 세트는 세 단어로 구성되었다. 첫번째 단어는 핵심단어이고, 두 번째 단어는 음성적으로 관련되어 있고, 세 번째 단어는 의미적으로 관련되어 있다. 예를 들어, 하나의 세트는 cap, can 그리고 hat로 구성되었다. 피험자들은 can 또는 hat란 단어에서 어떤 것이 cap과 더 비슷한지를 질문받았다. Ianco-Worell은 2개언어상용 어린이들이 훨씬 더 의미 영역에 따라 선택한다는 것을 발견하였다. 어린 2개언어상용 어린이들(4-6세)의 절반 이상이 의미적으로 관련된 단어를 지속적으로 선택한 반면, 단일언어 사용집단에서 영어를 사용하는 단 한명의 어린이만(25명의 피험자 중에)이 그렇게 하였다. 두 개의 단일언어사용 표본과 2개언어상용 표본에서는 연령이 높은 어린이들(7-9세)이 연령이 더 낮은 어린이들(4-6세)보다 더 의미적 선호를 보였다. 그러므로 2개언어상용 어린이들이 그들의 단일언어사용 또래들보다 더 향상된 상위언어적 발달 단계에 있다고 결론지을 수 있다.

두 번째 실험에서 Ianco-Worrell은 사물과 사물 이름간의 임의적 또는 관습적인 관계의 인식과 관련하여, 2개언어상용 어린이들과 단일언어사용 어린이들 간에 어떤 차이점이 있는지를 실험하였다. 그녀는 Vygotsky(1962)가 사용한 이름과 사물간의 관계에 대해 물었던 기법을 차용하였다. Ianco-Worrell의 실험은 세 부분으로 구성되었다. 첫 번째 부분에서 그녀는 어린이들에게, 예를 들어, '왜 의자를 '의자'라 할까요?'처럼 여섯 개의 이름이나 이름표의 설명을 물었다. 두 집단의 어린이들에게 제공된 설명의 유형은 다르지 않았다. 실험의 두 번째 부분에서, 어린이들은 '당신은 '의자'를 '탁자'로, '탁자'를 '의자'로 부를 수 있을까요?'와 같이 이름들이 서로 뒤바뀔 수 있는지를 질문 받았다. 2개언어상용 피험자는 단일언어상용 피험자보다 이러한 뒤바뀜이 원칙적으로 가능하다고 응답하였다. 세 번째 부분은 좀 더 복잡하였다. 실험자는 어린이들에게 게임을 하도록 제안하였고 사물들의 이름을 바꾸도록 제안하였다. '책을 "물"로 불러 보자' 이어서, 그녀는 그 사물에 대해 질문을 하였는데, 예를 들면, 'Can you drink this water?'와 'Can you read this water?'와 같은 것들이었다. 2개언어상용자와 단일언어사용자는 이 부분의 실험에서는 다르게 수행하지 않았다.

헤브라이어-영어 어린이들의 연구에서 Ben-Zeev(1977)는 이 실험의 마지막 부분을 약간 다르게 변형시켜 실험을 반복하였다. 그녀는 단어를 바꾸어 피험자와 게임을 하였는데, 예를 들어, 장난감 비행기를 거북이라 부른 다음 그녀는 '거북이가 날 수 있겠니?'와 같이 질문하였다. 일곱 개의 시험 항목 중에서 다섯 개는 더욱 어렵게 만들어졌는데, 그 이유는 언어의 필수적인 선택규칙이 위반되었기 때문이다. Ben-Zeev(1977:1012)는 다음과 같은 예를 들고 있다. '이 게임에서 "나(I)"라고 말할 때 macaroni라고 말해야 합니다. 그러면 'I am warm'을 어떻게 말해야 할까요? (맞는 답은 Macaroni am warm). 2개언어상용자는 이러한 과제에서 매우 뛰어난 것으로 판명되었으며, Ben-Zeev는 2개언어상용자가 단일언어사용자보다 좀 더 이른 시기에 단어와 그 지시물 사이에는 고정된 관계가 있다는 생각으로부터 자유롭다고 결론지었다. 어려운 두 번째 과제에서 2개언어상용자가 성공했다는 점은 2개언어상용자가 언어의 통사규칙을 더 잘 조작할 수 있음을 시사하는데, 이것은 아마도 두 언어체계의 경험 때문인 것 같다.

상위언어적 인식 다음으로 인지적 유연성(cognitive flexibility)은 2개언어상용의 효과에 관한 연구에서 자주 나타나는 인지적 기능의 또 다른 양상이다. 이 분야에서의 연구 결과를 평가하기 위해서는 먼저 분산적이고(divergent) 수렴적인(convergent) 사고의 구분이 먼저 이루어져야 한다. 수렴적인 사고를 측정하는 과제에서 피험자는 많은 정보에 기초하여 하나의 유일한 해결책과 대답을 제공하여야만 한다. 분산적 사고 과제에서 피험자는 하나의 정확한 응답 방향으로 향하지 않고 많은 해결책을 제시하도록 요구받는다. 분산적 사고는 종종 창의적인 사고와 동격으로 생각된다. 많은 지능검사는 수렴적 사고를 요구한다. Cummins와 Gulutsan(1974)은 어린이들의 분산적 사고 능력을 개별적인 단어(예를 들어, 'rake')를 제시를 하여 2개언어상용을 검사하였으며, 이름 붙여진 사물에 가능한 한 많은 이름을 사용하도록 요구하였다. 2개언어상용 어린이들은 이 검사에서 또래의 단일언어사용 어린이보다 더 뛰어났다. Ben-Zeev는 또한 위에서 언급한 연구에서 인지적인 유연성이나 분산적 사고를 요구하는 몇 가지 과제를 포함시켰다. 언어숙달과 직접적으로 관련된 과제에서는 2개언어상용 피험자들이 인지적으로 더 발달되어 있었다.

　　Kessler와 Quinn(1980)은 과학에서의 문제해결 능력에 관한 연구에서 2개언어상용의 인지적인 결과를 조사하려고 하였다. 영어-스페인어 2개언어상용자와 단일언어사용 학생들(6학년)에게 열 두 번의 과학탐구 영화시간과 여섯 번의 토론시간으로 구성된 실험적인 교육 프로그램이 실시되었다. 각 영화시간에는 하나의 물리 문제가 제시되었고, 학생들(12살)은 그 영화에서 본 내용들을 설명할 수 있는 가설들을 가능한 한 많이 만들어내도록 요구받았다. 토론시간에는 그들의 가설을 어떻게 평가하고 향상시킬 수 있는지를 보여주기 위해 가설 질 척도(Hypothesis Quality Scale)가 이용되었다. 이런 교육이 이루어진 후에, 가설 질 척도를 기반으로 하여 질 평가에서 점수를 받은 가설들을 추려내기 위해 3개의 추가적인 과학 문제들이 영화에 제시되었다. Kessler와 Quinn은 만들어진 가설의 질에 있어서 2개언어상용자가 단일 언어상용자보다 훨씬 뛰어나다는 사실을 발견하였다.

　　인지적 유연성을 요구하는 과제에서 2개언어상용자가 우월한 것은 아마도 그들이 두가지 언어규칙체계에 놓여있기 때문일 것이다. 2개언어상용자는 아마도 더 분석적인 언어관을 발달시킬 것이고, 그러므로 단일언어사용자보다 언어를 더 잘 인식한다. Hakuta와 Diaz(1985)는 이러한 결과가 언어적 상징뿐만 아니라 비언어적 상징의 조작에서도 더 큰 유연성을 가져온다고 주장한다. Peal과 Lambert(1962)에 따르면, 2개언어상용자들이 말로 표현하는 단어들의 개념을 더 잘 분리할 수 있기 때문에 2개언어상용 어린이들이 인지적인 이득을 볼 수 있다. 이것은 정신을 자유롭게 할 수 있다. 또 이것은 인지적인 유연성에 매우 밀접하게 관련될 '지적인 해방'(intellectual emancipation)(Segalowitz, 1977:131)을 촉진할 것이다. 이러한 사고 선상에서 상위언어적인 인식과 인지적 유연성에 관련된 연구결과는 같은 설명으로 이해된다.

위에서 제시된 증거들을 고려해볼 때, 2개언어상용이 인지적 발달을 저해하지 않고 오히려 인지적인 기능의 어떤 측면에 긍정적인 영향을 미친다고 결론짓는 것이 합리적이고 정당화될 수 있을까? 아마도 그러한 결론은 너무 단순한 것 같다. 일찍이 1976년에 Cummins(1976)는 '오래된 부정적인 연구'의 결과는 방법론적인 결함에도 불구하고 완전히 무시될 수 없다고 주장하였다. 이러한 연구에 참여한 어린이들은 감산적인 2개언어상용자로 특징지어질 수 있다고 지적하였다. 공동체내에서 이들의 모국어는 사회적 권위도 없고, 권위있는 주류언어로 대체될 위험에 처해 있었다. 이 상황과는 반대로, 좀 더 최근의 긍정적인 연구들에 참여한 어린이들은 가산적인 2개언어상용자로 밝혀지고 있다. 심지어 Kessler와 Quinn의 연구에서의 스페인어-영어 2개언어상용 학생들도 가산적인 2개언어상용자로 특징지워질 수 있는데, 이들은 2개언어상용 프로그램을 통해 스페인어가 발달되었고, 따라서 스페인어와 영어 둘 다 읽고 쓸 수 있게 되었다. 가산적이든 감산적이든지 서로 다른 2개언어상용 효과의 관점에서 보면, 인지적인 이득이나 손해를 초래하는 것은 2개언어상용 그 자체가 아니고 어떤 사회적인 요인들, 즉 두 언어에서 2개언어상용자가 성취하는 숙달능력의 정도에 영향을 주는 사회적 요인들이다(Lambert, 1977 비교). 이러한 사회적 요인들에는 2개언어상용자의 사회-경제적인 지위(그리고 자신의 공동체나 집단), 두 언어의 권위, 교육적 상황이 포함된다. 그러므로 2개언어상용의 숙달은 인과적인 변인이 아니라 단지 매개변인이며, 이것은 본질적으로 사회적이고 2개언어상용 학습 상황을 결정하는 인과적 변인들의 효과를 매개한다.

Toukomaa와 Skutnabb-Kangas(1977)에 이어 Cummins(1979)는 2개언어상용 어린이들은 잠재적으로 긍정적인 효과를 가져오고 인지적으로 해로운 효과가 나타나지 않게 하기 위해 입문수준의 유창성에 이르러야 한다고 주장하는 입문가설(threshold hypothesis)을 세웠다. 이 가설에서 2개언어상용자는 두 언어에서 모두 입문수준에 도달해야만 한다고 주장된다. Cummins는 두 가지 수준(levels)을 제안하였다(그림 9.2를 보라). 낮은 입문 수준 이하의 어린이들은 인지적인 어려움을 보일 것이다. 이러한 어린이들은 이중의 준언어상용인(double semilinguals)으로 이것이 그들의 인지적 학습경험을 제한한다. 높은 입문수준 이상의 어린이들은 그들이 두 언어에서 상대적으로 능숙하다는 사실로부터 인지적 이득을 볼 수 있다. 입문수준은 어린이들의 인지발달 단계에 따라 다양하기 때문에 절대적인 용어로 정의될 수 없다.

입문가설과 발달적 상호의존 가설은 6장에서 기술한 바와 같이 일반적으로 2개언어상용교육 프로그램의 긍정적인 결과를 설명할 수 있다. 발달적 상호의존 가설은 교육과정의 상당한 부분을 모국어로 학습한 어린이들의 성공적인 제 2언어 습득을 설명한다. 두 언어에서 결과적으로 나타나는 상대적으로 높은 수준의 숙달은 입문가설이 예측한 것처럼 인지발달의 어떤 측면을 촉진시킨다. 그러므로 2개언어상용 프로그램의 학습자들의 학업적 성취는 단일언어사용 학교의 소수언어 학생들보다 더 높을 것이다.

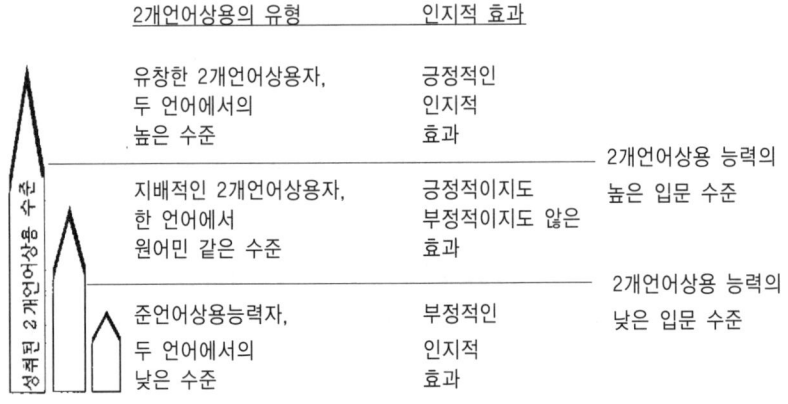

그림 9.2 입문가설의 도식적 표현

9.3 성격발달상의 효과

두 언어를 말하는 것이 성격이나 정체성 발달에 부정적인 요소가 된다고 한다. 2개언어상용자는 서로 다른 두 언어가 밀접하게 관련되어 있기 때문에 가치, 정체성, 세계에 대한 견해의 충돌을 경험하게 될 것으로 예측된다. 그러므로 이들은 문화적 잡종이 될 것이다. 이런 관점에서 2개언어상용은 정서적인 불안을 초래하고, 심지어 소외나 혼돈(anomie)을 초래할 수 있다(Diebold, 1968 비교). 이러한 생각은 개인적인 2개언어상용자가 제공하는 일화적인 증거에 근거한다. 2개언어상용에 대한 이러한 부정적인 시각을 예시하기 위해 Weinreich(1953:119)는 룩셈부르크 사람인 Ries의 말을 인용하였다. '룩셈부르그인의 기질은 오히려 냉정하다. 우리는 독일인의 감상주의(Gemut)도 없고, 프랑스인 보다 더 쾌활하지도 않다... 2개언어상용의 절충주의로 우리는 세상에 대한 인식을 확고히 하지도 못하고 강한 개성을 갖지도 못한다....' 이러한 입장은 나치주의가 국가의 '순수성'을 요구하였던 1930년대 독일에서 특별히 옹호되었는데, 국가의 순수성은 언어의 순수성과 국민과 언어간의 강한 관계를 함축한다. 예를 들어, Muller(1934)는 실레시아(유럽중부 Oder강 상류지방으로서 북부는 폴란드령, 남부는 체코슬로바키아령) 지방의 폴란드계 독일인들이 2개언어상용으로 말미암아 정신적 열등감으로 고통을 받았다고 기술하고 있다.

그러나 방법론적으로 더 신뢰할만한 연구는 사회적 여건이 호의적이지 않을 때만 2개언어상용이 성격발달상에 해로운 결과를 가져온다는 사실을 보여준다. 다시 말하면, 2개언어상용은 인과적인 것이 아니며 단지 사회적 요인들의 영향을 매개하는 매개변인이다. Diebold(1968)는 2개언어상용의 정신병리학에 관한 문헌을 검토하고, '이중문화 공동체는 사회적으로 열등하다고 낙인찍는 지배적 단일언어사회가 이중문화 공동체에 대해 적대적이고 지속적인 압력을 가하기 때문에 이중문화 공동체에는 근본적으로 사회적, 개인적인 정체성의 위기가 있다'고 결론지었다(239p). 이러한 설명은 서부 유럽의 이민 노동자와 그의 가족들과 같이 사회심리적인 문제를 갖고 있는 많은 2개언어상용 집단에게 적합한 것으로 보인다. 성인들은 심신증으로부터 자주 고통을 받지만, 이것은 분명히 2개언어상용 때문이 아니라 언어와 문화가치가 제대로 평가받지 못하는 차별받는 소수민족 구성원으로서 그들이 겪는 사회적이고 문화적인 갈등 때문에 초래된다. 사회적이고 정서적인 문제가 있는 학교에서의 어린이들도 똑같이 설명할 수 있는데, 이런 어린이들은 때로는 무관심하고 공격적인 행동을 보이거나 고립되기도 한다. 소수민의 언어와 문화가 2개언어상용/2개언어문화 프로그램에서처럼 교육과정 안에 포함될 때는 학생들의 사회적이고 정서적 문제들이 거의 나타나지 않는다. 네덜란드의 과도기적인 2개언어상용 프로그램에서 터키와 모로코 어린이들의 사회적이고 정서적인 발달에 관한 연구에서, 2개언어상용 어린이들은 단일언어사용의 네덜란드 어린이들보다 문제가 적은 것으로 나타났다(Appel, Everts와 Teunissen, 1986). Dolson(1985)은 히스패닉계 학생들의 학업 수행에서 스페인어 가정언어의 효과를 연구하였는데, 스페인어를 가정의 주언어로 사용하는 어린이(Dolson의 용어로, '가산적인 2개언어상용 환경')와 영어로 전환한 가정의 어린이('감산적인 2개언어상용 환경')를 비교하였다. 심리사회적 적응을 측정한 네번의 실험 중에서 세 번은 두 집단 간의 차이가 없었지만, 한번의 측정에서 감산적인 집단의 학생들 즉, 단일언어사용 학생 집단이 가산적 2개언어상용 학생들보다 잘하지 못했다. 어떤 경우에도, 가산적 2개언어상용이 어린이들의 학교 적응에 부정적인 영향을 준 것 같지는 않았다.

    2개언어상용에서 단일언어사용으로의 전환이 문제를 일으키지 않은 것은 아니다. 주류사회의 동화력 때문에 소수민족 집단의 많은 구성원들은 주류사회의 문화적 가치들을 받아들이고, 그 사회의 언어를 배우며 사용하려고 노력한다.

그러는 동안 그들은 자신들의 모국어를 잃는다. 그러면서도 이들은 직업, 주택, 교육 기회와 같은 점에서는 주류사회에 실질적으로 '받아들여지지' 않는다. 그들은 주류사회와 동화되도록 요구받으면서도 주류사회의 차별대우와 인종차별적인 태도에 부딪치게 될 것이다. 이것이 심리적이거나 정서적인 문제들을 야기시킬 수 있다는 점은 놀랄만한 일이 아니다. 안정된 2개언어상용사회에 이러한 유형의 문제는 2개언어상용 정체성 또는 2개문화 정체성과 같은 것이 확립되어 있기 때문에 발생하지 않는다. 전 세계적으로, 개인들은 일상적인 상호작용에서 두 가지 이상의 언어를 사용하지만, 이것이 어떤 심리적인 긴장을 유발하지는 않는다. 핀란드의 스웨덴어-핀란드어 2개언어상용자는 두 언어로 대처해야 하기 때문에 특별한 정서적 문제들을 경험하지 않는다. 불어를 제 2언어로 습득하는 영어사용 캐나다인처럼 다른 가산적인 2개언어상용 집단들도 마찬가지이다. 그들의 두 언어와 두 문화는 사회적 권위를 지니고 있다.

감산적 2개언어상용 집단에서는 2개문화주의의 긴장(strain)에 대한 반응이 다르게 나타난다. Child(1943)는 지금은 고전이 된 미국내의 이탈리아 이민 2세대의 민족적인 태도에 대한 연구를 하였다. 이 연구결과에서 그는 3가지 유형의 반응을 보여주고 있다. 세가지 반응은 (a)미국의 사회적이고 문화적인 가치로의 동일시화, (b)미국적인 모든 것에 대한 거부와 이탈리아 전통에 대한 강한 지향, (c)민족적인 용어로 생각하는 것에 대한 거부이다. Tosi(1984)는 영국에서 이탈리아 이민자들의 2개언어상용과 2개문화를 연구하였다. 그는 상당히 보수적인 태도를 보이는 제 1세대와 더 광범위한 2개언어상용과 2개문화적인 상황에 압력을 느끼는 제 2세대간의 갈등을 지적하고 있다. 그는 또한 Child의 첫 두 반응을 발견하였는데, 각각 '무감정 반응'(apathic reaction)과 '집단내 반응'(In-group reaction)이라 불렀다. '무감정'(apathic)이라는 용어가 선택된 이유는 이 반응이 두 환경의 상반되는 가치에 대처할 수 없다고 개인이 느끼고, 자연스럽게 더 강한 압력으로부터 나오는 하나를 수용하는 쪽으로 기울어질 때 발생하기 때문이다(Tosi, 1984:116). 집단내 반응의 경우 개인들은 기본적으로 자신들을 이탈리아 사회와 동일시한다. Child의 것과 다른, Tosi가 구별한 세 번째 반응 유형은 '반항 반응'(rebel reaction)이다. 단지 소수의 젊은이들만이 이러한 반응을 보였는데, 그들은 오래된 문화와 새로운 문화사이의 선택을 거부하였으며, 실제로는 2개언어상용/2개문화가 되려고 노력하였다.

앞에서 다루었던 논점이 본질적으로 성격발달에 관련되어 있지 않고 심리적 기능에 더 많이 관련되어 있다 하더라도, 여기서는 언어와 사고방식이 밀접하게 관련되어 있다는 가설의 함축을 다루고자 한다. 이 가설은 미국에 사는 (a) 일본 여성 제 1세대와 (b)제 2세대를 대상으로 한 일련의 실험에서 Susan Ervin-Tripp에 의해 검증되었다. 이들은 영어와 일본어 단일언어사용 여성들과 비교되었다. 두 실험에서 연구자는 언어와 문화가 관련되어 있음을 발견하였다. 단어-연상과제의 일본어 부분에서, 일본어-영어 2개언어상용 여성의 두 집단은 전형적인 일본 여성처럼 일본어 단어를 더 많이 연상하였으며, 반면에 영어 부분에서 1세대 2개언어상용 집단은 전형적으로 미국적인 연상단어를 더 많이 산출하였다. Ervin-Tripp(1967:84)이 결론을 내렸듯이, '전반적 효과는 두 집단에서 내용이 언어로 전환된다는 것이다.' 예를 들어, 연상과제에서 자극을 주는 영어 단어 tea는 lemon과 cookies같은 단어를 이끌어낸 반면, 일본어에서는 다도의 기구 이름이 자주 연상되었다. 또한 Ervin-Tripp은 그녀의 피험자에게 이야기를 완성하라고 요구하였다. 2개언어상용자는 일본어로 제시된 이야기의 사회적인 문제들을 해결하는 데에 일본식 해결책을 선호하는 것으로 나타났다. 자료를 좀 더 분석하면서, Ervin-Tripp은 두 언어에서 전형적으로 미국식 응답을 한 여성들이 미국적 문화 가치와 좀 더 동일시하려는 경향을 보이는 반면, 사용하는 언어에 관계

없이 전형적으로 일본식 응답을 한 피험자들은 좀더 (전통적인) 일본문화 쪽으로 기울어지는 경향을 보인다는 사실을 발견하였다.

언어와 문화간의 관계는 흔히 가정되는 것처럼 강하고 고정된 것처럼 보이지는 않는다. 유명한 Sapir-Whorf 가설이 주장하듯, 어떤 언어를 말한다는 것이 반드시 그 문화적 가치를 갖도록 유도한다는 것은 사실이 아니다. 이 가설에 따르면, 개인이 말하는 언어가 그의 세계관을 결정한다. Sapir와 Whorf는 언어를 개인의 정신적 활동을 위한 안내나 프로그램으로 여겼으며, 또 주위세계의 해석은 언어적 범주들을 통해 이루어지는 것으로 생각하였다. 만약에 언어 공동체 구성원의 세계관이 그들의 비물질적인 문화로 구성된다면 이것은 언어와 문화간의 강한 관련성을 함축한다. 그러나 Sapir-Whorf 가설은 많은 논란이 되고 있으며, 실증적으로 광범위하게 지지를 받지는 못하였다. 2개언어상용의 분야에서 이 질문은 더욱더 혼란스럽다. 2개언어상용자의 세계관은 무엇인가? 두 언어 중 어느 언어에 의해 그것이 결정되는가? 또는 2개언어상용자에게는 두 세계관이 있어 사용하는 언어에 따라 세계관을 바꾸어야 하는 것일까? 많은 질문들이 나올 수 있지만, 대답하기는 매우 어렵거나 심지어는 불가능하다(Macnamara, 1970 비교). 왜 많은 2개언어상용자와 단일언어사용자가 언어와 문화간의 강한 관련성을 느끼거나 경험하는지는 설명의 여지가 남아있다. 2장에서 논의했던 이 관련성은 각 언어가 공동체와 공동체의 문화적 가치 그리고 사회생활과 관련되어 있다는 사실에 의해 발생된다. 예를 들어, 영어는 통상 쓰이고 있는 공공생활 측면에 연결되어 있는 반면, 영국에서의 그리스어-영어 2개언어상용자는 그리스어를 그리스 공동체, 그리스 친구, 술(ouzo), 잘라진 토마토, 그리스 정교, 그리스 신문 등과 연결해서 생각할 것이다. 이것은 특정한 그리스어나 영어 개념이 있다는 것을 의미하지도 않으며, 2개언어상용자가 사용하는 언어에 따라 세계를 보고 해석한다는 것을 의미하지도 않는다. 언어-문화 관련성은 2개언어상용자의 사회생활에 뿌리를 두고 있으며. 이것이 인식에 현저하게 반영되는 것은 아니다. 그러므로 어떤 2개언어상용자들의 사회적이고 정서적인 문제들은 하나의 인지적 현상으로 2개언어상용에 의해 발생되는 것이 아니라 사회적 환경에 의해 생겨나는 것이다.

[추천도서]

2개언어상용 효과에 관한 책들 가운데 특별히 이용할만한 것이 없지만, P.A. Hornby(ed.)의 *Bilingualism; psychological, social and educational implications* (1977), T. Skutnabb-kangas의 *Bilingualism or not*(1983) 그리고 J. Cummings의 *Biligualism and special education*(1984)과 같은 책에서 많은 정보를 발견할 수 있을 것이다. 발달적 상호의존 가설과 이 장에서 다룬 Cummings의 책은 입문(threshold) 가설에 관한 정보가 수록되어 있다.

L.G. Kelly(ed.)의 *Description and measurement of bilingualism*(1969)는 2개언어상용자의 언어평가에 관한 많은 글이 모아져 있다. 위에서 언급한 Skutnabb-Kangas의 책 역시 이 문제에 대한 광범위한 논의가 포함되어 있다.

제3부
2개언어상용사회에서의 언어사용

언어전환과 언어혼용

많은 상황에서 화자들은 발화할 때 한 언어만의 문법과 어휘를 사용하지만, 이것이 꼭 절대적인 것은 아니다. 그러므로 다음과 같은 유형의 발화들이 발견된다.

(1) You can it ZONDAG DOEN

　　　　　　　　영어-독일어(Grama와 van Gelderen, 1984)

You can do it on Sunday.

(2) Les femmes et le vin NE PONIMAYU

　　　　　　　　불어-러시아어(Timm, 1978)

Women and wine I don't know much about.

(3) Lo puso UNDER ARREST

　　　　　　　　스페인어-영어(Lance, 1975)

He arrested him.

(4) Salesman SE OVED KASE can make a lot of money.

　　　　　　　　　　　　헤브류어-영어(Doron, 1983)

A salesman who works hard can make a lot of mony.

언어혼용(code mixing)이라고 알려진 이런 유형의 발화는 1970년대부터 매우 자세하게 연구되어 왔다. 사회언어학적인 관점에서는 왜 사람들이 언어간 전환을 하는가하는 문제를, 심리언어적인 관점에서는 언어능력의 어떤 측면이 전환을 가능하게 하는가하는 문제를, 그리고 언어적인 관점에서는 사람들이 실제로 전환에서 단순히 다른 언어의 한 요소만을 자신들의 언어체계로 도입하는 것은 아니라는 것을 어떻게 알 수 있는가하는 문제를 다룬다. 많은 문외한들은 언어전환을 언어쇠퇴의 징조, 즉 관련 언어를 잘 알지 못하는 비체계적인 결과로 여긴다. 앞으로 이 장에서 보게 되듯이 그 반대의 경우도 사실이라는 것이 밝혀질 것이다.

언어전환(code switching)은 분리되어 발생하는 현상이 아니라 많은 연구가 보여주었듯이 2개언어상용 담화의 중심적인 부분이다. 다음은 Vandes Fallis(1976)에 의해 발췌된 예이다.

(5) OYE(listen), when I was a freshman I had a term paper to do . . .

　. . .

And all of a sudden, I strarted acting real CURIOSA(strange), you know. I started going like this. Y LUEGO DECIA(and then I said), look at the smoke coming out of my fingers, like that. And then ME DIJO(he said to me), stop acting silly. Y LUEGO DECIA YO, MIRA(and then I said, look) can't you see. Y LUEGO ESTE (and then this), I started seeing like little stars all over the place. Y VOLTEABAYO ASINA Y LE DECIA(and I turned around and said to him) look at ... the ... NO SÉ ERA COMO BRILLOSITO ASI(I don't know, it was shiny like this) like stars.

원문에서는 세 가지 유형의 언어전환을 구분할 수 있다.

(a) 부가-전환(Tag-switching)에는 다른 언어로 된 감탄어, 부가어, 삽입어구가 포함된다. 그 예 중 하나는 원문 시작에서의 'OYE, when...'이다. 이 부가어는 만일 이것이 없다면, 단일언어였을 문장에서 2개언어상용을 나타내는 상징 역할을 한다. 그래서 이러한 전환의 유형을 Poplack(1980)은 상징적 전환이라 하였다.
(b) 문장내(Intra-sentential) 전환은 'I started acting real CURIOSA'에서처럼 문장의 중간 부분에서 일어난다. 이러한 친근한 전환의 유형을 언어혼합(code mixing)이라 한다.
(c) 문장간(Intra-sentential) 전환은 명칭이 가리키듯 문장 사이에 일어난다.

위에서 보듯이, 서로 다른 유형을 구분하는 것이 항상 쉬운 것은 아니다. 원문에서의 'Y LUEGO'의 사용은 어느 정도의 부가-전환의 특징을 가지고 있지만, 실제적인 부가라기보다는 좀 더 친밀한 방법으로 문장의 나머지 부분에 관여한다. 언어전환의 사회논리적인 연구는 세 가지 종류간의 전환을 일반화하려는 경향이 있다. 언어전환의 사회언어적인 동기를 다루는 다음 절에서 일반적인 언어전환에 대해 언급하려 한다. 언어혼합의 문법적인 제약을 다루는 2절에서 다른 종류의 부호전환이 다시 논의될 것이다.

10.1 왜 사람들은 언어간 전환을 하는가?

왜 사람들은 대화 중에 언어간 전환을 하는가? 이러한 물음은 사회언어적인 문헌에서 광범위하게 논의되어 왔다. 우리는 3장에서 언급된 Jacobson(1960)과 Halliday 외 (1964)의 언어기능의 틀을 사용하여 언어전환을 살펴볼 것이다. 언어 선택을 설명할 수 있는 모형은 언어간 전환을 설명하는 데에도 사용될 수 있다. 탐구된 이유를 제시하는데 있어 Gumperz와 동료들(Gumperz, 1976; Gumperz and Hernandez-Chavez, 1975), Poplack(1980), 그리고 Scotton(1979)의 많은 자료와 연구들이 언급될 것이다.

제안된 언어기능 모형을 사용하면, 언어전환은 다음과 같은 기능을 갖는다고 말할 수 있다.

1. 전환은 지칭적(referential) 기능을 담당할 수 있다. 그 이유는 특정 주제에 대해 어떤 언어는 언어지식이나 편의성이 결여되어 있기 때문이다. 어떤 주제들은 한 언어에서 더 적절하게 논의될 수 있으며, 따라서 이러한 주제의 도입은 전환을 일으킬 수 있다. 게다가, 한 언어의 특정한 단어는 주어진 개념에 의미적으로 더 적절할 수 있다. 그러므로 모든 주제와 관련된 전환은 언어의 지칭적인 기능을 담당한다고 여겨진다. 이러한 유형의 전환은 2개언어상용화자들이 가장 의식하고 있는 것 중의 하나이다. 왜 전환을 하느냐고 질문을 받으면 그들은 다른 언어에서 그 단어를 알지 못하기 때문이라고 하거나 선택한 언

어가 주어진 주제에 더 적절하다고 대답하는 경향이 있다.

    이에 대한 하나의 예는 이민집단을 위한 라디오나 텔레비전의 뉴스방송이다. 보통 이민자의 언어가 사용되지만 많은 부분에서 주류단어들이 이민국 사회의 특정한 개념들을 언급하기 위해 방송에 소개된다. 같은 유형은 제 3세계의 기술적인(technical) 주제에 관한 담화에서도 발견된다. Scotton(1979)은 Kikuyu어와 영어간 전환을 하는 케냐의 한 대학생의 예를 들고 있다.

> (6) Atiriri ANGLE niati HAS ina DEGREE EIGHTY; nayo THIS ONE ina mirongo itatu. Kuguori, IF THE TOTAL SUM OF A TRIANGLE ni ONE-EIGHTY ri IT MEANS THE REMAINING ANGLE ina ndigirii mirong mugwanya.

Kikuyu어를 모르는 사람일지라도 이 학생이 무엇을 말하는지 추측할 수 있다.

2. 전환에는 청자가 포함된다는 점에서 지시적(directive)인 기능을 담당한다. 청자에게 행해지는 전환은 많은 형태를 취할 수 있다. 전환의 한 형태는 대화에서 어떤 사람을 배제시키는 것이다. 그 반대의 전환은 청자의 언어를 좀 더 사용함으로써 그 사람을 대화에 포함시키는 것이다. 사람은 상호작용에서 참여자에 협력할 수 있다. 참여자와 관련된 모든 전환은 언어사용의 지시적인 기능으로 생각될 수 있다. 3장에서 다루었던 언어선택을 위한 Giles의 조정(accommodation)이론을 회상해보자. 이 이론은 지시적인 기능선상에 따라 명료하게 설명되었다. 그 예들은 쉽게 떠오를 것이다. 많은 부모들은 자녀가 자신들의 말을 알아듣지 못하게 하고 싶을 때 외국어로 말하려 한다. 만일 이것을 자주 한다면, 그 부모들은 자녀가 제 2언어를 잘 학습할 것이라는 사실을

알고 있거나 자녀가 부모를 제외시키기 위해 자신들만의 언어를 만들어낼 것이라는 사실을 알 것이다.

3. Poplack(1980)은 특별히 언어전환의 표현적(expressive)인 기능을 강조하였다. 화자들은 같은 대화에서 두 언어의 사용을 통해 혼합된 정체성을 강조한다. 푸에르토리코 사회에서의 스페인어-영어간의 전환이 그 예에 해당된다. 뉴욕에서 유창한 2개언어상용 푸에르토리코인에게 언어전환으로 가득찬 대화는 그 자체가 언어의 한 양상이다. 개별적인 전환은 더 이상 담화 기능을 가지지 못한다. 그러나 이러한 기능이 언어전환이 일어나는 모든 사회에서 다 나타나는 것은 아니다.

4. 종종 전환은 대화에서 어조의 변화를 가져오는 역할을 함으로써 교감적(phatic) 기능을 갖는다. 이런 유형은 Gumperz와 Hernandez-Chavez(1975)에 의해 은유적인 전환이라 불리고 있다. 표준변이형으로 혼자 농담 연기를 하는 코메디언을 생각해보라. 이런 전환의 유형은 Sebba와 Wootton(1984)이 연구한 런던 자메이카어와 런던 영어간의 전환에 관한 논문에서 제시되었다. 그들은 기본적으로 자메이카어로 펼쳐지는 담화가 영어로 하는 '상위-평'(meta-comment)에 의해 중단되는 많은 예를 보여주고 있다. 이 예중 하나는 다음과 같다

> (7) m:an... Leonie 'ave party... WHEN... DON' REMEMBER WHEN IT WAS bot shi did tel aal o dem no fi(t)se notin... kaaz shi no waan tu moch Catford gyal di de .. an Jackie av wan tu...nava se notion

여기에서 화자가 파티의 날짜를 잊어버렸다는 사실이 '부수적인 평'(side-comment)으로 언급되지만 다른 언어로 언급된다.

자메이카어의 단편적인 말들이 영어 문맥으로 끼어들 때, 다음에 나오는 대화에서처럼 가장 중요한 기능은 전달되는 정보를 강조하는 기능으로 보인다.

(8) A: I mean it does take time ge?? in'to n-.. find the right person
　　B: Let me tell you now, wiv every guy I've been out wiv, it's been a?-... UOL IIP A MWONTS before I move wiv the nex'one
　　A: next one, yeah!

이 대화의 중요한 점은 연애사건을 극복하는데 걸리는 시간의 양이다. 우리 모두가 알고 있듯이 여러 달이 걸린다는 것이 핵심이다.

5. 언어전환의 상위언어적(metalinguistic)인 기능은 관련 언어에 대해 직접 또는 간접적으로 평하는데 사용될 때 구현된다. 이 기능의 한 예는 화자가 언어적 기술로서 참여자를 감동시키기 위해 다른 부호로 전환할 때이다(Scotton, 1970). 이런 전환의 많은 예들은 연기자, 써커스 감독, 시장 판매인 등과 같은 공적인 영역에서 발견된다.

6. 전환된 말장난(puns), 농담 등을 포함하는 2개언어 사용법은 언어의 시적(poetic) 기능을 담당한다고 할 수 있다. 아마도 가장 훌륭한 언어전환자였던 20세기 시인에게 경의를 표하기 위해 Ezra Pound의 Canto XIII의 일부를

인용한다.

(9) Yu-chan to pay sycamores
       of this wood are lutes made
  Ringing stones from Seychoui river
  and grass that is called Tsing-mo' or μυωλ
  Chun to the spirit Chang Ti, of heaven
  moving the sun and stars
     que vos vers expriment vos intentions
    et que la musique conforme

Pound는 언어를 넘어서 복잡한 내적인 운(rhymes)으로 시를 썼다. 중국의 신, 강, 황제 그리고 산들은 호메르풍(Homeric)의 그리스 운과 잘 어울리고 또, 불어, 이탈리아어 또는 프로방스(Provencal) 운문의 요소들과도 잘 어울린다. 결과는 모든 인간 문명을 해박하게 불러내고, 아름다운 소리가 완벽하게 어울려진다.

언어전환이 각 공동체 안에서 꼭 같은 기능을 갖는다고 확신할 수 없다는 사실을 기억해야 한다. 언어전환이 언어학적인 용어로 같은 담화에서 여러 언어로 사용되는 것이라고 하더라도 하나의 사회언어적인 정의로 기술하지는 못할 것이다. 뉴욕의 푸에르토리코인은 부뤼셀에 사는 플랑드르인(Flemish)과는 매우 다른 이유로 언어전환을 할 것이다. 누가 전환을 하느냐 뿐만 아니라 왜 언어전환을 하느냐에 초점을 두는 언어전환 사회의 사회언어학적 유형(typology)은 가까운 미래에 다루어야 할 최우선 연구 과제 중의 하나이다.

유창한 언어 전환자의 전형적인 특징은 무엇인가? Poplack(1980)은 오직 완전한 2개언어상용 푸에르토리코인만이 한 문장에서 스페인어와 영어를 사용할 수 있다는 것을 보여주고 있다. 어릴 때부터 두 언어를 배워온 그런 화자들만이 단일 문장에서 두 언어를 사용할 수 있는 수준에 도달할 것이다. 이것은 모든 언어 전환에 맞는 것은 아니다. 문장의 토대가 되는 언어의 단어를 잊어버렸거나 아직 배우지 않았기 때문에 사람들은 종종 다른 언어의 단어를 포함시킨다. 어떤 경우든, 가장 전환을 잘하는 화자들은 문장의 중간에서도 전환을 할 수 있는 사람들이다. McClure(1977)는 어린이들은 8세가 되어서야 비로소 전환을 시작한다고 주장한다. 여기에는 상당한 언어적인 유창성이 요구된다. 많은 이민 사회에서 십대들이 특히 언어혼용을 잘 한다 하더라도, 언어전환이 어떤 연령에 제한적으로 나타나는 것은 아니다.

10. 2 문장의 어디에서 언어전환이 가능한가?

전환에 관한 사회논리적인 문헌에서 부딪치는 하나의 큰 문제는 언어전환의 이유들이 언어전환이 왜 발생하는지는 설명하지만, 왜 특정한 전환점(switch-point)이 선택되는지는 설명하지 못한다는 것이다. 중요한 한 논문에서 Gumperz와 Fernandez-Chavez는 이 문제점을 인식하였다. '언어 형태와 관련된 사회적인 변인들을 유리시키고 앞의 발화(앞에서 주어진 이야기에서의 스페인어-영어 언어전환의 경우)에서 스페인어나 영어가 나타날 것을 예측하는 것은 쓸데없는 일이 될 것이다. 주제, 화자, 상황 등은 각 경우에 공통적이다. 그러나 언어는 문장 가운데에서 종종 바뀐다'(1975:155). 이러한 인식은 언어전환에 관한 연구 그리고 특별히 언어전환이라 불리는 문장내 부호전환에 관한 연구에서 변화를 초래했다. 사회언어적으로 결정되는 언어전환의 일반적인 특성을 인식해서, 최근 연구의 상당한 부분은 언어혼용의 통사적 특성에 초점이 맞추어졌다. 문장내 어느 곳에서 전환이 발견되는가, 그리고 언제 그것이 가능한가? 다른 말로 하면, 언어혼용의 제약들은 무엇인가? 이 연구는 세 단계를 거쳐왔다. (1) 특정한 구조에서 보이는 문법적인 제약에 초점이 맞추어진 초기 단계; (2)1980년경 언어전환에 관한 보편적인 제약들이 탐구되었던 고전적 연구 단계; (3)새로운 관점에 의한 연구가 특징인 현재 단계. 즉 선택적인 전환 전략에는 어떤 것들이 있는가 그리고 제약들이 한 특정 전략에 혹시라도 관련되는가?

이 세 단계를 다루기 전에, 문장내에서의 언어혼용에 대한 실증적인 연구에서의 중요한 방법론적인 문제를 언급해야겠다. 어떻게 단순한 언어차용과 혼용을 구분하는가? 음성적으로 [me:tR di:]로 발음되는 미국 영어에서 수석 웨이터를 의미하는 불어의 *maitred'*(hotel)처럼, 많은 외국 어휘가 영어에 쉽게 융합된다. 그러므로 다음과 같은 문장은 언어혼용의 예라 할 수 없다.

(10) The maitre d' put us in a little dark corner of the restaurant

동시에 이 장의 처음 예에서 *y leugo*(and then)같은 표현들은 미국 영어의 일부분이 되지 못했음이 분명하다. 그 경계선을 어디에 그을 수 있겠는가? Ferdinand de Saussure가 도입한 구분을 사용하면, 차용은 추상적인 용어로 랑그(*langue*)의 수준에서 두 언어의 융합을 의미하고, 언어혼용은 빠롤(*parole*) 수준에서의 융합이라 말할 수 있다(차용에 대해서는 14장을 보라).

두 번째로, 논리적이고 방법론적인 면에서 부분적으로 문제가 되는 것은 혼용의 분석을 위해 기본(base) 또는 주 (host) 언어의 개념을 받아들일 것인가 하는 점이다. 심리언어적으로 언어행위를 결정짓는 데에는 언어가 중요하므로 언어전환을 하는 2개언어상용화자의 지배언어로서 기본언어(base language)를 생각하는 것은 큰 의미가 있다. 그러나, 사회언어적으로 기본언어의 개념은 담화 상황이 정의되는 언어, 즉, 특정한 상황에서의 무표적인 언어 부호로서 정의될 것이다. 이 개념이 의미가 있으려면 문법적으로 기본언어는 언어전환에서 특별한 제약을 가하는 언어가 될 것이다. 다음에서 몇몇 연구자들은 기본언어 개념을 채택하고, 또 다른 연구자들은 그렇지 않은 것을 살펴볼 것이다. 어떤 경우이든, 사용하는 기준에 따라 어떤 상황에서는 기본언어가 몇 개일 수도 있다.

특별히 제안된 제약의 증거를 평가하기 어려운 세 번째 방법론적인 문제는 Labov(1972)와 Sankoff(1978)에 의해 개발된 변이성 이론처럼 통계적인 경향을 제시하는 양적 제약(quantitative constraints)을 찾는지, 아니면 생성문법에서처럼 반대되는 예를 받아들이지 않는 절대적인 제약(absolute constraints)을 찾는지 하는 문제이다. 현재로서는 어떤 연구방법을 택해야 하는가에는 정답이 없지만, 어느 방법을 선택하든 그 방법으로 좋은 결과가 있는 것은 분명하다.

(A) 특정한 문법제약

스페인어-영어 자료에서 나온 초기 언어혼용 연구의 대부분은 멕시코계 미국인과 푸에르토리코인의 대화 기록을 이용하였다. Gumperz와 Hernandez-Chavez (1975)는 언어전환이 어떤 상황에서는 쉽게 가능하지만, 다른 상황에서는 그렇게 쉽지 않다고 지적하였다. 전환을 허용하는 문맥은 다음과 같다.

  (11) 핵 명사와 관계절 사이:
    . . . those friends are friends from Mexico QUE TIENEN CHAMAQUITOS (that have little children)

(12) 연결사 구조에서의 주어와 술어 사이:
An' my uncle Sam ES EL MAS AGABACHADO (is the most Americanized)

그러나 (13)에서 전환은 허용되지 않는다.

(13) ★. . .que HAVE chamaquitos

좀더 체계적으로 처리하면서 Timm(1975)은 다음과 같은 제약을 제안하였다.

(14) 주어와 목적어 대명사는 본동사와 같은 언어야 한다.
★ YO (I) went
★ mira (look at) HIM

(15) 서법 조동사와 본동사, 또는 본동사와 부정사는 같은 언어야 한다.
★ they want A VENIR (to come)
★ ha (he has) SEEN

이러한 연구에서는 두 방법론 즉, 기록된 대화의 분석과 문법성 판단이 결합된다. 위의 별표의 경우, 전환이 가능한지는 2개언어상용자의 판단이 반영되지만, 그러한 판단이 실제적인 전환행위에 항상 부합하는 것이 아니라는 것은 Pfaff(1979)의 연구결과와 Lipski(1978)의 두 관찰을 비교하면 명백하다.

(16) 전치사구(PP) 안에서 전환은 어렵다.
   ?? in LA CASA (the house)
(17) 관사와 명사간에 전환은 불가능하다.
   ?? I see the CASA (house)

두 관찰에서의 전환 사례는 Pfaff(1979)에 의해 분석된 언어자료에서 발견된 많은 전환과는 대비된다. 영어 명사의 스페인어 PP 안으로의 전환은 PP 경계에서의 전환보다 더 자주 일어난다. 또한 관사 + 명사 결합과 나머지 문장간 전환보다 관사와 명사간 전환의 경우가 더 많음이 밝혀졌다. 불가능하지는 않지만 판단자료에 의존하는 것은 분명히 어렵다.

1970년대에서 이루어졌던 언어전환의 연구는 귀납적인 일반화와 예상할 수 있는 언어전환의 제약 유형에 대한 통찰력을 제공한다. 그러나 전반적으로 이론적인 관점이 부족하다. 이것이 80년대 초기의 연구가 공헌한 내용들이다.

(B) 보편적 제약

문헌에서 제안된 보편적 제약들은 문법적이고 심리언어적인 근본적인 두 개념, 즉 선형성(linearity)과 의존성(dependency)과 밀접히 관련되어 있다. 이 개념이 차례로 논의될 것이다. 일반적으로 선형성(linearity) 제약은 두 언어에서 문장의 선형 순서가 유지될 때에만 문장의 중간에서 한 언어로부터 다른 언어로의 전환이 가능함을 말한다. 비록 Lipaki(1978)과 Pfaff(1979)가 이미 유사한 관찰을 했지만, 이러한 원리의 첫 번째 명확한 진술은 Poplack(1980)에서 발견된다. '언어전환은 L1과 L2의 요소들의 병치(juxtaposition)가 두 언어의 통사적인 규칙에 위반되지 않는 담화의 지점, 즉 두 언어가 서로 사상하는(map onto) 표면구조의 지점에서만 일어나는 경향이 있다.'

Poplack이 의미한 것을 살펴보기 위해 스페인어와 영어간의 전환이 가능한 다음의 예를 생각해 보자.

```
(18) 영어      I  told  him   that   so   that   he  would   bring it   fast
                  ×         |     |     |                   ×         |
     스페인어  (Yo)le  dije   eso   pa'  que   (el)  la      trajera   rápido
```

(18)에서 수직선은 두 언어에서 단어의 순서가 동등하고, 따라서 전환이 가능한 지점을 가리킨다. 교차선이 있는 곳은 전환이 불가능하다. 기본언어 개념은 Poplack의 이론에서 역할을 하지 못한다는 점에 유의하라.

Woolford(1983)은 생성적인 용어로 Poplack의 동등제약(equivalence constraint)을 재공식화하였다. 두 언어의 (어순을 특정화하는) 구구조 규칙이 동일할 때 전환이 가능하며, 그렇지 않을 때는 불가능하다. 영어와 스페인어에서의 동사와 완전(full) 명사구 사이의 관련이 그 한 예가 될 것이다. 두 언어는 (19)와 같은 구구조를 갖는다.

(19) VP → V NP

이것은 (20)에서 전환이 가능하다는 것을 의미한다.

```
(20) 영어       sees   the   house
                 |      |     |
     스페인어   ve     la    casa
```

Joshi(1981)와 Doron(1983)은 통사적인 해석의 수학적 원리를 근거로 하여, 문장의 첫 번째 단어나 구성요소가 주(host) 또는 기본(base) 언어를 결정하고, 또 그 언어의 특징이 전환이 가능한지 아닌지 여부를 결정한다고 주장한다. (20)과 같은 경우에 이런 주장은 Poplack와 Woolford의 이론과 똑같은 예측을 이끌어 내지만 형용사-명사 순서에서는 다른 예측이 이루어진다. 스페인어의 형용사-명사 결합 부류는 (21a)와 같은 구구조를 갖고, 모든 영어의 경우에는 (21b)와 같은 규칙을 갖는다.

(21) a. 스페인어 NP → Det N Adj
     b. 영어   NP → Det Adj N

Poplack의 동등제약 이론은 스페인어/영어 형용사-명사의 전환을 예측하지 못하지만, Joshi와 Doron의 모형은 다음과 같은 전환을 예측한다.

(22) a. the BLANCA house
     b. la casa WHITE

(22a)에서 영어 한정사는 명사구에 영어구문(English syntax)이 적용되도록 하며, (22b)에서 스페인어 한정사는 스페인어 구문(spanish syntax)을 강요한다. 한편(23)은 불가능한 것으로 예측된다.

(23) a. ★the house BLANCA
     b. ★la WHITE casa

Sobin(1984)은 마침내 다음과 같은 제약을 제안하였다. 주어진 언어에서 의미적으로 관련된 어순 대립이 있을 때, 그 지점에서 전환은 불가능하다. 스페인어에서 명사 앞의 형용사 위치가 의미적으로 제한적이고, 명사 뒤의(post-noun) 위치에서 수식하기 때문에 형용사-명사 결합의 예는 적절하다. 이것은 형용사가 영어인 (22b)와 (23b)은 맞을 것이며 (22a)와 (23a)는 틀리다는 것을 의미한다. 분명히 이러한 이론들의 예측은 매우 다르므로 여기에서 어느 이론이 옳은지에 대해서는 다루지 않겠다. 현재 어느 이론도 이론적인 형태를 갖추지 못하고 있으며, 기록된 자료에 대한 평가자들의 판단도 상반된다. 그러나 이 이론들이 기여하는 것은 성분요소의 선형적 순서가 전환가능성을 결정한다는 것이다.

좀더 다른 접근방법은 선형성보다는 의존성을 강조하는 모형에서 취해지는 방법이다. 이러한 접근방법에서의 기본적인 생각은 두 요소가 어휘적으로 서로 의존이라면 두 요소들간의 전환은 있을 수 없다는 것이다. 첫 번째 이러한 제약의 암시적인 진술은 Schaffer (1978)로부터 나왔지만, 가장 명시적인 공식화는 DiSciullo, Muysken과 Singh(1986)의 연구에서 이루어진다. 이러한 연구자들은 지배(government)라는 용어로 제약개념을 발전시켰는데, Chomsky의 지배와 결속 이론 안에 있는 전통적인 문법적 개념이다. 이 제약은 구성요소 X가 Y를 지배할 때마다 두 구성요소는 같은 언어에서 이끌어져야만 한다는 것이다. 전형적인 지배의 경우가 라틴어의 예(24)처럼 격을 주는 것이거나 (25)의 예처럼 하위범주화일 것이다.

    (24) ad urbem

        'to the city'

    (25) to wait for somebody

(24)에서 라틴어 전치사 *ad*는 목적격 보어(-*m*)를 취하고, (25)에서 동사 wait는 전치사 for를 하위범주화한다.

언어혼용에 대한 지배제약은 부가문, 감탄문, 삽입문 같은 비지배적인 요소들과 거의 모든 부사들이 쉽게 전환될 수 있다고 예측한다. 이러한 예측은 전반적으로 가능한 증거에 의해 지지된다. 그러나 지배되는 요소들 역시 때로는 전환된다. 어떻게 이런 현상은 지배제약과 조정될 수 있을까? DiSciullo, Muysken와 Singh(1986)은 한정사와 같은 중화(neutralizing) 요소를 통해 이것이 이루어진다고 주장한다. 이 이론은 용인가능성(acceptability)면에서 다음과 같은 대조를 예측한다.

(26) a. veo los HORSES
   b. ★veo THE HORSES
      I see the horses.

(26a)에서의 전환은 용인가능하다. 그 이유는 지배제약과 관련해서 스페인어 한정사 *los*가 전체 명사구를 스페인어로 만들기 때문이다. 반면에 (26b)는 스페인어 동사에 지배될지라도 전체 명사구가 영어이기 때문에 전환이 불가능할 것이다. 지배 이론에 의한 예측이 사실 맞는지 여부를 확인하는 것은 시기상조이다. 그러나 Pfaff(1979)에 의해 발견된 한정사와 명사 사이의 많은 전환은 (26a)와 (26b)의 대조와 같은 것이 서로 관련이 있을 것이라 여겨진다.

DiSciullo, Muysken와 Singh(1986)의 제안과 유사한 제안이 Klavans(1983), 그리고 Bentahila와 Davies(1983)에 의해 제기되었다. Klavans는 특정한 절에서 언어혼용에 대한 제약을 결정하는 것은 그 절의 본동사나 조동사의 언어라고 주장한다. 그 이유는 그러한 요소들이 어느 의미에서는 그 절의 구문론적 핵을 구성하고 나머지를 지배하기 때문이다. Bentahila와 Davies는 모로코어-불어 언어혼용을 한 예로 들면서, 한 단어의 하위범주화 특징이 통사적으로 그 단어가 핵이되는 구(phrase)에서 다른 언어의 요소들을 포함하여 어떤 요소들이 올 것인지를 결정한다고 주장한다. 이들의 관점에서 보면 (27)과 (28)에서의 전환은 비문법적이다. 그 이유는 (27)의 불어 한정사 cette와 un은 아랍어 관사 l 없는 단순명사를 범주화하고, (28)에서의 아랍어 한정사는 관사가 있는 명사를 하위범주화하기 때문이다. 두 경우 모두 어느 언어에서든 어순의 위반이 있다.

(27) ★ CETTE I xubza   'this the loaf'
     ★ UN I fgi   'one the teacher'
(28) ★ had PAIN   'this loaf'
     ★ wahed PROFESSEUR   'a teacher'

또 다시, 지배 개념이 작용하는데, Bentahila와 Davies의 제안이 적용되려면 한정사와 나머지 명사구가 지배관계 속에 있어야 한다고 가정되어야 한다.

선형성과 의존성 접근방법을 결합하기도 하고 다른 한편으로는 완전히 다른 접근방법으로 이루어진 연구가 Michael Clyne(1967; 1972)에 의해 호주의 이민 집단에서 이루어졌다. Clyne는 두 유형의 전환, 즉 외적으로 조건화된 전환(externally conditional switching)과 내적으로 조건화된 전환(internally conditioned switching) 또는 유발(triggering)을 구분하였다. 어떤 단어들은 2개 언어상용 담화 중에 쓰일 수 있으며, 이러한 단어들은 유발어(trigger word)의 앞이나 뒤에서 언어혼용을 유발시킨다. 다음의 예에서 이태릭체로 된 형태는 유발어이며, 대문자로 된 단어는 전환된 항목이다.

(29) . . . haben wir ON A *farm* gewohnt.
There we have lived on a farm.

(29)에서 전환은 촉매어 앞에서 이루어졌으나, (30)에서처럼 종종 촉매어 뒤에 오기도 한다.

(30) Das is' ein/handelt von einem alten *secondhand-dealer* AND HIS SON
That is a/has to do with an old secondhand-dealer and his son.

좀더 확대하면 촉매어 앞에서의 전환은 의존성 이론을 상기시키고, 촉매어 뒤에서의 전환은 선형성 접근방법을 생각나게 한다고 말할 수 있다. 그러나, 이런 관계는 성립되지 않는다. Clyne의 이론은 어떤 구성성분들이 전환을 유발하는지는 밝히지만, 예측을 하지 못한다는 점에 주목해야 한다. 이것은 언어혼용의 문법적인 제약이 2개언어상용화자의 문장산출 체계에서 어떻게 심리언어적으로 관계할 수 있는지 의문을 제기한다. 이 문제는 너무 복잡해서 여기에서 자세히 논할 수 없다. 또 우리는 2개언어상용의 심리언어적인 측면에 대해서 아는 바도 별로 없다(7장 비교). 언어전환에 대한 선형적이고 의존적인 접근은 문장계획 과정의 두 측면과 부합된다고 강조하는 것이 유용할 것이다. 선형 계획(어떻게 내가 단어들을 연결할 것인가)과 내용어 계획(어떤 주요 내용어를 문장에 포함시키려고 하는가)이 그 두 측면이다.

(C) 관계사화된 제약: 중립성 모색

1980년대 중반 경에 시작된 언어전환 연구의 세 번째 단계는 관계사화된 제약을 찾는 연구로 특징된다. 이 연구는 각 언어혼용 상황에 고유한 상호작용의 보편적인 규칙과 양상을 연구한 결과이다. 관계사화된 제약의 필요는 더 많은 언어가 포함된 언어전환이 연구되고, 전환의 다른 유형들이 고려될 때 점점 분명해진다. 실증적인 수준에서 언어전환에 대한 연구는 비인도유럽어계 언어를 포함하는 언어혼용으로까지 확장되었다. 이론적인 수준에서는 중립성 개념의 범위가 확대되고 있다. 지금까지 우리는 문장내 혼용을 허용한다고 주장하는 일반적인 두 종류의 중립화인 선형적 중립화와 문법적 독립을 살펴보았다. 선형적 중립화는 전환지점 부근에서의 두 언어의 병렬 어순을 의미하며, 문법적 독립은 전환지점간에 강한 통합적인 관계가 없음을 의미한다.

그러나 다른 유형의 중립성도 존재하며 또 이것들이 체계적으로 탐구되고 있다. 한 중립화유형에는 밀접하게 관련된 언어가 포함되는데, 이 언어에서 중립성은 두 언어에서 음성적으로 동일하거나 비슷한 단어에 의해 성취될 수 있다. 이 생각은 Clyne의 연구에서 이미 발견된 것인데, 그는 이 동일한 단어를 동음이의어(*homophonous diamorph*)라 하였다. 이것은 Crama와 Van Gelderen (1984)에게서 체계적으로 탐구되었다. 그들은 다음과 같은 네덜란드어-영어 전환의 예를 제시한다.

(31) weet ie(do you know) *what* SHE IS DOING

여기서 이태릭체로 된 형태*(what)*는 다소 영어 강세가 있거나 영어의 what처럼 발음되는 네덜란드어 wat과 같을 수가 있다. 이러한 유형의 애매성은 중립성의 또다른 유형으로 볼 수도 있다.

중립성의 또 다른 형태는 형태적인 수단(단어를 모국어화하는 형태소의 도입)에 의해 성취될 수 있다. 이것의 가장 빈번한 유형은 종종 'make'와 'do'와 같은 '조동사(helping verb)'를 도입하는 것이다. 이것은 인도어(Indic)에서 아주 흔한 것으로, 여기서는 수리남의 힌두-스타니-스라난어(Sranan)/네덜란드어/영어의 혼용된 동사의 몇 가지 예를 제시한다 (Kishna, 1979).

(32) ONTI kare   'to hunt'   스라난어
      BEERI kare   'to bury'

      TRAIN kare   'to train'   영어

      BEWIJS kare   'to prove'   네덜란드어
      DISCRIMINEER kare   'to discriminate'

(32)의 대문자로 된 요소들이 (각자, 스라난어, 영어 그리고 네덜란드어로부터) 차용된 것이라고 말할 수 있다. 그러나 이 과정이 완전히 산출적이고, 주(host) 언어 안으로 음운적 또는 의미적인 융합이 수반되지 않는다는 점에 유의하라. 외래요소의 삽입이 가능한 어휘구조 유형(V kare)이 있는데, 여기서 kare 'do'는 조동사 역할을 한다.

이러한 유형의 예가 Poplack(1980)에 의해 공식화된 자유 형태소 제약(Free Morpheme Constraint)의 반대가 되는 사례로 여겨질지는 명확하지 않다. 서로 간에 형태적으로 구속되는 두 형태소간의 전환은 일어나지 않을 것이다. Poplack은 이러한 제약을 다음과 같은 예로 보여준다.

(33) ★ eat-IENDO
　　　'eating'

이러한 전환은 동사 어근이 영어에서 왔고, 동명사 접사가 스페인어로부터 왔기 때문에 비문법적이다. -*iendo* 'ing'은 자유 형태소가 아니므로 제약 위반이 된다. 동시에, Poplack은 어휘화된 표현들을 제약 하에 포함시킬 것을 제안한다, 이것에는 아마도 (32)의 예처럼 어휘화된 표현들이 포함될 것이다. 돌파구는 아마도 자유 형태소 제약은 (33)처럼 접사에는 해당하고, (32)에서처럼 복합어에는 적합하지 않는다고 말하는 것이다. 이런 주장은 다음과 같은 예에서는 해결책이 될 수 없다. 복잡한 형태론을 가진 아메리카 인디언어(Amerindian)가 포함되는 언어전환에서 조동사가 발견된다. 다음의 예는 나바호어-영어 전환(Canfield, 1980)에서 발췌한 것으로, Navaho의 동사 *anileek* 'make-2인칭'은 굴절이 있는데, 굴절되지 않은 동사 *show*에 첨가된다.

(34) Nancy bich'i　　　SHOW anileek
　　 Nancy 3rd: to　　 show 2nd: make
　　 Show it to Nancy.

수리남의 힌두스타니어(Hindustani)와 나바호어(Navaho) 경우의 예처럼, 조동사는 다른 언어의 동사와 함께 복합어를 구성하고 중립화(neutralizing)하는 것으로 생각될 수 있다. 명사는 형태론적인 중화사(neutralizer)로 기능하는 격 접사(case suffixes)를 갖는다. 아래 예는 Disciullo, Muysken과 Singh(1986)의 자료에서 나온 예이다.

(35) BREAD   ne   nas mar diya
             erg. ruin   aux
    The bread ruined it.

아마도 능동격(ergative) 불변화사 *ne*는 그것이 붙여지는 영어 요소 bread의 위반을 중립화하는 역할을 한다.

    수리남의 힌두스타니어 (32)에서처럼, 조동사의 사용과 유사한 전략은 어간으로서 외부 요소를 동사적 복합어(verbal compound) 속으로 융합시키는 것이다. 한 예를 들면 다음과 같다.

(36) na'iish   -CRASH la
     1st: pass out   crash emphatic
     I am about to pass out.

다음 장에서 사회언어적인 '중립성' 전략에 대해 논의할 때 다시 이 전략을 논의할 것이다. 마지막 중립화의 유형은 일본어-영어 전환(Nishmura, 1984)에서 발견된다. 여기에서 동사는 일본어와 영어의 상반되는 VO/OV 순서의 문제(동등제약에 대한 문제를 노정시키는 전환)를 피하기 위해 두 언어에 포함된다.

    우리는 중립성이 언급된 일반적인 제약들과 상호작용하는 서법 조동사 전략에 의해 성취될 수 있는 여러 방법을 살펴보았다. 이러한 전략들은 특정한 언어-쌍의 특징들, 그리고 2개언어상용사회의 유형에 의존한다.

[추천도서]

언어전환과 언어혼용만을 전적으로 다룬 책은 아직 없다. 중요한 논문들은 본문에서 언급했다. Pfaff의 'Grammatical constraints on code switching' (1979)과 Poplack의 'Sometimes I'll start a sentence in English Y TERMINO EN ESPANOL'(1980)은 이미 언급되었다. Grosjean의 *Life with two languages* (1982)는 언어전환에 관한 흥미있는 내용이 포함되어 있다.

중립성 전략

토론토에서 필요한 기차 시간 정보를 듣기 위해 전화를 걸면 HERE VIA RAIL/ICI VIA RAIL 이라고 자동 응답기가 말한다. 이것은 회사 입장에서 볼 때 2개 언어상용 국가에서 진정한 국민 기업임을 나타내고자 하는 바램을 강조한 것이다. 캐나다 정부 역시 중립성을 유지하는데 있어서 신중하다. 정책과 출판 분야에서 중립성 유지는 영어 사용 국민들과 프랑스어 사용 국민을 배려한 것이다. 중립성을 취하는 방식은 2개의 언어를 사용하는 것이지만 이와 같은 2개언어상용은 다만 중립을 지키기 위해서 이용될 수 있는 여러 가지 전략 중의 하나일 뿐이다. 이 장은 이와 같은 전략들을 더욱 체계적으로 탐구하게 될 것이다.

'중립성 전략'(strategy of neutrality) 이라는 용어는 Scotton(1976)에 의해 사회언어학에 도입되었는데 그녀는 도시 아프리카의 종족간 교류를 기술했다. 아래에서 우리는 좀 더 자세하게 그녀의 연구내용을 다룰 것이다. 여기에서는 '중립성'이라는 용어를 다소 막연하고 모호하기는 하지만 두 가지 형태로 설명하고자 한다.

그룹내(In-group) 의사소통에 있어서의 중립화는 다음과 같은 도식으로 표현될 수 있다.

    (1) A/B → X ← A/B.

이런 중립화 형태에서의 '중립적'인 의사소통방식은 한 집단에 혼합된 민족언어학적인 정체성을 표현한다.

명백하게 구분되는 민족언어학적 정체성을 지닌 두 집단 화자들이 같은 언어를 사용하지 않는 그룹간(Intergroup) 의사소통 상황에서 볼 수 있는 의사소통 방식의 중립화는 다음과 같은 도식으로 표현될 수 있다.

    (2) A → X ← B

여기서 X는 중립성 전략을 뜻하고 A와 B는 상호작용에 관련된 화자들의 언어와 정체성을 의미한다. 중립성에 대한 이 두 번째 해석은 Scotton(1976)이 제안했던 것이다.
    이 장에서는 중립성 전략을 위의 두 가지 유형으로 살펴보게 될 것이다. 11.1에서는 정체성의 중립화, 11.2 에서는 의사소통방식의 중립화, 그리고 11.3에서는 사회언어학에서의 중립성에 대한 좀 더 일반적인 관점을 고찰할 것이다. 이 중립성 방식은 부호전환에 관한 10장에서의 중립성과는 다소 다르다는 것을 언급하지 않을 수 없다. 10장에서는 부호전환에 관련된 두 언어의 구조 사이의 중립성에 관한 여러 점들, 즉 문법적 중립성의 형태를 언급했었다. 이 장에서는

2개언어 상호작용에서 관련 화자들의 정체성과 다른 언어 사이의 중립성에 관해 이야기 하고자 한다.

11.1 언어 정체성의 중립화

사회 상황은 계속 변화하기 때문에 많은 사람들이나 집단들은 하나의 언어 정체성만을 갖는 것이 아니라 둘 또는 두 개의 정체성이 혼합된 형태를 갖게 되는데, 이것을 2개언어 정체성이라 부를 수 있다(언어와 정체성에 관해서는 2장을 보라). 정체성을 표현하는 방식으로서의 언어 기능을 감안해 볼 때 우리는 스스로에게 이렇게 자문해 볼 수 있다. 비슷한 배경을 지닌 화자와 상호작용할 때 어떻게 자신이 말하는 방식으로 복잡한 이중적 혹은 혼합된 정체성을 표현할 것인가? 이것을 표현하는 방식으로는 언어전환, 재어휘화(relexification), 혼합된 복사(mixed reduplication), 어투유지가 있다. 이것들이 차례로 다루어질 것이다.

중립성 전략으로서의 언어전환은 10장에서 자세히 다루었지만 여기에서는 다시 3장에서의 언어선택의 분석과 관련해서 다루어진다. 3장에서 논의되었던 Fishman과 Ferguson의 연구 내용은 다음을 함축하고 있다. 즉, 안정된 2개언어 상용은 2개의 언어가 분명히 구별되는 기능을 가지고 있는 2개언어상용사회(diglossia)의 상황에서만 가능하다는 것이다 (Ferguson, 1959; Fishman, 1965). 언어선택은 2개언어상용사회 내에서 서로 다른 언어에 부여된 사회적인 의미에 따라 기능적으로 결정된다고 주장되었다. 대화 속에서의 빈번한 언어전환 현상과 특히 문장내 언어 혼용의 현상은 기능적 구분의 관점에서 고전적인 분석에 의구심을 갖게 한다. Pedrasa 외(1980)의 '2개언어상용사회의 재고'(Rethinking Diglossia)는 이런 변화를 탐구한다. Pedrasa 외는 연령별 현상을 고려하면서 2개언어상용에 대해 좀 더 구체적인 접근을 시도하고 있다. 뉴욕에 살고있는 젊은 세대의 푸에르토리코 사람들은 그들의 연장자 보다도 스페인어를 잘 하지 못하는 것처럼 보이지만 그들이 어른이 되면 스페인어를 더 많이 사용한다. 게다가 새로운 스페인어를 사용하는 푸에르토리코 사람들이 계속해서 뉴욕에 유입된다는 것과 더 많은 화자들이 푸에르토리코로 되돌아 간다(순환적 이주현상)는 사실은 영어와 스페인어의 역할이 기능적 구분의 정적인 모형이 암시하는 것보다 훨씬 더 복잡하다는 것을 말해준다. 뉴욕에 존재하는 스페인어와 영어의 유동적인 분리구역 내에서는 중립성 전략을 구사할 수 있는 충분한 공간이 있으며, 이 공간은 부분적으로 언어전환과 언어혼합에 의해서 채워진다.

재어휘화(Relexification)라는 과정을 통해서 언어의 어휘가 다른 언어의 어휘로 바뀌게 되지만 그 언어의 문법적 구조(형태론, 통사론, 음운론)는 유지된다. 재어휘화가 발생되는 순간은 언어접촉 상황에서 소수집단이 어떤 이유에서든 간에 문화적 혹은 인종적 정체성을 겪을 때이다. 가장 광범위하게 입증될 수 있는 재어휘화의 경우는 Muysken(1981)이 분석했던 Media Lengua어(중도언어, halfway language) 이다. 이 언어는 Quechua어를 사용하며 변두리에 살고 있는 인디언 집단이 만든, 스페인어의 어휘가 압도적으로 (87%) 우세한 일종의 혼합언어이다. 그러나 문법은 케츄아어 문법이다. 이 혼합언어는 Media Lengua 혹은 Utrilla Ingiru(little Quechua)라 불린다. 케츄아어와 스페인어의 문장과 일치하는 Media Lengua어 문장의 예는 다음과 같다.

(3) *ML* miza despwesitu kaza - MU i - NAKU - ndu - GA
  Q   *MIZA* k'ipa   wasi - mu ri - naku - pi - ga
  Mass after house to go **pl sub top**

  SP *Yendo a la casa despues de la Misa*

```
ML  ahi - BI   buda    da - NAKU - N
Q   chi - bi  BUDA     ku - naku - n
    that  loc  feast   give  pl    3
Sp  ahi dan una boda.           1
```

'When you go home after Mass, they then give a feast there.'

다소 복잡한 이 예에서, Media Lengua어에 있는 케츄아어 요소들은 첫 번째 줄의 대문자이고, 케츄아어에서 스페인어 어원을 갖고 있는 요소들은 두 번째 줄 대문자이며, 문법 형태소를 의미하는 약칭들은 진하게 인쇄되어 있다(세번째 줄). 그리고 Media Lengua어에서 나타나는 스페인어 요소는 이탤릭체(네번째 줄)이고, pl 은 복수, sub는 부사절 접속사, top는 주제 표시어, loc는 위치사, 그리고 3은 3인칭 표시어이다.

주목해야 할 것은 Media Lengua어에서 모든 어휘적 어근은 스페인어이며, 대부분의 접사들은 (스페인어-ndo에서 유래된 -ndu는 예외) 케츄아어이다. i-는 스페인어 원형 ir '가다'(to go), 그리고 da-은 스페인어 동사 dar '주다'(give)에서 왔다. 게다가, 어순은 케츄아어식인데 동사가 주절과 종속절 모두에서 끝에 온다. 또 명사, 후치사 복합어(miza despwesitu)와 형태적으로 표시된 종속절은 주절에 앞선다. 이것은 재어휘화의 결과이다. 중요한 것은 재어휘화가 어휘차용과는 매우 다른 것이라는 것을 깨닫는 것이다. 보통의 케츄아어에는 광범위한 어휘차용이 있다. (3)의 예에서 보듯이, 이 케츄아어 문장에는 miza 'Mass' 그리고 buda 'feast', 두 개의 스페인어 차용어가 포함되어 있다. 이 차용어들은 인디언 사회가 대정복(Conquest) 이래 겪어왔던 광범위한 히스패닉 문화의 영향의 일부이다. 두 단어는 카톨릭에 의해 도입된 성인의 날(Saint's day) 경축 행사와 관련이 있다. 그러나 Media Lengua어에서 교체되어 온 것은 핵심 어휘, 예를 들면, 'go'와 'give' 같은 동사들이다.

재어휘화는 언어접촉의 연구에서는 그렇게 많이 연구되지 않았지만, 크레올어(creole) 연구에서는 광범위한 재어휘화의 가능성이 제시되고 있다. 이것은 15장에서 다룰 것이다. 여기에서 언급되어야 할 것은 (스페인어 어근과 케츄아어 접사를 포함해서) Media Lengua어에서 접하게 되는 재어휘화의 형태는 크레올어에서의 재어휘화와는 다를 수 있다는 것이다. 크레올어에는 어떠한 접사도 거의 존재하지 않는다. 따라서 재어휘화(문법을 유지하면서 어휘교체)가 발생하였다고 주장하는 유일한 방법은 특정한 통사 구문이나 구가 새로운 어휘보충을 받았다는 점을 입증해 보이는 것이다. 한 예가 프랑스어 표현 *s'il vous plait* 가 영어표현 if you please 또는 네덜란드어 표현 *als't u blieft* 으로 재어휘화된 것을 들 수 있다. 형태론이 별로 발달되지 않은 언어에는 재어휘화가 훨씬 덜 눈에 띈다.

혼합된 복사(mixed reduplication)는 힌두어에서 발견되는 혼성과정의 결과를 일컫는다(Singh, 1982). 힌두어에서는 부분적으로 명사를 복사하는 것이 가능하다. 그 결과 'etcetera(기타 등등)'의 의미를 띄게 된다.

(4) roti   roti voti   namk   namk vamak
    'bread'   'bread etc.'   'salt'   'salt etc.'

그러나 비슷한 복사과정에는 복사된 두 번째 요소의 음운적인 수정이 없고, 오히려 페르시아 아랍어의 기원을 지닌 동의어 형태로 대체된다. (5)에 있는 예가 이 형태를 잘 보여준다.

(5) tan **bandan**   dhan **daulat**   vivah **sadi**
    body body   money money   marriage marriage
    'body etc.'   money etc.   'marriage etc.'

여기서 *tan, vivah dhan*은 힌두어에서 온 것이고, 진하게 인쇄된 *badan, sadi* 와 *daulat* 는 페르시아- 아랍어에서 온 것이다. Singh 의 주장에 따르면 (5)에 나오는 형태들은 (4)의 형태들을 본 딴 것이고 부분 복사의 의미를 유지하고 있다. 페르시아 왕조가 북부인도를 지배하였고, 페르시아어와 힌두어 사이에 계속되는 반목으로 어떤 형태이든 중립화가 필요로 하던 시기에 이러한 형태들이 나타났다. 이 과정은 통사적이기보다는 어휘적이다. (4)와 (5)에 나오는 형태들은 한 단어형태이다. Singh이 강조하고 있는 사실은 이와 같은 중립성 전략이 힌두어의 구조적 가능성에 달려 있다는 것이다. 정복왕 윌리암이 영국을 침공한 후에 비록 영어와 프랑스어가 오랫동안 접촉했다 하더라도 큰 격변이 일어나지는 않았다.

어투유지(maintaining an accent)는 2개언어상용집단이 일종의 이중 정체성을 유지하거나 만들어내는 네 번째 방법이다. 여기에서는 미국에 살고 있는 폴란드인과 이탈리아인 이민자들, 몬트리올에 살고 있는 프랑스계 캐나다인들, 그리고 암스테르담에 살고 있는 수리남계 이민자들의 몇 가지 예가 논의될 것이다. Carlock(1979)와 Wölck(1983)가 보여준 바에 따르면, 버팔로(Buffalo)와 같은 심하게 인종적 색깔이 강한 산업도시에서는 특정한 운율자질이 폴란드 혈통과 이탈리아계 혈통의 화자를 식별하는데 매우 중요하다. 미국식 영어를 사용하는 폴란드인들은 2-3박자 음조곡선을 보이고, 이탈리아인들은 1-2박자 음조곡선을 보인다. (6a)에는 폴란드계 미국인이 미국식 영어 문장을 말하는 방식(강세 모음은 이탤릭체)이 표현되어 있고, (6b)는 이탈리아계 미국인의 발음이다.

(6) a. So I w*i*sh / they would f*i*nd / a c*u*re / for a c*o*ld.
    b. My / yo*u*ngest / d*au*gher / *a*lways / seems to / have a / c*o*ld.

이러한 자질은 3세대 이민자의 언어이지만 전통적인 지역사회에 남아있는 화자들의 언어적 특징이기도 하다. 민족방언 (ethnolect)의 탄생은 이민자 집단의 성공적인 중립성 전략이다. 이민자들은 주류언어를 배웠기 때문에 직업을 얻고 교육을 받게 되었고, 주류언어의 어투를 통해 별도의 언어를 이용하여 자신들의 정체성을 표현하는 방식을 찾아낸다.

Segalowitz와 Gatbonton(1977)의 연구는 어투유지의 흥미있는 점을 두가지 지적하고 있다. 하나는 인종적 충성에 관한 감정과 관련이 있을 수 있고, 다른 하나는 매우 특정한, 사실상 임의적인 언어변인과 관련될 수 있다. Segalowitz와 Gatbonton는 이민자들을 연구하지는 않았으나 영어 구사력 정도가 다른 프랑스계 캐나다인 집단을 연구했다. 그들은 three와 thick에서 th(Θ)의 발음과 there와 bother에서 th(ð)의 발음 그리고 h의 발음을 주목했다. 그 결과 서로 다른 언어 환경에서는 3 가지 변인의 발음에 규칙적인 패턴이 있다는 것이다. 모든 세 가지 변인에서 발음의 정확도는 화자의 전반적인 영어 숙달도와 긍정적인 상관관계가 있었다. 그러나 three에서의 (Θ)와 there에서의 (ð) 발음의 정확도는 단지 화자가 캐나다인이 아닌 Quebec주 사람이라는 감정과는 관련이 없었으며, h발음과 영어의 전반적인 숙달정도와도 관련이 별로 없었다. 그래서 화자가 더욱 더 Quebec인이라고 느낄수록 그들은 *tree*, *dem* 같이 발음할 가능성이 높았다. 민족적 정체성의 관점에서 볼 때 2개언어상용의 몇 가지 특징은 더 문제가 될지 모른다. 이런 자질들은 다른 자질들보다 민족적 집단 유대감을 강하게 나타내는 상징성을 가지고 있는 것 같다(1978 :82).

Charry(1983)의 연구는 민족방언내의 변이에 초점을 맞추고 있다. 그는 암스테르담에 살고 있는 수리남 출신의 이민자들을 네덜란드어로 인터뷰해서 몇 가지 음운론적 변인들을 살펴보았다. 가장 현저한 영향은 네덜란드어 w의 발음에서 나타났다. 표준 네덜란드어에서 이것은 순치활음(labio-dental glide)이지만 수리남 민족어에서는 양순활음(bilabial glide) 으로 나타난다. 네덜란드에서 알려져 있는 일반적 의견은 수리남어 발음은 수리남 크리올어인 스라난어로부터 전이된 결과라는 것이며, 이 크리올어는 양순음(bilabial) w발음을 가지고 있다. 그리고 수리남 민족방언은 불완전한 제2언어 학습의 한 사례에 불과하다는 것이다. Charry(1983) 은 이것이 왜 수긍할 수 없는 지에 대한 몇 가지 주장을 펴고 있다. 즉, (1)양순음 발음은 스라난어를 모르는 화자의 경우에도 나타난다. (2)이것은 나이 많은 화자들에게서 보다는 스라난어가 유창하지 못한 나이 어린 화자에게서 더 자주 나타난다. (3) 양순음 w의 사용은 형식적 변이에 따르기 쉬운데 가벼운 일상적인 대화에서 훨씬 더 자주 나타난다.

이 모든 연구결과들은 수리남 민족방언의 분석과 일치하며 특히 양순음 w의 분석과도 일치한다. Carlock와 Wölck (1988)에 의해서 분석된 버팔로 지역의 폴란드인과 이탈리아인들의 영어 연구 그리고 Segalowitz 와 Gatbonton (1977)이 분석한 Quebec인의 영어 연구는 중립성 전략이라는 측면에서 일치한다.

11.2 그룹간 의사소통에 있어서 의사소통방식의 중립화

집단내 의사소통에서는 중립화가 발견되지 않을 뿐더러 다른 언어 배경을 지닌 집단들 사이에서도 중립화는 발견되지 않는다. 서로 다른 분석 단계를 개괄하여 일반화하면 많은 전략들이 언급될 수 있다. 외국인 어투(foreigner talk), 제 3 언어의 선택, 새로운 언어의 창조, 혼성어(lingua franca) 그리고 언어중복

(doubling)이 그 전략들이다.

외국인 어투(foreigner talk) 라는 용어는 모국어 사용자가 그 언어를 잘 하지 못할 것으로 생각되는 외국인과 교류할 때 자신의 언어를 조정하는 방식을 의미한다. 3장에서 우리는 간략하게 수용이론을 살펴보았다. 이 이론은 상호작용에서 화자와 청자 사이에 복잡한 조정과정이 있다는 것을 상정하는 것이다. 12장의 전반부는 외국인 어투와 그 다양한 특성을 다룬다. 외국인 어투의 여러 가지 양상들은 이제 중립화의 경우라기보다는 단순화의 경우로 여겨져야 한다. 그러나 후자의 과정이 물론 잘 일어나는 것을 알 수 있다. 이런 단순화 현상은 발화된 언어의 범위 내에서 어휘의 국제화 (예: 프랑스어에서 파생된 표현의 사용에서)에서 발견되며, 또한 상대 외국인이 관련 언어를 모르는 경우에도 (예: 지중해에서 휴가 중 알게 된) 외국어 표현을 사용하는 데에서도 발견될 수 있다. 다음의 예는 일종의 네덜란드어로부터 번역된 표현이다.

(7) mañana cheese here
 'Tomorrow there will be cheese again.'

위의 예에서 가정상의 "국제적인" 단어 mañana는 스페인어에서 취해진 단어로, 그 단어의 의미를 전혀 모르는 한 터키 화자에게 사용된 것이다. 다음 장에서 외국인 어투를 좀 더 자세히 살펴 볼 것이다.

식민지 이후 사회에서 아주 흔한 중립성 전략은 제3언어의 사용(use of a third language)이다. 이 전략은 Scotton(1976)이 아프리카 도시에서 한 그녀의 연구에서 체계적으로 다루어졌으며, 여기에서 최초로 중립성 전략이라는 개념이 탄생되었다. Scotton은 3 개의 아프리카 도시 Kampala(우간다), Nairobi(케냐)

그리고 Lagos(나이지리아)의 직장에서 이루어지는 언어선택을 연구하였다. 이 도시들은 최근에 시골에서 부족민들이 유입되면서 엄청나게 성장했기 때문에 대부분의 직장 환경은 다민족적이다. 그러나 특정 아프리카 부족언어들이 도시에 널리 분포되어 있더라도(예를 들면, 많은 Yoruba부족이 아닌 사람이 Lagos에서 Yoruba어를 이해한다) 직장에서는 비부족적인 '중립'(neutral) 언어가 사용된다. 3개의 모든 도시에서 2개의 중립언어가 사용되었다. 교육받은 화자가 주로 사용하는 영어와 모든 사람들이 사용하는 혼성어가 그것이다. 아프리카에서 이 혼성어는 스와힐리어이고, 서 아프리카에서의 혼성어는 피진영어이다. 중립언어를 사용하는 것이 두 개의 서로 다른 부족 정체성 간의 갈등을 피할 수 있는 방법이 되기도 하지만, 표준어와 혼성어 간의 적절한 전환은 훨씬 더 높은 정도의 중립화를 제공하였다. 왜 중립적인 언어인가? 만약에 사람들이 몇 개의 다른 언어를 공유하고 있음에도, 또 언어 고유의 기능이 각각의 언어와 연상됨에도 왜 중립적인 언어를 사용하는가? 그것은 언어선택의 규칙이 없어서가 아니라 오히려 규칙이 갈등을 가져오고, 또 화자들이 주어진 상황에서 어떤 규칙이 가장 중요시되어야 하는지를 모르기 때문이다.

중립성 전략으로서 제 3의 언어선택과 약간 비슷한 것이 새로운 언어를 창조(creation of a new language)하는 것이다. 이 새로운 언어는 상호작용 상황에 관련된 언어와 관련이 있을 수 있지만, 그것과 동일시되어서는 안된다. 이러한 새로운 언어로써 성공한 예가 인도네시아 공화국의 공식어 Bahasa Indonesia어이다. Bahasa어는 가장 널리 사용되고 있으며, 인도네시아 군도 전역에는 이 언어 외에 개별 섬과 민족 집단이 사용하는 많은 지방어도 있다. 어떻게 인도네시아 혁명정부는 Bahasa어를 성공적으로 사용하도록 하였을까? Bahasa어는 말레이어(오스트로네시안 언어)에서 발달한 언어이다. 식민지 시대와 그 이전 시대의 혼성어였던 이 말레이어는 네덜란드 지배 동안에 정부의 하급직에서 사용되던 보조어로서 역할을 했다. 이 언어는 2차 대전 때 일본 점령기 동안 활성화되었고, 독립투쟁당시 Sukarno에 의해 민족 정체성의 상징으로 받아들여졌다. 그러나 Tanner(1967)의 주장에 따르면, 널리 사용되는 혼성어로써 Bahasa어 이면에 존재하는 중요한 요인은 그 언어가 어떤 한 우월한 민족 집단의 언어가 아니라는 사실이다. 따라서 그것은 두 인도네시아 사람 사이에 이루어지는 어떠한 대화에서도 안전한 첫 번째 선택어이다. 인구가 가장 많은 섬이고 Java어가 사용되는 Java섬에서 조차도 Bahasa어가 의사소통의 기능을 갖는 이유는 Bahasa어를 사용함으로써 Java어의 어느 변이형을 사용할 것인가 하는 번거로움을 피할 수 있기 때문이다. 즉 다른 자바인과 이야기 할 때는 높은 수준의 언어(굉장히 형식적인 것으로 해석될 수 있음)로 할것인가 아니면 낮은 수준의 언어(아주 친밀한 것으로 여겨질 수 있음)로 할 것인가 결정해야 한다.

많은 사회에서 중립성의 지배적인 전략은 혼성어의 창조 또는 채택이다. 혼성어는 부분적으로 또는 완벽하게 다듬어진 언어체계로서 서로 다른 집단 간의 의사소통을 위해 사용될 수 있으며, 새로운 화자들이 쉽게 배울 수 있다. 혼성어는 인도네시아의 경우처럼 다듬어져 국가 언어가 될 수 있고(언어계획에 대해서는 5장을 보라), 많은 동아프리카 국가의 경우에서처럼 비공식적인 인정을 받고 있으며, 언어선택의 패턴에 있어서 복잡한 역할을 한다.

특히 공식적인 담화 또는 언어혼용이 불가능한 여러 다른 상황에서는 중복사용(doubling)이 중립성 전략으로 이용된다. 캐나다에서 볼 수 있는 한 예가 이 장의 첫 부분에 제시되었다. 중복사용을 공식적인 산문체(이민 수속 서류)에서만 볼 수 있는 것은 아니다. 흥미로운 한 예가 Bautista 통치 시절 쿠바의 한 나이트클럽에서 행한 사회자의 말인데, 다음은 Cabrera Infante가 그의 재즈 소설 *Tres tristes tigres*(1965) 서두에 기록한 내용이다.

Showtime. Señoras y señores. *Ladies and gentlemen.* Muy buenas noches, damas y caballeros, tengan todos ustedes. *Good-evening, ladies and gentleman. Tropicana*, elcabaret *MÁS* fabuloso del mundo. *Tropicana, the most fabulous nightclub in the WORLD* presenta ...*presents*...su NUEVO espectaculo...*its new show*...(and so on and so forth)

좀 더 자세하게 연구할 필요가 있는 중립성 전략의 한 형태는 다층생성체계(multi-level generative system) 인데, 이 언어체계는 동일한 혹은 비슷한 표면구조를 산출하는 두 개의 매우 다른 문법으로 구성되어 있다. 이와 같은 체계는 치누크 혼성어(Chinook Jargon) 인데, 이것은 적어도 Silverstein(1972) 이 묘사한 그대로이다. 미국의 무역상들과 Chinook 인디언들은 혼성어를 만들어 냈는데, 이것은 Chinook 어와 영어의 구조가 공통분모를 이루고 있다. 각각의 언어는 기본토대로서 기능할 수 있지만 모든 유표적 혹은 언어 고유의 구조들은 없어졌다. 그래서 화자들은 여러 어원으로부터 유래된 약간의 공통어휘를 갖게 되면 서로를 이해할 수 있게 된다. 역사적인 치누크 혼성어가 여기서 묘사된 언어체계와 같은 체계인지, 그리고 서로 다른 접촉 체계가 똑같은 방식으로 기능하는지는 밝혀져야 한다. 한 예가 Michif 어인데 이 언어는 North Dakota(USA)와 Manitoba(Canada)의 몇몇 지역에서 사용되는 French-Cree(프랑스와 크리어가 접촉되는) 언어이다(Crawford, 1983).

11.3 통합적 관점

중립성 전략을 비교하는 한 방법은 정보이론과 인류학적 언어학으로부터 파생된 개념으로 비교하는 것이다. 언어의 중립성이 확립되는 시점의 밀도(density)는 어떤가? 중립적인 언어가 2개의 비중립 언어와 얼마나 밀접하게 연결되어 있는가? 밀도는 언어신호 내에서 나타나는 빈도를 의미한다. 예를 들면, 2초 동안의 발화에서 중립성이 여러번 나타나면 밀도는 높다. 연관성(linkage)은 언어의 외적 형태(어휘, 형태, 소리, 표면 어순) 의 명시적인 표현을 의미한다. 연관성은 언어신호에서 그 언어(code)가 매우 빈번하게 그리고 확실하게 나타나면 높다. 이상적인 중립화 전략은 밀도와 연관성 면에서 높게 평가된다. 높은 밀도는 아주 짧은 메시지가 중립적인 언어로 인식되게 하는 것을 가능하게 한다. 높은 연관성은 몇가지 이점이 있다. 연관성은 중립성 언어를 배우기 쉽게 하고, 중립성 언어와 비중립적 언어 간의 전환을 더 의미있게 해주며, 언어에 의해 전달된 2개 언어상용 정체성을 비중립적인 별도의 정체성과 연관시키는 방법을 제공해준다.

서로 다른 중립성 전략을 평가하기에 앞서 우리는 문법의 여러 구성요소들, 밀도 및 연관성 개념 간의 관계를 살펴보고자 한다. 대체적으로 구성요소가 언어의 외부적 형식에 많이 속할수록 연관성에서의 구성요소의 잠정적 역할은 더 커지게 된다. 사람들은 언어의 양적체계(quantification system) 구조보다는 언어의 소리를 잘 알아차린다. 누군가 프랑스 단어 cheval(horse)을 말할 때 프랑스어를 알고 있는 사람은 프랑스어가 그 발화에 어떻게든 포함되어 있다는 것을 깨닫는다. 그러나 어떤 사람이 'a horse black'을 말할 때 여기에 프랑스 어순 *(un cheval noir)* 이 있다는 것을 청자는 즉각적으로 분명하게 인식하지는 못할 것이다. 구구조 규칙은 기껏해야 중간적인 연관성을 설명한다. 억양은 바로 인식될 수 있다는 점에서 높은 연관성을 지니고 있지만 모든 개별 음은 그렇지 않다. 많은 음이 여러 언어에 나타난다. 그러므로 분절음운론 전체는 단지 중간적인 연관성만을 지니고 있다고 말할 수 있다.

밀도 면에서는 문제가 단순하지 않다. 물론 Saussure가 인간 언어를 부차적으로 발음을 지닌 체계라고 정의내린 것을 볼 때 분절 음운론은 높은 밀도를 지니고 있다. 음은 단어를 구성하고, 단어는 문장을 구성한다. 억양은 낮은 밀도를 지니고 있는데, 그 이유는 영역(domain)으로 절 또는 적어도 음운론적 구를 지니기 때문이다. 어휘는 중간정도의 밀도를 지니고 있다. 모든 발화는 몇 개의 단어로 구성되어 있으나 모든 어휘항목이 대화에서 똑같이 빈번한 것은 아니다. 구구조 규칙은 다양한 정도의 밀도를 지니고 있다. 몇 몇 규칙은 대부분의 발화에서 여러번 적용되고 또 어떤 규칙은 빈도가 떨어진다. 만약에 몇몇 구구조 규칙을 X-bar 이론을 통해 일반화시켜서 언어의 기본적인 어순 형식을 확립하는 것이 가능하다면 구구조가 중간정도 밀도를 지니고 있다고 말할 수 있을 것이다. 이와 같은 고려사항들을 도식적으로 나타내면 다음과 같다.

표 11.1 밀도와 연관성 개념에서의 여러 문법적 구성요소의 평가

	밀도	연관성
어휘	중간정도	높음
분절 음운론	매우 높음	높음
억양	높음	중간정도
구 구조	중간정도	중간정도
의미론	중간정도	낮음
담화	낮음	낮음

밀도와 연관성의 관점에서 문법적 구성요소들을 이와 같이 대략적으로 평가를 해 볼 때 이와 같은 구성요소들을 다양한 방식으로 이용하는 여러 중립성 전략들은 어떻게 평가되는가? 표 11.2 는 첫 번째로 한 분석 내용이다.

표 11.2 밀도와 연관성 개념에서의 전략 평가

	밀도	연관성
언어전환		
문장간	낮음	높음
상징적	중간	높음
문장내	높음	높음
재어휘화		
풍부한 형태	높음	높음
부족한 형태	높음	낮음
어투유지	높음	낮음
외국인 어투	낮음	낮음
제3언어	높음	낮음
새로운 언어	높음	중간
치누크 체계	높음	높음
중복사용	낮음	높음

높은 밀도와 연관성을 보여주는 전략은 문장내 부호혼용, 풍부한 형태론적 체계를 지닌 언어들에 있어서의 재어휘화, 그리고 어떤 면에서는 치누크 혼성어처럼 비중립적인 언어와 관련있는 새로운 언어들이다. 이런 것들이 공유하는 것은 여러 구성요소들의 혼합체인 외적 형태이며 비중립적 언어들이 포함된다. 무엇 때문에 재어휘화가 문장내 부호혼용보다 빈도가 떨어지는 전략이 되는가? 첫째, 복잡한 형태론을 가진 언어들을 포함해서 중립성 전략에 대해 아는바가 별로 많지 않다. 둘째, 언어혼용과 재어휘화는 높은 밀도와 높은 연관성을 공유하는 반면, 재어휘화는 어휘부 내에서 두 언어체계를 가지고 있는 화자에 의해 조작이 요구된다. 언어혼용에서 이것은 통사체계 내에서 이루어진다. 어휘부는 주로 뇌 속에 저장되어 있는 구성요소이며 통사는 창조적인 구성요소이기 때문에 발화시에 나타나는 혼합과정들은 주로 통사에 영향을 미치는 것으로 예측된다. 화자들이 단어를 만들 때 영어 화자들이 문장을 구성하는 방식과 똑같이 하는 교착언어(예를들면, 케츄아어)에서만 단어내 혼용이 일어날 것으로 예측된다.

그러나 분명한 것은 이와 같은 전략 비교는 훨씬 더 많은 연구를 필요로 한다는 것이다. 밀도와 연관성 개념들이 여러 관련된 복잡한 현상들을 파악하는데 조금이나마 도움이 되길 기대한다.

[추천도서]

Scotton의 논문 'Code-switching as a "safe choice" in choosing a lingua franca'(1979)와 'Strategies of neutrality'(1976) 그리고 후에 발표된 논문들 외에는 중립성 전략을 체계적으로 다룬 논문이 별로 없다.

2개언어상용에서의 상호작용 전략과 문제점

2개언어상용사회에서 사람들이 서로 다른 언어로 말한다는 것은 그 사람들이 다른 의사소통 네트워크 영역에 있다는 것을 의미한다. 서베를린의 경우를 보자. 베를린 사람들(독일어 원어민)은 같은 베를린 사람들과 이야기할 것이고, 베를린에 사는 30만 터키인들은 같은 터키사람들과 이야기를 할 것이다. 이러한 사회적 분리 때문에 언어분리가 지속되며, 이러한 사회적 분리는 언어적 분리에 의해 상징적으로 표현된다. 동시에 언어분리는 사회적 분리를 유지하는데 일조한다. 터키인이 독일어를 못하면 원하는 직장을 얻지 못하는 것을 의미하지만, 독일인이 터키어를 못하는 것은 단지 터키인들 사회에서 일어나는 일을 모르는 정도임을 의미한다.

    두 언어 집단이 서로 독립적인 것은 아니다. 그들은 같은 도시에서 삶을 꾸려나가고 있으며 같은 경제조직을 형성하고 있다. 따라서 범위나 깊이에 있어서 한계가 있기는 하지만 두 집단은 빈번하게 접촉하게 된다. 12장에서는 터키인과

베를린 사람 간에 일어나는 것과 같은 접촉의 본질이 논의될 것이다. 많은 2개언어상용사회에서 두 집단의 사람들이 동등한 지위를 가지고 있지는 않다. 베를린에서 터키인은 사회적으로 성공할 기회가 더 적고, 저임금의 좋지 못한 직장에서 일하며, 높은 실직율을 보이고 있다. 또한 독일어를 말하는 베를린 사람보다 더 작고 낡은 집에서 산다.

이런 불평등은 상호작용의 유형에 반영된다. 민족간 접촉에 있어서는 터키어보다 독일어가 사용된다. 소수의 베를린 사람(사회사업가, 교사, 변호사, 연구원, 간혹 상점주인)만이 터키어를 조금 알고 있는데 반해, 터키인 대부분은 최소한 독일어 몇 마디는 할 줄 안다. 그러나 이런 식으로 독일어를 사용하는 것은 상호작용에 있어서 양쪽 모두에게 문제가 된다.

a. 원어민 화자는 자신을 외국인에게 이해시키기 위해 말을 조정해야 한다. 1절에서는 외국인 어투(Foreigner talk)에 대한 토의를 중심으로 조정(adaptation)의 형태에 대해 자세히 살펴볼 것이다 (Ferguson, 1975).

b. 비원어민은 원어민에게 자신을 이해시키는데 많은 문제점에 직면한다. 그러므로 2절에서는 원어민/비원어민 상호작용에 있어서의 문제점과 오해에 대해 논의할 것이다.

3절에서는 조정전략의 관점과 의사소통 문제점의 관점을 통합하려고 한다.

물론 외국인 어투와 문화간 오해는 2개언어상용 상호작용의 두 양상일 뿐이다. 두 집단이 거의 같은 지위에 있거나, 모든 대화자가 어느 정도 2개언어상용자일 때는 상황이 달라진다. 그러한 경우에 있어서 언어선택에 영향을 미치는 요인들은 3장에서 논의되었고, 10장과 11장에서는 화자가 상호작용에서 적절한 언어를 즉시 정할 수 없을 때 좀더 중립적인 언어 방식을 찾으려는 시도와 한 언어에서 다른 언어로 바꾸는 복잡한 언어전환이 논의되었다.

12.1 조정전략: 외국인 어투(foreigner talk)

자신들의 말(모국어)을 잘 못하는 사람들과 대화를 나눌 때 사람들은 말을 조정한다. 어머니가 어린아이들에게 말하는 방식과 사람들이 외국인에게 말하는 방식도 이에 해당한다. 1970년대 초반 이래로 외국인에게 말하는데 있어서의 조정이 체계적으로 연구되어왔다. 이 연구들은 일화나 단편적인 기억들을 모아놓는 식의 연구를 지양하고, 실제로 조정이 어떻게 진행되고 있는지에 대해 복합적으로 자세하게 기술하였다. 다시 한번 강조하지만, 외국인 어투는 외국인들의 언어가 아니라 (이것은 8장에서 중간언어라고 하여 다루었다) 외국인에게 말할 때 쓰는 원어민 언어의 한 유형이다. 화자가 말을 조정하는 방식 중의 하나는 자신의 언어를 단순화하는 것이며, 이것은 외국인이 말하는 방식과 비슷하게 말하는 것이다. 고전적인 예를 *Robinson Crusoe*(1719년 작, 1977년 판, p.156)에서 찾아볼 수 있다.

> and said(Friday). 'yes, yes, we always fight the better'; that is, he meant always get the better in fight; and so we began the following discourse:
> 'You always fight the better'; said I, 'how came you to be taken prisoner then, Friday?'
> *Friday*: My nation beat much, for all that.
> *Master*: How beat? if your nation beat them, how came you to

be taken?

Friday: They more many than my nation in the place where me was; they take one, two three, and me; my nation over-beat them in the yonder place, where me no was; there my nation take one two, great thousand.

Master: But why did not your side recover you from the hands of your enemies then?

Friday: They run one, two, three and me, and make go in the canoe; my nation have no canoe that time.

Friday는 현실에 어긋난 영어를 하는 것으로 묘사되고 있다. 식민지 시대의 영향으로 서양 세계 전역에 전형적인 외국인 어투가 생겨나게 되었다. 역설적이게도 문학작품에서는 유럽인이 외국인(인디언, 아프리카인, 아랍인)에게 하는 말이라기보다는 외국인들이 대화에서 서로에게 말하는 방식으로 묘사되고 있다.

Ferguson(1975)은 영어를 거의 못하는 외국인에게 특정 내용을 어떤 식으로 말할 것인지를 미국 학생들에게 질문하였다. 학생들이 스스로 답한 말에는 다음과 같은 전형적인 특징들이 나타났다.

(1) a. 관사의 생략   *man come*
    b. 계사의 생략   *him no good*
    c. 복수 표현의 생략   *build two house*
    d. 조동사나 시제 표시의 생략 *me come last year*
    e. 짧은 문장   (설명이 없어도 명백하다)

    f. 단순화된 부정   *him no my friend*
    g. 공손하지 않은 2인칭 형태 (스페인어) *Tu trabajar!* (You Work!)

이와 관련된 연구들을 더 살펴보면 여러 특징들이 더 많이 나타날 수 있는데, 위의 특징들을 모아보면 다음과 같은 문장을 도출해 낼 수 있다.

    (2) Two man come, burn down family cabin yesterday, two man no good.
    (3) you come here, you cut down tree, then you make fire, is cold

『외국인 노동자의 언어에 관한 네덜란드 노동자 집단 연구(1978)』는 암스테르담에서 실시한 Ferguson의 연구를 되풀이 하였다. 학생들 한 그룹에게는 특정 내용을 어떻게 외국인에게 말할 것인지를 물었고, 또 다른 한 그룹에게는 같은 내용을 외국인들이 어떻게 말할 것이라고 생각하는지를 물었다. 흥미롭게도 두 결과는 일치했다. 전형적인 외국인 어투에 대한 직관과 중간언어에 대한 전형적인 생각이 일치했다. 독자들이 전형적인 직관과 실제 행동은 별개라고 이의를 제기하는 것도 당연할 것이다.

몇몇 연구자들은 확연히 다른 두 개의 조정양식이 있다고 제안했는데, 외국인 어투(Foreigner talk, 위에서 제시한 특징들을 일컫는 언어)와 외국인 언어사용역(Foreigner register, 정상적인 일반 말하기 양식에서 조금 벗어난 언어)이 그 것이다(Arthuretd, 1980). 외국인 언어사용역에서 화자는 충분히 검토하고 분명하도록 말을 수정해서, 위에서 언급된 사회적으로 비난받는 비문법적인 형태는 쓰지 않는 경향이 있다. 이런 경우, 수정은 주로 천천히 그리고 뚜렷하게 말하기, 짧은 문장으로 표현하기, 관용어구 회피, 복잡하거나 예외적인 문법양식 사용 회피, 잘 쓰지 않는 어휘 회피 등의 방식으로 이루어진다.

비원어민과 이야기할 때 원어민이 *실제로 심하게 비문법적인 외국인 어투를 사용하는가?* 사용기는 하지만, 다음과 같은 특별한 경우에만 사용하는 것으로 나타난다.

   a. 화자 자신의 지위가 외국인의 지위보다 훨씬 더 높다고 생각되는 경우
   b. 비원어민 화자의 언어 유창성 정도가 낮은 경우
   c. 원어민이 이전에 외국인과 자주 만나기는 했으나 제한적으로 상호작용한 경우
   d. 상호작용이 완전히 자발적으로 일어나는 경우: 대부분 상점이나 공장 등에서 특정한 일이나 문제점을 중심으로 상호작용이 일어나는 경우

이런 네 가지 조건은 Long(1981)이 외국인 어투에 관한 광범위한 문헌조사(논문 40편 정도)를 실시하여 발견한 것으로, 이런 현상을 설명하는 데에는 네 가지 조건 모두가 필요하며, 어느 한 조건만으로는 충분하지 않다. 물론, 많은 원어민/비원어민의 2개언어상용 상호작용은 위의 네 가지 기준 모두와 일치하지는 않고, 전형적이거나 틀에박힌 상호작용으로 이루어진다. 종종 화자들은 자신들의 지위가 상대적으로 동등하다고 생각하는 경향이 있으며(예를 들면, 관광 온 두 가족이 캠핑 장소에서 만난 경우), 비원어민 화자가 실제로 상당히 유창하게 말하기도 한다. 그런데도 위의 경우, 화자들은 자신들의 말을 수정하지만 결국은

외국인 어투와 상당히 다른 외국인 언어사용역을 만들어 낸다. 이런 관점에서, 외국인 어투는 외국인을 경시하면서, 대화자들 사이의 거리감을 조성한다. 그리고 외국인 언어사용역은 조정의 한 예가 되는데, 학습자에게 보다 쉬운 입력을 제공해 주고 원어민과 비원어민의 대화 방식의 차이를 줄여준다.

원어민 화자가 외국인의 언어숙달 정도에 따라 조금씩 말을 조정한다는 것이 여러 연구에서 제시되었다. 암스테르담에서(Snow외, 1981) 외국인을 자주 접하는 공무원의 경우 (주택 공급과 시민 등록국에서) 이런 사실을 보여준다. 이런 유형에 해당하는 상호작용의 예를 보자.

O: And when did she die? Do you know that as well?

F: Ye . . es, nine, six.

O: Nine, six.

F: Six

O: Nineteen . . .

F: Seventy-six

O: Seventy-six. And where?

F: In Turke.

O: In Turkey? Istanbul? Do you have a paper of that?

F: Paper of?

O: Of dying. Of the passing-away act?

F: Paper, yes.

O: But not here. Not with you.

F: Yes, is home.

O: Home. O. K.

직면한 상황에서 공무원은 외국인이 말하는 것을 이해하고, 동시에 외국인이 말한 것을 반복하고 그것에 좀더 부연해서 자신이 말하려고 하는 것을 이해시킨다.

또한 위의 대화는 '외국인 어투'와 '외국인 언어사용역'이 분리될 수 없다는 사실을 보여주는데 이 공무원도 이 둘을 다 사용하였다. 실제로 많은 원어민/비원어민간의 상호작용은 이 두 과정이 일어남을 보여준다. 이때 외국인 어투는 외국인 언어사용역보다 훨씬 더 오래 지속된다. 또한 이것은 스페인어를 하는 메스티조인 판매원과 케츄아어를 하는 인디언 손님이 에쿠아도르 상점에서 나누는 상호작용에서도 명백히 나타난다. 상점에서의 상호작용은 오랫동안 흥정을 하고, 농담을 하며, 손님의 퇴장 등 특정한 형태의 여러 발화가 이루어지는 것이 특징이다. 가장 흥미로운 것은 *casa* 'house'에서 유래된, *casera/casero/ caserita/ caserito*인데, 구매자와 판매자가 서로 사용한다는 점이다. 인디언 고객에게 쓰인 외국인 어투에서 세 종류의 발화 형태가 발견된다.

(4) a. 모든 성인 손님에게 사용할 수 있는 공손한 표현
    casero   'house-keeper'
    casera
    caserito   'house-keeper'(상냥한 지소 접미사)
    caserita

b. 친근하고 애정어린 유표적인 표현
    jovencita   'young man'
    negrita   'little black one'
    madrecita   'little mother'

c. 무례하지만 애정어린 인디언에게 하는 유표적인 표현
mamita   'little mother'(친근한 형태)
hijito   'little son'
cholita   'Indian peasant'
taytikit   'little father'(퀘츄아어)

놀라운 점은 각 영역에서 지소 접미사가 현저하게 많이 쓰였다는 점이다. 위 발화 형태에서 2개언어상용 상호작용의 두 가지 특징이 정교하게 혼합되어있는 것을 발견할 수 있는데, 조정(고객을 가족 구성원으로 지칭하는 것, 지소 접미사를 애교있게 사용)과 계층('little son'이나 *cholito* 'peasant'와 같은 표현의 사용)이 그것이다. 대명사 표현에서도 비슷한 것이 발견된다. 스페인어에는 공손하면서도 친근한 2인칭 대명사가 있다. 인디언에게는 친근한 표현으로 말을 거는 경향이 있지만, 이 표현은 변이형이 되기 쉽다. 여러 상호작용에서 공손하고 친근한 형태는 흥정하는 과정에서 교묘하게 사용된다. 다음은 상점 판매원과 인디언 고객이 나누는 대화이다. *Usted*는 공손한 표현이며 *voss*는 친근한 표현이다.

(5) Seller: ...usted...usted
    Buyer: (거절)
    Seller: ...vos...vos...vos...
    Buyer: (화를 냄)
    Seller: ...usted...usted

때때로 vos와 usted는 혼자서 하는 말에서 번갈아 나타난다. 상점의 상호작용에서 나타나는 특징은 이미 언급한 것처럼 빈번한 반복, 짧은 문장, 유표적인 용어

와 구문의 회피 등이다. 위 대화는 안데스 산맥의 실제 상거래로서 일주일에 한 번 있는 매매 과정에서 관습화되어 나타나는 상호작용 유형이므로 특별한 의미를 갖는다고 할 수 있다. 전형적인 외국인 언어사용역 특징과 같은 조정전략의 사용과 퀘추아어의 화용론적인 요소들의 채택은 특정한 발화 형태나 무례한 2인칭 대명사와 같은 거리감 조성 전략과 결합되어 있다.

외국인 어투에 대해 결론을 내리기 전에 두 가지 질문을 할 필요가 있다. 외국인 어투가 비원어민이 사용하는 언어방식을 모방하는가? 이 질문에 대한 답은 그럴 수도 있고 그렇지 않을 수도 있다. Ferguson(1975)이 처음 기술한 비문법적 형태를 포함하는 외국인 어투는 초기 학습자의 발화 특성을 많이 보여준다. 외국인 어투와 초기 학습자 언어에서 him no come (he didn't come에 대하여)과 같은 구가 나타날 수 있으며, (1)에 제시된 언어적 특징들은 초기 중간언어의 특징과 상당히 일치한다. 또한, Snow외(1981)는 공무원이 말할 때 나타나는 외국인 어투의 형태와 빈도, 그리고 이민자가 말할 때 나타나는 비정상적인 말의 형태와 빈도 사이에는 상관관계가 있다고 밝히고 있다. 외국인 어투와 외국인 언어사용역(지금 이 시점에서는 이 둘 사이에 차이가 없다)이 지니는 모방적인 특징은 모방의 협력적이고 조정적인 측면에서 비롯된 것이다.

Hatch(1983)는 영어를 배우는 스페인 화자인 Zoila와 그녀의 친구이자 영어 원어민 화자인 Rina 사이의 대화를 예로 든다. Rina는 몇몇 예에서 Zoila의 중간언어 형태를 분명히 사용한다.

    Zoila: Do you think is ready?
    Rina: I think is ready.
    Zoila: Why she's very upset for me?

Rina: She is upset for you?
Zoila: Yeah, is.

한편, Meisel(1980)은 외국인 어투와 서독의 외국인 노동자의 언어에 나타나는 단순화는 단순화와 유사한 단순화 전략의 결과인데, 이것이 항상 같은 언어적 특징을 갖는 것은 아니라고 밝히고 있다. 예를 들면, 완전한 비굴절 동사를 사용하는 것이 외국인 어투의 특징인데, Meisel이 연구한 제 2언어 학습자들 중의 일부는 그들의 중간언어에서 이런 특징이 나타나지 않고, 오히려 또다른 변화되지 않는 형태가 사용되었다. 외국인 어투에서 화자는 종종 비원어민 화자를 직접 모방하지 않은 상투적 표현을 사용하는 것 같다. 11장에서 힌두인 고객에게 물건이 아직 배달되지 않았다고 말하기 위해 mañana(이 말은 'tomorrow'에 해당하는 스페인어인데, 스페인에서 온 관광객이 '언젠가'라고 해석했다.)라고 말한 네덜란드 상점 주인의 예를 비교해 보자. 이것은 분명히 힌두인이 한 말에서 비롯된 것이 아니며, 더 이상 자세하게 설명될 것 같지도 않다.

만약 외국인 언어사용역을 외국인의 언어능숙도에 맞추어 적용한다면, 이것이 제2언어를 배우는 학습자에게 도움이 될까? 외국인 어투의 이중적 속성 때문에 이 질문에 답하기란 쉽지 않다. Meisel(1977)과 Dittmar의 독일인에 대한 연구는 유창하게 독일어를 말하지 못하는 외국인들도 비문법적인 외국인 어투를 불쾌하게 여긴다고 밝히고 있다. 이런 간접적인 모욕은 심리적이고 사회적 거리를 유도하면서 제2언어 습득과정에 부정적인 영향을 미칠 수 있다(Schuman, 1978). 또한 입력이 축소되면 그 입력은 상급 학습자에게도 부정적이 될 수도 있다.

그러나 Long과 그의 동료의 연구 및 많은 관련 연구에서 강조된 것처럼 느리고, 조심스럽고, 간단하고 무표적인 입력, 충분한 반복으로 특징지을 수 있는 외국인 어투는 의도된 바 그대로 초급 학습자에게는 이상적이다.

12.2 원어민-비원어민 상호작용에 있어서의 문제와 오해

예를 들면, 외국인(이를 테면, 영국 사람)을 만날 때 일본 사람은, '도쿄은행에서 근무하고 있습니다'라는 식으로 자신을 소개하고, '당신 직업은 무엇입니까?', '나이는 어떻게 됩니까?', 혹은 '어떤 회사에 다닙니까?'와 같은 질문을 계속할지도 모른다(Loveday, 1982). 그 일본인은 상호작용에 앞서 대화자의 신분과 지위를 먼저 밝힌다는 대화규칙을 따르고 있는 것이 분명하다. 영국인은 (서구 사회의 많은 사람들처럼) 자기 이름을 소개할 것이고, 일본인의 질문을 위협적이거나 불쾌하다고 생각할지도 모른다. 한편, 일본인은 영국인 화자가 건방지게 자기 지위에 대한 정보를 제공하지 않는다고 생각할 수도 있다. 또한 지위가 밝혀지지 않는다면, 일본인은 그 영국인에게 적절한 방식으로 대화를 할 수 없는 곤란에 처하게 될 수도 있다. 왜냐하면 자신과 영국인 대화자 사이의 지위관계를 규정할 수 없기 때문이다. 이것이 다른 언어로 말하는 화자들 간에 생길 수 있는 여러 가지 오해 가운데 하나이다. 이 경우, 영국인과 일본인이 처음 만나는 사람과 대화를 시작하면서 자신을 소개할 때 서로 다른 규칙을 적용하기 때문에 문제가 발생한 것으로 보인다. 비록 양쪽 화자 모두가 불편하게 느낀다고 하더라도, 종종 비원어민 화자 쪽이 '적절하게 말하지 않는다'고 비난을 받는다. 이런 불공평함이 2개언어상용 상호작용 상황의 특징이다.

권위있는 언어를 사용하는 원어민 화자와 비원어민 화자가 대화하는 상황에서 원어민 화자는 높은 지위를 갖게 되며, 의식적이든 무의식적이든 비원어민 화자가 자신의 언어를 사용하고 자신이 말하는 방식으로 말하기를 바란다. 그렇지 않으면, 의사소통시 일어나는 의견 충돌과 마찰의 유형에 따라 비원어민 화자를 이상하고 불쾌하며 정도에서 벗어났다고 생각할 것이다. 암스테르담 노점에서 네덜란드인 노점상과 모로코 사람이 나누는 다음의 짧은 대화를 비교해 보자.

 (6) 모로코인: Ik moet kilo uien('I must have one kilo of onions')
   네덜란드인: Zoiets vragen we heir beleefd('such a thing we
       ask here politely').

이 상호작용에서 나타나는 문제점은 민족간 혹은 문화간 차이의 표현이며, 이러한 문제들이 민족간의 분쟁의 원인이 될 수도 있다. 사람들은 흔히 의사소통 행위를 근거로 상대방을 판단하는 경향이 있으며, 위의 예와 같은 경우에서 주류언어의 화자는 비원어민 화자가 '행동하는 방식을 알지 못하고', '교양이 없기' 때문에 비원어민 화자를 부정적으로 정형화한다.

원어민과 비원어민간의 상호작용 문제는 그 원인에 따라 분류될 수 있다. 이런 문제의 첫째 원인으로 들 수 있는 것이 비원어민이 공식적인 제2언어에 대한 능숙도가 낮다는 사실이다. 비원어민 화자는 원어민과 대화를 할 때 자신을 적절하게 표현할 만큼 제2언어에 대한 문법적, 음성적, 어휘적 기술을 충분히 갖추고 있지 않다. 그런 까닭에 원어민 화자를 완전히 이해하지 못하고 의사소통에 어려움을 겪게 된다. 이런 경우, 원어민 화자는 종종 비원어민 화자의 상대적으로 낮은 제2언어 능력을 인정하고 자기 말을 조정할 것이다. 즉 일종의 외국인 어투를 말한다.

 상호작용 문제점의 두 번째 유형은 제2언어의 특정한 부분에서 능숙도가 떨어지는 경우이다. 즉, 비원어민 화자는 제2언어의 여러 문체적인 변이형과 언어사용역을 구별하고 적절하게 사용하는 데에 필요한 기술들이 부족하다. 여러 언어 사회에서 행해진 사회언어적 조사를 살펴보면, 화자는 언어상황에 적합하거나 언어상황을 명백하게 하기 위해(3장의 언어선택에 관한 언급도 비교해 볼 것) 특정 문체적 변이형 혹은 언어사용역을 선택한다. 예를 들면, 구직 면접과 같은 공식적인 상호작용에서, 화자는 공식적인 문체적 변이형을 사용할 것이다. 어떤 경우에라도 응시자는 그렇게 할 것이다. 그러나 특정 시점에서 면접관이 면접이 끝났다거나 또는 잡담 시간이라는 것을 알리기 위해서는 비공식적 변이형으로 바꾸어 말할 수도 있다.

종종 비원어민 화자는 제 2언어를 수행할 때 문체적 변이형을 사용하지 못할 수도 있다. 비원어민 화자는 한 가지 문체나 변이형에만 능숙하다. 비원어민 화자가 공식적으로 말해야 할 때에 비공식적 문체를 사용해서 원어민 화자로 하여금 이를 너무 사적이거나 친밀하게 말한다고 생각하게 할 수 있다. 문체적 기술이 부족하면 원어민 화자뿐만 아니라 비원어민 화자 역시 괴로움을 느끼거나 실망할 것이다. 교실에서 제2언어를 배운 사람은 비공식적 대화를 할 때 불편함을 느낄 것이다(Segalowitz와 Gatbonton, 1977).

비록 제 2언어의 다양한 변이형이 비원어민 화자의 언어목록에 있다 하더라도, 그것을 적절히 사용하는데 능숙하지 않을 수도 있다. 유명한 예가 영어에는 없는 tu/vous구분이다. 영어를 모국어로 하는 영어-불어 2개언어상용자들은, 영어에는 you 밖에 없지만 불어에는 두 가지 형태가 있다는 것을 확실히 알 것이다. 그렇지만 그들은 상황에 따라서 적절한 형태를 구사할 능력이 없을 수도 있다. 심지어는 2개언어상용자가 (네덜란드어와 독일어처럼) T/V구분이 있는 2개의 언어를 구사할 때에도 적절한 대명사를 취하는데 곤란을 겪을 수도 있다. 왜냐하면 두 형태를 사회적으로 알맞게 배치하는데 두 언어가 완전히 일치하지 않을 수도 있기 때문이다. Brown과 Gilman(1960)에 따르면, 사회적 '힘'(power)과 '유대감'(solidarity)이 언어형태를 선택하는데 작용하며, 대부분의 서양사회에서는 유대감 요소가 더 우세하게 작용한다. 즉, 두 사람 사이의 힘의 관계에서 한 사람이 사회적, 직업적 지위나 연령 때문에 더 우세하지만 동시에 긍정적인 유대관계가 맺어질 수도 있다(예를 들면, 그 두 사람이 같은 회사에서 일하는 경우). 이런 경우 T-대명사 또는 '비공식적' 대명사를 선택하는 경향이 늘고 있다. 네덜란드어에서도 마찬가지다. 네덜란드어에는 'you'에 대한 형태로 jij(T)와 u(V) 두 가지가 있는데, 동등하지 않은 지위에 있는 사람들 사이의 상호작용에서-예를 들면, 대학생과 젊은 교수 사이에서- 유대관계를 강조할 필요가 있을 때 종종 두 사람 모두 jij를 사용한다. 그러나 독일에서는 힘의 관계가 좀 더 중요시되는데, du(T-대명사)를 사용하여 강사나 교수에게 말하는 학생은 매우 거칠거나 무례하게 행동하는 것이 된다. 네덜란드어를 모국어로 하는 네덜란드어-독일어 2개언어상용자는 사회적으로 알맞은 대명사를 선택하는데 있어 문제에 직면하게 될 것이다. 그러면 독일인의 관점에서 볼 때 때로는 무례하게 말하게 되는 것이다.

원어민과 비원어민의 상호작용에서 문제가 되는 세 번째 원인은 두 대화자의 문화적 전제가 같지 않다는 사실에 있다. 발화의 의미는 그 의미적 내용(통사적 구조)에 따라서만이 아니라 말에 수반되는 전제(presupposition)에 의해서도 결정된다. (7)과 (8)의 예문을 살펴보자.

    (7) Let John go!
    (8) Donald accused him of always taking the initiative in the group planning meetings.

(7)은 ('let go'와 관련하여) 이 말을 듣는 사람이 John을 붙잡고 있다는 것을 전제로 한다. (8)은 ('accused'와 관련하여) 모임에서 언제나 주도권을 잡는 것이 옳지 못하다는 것을 전제로 한다. 여기서는 (8)의 예가 흥미로운데, 공동체의 문화적 규범과 관련된 것이므로 이것을 문화적 전제(Cultural Presuppositions)라고 한다. 어떤 사회에서 항상 주도권을 잡는 사람들이 존경받는다면 그 언어사회의 구성원들에게는 (8)이 이상하게 들릴 것이다. Lakoff의 유명한 예인 'John called Mary a virgin and then she insulted him.'을 생각해 보자. 여성의 성적 행위에 전통적이고 제한적인 기준을 두는 사회의 구성원들은 이것을 이해하기가 매우 힘들 것이다. 2개언어상용사회에서는 두 언어가 접촉할 뿐만 아니라 두 문화 혹은 부분적으로 다른 두 개의 문화 가치가 만나는데, 이들은 문화적 전제를 통해 언어 속으로 들어간다. A라는 언어의 비원어민 화자는 그 언어의 원어민 화자의 문화적 가치를 공유하지 않고, 다른 문화적 전제를 따를 수도 있다. 따라서 A로 된 말에 다른 의미를 둘 수도 있다. 예를 들면, 많은 서구 사회에서는 독립적으로 행동하는 여성을 긍정적으로 평가한다. 그러나 다른 많은 나라에서는 여자들이 남편에게 다소 종속적이기를 기대한다(물론, 서구사회의 사람들도 이런 태도를 지니고 있지만, 여기서는 일반적인 모습을 나태내고 있다.). 네델란드에서 네델란드 사람과 모로코에서 이민 온 노동자가 대화하는 장면을 생각해 보자. 그들은 어떤 여성에 대해 얘기를 나누다가 네델란드 사람이 다음과 같이 말한다.

(9) Ik bewonder haar onafhankelijkheid ('I admire her independence')

모로코 사람에게는 이 말이 이상하고 애매하게 들릴 수 있는데, 그 이유는 독립적인 여자는 칭찬의 대상이 아니라는, 여자의 사회적 지위에 대한 문화적 가치 때문이다. 이렇게 두 문화간의 오해가 생길 수도 있는 것이다.

원어민과 비원어민간 상호작용에서의 문제점은 대화자가 서로 다른 상호작용 규칙을 따른다는 사실에서 발생할 수도 있다. 여기서 '상호작용규칙'이라는 용어는 특정 상황에서 어떤 발화와 어떤 비언어적 행위가 적절하다고 여겨지는지를 구체화하는 문법, 의미, 음운(공식적인 언어학적 규칙) 외에 모든 종류의 규칙을 의미한다. 이런 종류의 상호작용규칙을 Chomsky 의 '언어능력(linguistic competence)'을 확장한 Hymes의 '의사소통능력(communicative competence)'의 개념과 비교해 보라(Hymes 1972).

Philips(1972)은 상호작용규칙에 있어서 문화간의 차이가 어떻게 오해의 소지가 될 수 있는지를 보여주는 예를 제시한다. 그녀는 Warm Spring 인디언 보호구역에서 온 인디언계 미국 학생들이 백인 선생님과 있을 때 그들의 교실에서의 언어행동을 연구하였다. 그녀는 비인디언계 아이들과 비교하여 인디언 학생들은 교실에서 무슨 일이 벌어지든지 간에 선생님과 1:1 상호작용을 하는 데에는 흥미가 별로 없으며, 반친구들과 관계를 유지하고 발전시키는데 더 관심을 지닌다고 결론내렸다. Philips는 학생들이 다른 학생들 앞에서 개인적으로 발표를 해야하는 교육 환경에서 인디언 학생들이 언어를 통한 참여를 꺼린다는 것을 발견했다. 또한 소집단으로 교사와 함께 있을 때는 인디언 학생들이 비인디언 학생들보다 훨씬 말하기를 거부했다. 교사들에게 이 학생들은 과묵하거나 소극적이라 여겨질 수도 있다. 이런 행동을 근거로 하여 교사는 그 학생들의 교육적 동기와 인지 수준에 대해 잘못된 결론을 내릴 수도 있다.

언어 평가와 언어 기능의 차이점들에 대해 많은 저자들이 주목하였다. Loveday(1982a, 1982b)는 일본과 대부분의 서구 언어사회와의 차이점에 대해 기록하였다. 일본에서는 개인적인 생각이나 감정에 대한 언어표현을 서구에서

만큼 긍정적으로 평가하지 않는다. Loveday는 일본인과 영국인의 대화 상황에서 생길 수 있는 오해를 지적한다. 만약 어떤 사람이 자기 생각이나 감정을 솔직하게 표현하면 일본인은 그 화자를 진지하지도 믿을만하지도 않다고 생각한다. 반면에, 영어 원어민 화자는 일본인에 대해 '거리를 두며' '쌀쌀맞고' '신중하다'고 생각한다. 대화순서에 대한 기대치와 대화의 중단과 같은 대화의 구성과 관련된 다른 규칙때문에도 의사소통 문제가 발생할 수 있다. Barkowski 외(1976)는 터키인 이주 노동자들이 서베를린에서 겪는 언어 문제를 이러한 관점에서 보고한다. 터키인들은 방해받지 않고 혼자서 오랫동안 여러 얘기를 하면서 대화를 나누는 데에 익숙해 있다. 이들은 자주 짧게 대화하는 독일사회, 특히 비공식적이고 사적인 상호작용에서는 서로 자주 말을 주고받는 독일인 언어사회에서 어려움을 겪는다.

지금까지는 단지 담화규칙을 의미하는 좀더 일반적인 상호작용규칙의 몇 가지 예만을 보았다. 그러나, 좀더 구체적인 상호작용규칙에서 문화간의 차이점도 상당히 많이 있는데, 발화의 적절한 형태나 특정 화행(speech acts)의 표현에 관한 규칙들이 그것이다. 예를 들면, Gumperz 외(1982)는 인도나 파키스탄에서 온 영국 시민의 영어 특징을 분석하고, 표준 서구 영어와 인도 영어를 대조한다. 그 한 예가 다음의 (10)이다.

> (10) Building societies and the council have got no objection, doesn't mean that if a council house, council mortgage, you can still sell it.

그들은 가장 명백한 해석(의회 건물을 팔 수 없다는 것)이 틀리다고 언급한다.

이전의 담화에 비추어볼 때, 그 반대를 의미하는 것이 확실하다. 즉 누구도 의회 건물을 팔 수 있다는 것이다. Gumperz와 그의 동료들에 따르면 'doesn't mean'은 다음 절에 대해 어떤 표면적인 통사적 관계도 없으며, 상호작용의 앞부분에서 표현된 것을 반박하는 것으로써 전체 발화를 표시한다. 인도 영어는 이 예의 'doesn't mean'과 같은 구조의 쓰임에 있어서 표준 서구 영어와는 다르다. 그러므로 서구 영어 원어민화자들은 인도 영어가 논리가 일관되지 않으며 이해하기 힘들다고 판단한다.

민족간 또는 문화간 의사소통에 관한 논문에서 Gumperz는 음조와 억양같은 언어의 준언어적 측면의 중요성을 강조한다. Gumperz의 논문(1977)에는 런던 공항의 직원식당에 새로 고용된 인도와 파키스탄 여성들의 예가 있다. 이 여성들은 그들이 접촉하는 상사와 화물 담당자들과 비교적 적은 말만 교환했다. 그녀들이 발음할 때의 억양과 태도가 부정적으로 해석되었고, 그녀들은 무뚝뚝하고 비협조적으로 인식되었다. 예를 들면, 그들이 판매대에서 고기를 고른 한 고객에게 gravy(육즙)소스가 필요한지를 물어보았다. 영국인 승무원는 'Gravy?'하고 끝이 올라가는 억양으로 물어보는 반면, 이 여성들은 끝이 내려가는 억양으로 물어보았다.

많은 저자들은 비원어민이 특정 화행를 표현하는데 원어민이 사용하는 것과 같은 규칙을 따르지 않기 때문에 원어민-비원어민 상호작용이 다소 혼란스러워진다고 지적한다. Scarcella와 Brunak(1981)는 아라비아인 비영어원어민 화자가 인사를 할 때, 원어민 화자에게는 다소 이상하게 들리는 'Hello, welcome'이라고 한다는 예를 제시한다. 비원어민 화자는 발화에서 공손함을 표현하는 일반적인 (즉, 원어민) 전략을 적용하는데 어려움을 겪는다. 예를 들면, 어느 나라 말이든 부탁할 때 하는 말에는 많은 선택 사항이 있다. (11 a-e)는 영어로 다른 사람에게 책을 달라고 부탁할 때 쓸 수 있는 다섯 가지 발화이다(사용가능한 표현이 더 있을 수 있다).

> (11) a. Give me that book.
> b. Please, give me that book.
> c. Could you give me that book?
> d. Would you be so kind as to give me that book?
> e. I need that book.

이 발화들이 적절하게 쓰였는가 하는 것은 주로 화자와 청자 사이의 사회적 관계에 달려 있으며, 비원어민 화자는 상황에 맞추어 적절한 발화를 선택하는데 어려움을 겪기도 한다. 예를 들면, Scarcella 와 Brunak(1981)는 아라비아인 비영어원어민 화자가 원어민보다 명령법으로 더 많이 요청한다는 것과, 역할극 실험에서 '아래 사람'에게 뿐만 아니라 '윗사람'에게도 명령법으로 요청한다는 것을 발견했다. 그런 비원어민 화자의 발화는 원어민에게 이상하고 무례하게 보일 수도 있다.

사실 화행의 표현에 대한 논의는 문체의 차이에 대한 이전의 논의와 관련되어야 한다. 이 두 논점과 관련하여 문화간 상호작용의 문제점이 발생할 수도 있다. 그 이유는, 첫째 비원어민 화자의 언어능력에는 목표언어의 모든 공식적인 선택사항이 담겨있지 않기 때문이다. 둘째, 비원어민 화자가 적절한 선택사항을 고르는 데에 원어민 화자와 같은 규칙을 사용하지 않기 때문이다. 후자의 경우에, 언어적 소수 집단은 '다수의 상호작용규칙'과는 다른 규칙, 그리고 언어의 사회적 또는 민족적인 다양성을 표시하는 규칙을 개발할 수도 있다(민족적인 다양성에 대해서는 2.1참조). 이것이 인도 영어에 대한 Gumperz의 설명이다.

비언어적 행위에 대한 관습은 상호작용규칙의 다른 유형으로 간주될 수 있다. 예를 들면, '정상'이라고 간주되는 몸짓(gesture)의 정도가 언어사회마다 실제로 다를 수 있다. 북유럽에서 이탈리아인은 '과장된 몸짓'으로 유명하다. Loveday(1982a)에 따르면, 다른 여러 사회와 달리, 일본인은 면대면 상호작용에서 시선이 마주치는 것을 피하려고 한다. '라틴이나 중동 혹은 몇몇 북유럽의 양식과는 달리, 일본인은 누가 자신을 반복해서 바라보는 것이나 시선이 서로 강렬하게 부딪치는 것을 불쾌하거나 심지어는 무례하게 생각한다. 자기가 말하고 있는 상대방을 열심히 쳐다보는 것은 존경한다는 표시가 아니다'(p.95).

대화자 사이의 신체적 거리는 상호작용에서 중요한 변수가 된다. 사적인 면대면 상호작용에서 아라비아 국가에서 온 사람들이 서구 사회에서 온 사람들보다 좀더 거리를 가깝게 유지하는데 익숙한 것을 볼 수 있다. 극단적인 경우, 한쪽이 한발 앞으로 다가서면, 다른쪽이 한 발 뒤로 물러서는 등, 아랍어와 서구 언어 접촉에서 양쪽 모두가 좌절과 불편을 경험할 수 있다는 것을 쉽게 상상할 수 있다. 이런 문화간 오해는 더 큰 갈등의 원인이 될 수 있다. 왜냐하면 (언어행위와 마찬가지로) 비언어적 행위는 항상 사회적으로 해석되기 때문이다. 위의 예에서, 아랍인은 서구인이 자신에게 마지못해 말하고 있다거나 사적으로 대화하기를 원하지 않는다고 생각할 수 있으며, 반면에 서구인은 아랍인이 너무 친밀하게 대화하기를 바란다고 생각할 수도 있다.

2개언어상용사회에서 비원어민 화자는 중간 정도의 습득단계에 있는 제2언어 학습자이다. 흥미로운 것은 형식적(formal)인 언어능력과 기능적(functional)인 언어능력 사이에 관계가 있느냐 하는 것이다. 달리 말하면, 상호작용규칙 사용과 관련하여 제2언어의 형식적 언어능력이 상대적으로 낮은 비원어민 화자가 더 높은 제2언어 능숙도를 지닌 비원어민 화자보다 원어민 화자와 더 큰 차이가 날 것인가? 이 문제는 네덜란드어를 배우는 영국인 학습자와 네덜란드 원어민 화자의 화용적 차이에 대한 Fonck(1984)의 연구에 나와 있다. Fonck는 '불평하기' 화행의 표현에서 네덜란드 원어민보다 비원어민이 더 공손하고 더 간접적인 표현을 선호하는 것을 발견했다. 비원어민 집단 중에서도 제2언어의 문법능력이 낮은 사람들이 네덜란드 원어민 화자와 차이가 가장 많이 나는 경향이 있었다.

Scarcella와 Brunak(1981)의 자료에서도 형식적인 언어 능숙도와 기능적인 언어 능숙도 사이의 관계가 지적된다. Scarcella와 Brunak가 미국인 영어 원어민 화자와 아랍계 비원어민 영어화자를 비교한 것을 보면, 역할극 상황에서 두 집단 모두 '친구'와의 대화를 가벼운 사교적인 대화로 시작했다. 그러나 '상사'와 대화를 나눌 때, 원어민 화자는 주목끌기(attention-getters)와 같은 짧은 인사말만 했다. 그러나 비원어민 화자, 특히 이들 중에서 높지 않은 영어 능숙도를 지닌 학생은 '상사'에게도 가벼운 사교적 대화같은 인사말을 길게 늘여서 하였다.

원어민과 비원어민 화자 사이에 나타나는 상호작용의 차이와 관련하여 더 심도있게 다루어진 문제는 비원어민 화자가 채택한 상호작용규칙이 제1언어 혹은 모국어로부터 전이된 것인가 하는 것이다('전이'의 개념은 8장 참조). Loveday(1982b)는 소위 '문화간 의사소통 간섭'(corss-cultural communicative interferenc)이라고 지칭한 현상이 발생하는 것을 강조한다. 그는 일본어의 상호작용규칙이 영어를 구사하는 일본인 화자의 의사소통 행위에 미치는 영향을 보여주기 위해 여러 가지 예를 제시하고 있다. 예를 들면, Loveday는 일본 언어사회에서는 집단이 개인보다 더 중요시되므로 일본인은 대화할 때 견해 차이를 거의 표현하지 않는다고 주장한다. 이런 행동은 언어접촉 상황에서 전이가 된다. 따라서 영어로 하는 대화에서 일본인은 영어 원어민 화자에게 우둔하고 불만족스럽게 보인다. 위에서 말한 바와 같이, 이들 영어 원어민 화자는 일본인을 공손하지만 소극적이고 진실하지 못한 사람으로 판단하는 경향이 있다.

Gumperz 외(1982)는 담화의 의미구조, 그리고 화자가 발화 사이에 두는 연결부를 신호함에 있어서 영국인과 인도계 영국인 사이에 나타나는 차이점에 대해 논의한다. 그런 예 중 하나는 접속사의 쓰임이다. 인도어에서는 접속사가 강세를 받지 않으며, 영어에서보다 더 선택적이다. 즉, 선택적인 접속사는 신호적인 가치를 지니고 있다. Gumperz 외는 다음 대화 부분을 제시한다. 이 대화에서 인도계 화자 A는 운율상의 암시를 제시하지 않고, 강세가 없는 접속사 'and'를 사용함으로써, 초점을 이동시키고 있음을 보여준다.

B: So so what was the outcome Mr. A?
A: Outcome was and that they had recommended that he has class discipline problem/language problem/so much problem/ and but his lesson was well prepared/and he had told us he needs more help . . .

Gumperz 외는 A가 나열하는 운율양식을 사용하지만, 첫 세 절의 비판 부분과 이에 대조되는 마지막 절의 칭찬 사이에 어떤 구분도 표시하지 않았음을 지적한다. 이 마지막 절은 단지 'and'와 연결됨으로써 표시된다(p.46). 모국어로부터 제2언어로의 상호작용 전이가 일어난 것이 분명하다. 그러나 연구 자료가 여전히 부족하고 일화적이다. 더욱이, 많은 경우 비원어민 화자는 모국어로부터 상호작용규칙을 전이하지 않는다. Scarcella와 Brunak(1981)에 인용된 아랍계 영어화자들은 그들이 아랍어 상호작용규칙을 사용하지만, 영어를 구사하는 능력이 충분하지 않기 때문에 명령법으로 요청을 더 많이 한다. 그러므로 이런 종류의 전이의 범위와 중요성을 판단하고, 원어민- 비원어민 간의 상호작용에 전이가 어떻게 영향을 미치는가를 판단하는 것은 매우 어려운 일이다.

언어는 사회 속에 내재되어 있으며 상호작용규칙도 마찬가지다. 상호작용규칙은 사회 구조와 그 사회의 문화적 가치와 관련이 있다. 12.2의 도입부에서, 처음 만나는 사람과 대화를 시작할 때 일본인과 서구 사람들이 자신을 소개하는데 차이를 보인다는 예를 제시했다. 일본인은 소개하는 상황에서 대화자들이 자신들의 지위를 밝혀야하는 특정한 상호작용규칙을 적용한다. Loveday(1982a)에 따르면, 이 규칙은 견고하게 조직된 집단 속에 구성원들이 묶여있는 일본 사회의 수직적 구조와 분명히 연관이 있다.

상호작용규칙이 특정 문화적 가치를 나타낼 때, 상호작용규칙이 충돌하는 곳에서는 문화적 가치들도 충돌한다. 이것은 원어민-비원어민 상호작용에서 나타나는 문제들의 사회적 결과가 소홀히 다루어져서는 안된다는 것을 의미한다. 언어적 소수자들에게 심한 사회적이고 문화적인 오명을 씌울 수 있기 때문이다.

12.3 통합적 관점

12.1에서 논의한 외국인 어투 전략을 12.2에서 다룬 의사소통 문제들과 연계시키고자 한다면, '대화'(conversation)의 개념을 좀 더 자세하게 고찰할 필요가 있다. 일반적으로 대화란 그 대화에 참여하는 사람들이 겪는 '공동의 모험'(joint venture)이라고 볼 수 있다. 대화의 내용과 형식은 (관행적인 상호작용을 제외하면) 미리 주어지는 것이 아니라 대화자들이 말하는 동안 만들고 구성해 나간다. 그러므로 대화자들은 협동을 해야하며, 그렇게 하지 않으면 상호작용이 성공적으로 이루어질 수가 없다. 즉, 뜻과 의도가 제대로 이해되지 못할 것이다. '협동'(cooperation)이란 상호작용에서 대화자들이 계속 서로 돕거나 서로에게 동의하는 것을 의미하는 것이 아니라 대화자들이 화행을 표현하고 해석하기 위해 통상적으로 같은 규칙을 적용한다는 것을 의미한다.

대화자들은 서로 동등한 힘을 갖지 않을 수 있다. 그러면 이런 사실이 상호작용에 나타날 것이다. 강력한 힘이 있는 대화 참여자는 대화를 지배할 수 있으며, 다른 참여자들의 발언권을 줄이기도 한다.

원어민-비원어민 화자 사이의 상호작용의 문제점은 대화자들이 화행을 표현하고 해석할 때 같은 규칙을 갖고 있지 않기 때문에 발생한다. 많은 경우, 강력한 힘이 있는 대화자는 자신의 언어를 상대방 화자에게 강요하면서 대화에서 사용될 언어를 결정할 수 있다. 상대방 화자는 상당한 어려움을 겪을 것이다. 그러므로 원어민 화자가 협동원칙을 크게 신뢰할 때 상호작용이 성공적으로 이루어질 수 있다. 즉, 원어민 화자는 비원어민 화자를 이해하고 상대방이 자신을 이해할 수 있도록 특별한 노력을 기울여야 한다. 원어민 화자는 자기가 하는 말을 조정해야 하고, 비원어민 화자가 의미를 잘 이해할 수 있는 외국인 어투 등을 사용해야 한다. Josine Lalleman(1986)의 연구의 다음 대화가 이것의 좋은 예가 된다. 그녀는 터키와 네덜란드 어린이가 놀면서 대화하는 상호작용을 녹음하였다. 일반적으로 터키 어린이는 네덜란드 어린이보다 네덜란드어에 능숙하지 못하다(검사 결과에서는 훨씬 더 현저한 차이가 나타났다). 그러나 대부분의 경우 이 때문에 상호작용의 문제점이 발생하지는 않았다. 그러나, 때때로 다음과 같은 문제가 발생하였다.

Soraya(네덜란드인)   Moet je ook pleister?
                    ('Do you need band-aids?')
Ozlem(터키인)   Wat?('what')
Soraya: Moet je ook pleistertjes?
                    ('Do you need little band-aids?')
Ozlem: Watte?('Wot?')

Soraya:	Moet je ook beetje van dees?
	('Do you need any of these?')
Ozlem:	Nee('No').

Ozlem은 'Pleister'라는 말은 모르고 있는 것이 분명하고, Soraya는 네덜란드어로는 매우 일반적이고 특히 어린 아이들에게 널리 쓰이는 지소어 'pleistertjes'를 사용하여 Ozlem을 도와주려고 하고 있다. Ozlem이 이해를 못하면 Soraya는 지시대명사를 사용하고 반창고를 가리킴으로써 이러한 상호작용 문제를 해결한다. 즉, Soraya는 매우 협동적인 행동을 보인다.

그러나 대화자들은 협동하지 않을 수도 있고, 간접적으로 힘의 관계를 언급할 수도 있다. 원어민-비원어민 상호작용에서, 원어민 화자는 일반적으로 더 많은 힘을 가질 것이다. 원어민 화자는 협동하지 않고, 상호작용에서의 문제점들을 해결하려고 노력하지 않거나 자신과 비원어민 화자의 상호작용에서의 간격을 넓히려고 함으로써 자기 힘을 표현할 수도 있다. 이러한 간격을 넓히는 데에는 두 가지 방법이 사용된다. (a)자기 말을 조정하지 않는 것과 (b)자기 말을 너무 많이 하거나 잘못 조정하고, 또 2개언어상용사회에서의 민족간 의사소통을 좌절시키는 불쾌하고 비문법적인 외국인 어투를 사용하는 것이다.

[추천도서]

외국인 어투에 관심이 있는 사람은 Ferguson의 논문(1971; 1975; Ferguson과 DeBose,1977)부터 읽어보는 것이 좋다. Ferguson은 외국인 어투를 일반적으로 단순화된 언어사용역, 피진어, 그리고 언어적 단순화의 과정과 연관시켰다. Michael Long(1981; 1982)은 외국인 어투와 제2언어 학습의 관계를 강조했으며, 여러 가지 '최근 연구결과'를 기록하였다. 독일인에게 가장 관심을 끄는 논문은 Meisel(1975;1977)이며, 프랑스인이 흥미로워 하는 논문은 Valdman(1977a)이다. Michal Clyne(1981)이 편집한 *International Journal of the Sociology of Language* 28권은 사회적 관점과 심리적 관점 모두를 제시하면서 외국인 어투에 대해 자세히 언급하고 있다.

　　Loveday(1982a)는 제 2언어 습득이라는 관점에서 원어민과 비원어민 화자 간의 문제를 다루고 있다. Sanches와 Blount(1975)는 문화 고유의 상호작용규칙에 대한 논문을 수록하였다. 민족간 의사소통에 있어서의 담화과정과 문제점들이 Gumperz(1982a, 1982b)의 논문에서 논의되고 있다. Extra와 Mittner(1984)의 논문에는 원어민과 제2언어 학습자간 대화에서의 이해(오해)에 대한 논문이 수록되어 있다. 이 주제에 관한 논문들은 *International Journal of the Society of Language* 27권 (1981)과 *Applied Linguistics* 5권 3번 (1984)과 같은 두 간행물에 수록되어 있다.

제4부
언어적 결과

언어접촉과 언어변화

한 언어가 다른 언어에 구조적으로 영향을 미칠 수 있을까? 달리 말해서, 한 언어가 다른 언어로부터 차용이 가능한가? 이 문제는 역사언어학 및 언어접촉 연구 분야에서 뜨거운 논란이 되어 왔지만, 아직까지 어떤 의견의 일치도 보지 못하고 있다. 이러한 이유 중의 하나는 '언어란 실제로 무엇인가?'에 대한 견해가 아주 다양하다는 점이다. 양 극단의 상반된 견해로는 '시스템관점'(system view)과 '도구가방관점'('bag of tricks' view)이 있다. 시스템이라고 보는 견해는 언어란 보다 구체적으로 말하면 문법(grammars)이라고 할 수 있는데 엄격하게 조직된 총체이다. 이 총체의 모든 요소들은 복잡한 통합적이고 어형변화 관계에 의해서 연관된다. 이 견해의 대표적인 주창자는 구조주의의 창시자인 페르디난드 소쉬르(Ferdinand de Saussure)이다. 그는 언어란 모든 것이 서로 함께 연결되는 (where everything hangs together) 하나의 체계라고 주장하였다. 반대로, 도구가방이라고 보는 견해는 언어란 주로 세상사를 언급하고 의사소통을 하는데 사용하는 복잡한 도구(tools)라고 보며, 이러한 도구들은 새로운 의사소통적이고 지칭적인 욕구에 쉽게 조정된다고 주장한다. 이 견해의 유명한 주창자는 1장에서 언급된 바 있는 크레올어 연구자인 슈사르트(Schuchardt)이다. Schuchardt(1914)는 크레올어 자료를 다루는 데에 언어 화학(language chemistry)이 필요하다고 주장하기 까지 하였다. 즉, 수리남(Surinam)에서 사용되는 두 가지 크레올어에 대한 공식은 스라난어(Sranan)는 CEP_1D이고, 사라마칸어(Saramacan)는 CEP_5D이다 (여기서 C는 크레올어, E는 영어, P는 포루투갈어, D는 네덜란드어를 의미함). 그리고 P의 아래첨자 숫자들은 두 크레올어에 존재하는 상이한 포루투갈어의 양을 나타낸다.

다소 양극단에 있는 20세기 초반의 두 학자를 예로 들었지만 현대 언어학에서 이 구분은 명확하지 않다. Chomsky와 생성문법은 시스템 견해인 반면, Hymes와 기타 기능주의자들은 도구가방 견해이다. 하지만, 체계(system)라는 개념은 중요한 변화를 겪고 있다. 초기 구조주의의 전체적인(holistic) 체계는 현대 문법이론에서는 모듈화된(modularized) 체계로 대체되었다. 체계에는 어휘, 음운론적 요소 등 많은 독립적인 구성요소들이 포함된다. 언어차용에 대한 문법 개념이 함축하는 것은 어떤 단어를 차용한다고 해서 반드시 그 단어의 음운도 동일한 방법으로 차용되는 것을 의미하는 것은 아니라는 점이다. 물론 단어는 차용과정에서 음운론적으로 조정된다. 이 말은 단어가 아주 추상적인 형태로 차용되며, 그 후 단어는 언어의 음운 패턴에 사상(mapping)된다는 것을 의미한다.

지금까지 언어에서 무엇이 차용될 수 있는가의 문제와 관련하여 거의 의견의 일치를 보지 못했던 이유 중의 하나는 차용과정, 즉 접촉상황 유형에 초점을 두기 보다는 차용된 요소에 더 많은 초점을 두었기 때문이다. 이로 인해 모든 견해의 차이가 생겨났다고 할 수 있다. 1절에서는 언어차용에 관한 여러 가지 시나리오가 논의될 것이다. 2절에서는 하나의 문법구조, 즉 4개 대륙에서 언어접촉 연구의 주제가 되어 왔으며 계속해서 논쟁의 대상이 되고 있는 관계사절을 예로 들어 차용 논의에 필요한 증거에 중점을 두고자 한다. 3절에서는 역사언어학의 관점에서 언어접촉에 기인한 문법변화와 다른 종류의 문법변화와의 비교가 다루어진다.

이에 앞서 한 가지 언급할 사항이 있다. 언어차용은 언어를 연구하는 모든 사람들이 인정하는 현상이다. 언어차용은 오래된 설형문자와 금속문자와 같이 아주 오래된 현상이기 때문에 특별하게 달리 설명할 수가 없다. 다음 장에서 언어차용이 논의될 것이며, 여기에서는 외국어 규칙이 한 언어에 병합되는 문법차용에 국한한다. 언어영향이라는 대안적인 용어에는 단점이 있다. 이것은 차용된 것과 그렇지 않은 것을 결정하는 것이 바로 제공언어(donor language)라는 것을 나타내며, 앞으로 논하게 될 과정의 창조적이고 적응적인 양상들을 간과한다. 새로운 과학적 용어를 만드는 것이 편하겠지만, 이 분야가 이미 혼동을 주는 용어 투성이라는 점을 감안하여 여기서는 새로 만들지는 않겠다.

13.1 다섯 가지 시나리오

문법차용이 잠재적으로 발생할 수 있는 방법에는 적어도 다섯 가지가 있다.

  (a) 수렴(convergence)을 통해서
  (b) 문화적인 영향과 어휘차용을 통해서
  (c) 재어휘화를 통해서
  (d) 제2언어 학습을 통해서
  (e) 권위있는 패턴의 모방을 통해서

하나씩 순서대로 가상적인 시나리오를 살펴보고자 한다.

(a) 장기간에 걸친 공존에 기인한 점진적 수렴

여러 언어가 동일 지역에서 그리고 오랜 기간 동안 주로 같은 사람들에 의해 사용되어 온 상황에서 수렴이 시작될 수 있다. 이 수렴은 특히 음운적 측면에서 두드러진다. 언어의 음운체계가 어느 한쪽으로 일방적인 영향을 미치지 않으면서 점점 더 비슷해질 수 있다. 에쿠아도르어의 한 예가 이를 보여준다. 구개음 *l*의 발음에서 보이는 방언의 변이형이 스페인어와 케추아어와 유사하다.

(2)	스페인어	케추아어
북부 에쿠아도르	[kaže]	[aži]
남부 에쿠아도르	[kale]	[ali]
	'street'	'good'

케추아어와 스페인어 모두에서 '북부' 발음은 아주 새로운 것이다. 그렇기 때문에 한 방향으로 영향이 미친다고 주장하기란 쉽지 않다. 또한 관련된 언어 체계에 대한 영향들이 다소 제약적이라는 점도 주목해야 한다. 구개음 l의 마찰음화는, 나머지 음운 체계에 영향이 없는, 후기 음운상의 규칙이다.

  Roman Jakobson은 상당한 음운적 수렴을 Trubetzkoj의 연구에서 따온 개념인 'phonological *Sprachbund*'(speech-bound)(1931)라는 개념으로 설명하였다. 몇몇 경우, 같은 지역에서 사용되는 서로 관련이 없는 언어들이 음색(tone) 체계를 발달시켰다. 중국어와 티벳어가 한 예이며, 또 다른 예로는 스웨덴어, 노르웨이어(북서부 방언을 제외한), 대분의 덴마크 방언, 몇몇 북부 독일어 방언, 북부 카슈비아어, 에스토이아어, 레토어, 리투아니아어와 같은 발트해의 언어들이 있다.

발칸반도와 북부 인도에서의 상황은 다소 다른데, 이 지역에서는 전체 문법 체계에 대한 광범위한 수렴이 이루어진 것으로 보고 있다. 이 문제를 차례대로 논의하고자 한다. 발칸반도는 네 개의 인도 유럽어족과 한 개의 비인도 유럽어족이 생겨난 여러 언어의 산실이다.

(3) **인도 유럽어**
슬라브어: 불가리아어, 마케도니아어, 동남부 세르비아 방언 등
로마어: 로마어
그리스어
알바니아어
비인도 유럽어
터키어

당연히 발칸반도 지역의 언어 평준화(동질화, 1966년 Birnbaum 참조)에 기여했겠지만 *Sprachbund*(언어가 서로 밀접한 연관관계를 맺고 있는)의 일부분으로 볼 수 없는 터키어를 고려대상에서 제외하면, 다른 언어들은 몇 가지 두드러진 특징을 공유하고 있다. 그 특징 중 하나는 그리스어를 제외한 몇몇 언어에서는 관사가 명사 뒤에 위치한다.

(4) 알바니아어   Qiel**i**   lul**ja**
       불가리아어   neb**to**   cwet**jat**
       루마니아어   cer**ul**   floar**ea**
       (그리스어   **o** ouranos   **to** louloudhi)
                      'the sky'   'the flower'

이러한 문법적 특징은 이 언어들의 초기 단계뿐만 아니라 관련 언어에도 존재하지 않는다. 물론 수렴가설 하에서, 왜 그리스어가 이런 특징을 공유하지 않은가에 대해서는 설명이 없다.

다른 한 가지 예는 부정사 구문을 가정법 구조로 대치하는 것이다. 예를 들어, 'je veux partir'(I want to leave)와 같은 구문 대신에 발칸어 화자들은 'je veux **que** je parte' (I want **that** I leave)와 같이 말할 것이다.

(5) 알바니아어   due   **te** shkue
     불가리아어   iskam   **da** otida
     루마니아어   veau   **sa** plec
     그리스어   thelo   **na** pao
                       'I want that I leave.'

보문소 (complementizer) 뒤의 동사는 현재 시제로서 인칭과 수가 본동사에 일치한다. 이것은 완전히 잉여 정보이며, 이러한 구조는 언어접촉 상황에서 발생했다는 생각과 일치한다(Civian, 1965). 물론, 이 모든 언어들이 같은 이유로 인해서 명사 뒤에 관사가 나오게 되었다는 것은 아주 놀라운 일이다.

이러한 수렴 유형이 발생하는 이유를 규명하는 것 또한 아주 어려운 일이다. 에쿠아도르어의 음성적 수렴의 경우, 위에서 언급되었듯이, 두 언어간의 단순한 근접성 때문에 수렴이 존재한다고 생각할 수도 있겠지만, 통사적 수렴의 경우는 그리 간단하지가 않다. 두 언어를 사용하는 다수 인구가 두 언어의 같은 구조를 사용하기 시작했을 수 있다. 또 다른 가능성으로는, 두 개의 수렴하는 언어가 개별적으로 같은 지역에서 사용되는 제3의 언어에 의해 영향을 받게 되었다고 생각할 수 있다. 마지막 가능성으로는, 한 지역에 사는 사람들이 공통의 언어적인 규범을 발전시키기 시작하였고, 이 규범은 다시 그 지역의 다른 언어들에 부여되었다고 생각할 수도 있다.

인도 대륙의 언어 수렴에 대한 연구에서 '지역적인 특징'(areal feature)이라는 새로운 용어가 만들어졌다(이 용어는 언어 조상에서 비롯된 특징을 나타내는 '유전적인 특징'과 대조되는 것임). 따라서 서로 밀접한 연관관계가 있는 지역에서 사용되는 언어들은 고유의 특징과 지역적 특징 모두를 가지고 있다. 아래에서 콘카니어(Konkani)를 논의를 할 때 이들 중 한가지 특징을 다루고자 한다.

물론, 너무 흔해서 우연으로 보이는 지역적인 분포를 지역적 특징에 포함시키지 않도록 하는 데에 주의를 기울여야 한다. 한 가지 예로서, 많은 에쿠아도르어의 케추아 방언에서 접미사의 맨 처음 자음이 비음과 모음 뒤에서는 다음과 같이 유성음화된다.

(6) ñan -**da**   road (acc.)
    papa -**da**   potato (acc.)
    krus -**da**   cross (acc.)

이 유성음화가 스페인어에는 무성자음뿐만 아니라 유성자음이 있다는 사실에 기인한다고 주장한다면 너무 단순한 생각일 것이다. 이 과정은 아주 자연스러운 것이어서 차용 측면에서 설명이 필요할 것이다.

(b) 문화적인 영향과 어휘차용

차용에 대한 아주 중요한 시나리오는 문화적인 영향을 통한 차용이다. 이런 문화적 영향에 의한 차용의 가장 중요한 결과는 다음 장에서 다루게 될 어휘차용이다. 그러므로 여기서는 직접 다루지 않고자 한다.

(c) 전면적인 재어휘화

11장에서 재어휘화의 개념에 관해 살펴보았다. 재어휘화는 원래의 문법을 유지하면서 한 언어의 어휘를 다른 언어의 어휘로 교체하는 것을 의미한다. 재어휘화 과정에서, 특히 새로운 언어의 기능어도 도입되는 경우, 원래의 문법을 유지하는 것이 별로 쉽지 않다는 것을 여기서 간단히 언급해야 할 것이다. 케추아어가 스페인어 어휘로 재어휘화되면서 그 결과로 만들어진 메디아 렝구아어(Media Lengua)에서, 이 때문에 몇 가지 변화가 발생했다. 한가지 예로, 1인칭 재귀대명사를 들 수 있다. 케추아어에서 재귀대명사는 (7)에서 처럼 대체로 동사에 접미사 **-ku**를 붙여 표시된다.

(7) riku - ku- ni
    see   refl 1
    'I see myself.'

메디아 렝구아어에는 비주어 1인칭 대명사 **ami** 'me' (스페인어 a mi'(to)me'로부터)가 만들어졌기 때문에, 메디아 렝구아어에서는 접미사 **-ku**를 사용하지 않고 목적어 대명사에 **-lla-di**'self'만 첨가하여 1인칭 재귀대명사를 만드는 것이 가능하다.

(8) ami -lla -(da)- di bi - ni
    me self acc   see   1
    'I see myself.'
    (여기서 acc는 목적격 대명사, 1은 1인칭 일치를 나타냄).

(d) 언어습득과 기저형태

파생언어(daughter language)가 모어(mother language)에서 어떻게 다양하게 분화되는지를 설명하기 위해 어떤 학자들은 기층언어의 영향(substrate influence)을 주장했다. 한 언어가 원래 사용되는 지역 외에 다른 지역의 언어에 도입될 때 그리고 이 지역의 다른 언어 사용자들이 새로운 언어가 차지하는 문화적이고 정치적인 권위 때문에 자신들의 제2언어로 채택할 때, 화자들의 원래 언어가 여러 면에서 새로운 언어에 영향을 미칠 수 있다는 것이다. 도식적으로 나타내면 다음과 같다.

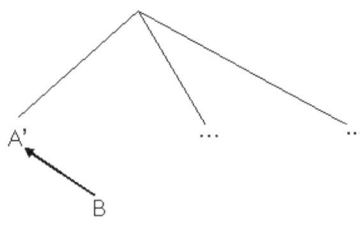

그림 13.1

그러므로 로마어 언어학자들은 프랑스어가 언어체계내에서의 일련의 언어 변화를 통해서 뿐만 아니라 후기 로마시대에 서민들의 라틴어에 미친 켈트어의 영향 때문에 프랑스어가 서민들의 라틴어(Vulgar Latin)에서 파생되었다고 주장한다. 이러한 유형의 영향은 프랑스어, 스페인어(바스크 기층언어), 포루투갈어(켈트어 기층언어라고 추정?), 루마니아어(트라시안 기층언어) 등 상호간에 많은 차이를 설명해 줄 것이다.

추측컨대 이러한 기층유형의 영향이 발생했을 것이다. 그 이유는 켈트인들은 불완전하지만 제2언어로서 서민 라틴어를 배웠고, 또 자신들의 많은 언어요소들을 라틴어에 도입했기 때문이다. 이 과정은 다음 3단계를 필요로 한다.

(a) B언어의 하나 또는 그 이상의 특징들이 B/A 중간언어에 전이된다. 즉, B언어의 화자가 A언어를 학습하고자 한 결과이다.
(b) 이 특징들은 중간언어에 그대로 남아 있는다. B언어 화자가 A언어를 비교적 잘 배운 경우에도 그대로 존재한다.
(c) 원래 B언어에 고유한 이 특징들은 A언어의 모국어 화자 후세들에 의해 채택되어져, 어떤 경우에는 원래 A언어의 특징에 해당하는 형태의 변이형으로, 또는 단순한 변이형으로 다음 세대에 채택된다.

이러한 이유로, 특정한 체계에서 기층 특징을 주장하는 데에는 세 가지 단계가 포함된다.

(a) 먼저 변이형이 있음을 보여준다(통시적, 유형적, 사회언어학적).
(b) 그 다음으로는 이 변이형들 중 하나가 습득과정상의 특징임을 보여 준다.
(c) 마지막으로 차용에 의해 발생했을 수도 있음을 보여 준다. 실제로 이것은 다른 언어의 체계에서도 존재한다.

(e) 권위있는 언어 유형의 모방

지금까지 논의한 네 가지 시나리오 외에도, 권위있는 언어의 문장 패턴이나 복잡한 표현들이 모방되는 경우가 있음을 알 수 있다. 이 시나리오는 필요성에 따른 아주 피상적인 현상에 국한된다. 물론, 쉽게 인지되는 문법양상들만이 모방된다. 다음의 13.2에서 논의되는 터키어가 바로 이러한 발달 유형을 잘 보여준다. 또한 르네상스 시대의 문학언어로 발달했던 유럽 토착어에서 보여주는 다양한 라틴어 사용 예에 대해서도 생각해 볼 수 있다.

13.2 통사적 차용은 있는가? 관계사절의 경우

지금부터는 여러 가지 구체적인 사례들을 이용하여 위에서 제시했던 시나리오들이 얼마나 적합한지를 알아볼 것이다. 명쾌하고 용이한 비교를 위해 관계사절이 포함된 사례만을 살펴본다.

(a) 인도: Konkani어에 대한 kannada어의 영향

통사적 영향을 받은 아주 명백한 사례에는 Konkani어의 일부 방언이 포함되는데, 이 Konkani어는 인도 유럽어로서 인도 중부에서 사용되는 Marathi어와 관련이 있다. 몇 세기전 Konkani어 사용자들이 Dravidian어의 일종인 Kannada어가 사용되는 지역으로 이주하였으며, 그들은 상황 때문에 어쩔수 없이 2개언어상용자가 되었다. 집에서는 Konkani어, 밖에서는 Kannada어를 사용했다. 이들의 2개언어상용이 유지되었으며, 사라지는 징후가 전혀 없다는 것은 인도 사회에 퍼져있는 엄격한 인종적, 종교적, 그리고 계급(caste)적 분리현상 때문이었다. Konkani어 사용자들은 Bramin이었고, 스스로 사회적으로 격리되어 있었다. Nadkarni(1975)는 Konkani어의 방언 구조는 직접적으로 영향을 받아서 Kannada어의 구조와 매우 흡사하게 되었다고 주장한다. (9a)에서처럼 관계사에 의해서 만들어진 원래의 Konkani어의 관계사절은 점차 Kannada어 유형의 관계사절로 바뀌었으며, (9b)에서 보듯이 의문어와 yes/no 의문 요소(9b)로 만들어졌다.

(9) a. jo   mhāntāro pepar vāccat āssa, to   dāktaru āssa
     REL old-man paper reading is   that doctor is

b. **khanco** mhāntāro pepar vāccat āssa-**ki**, to dāktaru āssa

　　　　　which　　　　　　　　　　　　Y/N
　　The old man that is reading the newpaper is the doctor.

이런 교체 현상은 오로지 Kannada어가 영향을 미쳤다는 가정을 통해서만 설명될 수 있으며, 이것은 구조적으로 영향을 받은 것은 아니다. 사실 Nadkarni의 주장에 따르면, 이와 같은 변화는 Kannada어의 구조에서는 외위치(extraposition)가 불가능하기 때문에 Konkani어의 표현 능력이 감소하였음을 암시한다. 동시에 외위치는 정보를 구조적으로 배치하기 위한 유용한 도구인데, 특히 Kannada어와 Konkani어와 같은 전치 수식 관계사절을 갖고 있는 언어의 경우 그렇다.

　　(10) to　dāktaru āssa jo/★khanco mhānoāro pepar vāccat āssa- ★ki
　　　　that doctor is　REL/ which old-man　paper　reading is　Y/N

대체적으로 Nadkarni에 의해 제시된 사례는 매우 강력하고 달리 설명하기가 어렵다. 통사적 차용이 불가능하다고 주장하는 사람들은 두 가지를 주장할 수 있다. (a) (9)에서 보았던 것은 한 유형의 관계사절이 다른 관계사절로 교체되는 것이 아니라 오히려 관계사화의 가능성이 상실되고 의문사와 같은 구조로 교체되는 것인데, 이 구조는 관계사절과 비슷한 기능을 한다. (b) 이 사례는 일부 변화를 겪고 있는 Konkani어 문법이 아니라 Konkani어 어휘를 유지하면서 Konkani어 문법 규칙을 Kannda어 문법 규칙으로 교체시키는 것이다. 이것은 (재어휘화와 반대되는) 재통사화(resyntactization) 라고 부를 수 있으며, 또한 이것은 반중립성(anti-neutrality) 전략이기도 하다. 수세기에 걸친 공존과 광범위한 2개언어상용으로 인도어들의 문법에서 수렴 현상이 나타났지만, 현존하는 사회적 분리구조는 복합형태(pluriformity)를 요구한다. 따라서 어휘 측면에서 여러 언어들은 가능한 한 분리되어 있다. 이런 극단적인 사례가 Hindi어와 Urdu어의 분리인데, 두 언어의 문법은 전혀 관련이 없고 다만 약간의 어휘만 관련된다. 인도와 파키스탄에 있는 힌두교도와 회교도들에게 이것은 바로 현실이다.

(b) 터어키어: 페르시아어의 영향

또 하나의 흥미로운 통사적 차용의 경우는 페르시아어의 관계사절이 터키어에 도입된 사례이다. 티키어는 아랍어와 페르시아로부터 연속해서 광범위한 어휘적 영향을 받았다. Ottoman왕정의 법정에서는 매우 복잡하고 유연한 터키어가 사용되었는데, 여기에는 아랍어와 페르시아어의 여러 표현들이 많이 있었다. 도입된 언어 요소들 가운데 하나가 페르시아어의 불변화사(particle) ki 인데, 이것은 영어의 that 과 유사하다. 이것은 (11a)와 같은 본래의 터키어 형식외에도 (11b)와 같은 인도 유럽어와 비슷한 관계사절을 갖게 되는 가능성을 열어 주었다.

(11) a. kapıyı kapamıyan bir çocuk
    door not-shutting a child

 b. bir çocuk ki kapıyı kapamaz
    a child REL door not-shuts
    'A child who does not shut the door'

(11a)에서 관계사절은 동사의 분사형을 이용하여 만들어지고, (11b)에서는 불변화사 ki와 완전히 굴절된 동사를 이용하여 만들어진다. 이외에도 원래의 관계사절 형태는 핵명사(head noun) 보다 앞서며 페르시아 유형은 핵명사 뒤에 온다.

 이것은 통사적 차용의 분명한 예인 것 처럼 보이며, 이 경우는 문화적인 영향과 어휘적인 차용을 통하여 이루어진다. 불변화사 ki를 터키어에 도입함으로써 새로운 유형의 관계사절 뿐만 아니라 영어의 that과 똑같은 보문소절을 사용할 수 있는 길이 열렸다. 그러나 차용이 없다고 주장할 수 있는 두 가지 측면이 있다. 첫째 Lewis(1972)는 옛 터키어에는 의문소 kim이 존재하였는데, 이것이 음소적 유사성을 통하여 ki를 통사적으로 확장하여 사용할 수 있는 길을 닦았을 지도 모른다고 지적한다. 두 번째로 (11b)유형과 같은 구문이 정말로 터키어의 일부가 되었는지는 약간 의심스럽다는 것이다. Lewis의 말에 따르면, 외국인은 이런 구문을 사용해서는 안 된다. 그 이유는 이 구문이 외래적인 것으로 간주되며, 현대 터키어에서 점점 더 희귀해지기 때문이라는 것이다. ki의 사용은 특이한 형태의 언어혼합 현상일 수도 있으며, 이것을 통하여 이런 유형이 문법에 유입되지 않으면서도 언어 산출에서 비터키어적 통사유형이 생겨난다.

(c) 멕시코 Nahuatl어에 대한 스페인어 영향

지금까지 설명된 두 가지 사례는 통사차용에 관한 연구가 얼마나 복잡한 지를 잘 보여주고 있다. 또 하나의 복잡한 사례는 Karttunen(1976)에 의해 아메리카 인디안 언어인 Nahuatl어의 관계사절에 관한 연구에서 소개되고 있다. Nahuatl어는 멕시코에서 스페인 정복 이전에 아르텍족과 정복 이후 다양한 인디안 농민 집단에 의해 사용되고 있다. 현대 Nahuatl어의 변이형에서 관계사절이 만들어지는 몇 가지 방식을 살펴 볼 수 있다. (12)의 예들은 원래의 Nahuatl어 구문에 해당되며, 이 경우 관계사절은 불변화사 또는 대명사 없이 내포된다.

> (12) inon tlacatl ica   oni-hua Cuauhnahuac cualli tlahtohua
> that person him-with I-went Cuernavaca well-able speaks
>
> Mexica-tlahtolli

Mexican speech

'That person I went to Cuernavaca with speaks Nahuatl well.'

좀 더 최근의 구문인 (13)의 경우에는 의문어 (tlen, 'which')가 관계사절의 앞에 놓인다.

(13) onicnexti   in tonin   **tlen**   otimopolhui   ye yalhua
     I-it-found   the money   which   you-lost   yesterday
     'I found the money which you lost yesterday.'

(13)과 같은 혁신적인 현상은 스페인어의 영향에 기인한다는 것이 배제할 수 없는 사실이다. 스페인어에서 많은 관계사절은 의문어로 만들어 진다. 그 영향이 간접적이라는 점 또한 분명하다. (13)의 특정한 경우에 있어서 스페인어는 의문어 보다는 접속사 que를 이용할 것이다.

(14) Yo encontré la plata **que** tu perdiste ayer.
     'I found the money that you lost yesterday.'

더 나아가, 때때로 Nahuatl어 사용자들은 의문어 보다는 직시적 (deictic)인 요소를 관계사절의 앞에 사용하는데, 이러한 혁신적 구문이 스페인어의 영향일 리는 없다. Karttunen(1976)이 (12)와 (13)과 관련하여 내린 결론에 따르면, 스페인어의 영향을 받아 Nahuatl어에 무언가 첨가 되었지만 Nahuatl어에 있어서는 아무것도 변하지 않았다. (12)의 경우는 완전히 산출적인 구조가 된다.

(d) 퀘벡 프랑스어에 대한 영어의 영향?

많은 독자들에게 좀 더 친숙한 사례를 들어보면, Quebec 프랑스어가 영어의 영향을 받아 점진적으로 변화하고 있다는 점이다. 많은 신문 편집자들에 따르면 아주 눈에 띄는 한 예는 전치사 분리(preposition stranding) 유형이라고 한다. (15a)는 (15b)대신 흔히 사용하는 일반 Quebec 프랑스어에서 사용되고 있다. 이러한 혁신적 구문의 근원은 (16)의 경우와 같이 영어에 해당하는 구문을 이용한 것으로 보인다.

    (15) a. la fille **que** je sors **avec**
         b. la fille **avec qui** je sors
    (16) the girl **that** I go out **with**

Bouchard(1982)는 영어의 영향에 대하여 설득력있게 반대 주장을 폈다. 첫째로 14세기 프랑스어에서 유사한 구문들을 볼 수 있다. 두 번째는 영어의 영향과는 아주 거리가 먼 프랑스에서 사용되는 몇몇 현대 일반인이 사용하는 방언들에서 전치사 분리 현상이 보이고 있다. 셋째로 관련 현상들이 다른 Romance언어에서 나타나고 있는데, 이것이 시사하는 것은 전치사 분리 현상은 Romance언어 계통 자체에 존재하는 것일 수도 있다는 것이다. 이외에, 영어에서의 전치사 분리는 거의 모든 전치사에 가능하지만, 프랑스에서는 음운론적으로 강한 전치사 경우에만 한정된다. 따라서 영어(17)와 가능하지 않은 Quebec 프랑스어(18) 간의 대조를 볼 수 있다.

    (17) the guy I talked to
    (18) ★le gars que j'ai parlé à

Bouchard는 (15a)에서의 구문은 따로 취급되어서는 안되고 오히려 표준 프랑스어와 대중적인 Quebec 프랑스어 사이의 단순한 차이로 분석될 수 있는 복잡한 현상의 일부로 취급되어야 한다고 주장한다.

(e) 볼리비아 케츄아어에 대한 스페인어 영향

많은 학자들이 가정한 바에 따르면, (20)에서와 같은 원래 구조를 대체하는 (19) 예문의 볼리비아 Quechua 관계사절은 스페인어로부터 차용된 결과라는 것이다(Schwartz, 1971).

(19) riqsi - ni warmi - ta (pi - **chus** chay - pi hamu - ša - n)
     know   1   woman **acc** who **dub**   that   **loc** come   **proh3**
     'I know the woman who is coming there.'

(20) (Chay - pi hamu -ša - q)   warmi - ta riqsi - ni
     that   **loc** come **prog ag**   woman **acc** know   1
     'I know the women coming there.'

(19)에서 관계사절은 의문어 pi 'who'에 의해 도입되고, 선행사 warmi 'woman' 뒤에 나오며, 시제가 포함된 동사를 가지고 있다. (20)에서 관계사절은 선행사보다 앞에 나오며, 행위자 접사 -q로 표시되고, 시제 및 인칭 표시는 없다. 두 경우에서 (19)의 예는 (20)보다 스페인어와 더 유사하다. 그리고 (20)의 방언은 스페인어로부터 아주 많은 단어들을 차용했다. 차용의 경우는 매우 강해 보인다.

그러나 Lefebvre(1984)는 차용을 가정해 볼 이유가 없다고 주장한다. 이용할 수 있는 가장 오래된 Quechua 문서를 통해서 (21)에서와 같은 상관관계사

구문(correlative structure)을 볼 수 있다.

> (21) **ima** - hina kawsa - **nki**, chay - hina wañu - nki
> what like live 2 that like die 2
> 'The way you live, that way you will die.'

첫째 절은 두 번째 절의 한 요소를 수식하며, 두 개의 절은 등위로 연결되어 있다. (19)에서와 같이 수식하는 절은 의문어에 의해 도입되며 인칭표시가 있다. (19)와 (21)이 다른점은 (19)에서는 수식어절이 내포될 수 있다는 것이다. 이런 가능성은, Lefebvre에 따르면, (19)의 경우 불변화사 -chus가 의문어에 부착되어 있고, 그 불변화사가 Cochabamba Quechua어에서 접속사 표시로 기능하게 되었기 때문이다. 이런 현상은 스페인어와는 전혀 무관하게 발달한 결과이다. Quechua어 내부의 언어 발달을 통해서 설명되지 않는 점은 (19)의 관계사절이 선행사 뒤에 나온다는 사실이다. 아마도 여기에서 SVO 어순으로의 전반적인 변화가 선행사 명사 관계사절 어순으로의 전환에 자극을 주었을 수도 있고, 또 직접적인 스페인어 영향이 관련될 수도 있다.

(f) Summary

지금까지 제시된 연구 사례들은 비록 그 주제에 관한 대표적인 연구들이기는 하지만 이 연구들만으로 명확한 결론을 내리기는 어렵다. 아마도 가장 공정하게 말할 수 있는 것은 이러한 연구들이 모든 문제를 해결해 줄 수 있다는 견해를 뒷받침해 주는 것이 아니라 통사차용은 내적인 동기에 의한 진화 (아마도 오직 피상적)로서 다른 언어 형태 쪽으로 진행될 수 있다는 것이다. 아무리 피상적이라 하더라도 통사차용과 같은 현상이 발생했던, 관계사절을 포함한 모든 사례들은 제 5의 시나리오, 즉 권위있는 언어유형의 모방일 수 있다. 앞으로 연구할 과제는 문법적 요소 혹은 구조가 어떤 시나리오를 통하여 차용될 수 있는가에 관한 좀더 전반적인 시각을 발전시켜 나가는 것이다.

13.3 문법차용과 언어변화

문법차용 현상은 우선 언어변화의 특수한 경우이다. 어떤 단계에서는 특정 문법 특징이 나타나지 않다가 나중에 나타나기도 한다. 문법차용이 다른 유형의 변화와 다른 유일한 점은 문법차용의 원인이 다른 문법 체계내에 차용 특징이 존재하기 때문이다. 다른 문법 체계는 그냥 존재하는 것이 아니다. 왜냐하면 문법차용이 아닌 넓은 의미의 언어접촉 때문에 발생한 여러 가지 유형의 언어변화가 있을 수 있기 때문이다. 그러한 경우 중 하나가 언어상실 및 언어의 소멸일 것이며, 여기에는 반드시 지배 언어의 특징이 채택되지 않으면서도 언어체계의 축소 또는 단순화 현상이 있게 마련이다. 이 과정은 4장에서 설명되었다.

언어변화 이론의 전반적인 맥락에서 문법차용을 자리매김할 때, 이것을 체계화 할 수 있는 좋은 방법은 언어변화 이론이 직면하는 5가지 문제점에 관한 Weinreich, Herzog 그리고 Labov의 논의를 통해서 체계화하는 방법이다(1968).

   (22) - 제약(constraints) 문제
     - 변천(transition) 문제
     - 내포(embedding) 문제
     - 활성화(actuation) 문제
     - 평가(evaluation) 문제

이 문제점들의 다양한 양상들이 이 책의 여러 장에서 다루어 졌다.

제약 문제는 언어구조가 언어내에서 가능한 변화의 유형을 제한하는 방식과 관련이 있다. 이 문제는 시스템과 도구가방 관점이라는 논의로 이 장의 도입 부분에서 다루어졌다. 관계사절 논의를 통하여 밝혀진 대부분의 변화는 내적 동기에 의한 것이지만 이런 변화는 다른 언어 방향으로 나아갈 수도 있다.

변천 문제는 변화 과정의 중간단계와 관련이 있다. 문법차용의 관점에서 변천과 관련된 당면한 문제점은 외래 항목 또는 구조를 어느 정도로 언어에 통합시키느냐와 관계가 있다. ki를 이용한 터키어의 예에서 보듯이, 문법 속에 존재하는 차용된 통사구조가 분명히 있을 수도 있다. 이 통사구조는 명백히 별도의 지위를 지니고 있고, 순수문법 학자들로부터 거부당할 수도 있다. 이렇게 개별 통사구조는 10장에서 논의된 언어혼합 현상과 관련이 있을 것 같다.

내포 문제는 변화가 전반적인 언어구조와 언어사회내에 내포되는 방식과 관련이 있다. 특정 변화의 반향은 무엇인가? 문법차용의 경우 내포 문제의 언어 양상들은 제약 문제와 더불어 고려되는 것이 좋을 것이다. 전반적인 언어체계는 제약을 가한다. 내포 문제의 사회적인 양상은 특정 문법적 영향이 언어사회를 구성하고 있는 여러 사회집단의 언어생활을 통하여 퍼져나가는 방식과 관련이 있다. 분명히 좀 더 자세한 시나리오가 내포 문제의 이러한 양상을 해결하는데 필요할 것 같다.

활성화 문제는 특정 언어변화가 개별 화자로부터 시작해서 언어사회내에서 어떻게 일반화되는가하는 문제와 관련이 있다. 그러므로 활성화 문제는 어떻게 개인 행동에 대한 설명을 집단행동을 기술하는데 필요한 언어로 바꿀 수 있는가?라는 사회과학의 일반적인 문제점들을 반영한다.

마지막으로 평가 문제가 있는데, 이것은 화자들이 지역사회에 있는 서로 다른 언어 또는 언어 변이형에 대하여 어떻게 반응하는가와 관계가 있다. 이 문제는 언어와 정체성을 다룬 2장에서 상당히 깊게 살펴보았다. 여기에서 흥미있는 한 가지 예는 Quebec에서의 상대적 관점(relativization)의 경우이다. 이것은 전치사 분리 ('la fille que je sors avec') 구문이 프랑스 문법의 변이형 내에서 독립적인 동기유발로 이루어졌다고 보는 반면에 영어때문이라고 인식한다.

언어변화를 좀 더 사회언어적인 관점에서 바라 볼 때 분명해지는 한 가지 점은 이 장의 서두에서 제기했던 의문점, 즉 언어들은 문법규칙을 차용할 수 있는가에 대해 분명한 해답을 얻지 못할 수도 있다는 점이다. 아마도 중요한 결정적 요인은 언어접촉의 유형과 정도일 것이다. 13.2에서 살펴보았던 대부분의 경우와 같은 언어변화의 표준적 상황에서는 문법차용이 다소 피상적인 현상이라고 결론을 내릴 지라도, 피진어와 크레올어를 다루게 될 15장에서는 언어체계의 근본적인 구조변화인 크레올어의 경우에는 문법차용이 결코 예외적일 수 없다는 점을 알게 될 것이다.

[추천도서]

언어변화에 관한 두 권의 책은 *Principles of diachronic syntax*(1979)와 *Language change: progress or decay*(1981)이다. 프랑스어를 읽을 줄 아는 사람에게는 'Grammaires en contact'이라는 *Revue Quéhécoise de linguistigue*(1983)에 있는 논문을 읽는 것이 도움이 된다.

어휘차용

    아무 것도 없는 곳에서 문화가 발달될 수 없듯이 다른 언어로부터 차용한 어휘가 전혀 없는 언어를 상상하기란 어렵다. 동시에, 이런 단순한 사실이 언어사용자들에게 잘 받아들여지기가 어렵다는 것도 놀랍다. 영어사용자들은 외국어 특히 영어가 프랑스어 용법에 들어오는 것을 차단하기 위해 프랑스 정부가 펼치는 언어순화 정책을 비웃는 경향이 있다. 그럼에도 불구하고 이 언어적 순수주의는 아주 광범위하게 퍼져있고 대부분의 국가에서 상당한 인기를 누리고 있다. 11장에서 주목하였듯이, 어휘는 눈에 가장 잘 보이는 언어의 한 부분이라고 할 수 있기 때문에 어휘차용은 그 자체로 언어에 영향을 주는 것으로 인식된다.

    본 장은 복합적인 어휘차용 현상에 대해 다룬다. 먼저 어휘차용 현상의 유형을 제시하면서 시작한다. 다음으로 14.2에서는 어휘차용의 사회적이고 문화적인 결정 요인, 즉 한 언어가 다양한 언어로부터 어휘를 차용하는 이유가 무엇인지를 살펴본다. 세 번째 주제는 차용이 발생할 수 있는 문법 조건에 관한 것이다.

차용과 기타 다른 현상간의 관계에 관한 좀 더 심도깊은 논의는 14.4에서 이루어진다.

14.1 어휘차용의 유형

가장 단순한 경우, 단어는 음운과 의미를 둘 다 가져와서 전체(whole)로 차용된다. 이러한 차용이 유일한 방법이라면 더 이상 언급할 필요가 없을 것이다. 하지만, 어휘차용에 대한 다른 가능성들이 많이 있어, 보다 체계적인 접근방법을 개발할 필요가 있다. 차용의 가장 복잡한 유형은 혼란스러웠던 용어를 체계화시킨 Haugen(1950)에 의해 이루어졌다. 그가 도입한 1차적인 구분은 도입(importation)과 대체(substitution) 간의 구분이다. 도입은 어떤 유형을 언어에 가져오는 것과 관련이 있으며, 대체는 다른 언어의 유형을 모국어 유형으로 대체시키는 것과 관련된다. 스페인어 화자가 다음과 같이 말을 할 때,

(1) Dáme un **wheesky**   'Give me a whisky'

이 사람은 영어 형태소 'whisky'를 스페인어에 도입했지만, 이 단어 안에서 형태소를 영어 -i 대신에 스페인 음 -ee로 대체하였다. 이러한 구분법을 이용하고 구조주의 언어학의 다양한 분석단계를 적용함으로써 Haugen은 다음과 같은 차용 유형을 제안한다.

(i) 차용어(*loanwords*) : 대체가 없는 형태소 도입. 영어에서 단어 *chic*를 사용하는 것과 같이 가장 흔하다. 차용어의 범주 내에서 음소차원(음운론적으로 조정된 차용어)의 대체가 있는 경우와 없는 경우로 구분할 수도 있다.

(ii) 차용혼성(*loan blends*) : 도입뿐만 아니라 형태소 대체. 이 부류는 *soft-ware* ***house***로부터 차용된 네덜란드어 *soft-ware **huis***와 같은 '혼성어'(hybrids)를 포함한다.

(iii) 차용전환(*loan shifts*) : 대체가 없는 형태소 도입. 여기서는 단순하든 복잡하든 의미만이 도입되고, 그 의미를 나타내는 형태는 모국어적이다. 차용전환의 잘 알려진 예는 독일어 *Wolkenkratzer*, 프랑스어 *gratte-ciel*, 스페인어 *rasca-cielos*를 들 수 있는데, 이들은 모두 영어 sky-scraper(마천루)에 바탕을 두고 있다. 의미가 단순할 경우에도 차용전환의 경우를 찾아볼 수 있다. 이것은 종종 차용번역(loan translation)이라고도 한다. 네덜란드어에서 동사 *controleren*은 대부분 'to check'라는 의미를 나타내지만, 최근에는 영어 *control*의 의미로도 사용된다.

인류학적 관점에서 어휘차용에 대한 또 다른 기본적인 구분은 Albó(1970)에 의해 이루어졌는데, 어휘의 대체(substitution)와 추가(addition) 간의 구분이다. 차용된 항목이 문화에 이미 존재하는 개념에 사용되면 대체이고, 새로운 개념이면 추가이다. Albó의 개념을 Haugen의 용어로 재해석하면, Albó의 대체는 의미론적 대체가 있는 형태소적인 도입이고, Albó의 추가는 의미론적 도입이 있는 형태소적인 도입이다. 여기에서 중요한 구분은 핵심(core) 어휘차용과 비핵심(non-core) 어휘차용의 구분이다. 핵심 어휘는 'fire', 'hands', 'two', 'daughter' 등과 같은 인간 사회의 기본적인 항목을 지칭한다. 비핵심 어휘항목은 'lawnmower', 'dictionary', 'psychiatry'처럼 어떤 집단의 아주 특정한 물질적·비물질적 문화와 조직에 관한 요소들이다.

모든 어휘차용 유형에 대한 근본적인 문제는 담화에서 우연히 다른 언어에서 차용된 단어(어휘간섭, lexical interference) 또는 임시 차용어(nonce borrowings)와 수용언어에 완전히 통합된 단어 간의 구분을 어떻게 할 것인가 하는 점이다. 이 구분은 14.4에서 다시 다룰 것이다.

14.2 사회적 결정요인과 문화적 결정요인

단어는 여러 접촉상황에서 아주 자유롭게 차용될 수 있음에도 불구하고, 알 수 없는 힘에 밀려 떠도는 우주의 먼지조각처럼 혼자서는 스스로 한 언어에서 다른 언어로 이동하지는 못한다. 그러므로 우리는 왜 특정한 단어들만이 차용되는지를 알 수 있다. 다시 말해 사회적이고 문화적인 차용의 결정요인이 무엇인지를 밝힐 수 있다.

세계 각지에서 광범위하게 발생되는 다양한 차용 상황을 살펴봄으로써 차용에 관한 사회적이고 문화적인 결정요인을 제시할 것이다. Weinreich(1953)는 단어가 차용될 수 있는 여러 가지 이유를 다음과 같이 제시하고 있다(Taber, 1979 비교).

(1) 문화적 영향을 통해서
(2) 잘 쓰이지 않는 모국어 단어가 사라지면서 외국어 단어로 대체될 때
(3) 두 모국어 단어 음이 아주 흡사하여 외국어 단어로 대체되면 잠재하고 있던 모호성이 해결될 때
(4) 표현력을 상실한 감성적인 단어의 동의어가 계속해서 필요할 때
(5) 차용을 통해서 새로운 의미 구분이 가능해질 때
(6) 한 단어가 낮은 지위의 언어에서 차용되어 경멸적으로 사용될 때
(7) 광범위한 2개언어상용을 통하여 한 단어가 거의 무의식적으로 도입될 때

이러한 이유들 중에서 (1), (2), (3), (5)는 언어의 지칭적(referential) 기능과 관련이 있고, (4)와 (6)은 표현적(expressive)이고 지시적(directive)인 기능과 관련이 있다는 점에 주목해라. 기타 다른 차용 이유를 생각해 내는 것은 독자들에게 맡기겠다.

(a) 영어에서의 차용어

앵글로 색슨족(Anglo Saxon)이 5세기에 영국에 정착한 이후, 영국은 8·9·10세기에는 노르웨이 바이킹족과 데인족에 의해, 11세기에는 노르망디에서 온 프랑스어를 사용하는 바이킹 정착자들에 의해 침략을 겪었다. 침략과 이에 따른 이주 그리고 문화적 변화 등으로 전체는 아니라 하더라도 영어 어휘는 변형되고 풍부해졌다(Serjeantson, 1968). 6세기에 시작된 기독교로의 개종을 통해 라틴어로부터도 비슷한 영향을 받았다. 어떤 라틴어 어휘들은 영국 남동부의 Saxon Shore를 따라 있었던 약탈자들이나 무역업자들에 의해 일찍 동화되었을 것이다. 많은 차용어들은 프랑스어와 라틴어를 알고 있는 사람들에게는 여전히 차용어로 인지된다. 그러나 다음과 같은 고대 영어 단어를 생각해 보자.

(2) **čēap** 'goods, price, market', CHEAP,
'inkeeper, whineseller, tradesman'를 의미하는 라틴어 *caupo*
에서 옴
pund 'pound, pint', POUND,
'measure of weight'를 의미하는 라틴어 *pondo*에서 옴
čese, čiėse 'cheese', CHEESE,
'cheese'를 의미하는 라틴어 *caseus*에서 옴

Serjeantson이 자신의 상세한 연구 서문에서 지적하듯이, 대부분의 비전문가들은 이러한 단어가 '외국적'(foreign)이라고 전혀 인식하지 못할 것이다.

앵글로 색슨 주민과 노르웨이 정착민의 상호 공존 그리고 노르웨이어와 고대 영어의 관련성은 초기의 침략 때보다도 어휘적으로 상당한 영향을 미쳤으며, 각기 다른 지역에서 다른 정도의 영향을 미쳤다. 초기 차용어에는 *husbonda* 'householder, husband'와 *wrang* 'wrong'이 포함되며, 후기에는 'shirt'이외에도 노르웨이어에서 온 차용어 *skirt*를 들 수 있다.

하지만 가장 많은 차용어들은 프랑스어에서 왔다. 노르만족과 앵글로 색슨족 간의 활발한 접촉이 있었던 초기에 프랑스어 차용이 제한되었다는 사실은 아주 신기하다. 서민 라틴어(Vulgar Latin) *prōd-is*로부터 프랑스어를 거쳐 'proud'를 뜻하는 *prūd*나 *prūt*와 같은 차용어도 있다. 11세기와 12세기에 프랑스어 자체는 행정과 법정 언어로 사용되었다. 상류층 언어로서 중세 영어가 프랑스어를 대체하고 난 후에야, 영어는 당시 영어가 사용되던 계층 밖의 문화도 지칭해야 하는 큰 부담을 지게 되었다. 그때 *capun* 'capon'(수탉) 이나 *cuntesse* 'countess', *bēst* 'beast'와 같은 단어들이 도입되었다. 이 당시는 학식있는(learned) 어휘, 즉 접사 규칙이 있고 때로는 이 규칙과 관련된 형태음운 규칙도 자체에 지니고 있는 어휘가 엄청나게 도입되기 시작한 시기였다. 어떤 점에서 영어 어휘는 두 부분, 즉 '토박이적인(native)' 것과 '학식있는(learned)' 것으로 이루어진다. 어떤 사람들은 -*hood*와 같은 접사는 토박이적인 단어에만 부가된다고 주장한다.

    (3) brother-**hood**
        father-**hood**
        ★chief-**hood**
        ★prince-**hood**

이것이 어원상으로 반드시 그렇지 않다는 점은 *nation-**hood***와 *priest-**hood***에서 처럼, '비토박이적인' 단어에 바탕을 둔 *-hood*와 이루어지는 단어들에서 볼 수 있다.

한편, 접미사 *-**ity***는 비토박이적인 단어(*nice-**ity***나 *odd-**ity***와 같은 것은 예외)에만 부가된다.

(4) absurd-**ity**
pur-**ity**
★good-**ity**
★red-**ity**

접사규칙에서 고려한 점이 순수하게 어원적 기준만은 아니었다는 것은 ★ *proud-**ity***와 같은 예에서 증명되는데, 이 어휘는 초기 노르만 차용어(앞에서 언급하였음)이기 때문에 문법적이어야 하지만 비문법적이다. 어원상의 유래가 대략적으로는 일치하지만 완전히 서로 다른, 여러 부분으로 이루어진 어휘 현상은 많은 언어에 있다.

어휘차용이 어느 정도의 통사적 차용을 초래하는 지에 대해서는 학자들 간에 상당한 이견이 있다. 영어는 어순에서 볼 수 있듯이 고대영어와 중세영어 사이에서 엄청난 변화를 겪으면서 프랑스어에 보다 유사해졌지만, 이 변화가 통사적인 차용에 기인하는지는 좀 더 살펴보아야 한다.

(b) 미국 남서부에서의 코만치어

코만치족이 백인의 식민 개척지 확장과 충돌하면서 자신들의 언어를 변형시킨 방식은 많은 아메리카 인디언들이 겪은 비슷한 경험들을 한 예로 보여준다. 코만치족의 언어적 문화변용은 Casagrande(1954/5)에 의해 자세히 기술되었다. 18세기 내내 스페인인이 거주하던 미국 남서부 지역에서 프랑스인들이나 스페인인들과 전쟁이나 무역을 하던 코만치족은 1803년 루이지애나 합병 직후 미국 정착민들과 충돌하였다. 미국 서부로의 확장은 너무나 강력해서 19세기 중반 무렵 이들은 자기 종족의 자치권을 상실하고 농부가 되었다. 코만치족이 변화하는 환경에 자신들의 언어를 적응시켜 온 방법을 분석하면서, Casagrande는 언어 자체 내에서의 자료 이용인 1차적인 조정(primary accomodation)과 다른 언어에서 온 자료 이용인 2차적인 조정(secondary accomodation) 간을 구분하였다. 조정이라고 하는 것은 지속적인 과정이므로 많은 형태를 띤다. 1차적인 조정에 속하는 예는 다음과 같다.

(i) 기존 단어의 의미 전환. 원래는 'deer'의 의미를 지녔던 *tihi.ya*라는 단어가 'horse'를 의미하게 되었고, 'deer'를 뜻하는 ˀarikaˀ라는 새로운 단어가 생겨났다.

(ii) 새로 생겨난 단어의 예를 보면 다음과 같다.

    (5) na   -taˀ   -ˀai   - ki - ˀ
    reflexive   with the feet   go causative nominalizer
    Thing to make oneself go with the feet.
    nataˀ aikiˀ 'bicycle'

(iii) 고정된 구(fixed phrases)의 기능을 하는 설명적인 완곡표현(circumlocutory)은 덜 익숙한 외국 항목을 지칭하고 즉석에서 만들어 지기도 했다.

(6) ʔohapItiʔa - taka - sikikamatI
    orange's   brother tastes-sour
    'lemon'

Casagrande의 견해에 따르면, 언어접촉이 보다 강해지거나 모국어에 대한 언어 순수주의 경향이 무시되는 상황일 때 2차적인 조정, 즉 우리들의 용어로 표현하자면, 차용이 일어난다. 코만치어에는 스페인어와 영어에서 차용된 단어가 아주 많은데, 이들 중 상당수는 아주 오래되어서 코만치어 사용자들이 외국어라는 것을 인식하지 못한다. 그 예는 다음과 같다.

(7) poʔroʔ   'pig, bacon'   Sp. *puerco*
    pihú.ra   'beans, peas'   Sp. *frijoles*
    tehnsé.ʔ   'ten cents'
    ʔi.cinʔecin   '(Indian) agent'

이러한 차용어 외에도, 영어에서만 온 차용번역(loan translation)의 사례도 있는데, 이는 코만치어 문화변용의 역사 후반기에 발생했음을 보여준다. 이는 보다 광범위한 2개언어상용 지식이 요구된다. 그 예는 다음과 같다.

(8) pĭhĭkavĭrí.ʔsari.ʔ   'sheep dog'
    sheep   dog
    taʔahpi   'Our Father'
    our father

여기에서는 영어 복합어 구성요소들이 지닌 의미를 차용하기도 하고, 의미 전체를 차용하기도 한다.

    Casagrande는 코만치어에 일어난 차용은 코만치어 자체의 쇠퇴를 의미한다고 강조한다. 이러한 결론은 부분적으로 언어를 직접적인 문화의 반영이라고 보는 워프의 이론(Whorfian perspective) 때문이라고 할 수 있다. 차용에 관한 그의 비관적인 견해는 코만치어에 대해서 부분적으로는 정당화될 수 있다. 물론, 코만치어와 앞에서 인용된 영어 사례 간의 큰 차이는 두 언어 간의 상이한 사회적 지위 때문이다. 또 다른 큰 차이점은 고대영어, 노르웨이어, 프랑스어의 경우에서처럼, 접촉하는 언어들이 유형상 비슷한 경우 차용이 더 쉽고 덜 혼란스러운 과정일 수도 있다는 점이다.

(c) 일본어에서의 포르투갈어 요소

포르투갈인은 1542년이나 1543년에 처음 일본에 들어왔으며, 일본의 완전한 고립정책이 시작된 1639년까지 활발한 교역이 이루어졌다. 포르투갈어는 실제 혼용어(lingua franca)가 되어 네덜란드, 스페인, 영국 상인과 거래를 할 때도 일본인들에 의해 사용되었으며, 포르투갈인들과의 무역 이상으로 큰 영향을 미쳤다. 16세기 이후 일본어에는 1000개 이상의 포르투갈어 단어가 사용되고 있는데, 이들 중 절반은 기독교의 종교 어휘와 관련있다(Kim, 1976).

(9)	포트투갈어	해설
zenchyo	gentío	a heathen
terouja	geología	theology
resureisan	ressureição	resurrection
karujinaresu	cardinales	cardinal

이러한 예에서 명확한 것은 포르투갈어 단어들이 음운적으로 조정되었다는 점인데, 자음결합이 분리되고, *l*과 *r*이 모두 *r*로 발음되고, 모음이 조정되었다. 종교 용어를 지칭하는 대부분의 차용어들은 사라지거나 일본어로 대체되었다. 현대 언어에서 살아남은 것은 대부분 물질 문화를 지칭하는 단어들이다.

(10) birodo   velludo   velvet
      pan   pão   bread
      jiban/juban   gibão   doublet(garment)
      furasuko   frasco   flask

일본어에 들어온 대부분의 차용어들은 일본 문화에 추가된 물질이나 개념을 지칭한다. 따라서 거의 명사들만이 차용되었음을 알 수 있다. 포르투갈인들이 떠났을 때 어떤 용어들의 의미는 진화되었다. *juban/jiban*이란 단어가 원래는 서양의 옷 유형을 지칭하였으나 현재는 일본의 옷을 지칭한다. 한편, 유럽풍의 옷은 *shatsu*(영어 'shirt'에서 유래한)로 불리우고 있는데, 이것은 바로 2차 세계대전 이후 영어로부터 엄청난 영향을 받았음을 보여주는 예이다.

(d) 코스타리카어에서의 영어

많은 영어의 요소들이 코스타리카 스페인어에 유입되었다는 것은 주목할 만하다. 영어의 영향은 대서양-태평양 횡단 철도가 건설되던 해인 1871년 자마이카인들의 유입으로 시작된다(Zuñiga Tristan, 1976). 자마이카인들은 연합과일회사(United Fruit Company)가 바나나 농장을 개발하기 시작하면서 계속 유입되었다. 1888년부터 문법연습이 실린 스페인어 교과서에서 다음과 같은 영어표현을 찾을 수 있다.

(11) clown, high life, meeting
God save the King, God save the Queen
Happy New Year
reproter, self-government
that is the question
time is money

코스타리카 경제가 미국의 영향권에 점점 더 통합되면서 영어가 미치는 영향력은 더욱 강해졌다. 대부분의 무역이 2개언어상용으로 이루어졌다. 퇴직한 미국인들, 금을 캐던 사람들, 그리고 코스타리카로 이주한 모험가들이 영어 영향력에 추가적인 원인이 되었다. 그 결과 음성적으로 잘 통합되는 수백 가지의 영어 단어들이 사용되게 되었다. 몇 가지 예를 들어보자.

(12) chinchibí   'ginger beer'
　　 espich   'speech'
　　 ensuicharse   'to switch oneself on, to get organized'
　　 odishit   'audit sheet'

동시에 *Fito's bar*와 같이 술집 이름 앞에 영어 소유격 -s를 사용하는 경우와 같이 사소한 예를 제외하고는 형태소적인 영향과 통사적인 영향은 없다. 영어 차용어가 형태소적으로 어느 정도 조정되는가를 살펴보는 것 역시 주목할 만한 일인데, 위의 단어 *ensuicharse*에서 영어 명사는 동사로 변해서 접두사를 받았다.

(e) 상고어(Sango)에서의 프랑스어 차용어

마지막 예로는 중부 아프리카 공화국의 혼성어인 Sango어에서의 프랑스어 차용어를 들 수 있다. 이 언어는 나이지리아-콩고 언어계에 속하며, Sango어라고도 불리는 종족 언어에 바탕을 두고 있다. 이 종족 언어는 지리적 확장을 겪으면서, 그 결과로 피진어화되어 대부분의 형태소와 상당한 어휘를 상실하였고, 그 후에는 프랑스 식민지 개척자들과의 접촉언어로 역할을 하게 되었다. 현재는 많은 종족들이 사용하는 제2언어로 널리 사용되고 있다. Sango어에는 프랑스어에서 온 차용어가 많으며 특히 비핵심(non-core) 어휘에서 차용된 것들이 많다(Taber, 1979). 혼성어인 Sango어의 원래 어휘가 빈약하다는 사실과, 코만치어와 달리 1차적인 조정을 위한 형태소적 자료가 언어에 결여되어 있다는 사실은 이러한 차용이 이루어진 동기의 일부이다. 프랑스어는 어휘 확장을 위한 원천으로서 필요했다. 흥미로운 점은 이 언어에 이중어(doublets) 기능을 하는 프랑스어-Sango어 동의어쌍들이 많이 있다는 점이다. 그 예는 다음과 같다.

(13) samba   bière   'beer'   NOUNS
      mbétí   lettre   'letter'
      ndo   place   'place'

      buba   foutu, ruiner   'ruin'   VERBS
      họ   passer   'pass'

      nzoní   bien   'well'   ADJUNCTIVES
      kóé   tout   'all'

이러한 동의어 중 많은 것들이 핵어휘에 속한다. 그렇다면 이러한 경우 언제 Sango어에 프랑스어 단어가 차용되었는가? 다양한 종류의 교재를 면밀하게 분석한 결과 Tabor는 프랑스어의 동등어(equivalents)가 표현기능을 갖는다는 사실을 발견하였다. Taber의 해석에 따르면, 이러한 동등어들은 확고한 종족 정체성이 없는 젊은이들에게 안전하게 쓸 수 있는 언어의 표시로 사용된다.

(f) 요약

차용은 침략(영국), 주류문화에 의한 정복과 지배(코만치족), 제한된 문화접촉(일본), 제한된 이민과 경제 의존성(코스타리카) 그리고, 식민주의 상황에서의 공존(상고) 등 다양한 사회적이고 문화적인 상황에서 발생한다는 것을 알 수 있다. 차용의 범위, 유형 그리고 사회언어적 영향 등은 각각 다르다.

14.3 문법적 제약

한 언어에서 단어는 개별적인 요소이자 동시에 언어체계의 일부분이다. 어휘는 그 자체가 부분적으로 구조화되며, 단어가 문장에서 나타나는 맥락 또한 차용에 구조적인 제약을 가한다. 이러한 제약은 어떤 범주가 다른 것보다 더 쉽게 차용될 수 있다는 사실, 또는 적어도 어떤 것은 다른 것보다 더 자주 차용된다는 사실에서 명확해진다. 이것은 일찍이 산스크리트어 학자인 William Dwight Whiney(1881)에 의해 19세기에 관찰되었는데, 그는 다음과 같은 위계순서로 결론을 내렸다.

(14) 명사 - 다른 품사들 - 접미사 - 어형변화 - 음운

이 위계는 미국에 이민온 노르웨이 이민자들에게서 얻은 자료를 이용한 Haugen(1950)에 의해 다음과 같이 더욱 정교해졌다.

(15) 명사 - 동사 - 형용사 - 부사 - 전치사 - 감탄사 - ...

명사는 동사보다 더 쉽게 차용되며, 동사는 형용사보다 더 쉽게 차용된다. Haugen과 달리 Singh(1981)는 힌두어에서의 영어 차용어에 바탕을 둔 비교할 만한 위계를 제시했다.

(16) 명사 - 형용사 - 동사 - 전치사

케추아어에서의 스페인어 차용어 자료에 바탕을 두고, Muysken(1981)은 다음과 같은 위계가 있을 수 있다고 잠정적으로 결론지었다.

(17) 명사 - 형용사 - 동사 - 전치사 - 등위 접속사 - 양화사 - 한정사 - 독립 대명사(free pronouns) - 연결 대명사(clitic pronouns) - 종속 접속사

어떤 녹음된 발화의 언어자료에 다음과 같은 수의 스페인어 단어가 포함되어 있다(유형(*types*)이지, 특별히 어떤 구체적인 것을 지칭하는 증거(token)는 아님).

(18) 명사류   221   전치사류   5
      동사류   70   감탄사류   5
      형용사류   33   부정어류   2

문장부사류	15	양태부사류	1
양화사류	7	인사류(greetings)	1
접속사류	6		

이러한 종류의 자료를 어떻게 다룰 것인가? 분명히 말해서, 이 자료들은 유형 (14)에서 (17)까지의 위계를 확립하는데 직접적으로 사용될 수 없다. 그 이유는 차용에 사용될 수 있는 각 범주 요소들의 양이 서로 다를 수 있기 때문이다. 스페인어에는 동사보다 명사가 더 많다. 차용된 명사의 수가 동사의 세 배 이상이라는 사실도 만일 차용된 범주의 요소를 퍼센트로 따진다면 동사가 명사보다 차용하기 더 쉬운 것으로 해석될 수 있다. 그러나 명사가 더 쉽게 차용될 수 있다는 일치된 견해가 있기 때문에 이 결론도 설득력이 없다. 7가지 유형이 차용된 양화사의 경우를 볼 때, 거의 모든 스페인어 양화사가 차용되었기 때문에 이 요소들이 모든 요소들 중 가장 쉽게 차용될 수 있다고 결론지을 수 있다.

(18)의 자료들은 또다른 이유로 왜곡된 모습을 보여주고 있다. 유형(*types*)이 계산된 것이지 증거(token)가 계산된 것이 아니다. 어떤 단어를 여러 번 사용할 수 있기 때문에 큰 차이가 난다. Taber가 연구한 Sango어 어휘자료에서 508개의 프랑스어 차용어가 유형(*types*)의 51%를 차지하였지만 증거는 7%에 불과했다. 다시 말해서, 이 차용어들은 비교적 드물게 사용되었다. (18)의 요소들에 대한 증거분석(token analysis)을 해보면, 스페인어 명사는 (18)에서 제시되는 것보다 훨씬 더 자주 나타나고, 전치사, 부사 그리고 양화사와 같은 요소들은 훨씬 더 드물게 나타남을 알 수 있다.

이 모든 이유들로 인해서 언어자료에 있는 요소들, 아니 더 심한 경우에는 사전상의 요소들을 단순히 수로 계산하는 것만으로 차용의 위계를 확립하기란 불가능하다. 명확한 실증적 결과라기보다는 어휘차용 과정을 이해할 수 있도록 도움을 줄 수 있는 가설로써 이 위계들을 생각하는 것이 더 바람직하다. 이러한 가설의 토대가 될 수 있는 것은 무엇인가? 달리 말하면, 위에서 제시된 것과 같은 차용의 위계를 어떻게 설명할 것인가? 물론, 가장 중요한 것은 차용 이유에 관한 설명인데, 이들 중 가장 중요한 이유는 앞 절에서 지적되었듯이 언어의 지칭적 기능을 확대하는 것이다. 지칭(reference)은 주로 명사를 통해 이루어지기 때문에 명사가 가장 쉽게 차용되는 요소이다. 좀 더 일반적으로 말하면, 내용어(형용사, 명사, 동사)는 문화적 내용과 분명한 연관이 있는 반면, 기능어(관사, 대명사, 접속사)는 그렇지 못하기 때문에 내용어가 기능어 보다 더 쉽게 차용될 것이다.

그렇지만 어떤 경우에는 차용이 문화적인 내용어를 넘어 확대되는 경우도 있고, 차용에 따른 제약이 있을 수도 있다. 문장문법(sentence grammar)에서 주변적인 역할을 하는 단어들, 예를 들면, 감탄사, 몇몇 부사 유형, 담화 표시어, 심지어는 문장 동격 표시어 등이 상대적으로 쉽게 차용되는 것은 많은 사례에서 분명하다. 이것은 문장간 언어전환과 문장내 언어전환 사이의 중간적인 현상의 한 유형인 '상징적 전환'(emblematic switching)(10장 참조)에 관여하는 요소들과 같은 부류라는 점을 주목하라. 이것이 암시하는 바는 전환과 차용이 어느 정도는 같은 유형의 제약을 받는다는 점인데, 언어의 논리적 일관성이 흐려질 경우 둘 다 차용이 어렵게 된다. 이 일관성은 두 가지 형태, 즉 어형변화적(*paradigmatic*) 일관성과 통합적(*syntagmatic*) 일관성을 취할 수 있다.

어형변화적 일관성은 주어진 하위 범주의 구성이 엄격하기 때문에 일어난다. 대명사 체계가 너무 엄격하게 조직화되어 있어서, 영어가 2인칭 단수와 복수 외에 이중으로 쓰이는 2인칭을 만들기 위해 새로운 대명사를 차용한다는 것은 상상하기 어렵다. 이런 이유로 인해 한정사, 대명사, 지시사, 그리고 기타 어형적으로 다르게 구성된 단어는 거의 차용되지 않는다. 통합적 일관성은 문장 구성과 관계가 있다. 즉 동사가 명사보다는 문장 구성에 더 중요하다. 따라서 명사보다는 동사를 차용하기가 더 어렵다. 이러한 접근은 보다 상세하게 조사될 필요가 있다.

14.4 차용과 통합: 차용과 언어혼용을 구분할 수 있을까?

10장에서 언어혼용(*code mixing*)은 한 문장에서 두 언어를 사용하는 것이라고 논의하였다. 이것은 개념적으로 외국어 어휘항목이 어휘부에 도입되는 것 이상이다. 하지만 실제로는 이 둘을 구분하는 것이 그리 쉽지는 않다. 고전적인 관점에서는 언어혼용과 차용이 쉽게 구분될 수 있다고 보았다. 언어혼용의 경우에는 비모국어 항목이 형태적이고 음운적으로 조정되지 않지만, 차용의 경우에는 조정된다. 이러한 견해는 최소한 두 가지 이유로 인해 문제가 된다. 먼저, 차용된 항목에 대한 음운적 조정 정도가 다를 수 있으며, 둘째, 조정되지 않은 모든 항목들이 명백한 언어혼용 사례라고 보는 것도 분명하지 않다.

음운 조정의 사례는 코만치어를 논의하면서 이미 인용되었다. 이 언어에는 외국어 항목을 다루기 위한 일정한 일치 규칙이 있다. 가령, 영어 *b*는 *p*로, 그리고 영어 *l*은 *r*로 이해된다. 따라서 *barely*는 pa.re$^?$로 발음된다. 한편, 영어의 *computer*가 네덜란드어에서 [kompyuteR]로 이해되는 것과 같이 조정되지 않은 사례도 볼 수 있다.

케추아어에서 스페인어 동사는 완전한 형태소 조정을 보여주는데 사용될 수 있다. 'to speak'를 뜻하는 고대 스페인어 *parlar*는 다음과 같은 표현에서 완전한 케추아어의 동사 형태소를 지닌다.

(19) parla - na - ku - n - ku

　　 speak　rec　re　3　plur

　　 They speak with each other.

　　 (여기서 **rec**는 상호적인 의미를, **re**는 재귀적 용법, **3**은 3인칭, 그리고 **plur**은 복수형을 뜻함)

모든 스페인어 동사는 케추아어 패턴에 이런 식으로 차용되었지만, 다음에 볼 명사의 경우에는 접사, 특히 복수형과 지소어가 차용되고 심지어는 볼리비아 케추아어의 케추아어 명사에도 접사가 나타날 수도 있다는 점에서 형태소 통합이 완전하지 않음을 알 수 있다.

(20) a. polisiya - s - kuna

　　　 police　 **plur**　**plur**

　　　 policemen.

　　a.' runa - s - kuna

　　　 man　 **plur**　**plur**

　　　 Men.

　　b. kaball - itu

　　　 horse　 **dim**

　　　 Little horse.

　　b.' rumi - tu

　　　 stone　 **dim**

　　　 Little stone.

　　　 (여기서 **plur**은 복수형, **dim**은 지소형을 뜻함)

(20a)와 (20b)에서는 스페인어 명사가 각각 스페인어 복수형(-s) 접사, 지소형 (-itu) 접사와 함께 차용되며, (20a')와 (20b')에서는 이러한 접미사들이 케추아어 명사에서도 나타날 정도로 케추아어 형태소에 융합되어 있음을 알 수 있다. 이러한 통합에는 조정도 포함된다. 즉 스페인어 복수형 접사가 케추아어 복수형 접사 -kuna에도 나란히 사용되고 있으며, 지소형 접사도 복잡한 형태소 조정과정을 거치며 케추아어 패턴에 꼭 맞게 되었다.

Casagrande(1954/5)는 차용된 요소들의 통합은 몇 세대가 걸릴 수도 있는 아주 점진적인 과정이며, 통합의 정도는 대체로 차용 시기를 나타내준다는 견해를 지지하면서, 미국 인디안 언어를 연구한 많은 언어학자들을 인용하고 있다. 뉴욕에 사는 푸에르토리코인들을 대상으로 한 Poplack과 Sankoff의 연구(1984)에서도 비슷한 결과가 나왔다. 이들은 아주 정교한 통계 기술을 사용하여 성인과 어린이 피조사자들이 보여준 어휘 반응을 분석하였다. 그 결과, 푸에르토리코인들의 스페인어에 영어항목이 통합되는 것은 사용빈도, 모국어 동의어의 치환, 문법 통합, 그리고 사용자에 의한 수용가능성이라는 네가지 변수에 따라 아주 점진적으로만 이루어진다는 사실을 발견하였다.

관련된 증거들에 의하면 단순한 진단 기준을 근거로 부호혼용의 개별사례와 아직 통합되지 않은 차용어를 구분하기란 거의 불가능하다. 이 구분은 두 체계의 사용(혼용)과 한 체계로의 채택(차용) 간의 차이에서 이론적인 기초를 두고 있다. 이런 차이가 함축하는 것에 대한 보다 깊은 연구를 위해서는 새로운 운용(operational) 기준을 마련하는 것이 필요하다.

14.5 어휘차용과 언어사멸

관련 언어에 대한 진지한 함축 없이도 광범위한 차용이 생기는 경우(영어)가 있으며, 또 차용이 언어마찰과 사멸을 나타내는 경우(코만치어)도 있다는 것을 살펴보았다. 4장에서는 언어사멸이 대량의 어휘차용과 관련이 있다는 것도 살펴보았다. 중세 영국과 미국 남서부지역의 서로 다른 사회 상황과 관련해서 두 언어가 걷게된 다른 운명을 쉽게 설명할 수 있겠지만, 관련 언어 내부에서도 이런 과정을 볼 수 있는지는 의문이다. 이를 위해서는 대량으로 차용된 언어의 구조를 살펴 볼 필요가 있다. 에콰도르의 건설 근로자의 생활사에서 인용된 다음의 단편적인 부분들은 몇 개의 스페인어 차용어가 있는 케추아어 구절의 한 예이며, 동시에 언어마찰(attrition) 현상을 보여주는 예이기도 하다.

(21)

chi - bi - ga ña　　**once años**　ri - rka - ni kitu - mun
that LO TO already　eleven years　go　PA　I　Quito to

ña **dos surcres gana** - sha　ashta chi - bi -ga -ri　**casi**
alr. two sucres　earn　SUB　more that LO TO EMPH almost

casi dos sucres -ka **gana** - sha **cada** p'uncha **dos sucres**
almost two sucres TO earn SUB each day　two sucres

gana - sha ña　kitu - bi ña - mi, ña **seis** hapi - sha ashta
earn　SUB alr. Quito LO alr. AF alr. six grab SUB more

contento - ri　na
happy　EMPH alr.

Then there already eleven years old I went to Quito, earning already two sucres, more, there earning almost almost two sucres earning every day two sucres, in Quito already, already taking in six even happier.

이런 단편적인 인용글에서 마찰의 표시로 여겨지는 것은 스페인어 차용어의 양이 아니다. 훨씬 더 유창한 화자들도 많은 스페인어 단어를 사용한다. 마찰의 표시는 오히려 케추아어 통사에 구조적 변이형이 거의 없다는 점이다. 다시 말하면, -sha로 표시되는 많은 부사절이 뒤따르는 주절에만 사용되고 있다. 또한 케추아어 형태소에서도 어미변화는 거의 없다. 즉, 아주 극소수의 접미사만이 사용되고, 빈번한 ña의 사용은 대부분 머뭇거림을 나타내는데, 이는 케추아어를 제대로 알지 못하는 사람이 이야기를 하고 있음을 나타내준다. 대량의 어휘차용은 흔히 관련 언어에 대한 낮은 평가와 함께 이루어지며, 4장에서도 보았듯이 이러한 낮은 평가는 물론 언어상실 및 사멸의 과정과 연관된다.

[추천도서]

어휘차용에 관한 문헌에 있어 상당히 흥미로운 사례 연구는 많이 있으나 일반적인 연구는 결여되어 있다. Haufen의 연구 (1950, 1953, 1956, 1973)가 아마도 가장 일반적인 출발점이 될 것이다. 적당한 양의 논문이 편집된 책은 *The Ecology of Language*(1972)이다.

이 외에도 *International Journal of American Linguistics on Anthropological Linguistics*도 언어차용에 관한 논문들이 많이 수록되어 있다.

피진어와 크레올어

언어접촉 상황에서는 한 언어가 다른 언어의 요소들을 취할 수 있을 뿐만 아니라 완전히 새로운 언어가 출현할 수도 있다. 피진어와 크레올어 연구에 있어 주요 문제는 새로운 언어가 정확히 어떻게 존재하게 되었는가와 새로 형성된 언어인 피진어와 크레올어의 특정한 문법적 속성이 두 언어와 어떻게 관련되는가 하는 점이다. 피진어는 일반적으로 서로 다른 언어 화자 간의 접촉상황에서 사용되며, 어느 쪽 모국어에도 속하지 않는 매우 축약된 언어체계로 정의된다 (DeCamp, 1971). 크레올어는 화자가 피진어를 모국어로 습득해서 사용하는 언어이다.

    Bickerton(1975)에서 인용된 다음 우화가 크레올어 연구의 주요 문제를 명확하게 해줄 수 있다. 천재지변에 의해서 한 가정의 집이 파괴된다. 가족들은 집을 포기해야하지만 잔유물을 재활용하여 새 집을 지을 수 있다. 이 집의 구조는 결과적으로 원래의 모습과는 상당히 차이가 있으며, 집을 지을 재료가 부족하기 때문에 생각했던 모습과는 차이가 많이 날 것이다. 이 집의 아이들은 이 집에서 성장하며, 이 아이들이 알고 있는 것은 이 집뿐이다. 수년이 지난 후에 어떤 사람이 찾아와서 그 집이 전혀 자연스럽지 못하다고 하면서 그 집을 재건축하는데 이용할 건축 설계를 내놓는다. 그러나 재건축을 하려면 가족들이 그 집안에 살면서 이루어져야 한다. 방문객이 떠난 후에 가족들은 재건축을 해야 할 것인가, 또 어떻게 해야 할 것인가에 대해 논쟁을 벌인다. 최종적으로 모든 사람이 서로 다른 제안을 내놓는다. 방들은 원래 상태대로 두고 나머지는 완전히 바꾼다.

이것이 이 우화의 끝이다. 집이라는 단어 대신에 언어라는 단어를 사용하면 다음과 같은 그림이 나오게 된다(부분적으로는 Mühlhaüsler(1974)의 작품에 바탕을 둠).

(a) 자곤어(jargon;아주 원시적인 접촉 체계)와 그 후에 나타나는 보다 안정적인 피진어의 출현을 유도할 수 있는 그 천재지변은 대체로 사회적으로 지배받는 집단의 이주를 의미한다. 이것은 식민주의 상황에서의 노예 또는 계약 근로제의 상황에서 일어날 수도 있다. 종종 불평등한 관계에서 이루어지는 무역도 포함된다. 어떤 집단은 피치못할 상황에서 다른 언어를 말하는 외국인들과 새로운 의사소통체계를 개발해야만 한다.

자곤어나 피진어가 발생될 때에 여러 언어들이 개입되지만, 일반적으로 피진어 어휘는 한 언어에서 유래된다. 즉 최초 접촉상황에서 사회적 또는 정치적으로 지배적인 언어에서 유래된다. 대부분의 피진어는 15세기에 시작된 유럽 국가들(물론 후에는 일반적으로 서양이라고 함)의 식민지 확장에서 유래되었기 때문에 대부분의 피진어와 크레올어의 어휘는 유럽어(포르투갈어, 영어, 스페인어, 프랑스어, 네덜란드어)에서 유래되었다. 피진어가 어떻게 나타나게 되었는지에 관해서는 나중에 상세하게 다룰 것이다.

(b) 피진어를 탄생시킨 원래의 사회가 붕괴된 후에 새로운 사회, 예를 들어, 식민지 시대의 카리브 식물농장 혹은 20세기 태평양 섬 지역같은 새로운 사회가 출현하게 되면, 그 이후 결혼으로 태어난 어린이들은 새로운 피진어를 자신들의 언어모형으로 삼고 성장하며, 이 피진어는 그들의 모국어가 되면서 아주 자연스런 언어로 확장될 수 있다. 이런 식으로 많은 크레올어들이 나타났는데, 이는 피진어로부터 생겨난 비크레올어와는 구분이 된다. 그림 15.1은 초보적인 피진어, 안정적인 피진어, 심지어는 구조적으로 확장된 피진어에서 크레올어가 파생하는 가능성을 보여준다. 앞으로 이러한 세가지 선택적인 사항이 다루어질 것이다. 어떤 경우, 피진어는 전혀 크레올어가 되지 못하고 단지 최초의 목표언어 방향으로 계속 진화하고, 결과적으로는 목표언어에서 다소 벗어난 형태, 즉 후기 피진어 연속체의 상위 마지막 부분이 될 수도 있다.

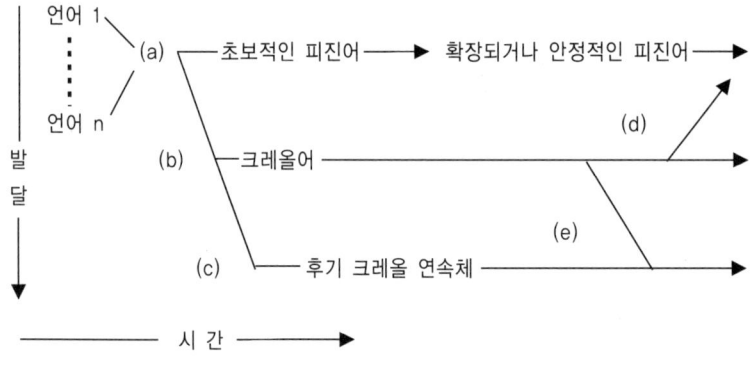

그림 15.1 피진어와 크레올어 발달의 도식적 표시

크레올어가 일단 존재하게 되면 크레올어에는 세 가지 현상이 발생될 수 있다. 먼저, 언어는 더 이상의 주요 변화를 겪지 않고 현 상태 그대로 유지될 수 있다. 두 번째로, 크레올어는 모국어로서의 지위를 상실할 수 있으며, 서로 다른 언어 집단 간의 의사소통 수단으로 사용되는 혼성어로서만 계속된다(재피진화)(d). 후자의 경우는 크레올어가 출현했던 최초의 식민상황이 사라진 세네갈과 기니아-비소(Guinea-Bissau)의 몇몇 아프리카 사회에서 나타난 경우이다. 마지막으로, 크레올어는 사회적으로 지배적인 언어쪽으로 더욱 발전할 수 있으며, 따라서 후기 크레올어 연속체 (e)가 나타난다.

이 장에서는 먼저 가장 중요한 몇몇 피진어와 크레올어 그리고 이 언어들의 지형적 분포를 간단히 개관해 보고, 15.2에서는 크레올어 연구 발전을 대략적으로 알아보면서 피진어와 크레올어의 발생을 설명하기 위해 제안된 이론을 약술해 본다. 15.3에서는 크레올어와 크레올어 화자의 사회적 지위가 설명된다.

15.1 피진어와 크레올어의 연구개관

아직도 존재하는 대부분의 피진어는 아프리카와 태평양 연안에서 사용되고 있다. 몇몇 피진어는 지도 15.1에 나타나 있다. 아프리카에서 피진어는 주로 서로 다른 민족 구성원 간의 의사소통을 위해 사용된다. 예를 들면, 파나칼로어(Fanakalo)는 남아프리카의 광산 근로자들이 다른 종족 출신의 근로자와 이야기를 할 때 그리고 어떤 경우에는 백인이나 남아프리카 인디언과 이야기를 할 때 사용된다.

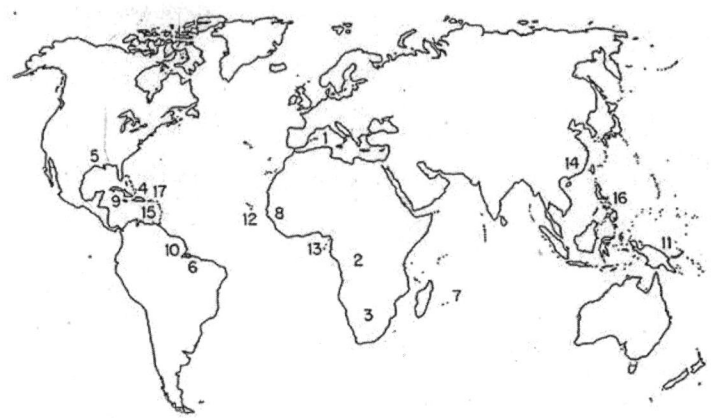

지도 15.1 몇몇 피진어와 크레올어의 지리적 분포

크레올어는 주로 카리브해, 서아프리카, 인도양, 그리고 극동지역에서 찾아 볼 수 있다. 물론, 크레올어 중에서 가장 잘 알려진 것은 카리브해로 끌려와서 설탕 농장에서 일했던 흑인 노예들의 후손이 사용하는 크레올어이다. 여기서는 다만 어휘의 어원과 지도상에 표시된 위치에 따라 숫자로 표시된 몇몇 피진어와 크레올어에 대해 언급하고자 한다. 몇몇 피진어와 크레올어의 문법적 속성을 설명하기 위한 예도 제시할 것이다.

피진어:

1. *Lingua Franca* (한때 지중해 지역에서 사용되었지만, 1900년 이후에 사멸된 로망스 어휘가 압도적으로 많은 피진어). 이 혼성어의 한 문장을 예로 들면 다음과 같다.

   (1) mi star contento mirar per ti
       me be happy see for you
       'I am glad to see you.'

이 피진어에는 몇가지 두드러진 특징이 있다. (a) 인칭대명사 *mi*와 *ti*는 로망스어의 목적 대명사에서 유래 한다; (b) 인칭이나 시제표시가 없으며, 동사 *star*는 부정사형에서 유래한다; (c) 목적어는 *per*와 함께 제시된다.

2. *Lingala* (자이레에서 사용됨)
3. *Fanakalo* (남아프리카에서 사용되지만, 일반적으로는 경시됨). 줄루족(Zulu)과 관련되는 이 피진어의 예는 다음과 같다.

   (2) nika mina lo manzi
       Give me water.

주로 프랑스어 어휘에서 유래된 크레올어:

4. *Haitian Creole* (프랑스, 미국, 캐나다의 망명지와 하이티섬에 거주하고 있는 500만명의 하이티인이 사용)

   하이티어는 (3)과 (4)의 비교에서 알 수 있듯이 프랑스어와는 다소 차이가 나는 통사구조를 지닌다.

   (3) mwe pa **te** gegne yu gros fõ **sifi** pu m **te** reponsable
       I not **ant** have a big fund suffice for I **ant** responsible
       'I don't have money enough to be responsible.'
       (**ant** = 전치시제)

   (4) Je n'ai pas assez d'argent pour être responsible.
       ((3)과 같음)

(3)의 예는 많은 크레올어에서 볼 수 있는 두 가지 중요한 특징을 보여준다. Lingua Franca와 같은 피진어에서 처럼, 동사가 어형변화하지는 않지만 시제표시, 즉 전치 시제 *te*가 존재한다. 게다가, '연속동사'(serial verb)라 불리는 보조동사 *sifi*가 주절안에 있어서, 주동사의 행위 정도를 나타낸다.

5. *Louisiana French Creole*
6. *Cayenne or French Guyana Creole*
7. *Seychelles Creole*. 모리셔스섬과 리유니용섬을 비롯한 세이셸 제도에서 많은 프랑스 크레올어가 사용되고 있는데, 어떤 면에서는 카리브해지역의 프랑스 크레올어와 유사하지만 다른 점도 있다.

주로 영어 어휘에서 유래된 크레올어:

8. *Krio* (서아프리카의 시에라리온에서 사용됨)
9. *Jamaican*
10. *Sranan* (수리남에서 사용되는 가장 중요한 크레올어)

Sebba(1984)에서 인용한 다음의 문장은 스라난어에서 연속동사로 구성된 다양한 용법을 보여주고 있다.

    (5) a **fringi** a tiki   **trowe**   **naki** Kofi
        he fling the stick throw away hit Kofi
        he threw the stick at Kofi and it hit him.

11. *Tok Pisin* (뉴기니아에서 사용되는 언어로 농촌 지역의 많은 사람들에게는 피진어인 동시에 도시지역의 대부분의 젊은 모국어 화자에게는 크레올어)

이 언어의 기본적인 어휘는 영어에서 유래하지만, 영어 구조를 닮지 않은 발전된 구조를 가지고 있으며, 어떤 면에서는 오히려 카리브해지역의 크레올어의 구조와 유사하다.

(6) mipela ol we I save kaikai saksak em I putim long mipela tasol
we **plur** that **pm** know eat sago he **pm** put to us only
'We who are used to eating sato, they gave it to us only.'

이 예는 몇가지 중요한 특징을 보여준다. 관계사절 표시로 *we* 'where'의 사용은 카리브해지역의 크레올어에서도 발견된다. 복수형은 별개의 불변화사 *ol* 'all'과 함께 다소 다양하게 표시된다. 몇몇 카리브해지역 크레올어들에도 복수형 불변화사가 있다. 아시아와 태평양에서 사용되는 항해 및 무역 언어의 잔존물인 포루투갈 어원 *save* 'know' 동사를 주목하라. 마지막으로, 많은 피진어의 특징인 *kaikai* 'eat'와 *saksak* 'sago'에서처럼 이중중복이 있다 (예문 (6)에서의 불변화사 *i*는 동사로 시작하는 서술구를 나타내 준다).

주로 포루투갈어 어휘에서 유래된 크레올어:

12. *Cape Verdean Portuguese Creole*
13. *Sao Tomense Creole*. 기니아만의 섬 지역에서 카리브해지역의 크레올어와 비슷한 크레올어가 발견된다. 이 섬들은 노예무역에 중요한 역할을 하였다. 다음의 예는 수혜격과 여격에 사용되는 연속동사 *da* 'give'를 설명해 주고 있다.

(7) komplá sapé **da** mu
　　buy　　hat give me
　　'buy a hat for me.'

14. *Macao Portuguese Creole* (과거 한때 오랫동안 무역 중심 체인을 형성했던 곳으로, 극동지역의 포루투갈 크레올어 중에서 가장 중요함)

주로 스페인어 어휘에서 유래된 크레올어:

15. *Papamentu* (아루바, 보라네, 쿠라카오에서 사용되는 포루투갈과 스페인 어원이 혼합된 크레올어). 많은 크레올어의 특징 중에서 마지막으로 예시하고자 하는 점은 동작을 강조하기 위해 문장 시작에 동사가 두 번 나타난다는 (doubling) 것이다.

(8) ta **traha** e homber-nan ta **traha**
　　foc work the man **plur asp** work
　　'The men are really working.'

첫 번째 불변화사 *ta*는 초점을 나타내는 표시이고, 두 번째 불변화사는 시제/상을 나타내는 표시이다. 또한 복수형 불변화사 *nan*의 사용에 주목하라. 이것은 많은 크레올어의 특징인 3인칭 복수형 대명사와 일치한다.

16. *Philippine Spanish Creole*

주로 네덜란드어 어휘에서 유래된 크레올어:

17. *Negerhollands* (현재 실제로는 사멸되었지만 미국령 Virgin Island에서 한때 번성했던 언어)
18. *Afrikaans* (보어족의 후손들이 사용하는 언어가 크레올어인지는 논쟁의 여지가 있는데, 이 지역의 많은 백인들은 Afrikaan어가 혼합된 어원을 가지고 있다는 생각에 반대한다.)

여러 크레올어에 대해 제시한 예들은 이러한 언어들의 문법이 어떠한 것인지에 대한 일반적인 개념을 알 수 있게 해준다. 다음의 특징들은 모든 크레올어에 공유되거나 일반적인 특징들이다.

(a) 상당히 엄격한 주어-동사-목적어 어순
(b) 불변화 대명사
(c) 굴절이 없는 형태와 파생이 거의 없는 형태
(d) 부정, 시제, 법, 상을 나타내는 동사에 전치하는 불변화사
(e) 주동사의 의미를 수식하기 위해 혹은 여분의 논지를 나타내기 위해 연속동사 사용
(f) 강조를 하기 위해 동사가 앞에 나오거나 중복사용
(g) 목적절과 부정사절을 나타내기 위해 접속의 의미를 갖는 'for'의 사용
(h) 명사구의 복수 의미를 나타내기 위해 3인칭 복수 대명사의 사용
(i) 초점을 두는 구성요소를 나타내기 위해 문장 시작에 초점 불변화사의 사용

15.2 크레올어 연구

크레올어 연구는 Schuchardt(1842-1927)의 중요한 일련의 논문과 더불어 약 1세기 전에 체계적인 연구 영역으로 시작되었다. 이 연구는 로망스어 역사에서 복잡한 발달구조를 설명하기 위한 시도로 시작되었다. Hesseling(1880-1941)의 연구는 원래 그리스어의 발달, 즉 초기 방언으로부터 시작하여 로마제국의 고대 그리스어 *koine*를 거쳐 비잔틴과 현대 그리스어에 이르기까지의 발달을 설명하기 위해 시작되었다. 두 학자 모두 복잡한 언어변화 유형을 고려하는 것이 필요하다는 사실을 깨닫게 되었다. 혼합, 단순화, 재분석, 그리고 분석의 복잡성도 현대 크레올어 연구의 특징을 나타내고 있다.

1965년까지만 해도 이 분야 연구는 그다지 중요하게 여겨지지 않았다. 크레올어는 몇몇 열성적인 역사언어학자와 모험적 성향이 있는 현지답사 연구자, 그리고 시대를 앞선 민속학자들에 의해 연구되었다. 이제 크레올어 연구는 언어 연구, 즉 보편주의 언어학자들의 이론적인 야망을 담은 연구 계획의 중심이 되고 있으며, 이론적인 언어학과 사회언어학의 중간에 놓여 있다. 이러한 발전의 이유는 여러가지라고 할 수 있지만, 카리브해지역(특히 자마이카)의 정치적·문화적 해방과 특히 미국에서의 아프리카계 미국 흑인 문화에 대한 관심, 그리고 부분적으로는 언어 연구의 새로운 방향 정립 등의 이유도 포함된다.

크레올어를 연구하는 어떤 학자들은 언어의 역동적이고 변이적인 언어양상에 초점을 두려고 한다(Sankoff, 1980; Bickerton, 1975, 1981). 변형생성문법의 모형내에서 연구하는 언어학자들은 변이성과 변화를 제거하고 언어능력의 보편적이고 일정불변한 양상에 초점을 두고 생각하려는 경향이 있는 반면, 크레올어 연구자들은 변이성과 변화를 관심의 중심에 두는 경향이 있다. 다시 말해서, 언어가 겪는 변화와 이러한 변화가 언어사회에 어떻게 나타나는가를 연구함으로써 언어현상을 밝혀낼 수 있다. 피진어와 크레올어는 이러한 연구자들에게 자연스런 연구 분야가 되는데, 그 이유는 이러한 언어들이 많은 내적 변이성을 보이며, 또 빨리 변화하는 경향이 있기 때문이다.

크레올어 연구에서의 주요 노력은 관련 언어의 생성에 관한 원칙적인 설명을 찾아내는데 있다. 크레올어는 설명적인 이론을 필요로 하는 어떤 특성을 가지고 있다고 가정된다. 이 특성이 무엇인지는 관련된 이론에 달려있다. 다음 세 가지 특성 모두가 어떤 역할을 한다고 추측된다.

(1) 크레올어는 다른 언어보다도 서로 더 유사(alike)하다고 생각된다. 크레올어는 많은 구조적 특징을 공유하고 있고, 또 많은 연구자들은 이러한 유사성이 단순히 서유럽 언어간의 유사성 때문이라고 보지 않으며 또 우연일 수도 없다고 믿는다.
(2) 크레올어는 다른 언어보다도 더 단순(simple)하다고 생각된다. 크레올어는 형태상으로 뿐만아니라 통사적, 음운적으로도 다른 언어보다 더 단순한 것으로 널리 알려져 있다.
(3) 크레올어는 다른 언어보다도 더 혼합된(mixed) 문법을 지니고 있다고 생각된다. 크레올어에 대해 생각할 때, 많은 사람들은 언어와 생물학의 유사점을 비교하였다. 많은 언어의 사용자들과 마찬가지로, 크레올어에도 혼합된 아프리카계, 유럽계, 그리고 경우에 따라서는 미국계 인디안 혈통이 섞여있다. 이 언어들은 아프리카어의 통사 및 의미에 연결된 유럽어 어휘에 불과한 것으로 여겨지고 있다.

오늘날까지 이들 특성 중 어느 것도 결정적으로 옳다고 밝혀진 바도 없음에도 불구하고, 이 특성들은 이 분야에서의 다양한 크레올어 생성이론에 중요한 역할을 하고 있다. 사실 이러한 이론은 부분적으로 크레올어에 대해 가정하고 있는 유사성, 단순성, 혼합성을 설명하기 위해 개발되었다. 도표 15.1에는 이러한 기반을 이루는 세 가지 가정과 관련되는 이론들이 제시되고 있다.

도표 15.1 크레올어의 특수한 속성을 설명하는 이론들

	Alike	Simple	Mixed
1. Semantic transparency (Seuren, 1983; Seuren and Wekker, 1986)	X	X	
2. Imperfect second language learning (Valdman, 1981; Andersen, ed., 1983)	(X)	X	
3. Baby talk (Naro, 1978)	(X)	X	
4. Afro-Genesis (Alleyne, 1980)	X		X
5. Portuguese monogenesis (Whinnom, 1971)	X	(X)	
6. Bio-programme (Bickerton, 1981)	X	X	
7. Atlantic mono-source (Hancock, 1986)	X		
8. Common social context (Sankoff, 1980)	X	(X)	

도표 15.1에 나열된 여덟 가지 이론을 간단하게 설명하고자 한다.

의미적 투명성 (*Semantic transparency*) 이론은 완전히 성숙한 생성이론은 아니지만 크레올어의 구조가 보편적인 의미구조를 직접 반영한다고 주장한다. 이 관점에서 볼 때, 크레올어가 서로 비슷하다는 주장은 의미구조가 보편적이라는 사실에 기인한다. 또한, 관련된 의미구조는 아주 복잡한 변형생성적 파생을 겪지 않고도 상당히 직접적으로 표층구조에 사상되기 때문에 크레올어는 단순하다. 한가지 예는, 시제/법/상 등을 동사 굴절에 포함시키기보다는 별개의 시제/법/상 등을 나타내는 불변화사가 있는데, 이는 개별적인 논리 작용자(logical operators)를 나타낸다.

불완전한 제2언어 학습 (*Imperfect second language learning*) 이론에서 크레올

어는 발달단계상의 어느 지점에 있는 언어 결정체(crystallization)이다. 초기 크레올어(proto creole) 화자들은 이 모형에서 충분히 접근하지 못하고 단지 근사체계(approximative system)를 구성한다. 이 관점에서 볼 때, 크레올어가 단순하다는 사실은 제2언어학습 과정에만 고유한 단순화에 기인한다. 따라서 몇몇 유럽 언어를 습득하는 중간단계에서 동사 앞 자리에 일정한 부정형 요소가 있는 단계를 발견할 수 있다.

  (9) a. he **no** eat   'He doesn't/won't eat'
    b. ich **nix** argeite 'I don't/didn't work'
    (표준 독일어를 비교해 보라: ich arbeite nicht)

이와 같은 특징은 많은 크레올어의 특징으로서 앞에서도 언급되었다.
 이 이론을 주장하는 학자들에게 크레올어는 비슷하며, 이 유사성은 보편적인 학습과정의 속성에 기인한다.

어린이 말(*Baby talk*) 이론은 크레올어가 제2언어 학습 단계상에서 화석화된 단계라고 가정한다는 점에서 불완전한 제2언어 학습이론과 유사하다. 차이점은 어린이 말 이론에서는 단순화에 대한 책임이 학습자가 아닌 단순한 모형을 제공하는 유럽언어 사용자에게로 이동하는 점에 있다(12장의 *Foreigner talk*와 비교). 이 관점에서 볼 때, 크레올어간의 유사성은 단순화된 입력이라는 보편적인 속성에 기인한다. 따라서 이 가설을 주장하는 학자들이 찾고 있는 증거에는 학습자가 아닌 피진어를 모국어로 사용하는 사람들에 의한 단순화가 포함된다. Schuchardt(1909)가 주목했듯이, 한 예로서 *Lingua Franca*에서의 부정사 사용을 들 수 있다. 많은 사람들이 이 가설의 증거로써 크레올어에서 한 형태의 중복사용을 들고 있다. 중복은 어린이 말에서 단지 특정한 기능만 갖는 반면, 크레올어에서는 아주 일반적인 과정으로 밝혀지고 있다.

아프리카 발생(*Afro-Genesis*) 모형에서는 대서양 지역인 서아프리카와 카리브해 지역에서 사용되는 크레올어만을 다루며, 이 언어들은 유럽 식민지 국가 언어의 영향을 받은 노예들이 사용하던 서아프리카 언어가 점차 변형과정을 거치면서 출현되었다고 가정된다. 이 모형에서 관련 언어들이 유사한 이유는 이 언어들이 같은 아프리카 언어의 특징을 공유하고 있고, 또 유럽 언어의 특징이 혼합되어 있기 때문이다. 카리브해지역 크레올어와 서아프리카 크레올어가 공유하는 한 가지 특징은 (3), (5), (7)의 예에서 보았던 연속동사 구조이다. 이 모형의 주장에 의하면, 위와 같은 특정한 경우, 아프리카어 연속동사가 원래의 의미를 지니면서 유럽어휘로 대체되었다. 따라서 아프리카어 연속동사 'surpass'는 (10a)의 예에서 볼 수 있듯이, 영어 부사 *more*로 재어휘화되고, 스라난어 *moro*로 나타난다.

(10) a. Harold bigi **moro**   mi
     Harold big surpass me
     'Harold is bigger than me.'
   b. angri **moro**   mi
      hunger overpower me
      'I am hungry.'

(10b)에서 처럼, *moro*라는 형태는 동사 그 자체로도 나타날 수 있다. 엄격한 의미에서 이 모형의 중요한 문제는 서아프리카 언어와 크레올어 간에 상당한 구조적 차이가 있다는 점이다. 이 가설이 타당하려면 재어휘화 과정에서, 예를 들

면, *more*가 영어에서 부사인 것처럼, 유럽어휘 항목의 통사적 속성과 의미적 속성이 도입되었다는 점이 주장되어야 한다. 따라서 (10a)에 상응하는 문장을 보면, 스라난어는 영어와 더 비슷한 구조를 갖는다.

 (10) c. Harold bigi **moro liki** mi
    Harold big more than me
    'Harold is bigger than me.'

포르투갈어 발생일원설 (*Portuguese monogenesis*) 모형은 몇 가지 수정을 거쳤다. 이 과정에서 중요한 것은 15세기에서 17세기를 걸쳐 제3세계의 등장 때까지 여러 나라의 무역업자, 노예 약탈자, 상인 등이 사용했던 포루투갈어 어휘가 압도적으로 많은 상업언어가 존재하였다는 점이다. 이 발생일원설은 노예들이 초기에 억류되었던 야영지, 교역시장, 노예 상선 등에서 이 언어를 배웠고, 실제로는 자곤어(jargon)에 지나지 않았던 이 언어를 농장에까지 가지고 왔다고 주장한다. 우리가 잘 알다시피, 서로 다른 크레올어들은 이 자곤어에 기초하고 있지만, 다른 유럽 언어에서 온 단어들이 포루투갈어 단어들을 대체하였다. 물론, 크레올어에 유사성이 있다고 가정하는 이유는 포루투갈 자곤어가 기저에 있기 때문이며, 또 크레올어가 단순하다는 점은 이러한 자곤어가 단순하기 때문이다.

생물학적 계획(*Bio-programme*) 이론은 크레올어가 새로 형성된 농장에서 자라는 어린이들의 발명품이라고 주장한다. 이 어린이들은 주위에서 자연언어로서 기능할만큼의 충분한 구조도 없이 사용되는 피진어를 듣기만 하다가 타고난 언어능력을 발휘하여 부모로부터 받은 피진어 입력을 하나의 완전히 발달된 언어로 변형시켰다. 크레올어가 서로 비슷한 것은 적용된 선천적 능력이 보편적이기 때문에 유사하며, 크레올어가 간단한 것은 가장 기본적인 언어구조를 반영하기 때문이다. 선천적인 능력에서 나온 것이라는 모든 크레올어의 한가지 특징은 동사에 앞서는 시제/법/상을 나타내는 불변화사 체계이다. 크레올어에서 불변화사는 특정한 의미로 제한될 뿐만 아니라 현재는 거의 사라진 Negerhollands어에서 인용된 (11)과 (12)에서처럼 특정한 순서로 나타난다.

(11) yu **sa ka**: dra: di a yu han   MOOD ASPECT
you **md asp** carry this in your hand
'You shall have carried this in your hand'

(12) aster am **ha ka**: sit ne:r   TENSE ASPECT
after he **tns asp** sit down
'After he had sat down ...'

이러한 시제/법/상을 나타내는 불변화사 체계와 그 해석 그리고 어순은 인간 언어능력의 보편적인 양상을 직접적으로 반영한다고 할 수 있다.

대서양 단독기원(*Atlantic mono-source*) 가설은 대서양 지역의 영어를 기반으로 하는 크레올어에 한정되며, 서아프리카 해안을 따라서 사용된 영어 자곤이나 피진어가 있었다는 생각에 기초하고 있다. 후에 이 크레올어가 광범위한 영어 기반 크레올어의 주요 원천이 되었다. 크레올어들이 공통적으로 지닌 특징들은 분명히 이 초기 피진어에 기인하리라고 추측된다.

공통적 사회 상황설 (*Common social context*)은 엄격한 기능적 관점을 취하고 있다. 노예농장에 새로 도착한 노예들은 공통 언어 없이 서로 비슷하게나마 의

사소통이 필요하게 되었다. 이러한 공통적인 의사소통의 필요성으로 일련의 비슷하고 임시변통의 의사소통체계가 형성되었고, 후에 이것이 안정화되어 크레올어가 되었다. 이것이 의미하는 바를 예로 들자면, Sankoff와 Brown (Sankoff, 1980)의 글에서 인용한, 주로 영어어휘에서 유래된 크레올어 Tok Pisin의 관계사절이다.

(13) boi **ia** (i   gat   fiftin yias **ia**) em i   tokim ologeta
     boy **pm** have fifteen years   he **pm** tell   all

liklik boi ol   i   kam
little boy **plur pm come**

'This boy, who was fifteen years old, he told all the little boys to come.'
(**pm** = predicate marker, **plur** = plural)

Sankoff와 Brown은 'here의 의미'인 *ia* 표시(marker)가 대화의 초점 표시에서 주절과 분리된 관계사절을 이루는 문법요소로 발전되었음을 보여주고 있다.

15.3 크레올어가 차지하는 사회적 지위

앞 절에서 크레올어 연구는 추상적인 인간 정신의 속성 또는 17세기에 누가 어디에서 무엇을 누구에게 말하였는지를 연구하는 학문이라는 인상을 주었을 것이다. 그러나 이 연구 분야에는 식민지 시대 이후, 크레올어를 사용하는 사회와 관련된 전혀 다른 측면도 있다. 이 절은 주목할 만한 크레올어의 학문적 발달을 다루지는 않지만 몇 가지 측면에서 크레올어와도 역시 관련이 있다.

(a) 카리브해지역의 크레올어와 표준어 관계

본 장 서론에서 크레올어는 관련 유럽 식민지 국가의 언어 쪽으로 계속 진화하는 경우가 있고, 그래서 탈크레올어화(decreolization)가 일어나 후기 크레올어 연속체가 발생한다고 언급하였다. 이 마지막 발달은 (a) 어떤 지역에서 크레올어에 어휘를 제공했던 원래의 지배적인 유럽언어가 계속해서 사용될 때, 그리고 (b) 크레올어가 사용되는 사회내에 어느 정도의 사회적인 위계와 이동성이 있을 때 발생한다. 이러한 두 조건하에서 크레올어 화자들은 식민지 국가어와는 다른 언어적 특성을 채택한다. 그래서 크레올어와 식민지 국가 언어와의 중간에서 일련의 언어변이형들이 나타난다. 이러한 변이형들은 명확히 분리될 수 없으며, 화자들은 종종 연속체상에서 상당한 변이형을 산출하며 이해할 수 있게 된다. 그림 15.1에서 제시되었듯이, 후기 크레올 연속체는 크레올어 발달의 여러 단계에서 형성될 수 있다. 예를 들면, 노예 농장에서 크레올어를 말하는 감독자와 다른 중간 계층의 사람이 있을 때, 또는 세월이 지나 노예제도가 폐지된 이후 연속체가 형성될 수 있다. 각각의 경우, 탈크레올어화가 정확하게 언제 시작되며, 왜 어떤 사회에는 후기 크레올 연속체가 있고 또 어떤 사회에는 없는지에 대해서는 논쟁의 여지가 있다. 따라서 자마이카의 사회언어적 상황은 종종 연속체의 관점으로 기술되었고 (DeCamp, 1971), 영어가 사용되는 많은 지역에서도 마찬가지였다. 프랑스 크레올어들에 대해 몇몇 학자들은 연속체의 관점으로 기술할 수 없고, 오히려 크레올어인 *patois*(지방 사투리)와 지방 표준 프랑스어 간의 분명한 구분만이 있다고 주장하였다(마르티니 제도의 언어에 대해 주장한 Lefebvre, 1975 참조). 사용되는 크레올어와 식민지 국가 언어와의 관련성이 전혀 없는 사회에서도 이같은 구분이 존재한다. 예를 들면, 서인도제도에 있는 네덜란드령 앤틸레스제도(파피아멘토 크레올어와 네덜란드어), 수리남(스라난 크레올어와 네덜란드어), 그리고 서인도제도(프랑스 크레올어와 영어)에 있는 사회가 그 예이다.

(b) 교육상의 크레올어

연속체가 있는 경우 크레올어 발화에는 상당한 변이형들이 있으며, 이것은 학교 교육에서 문제를 초래한다. 먼저, 크레올어가 교육매체의 역할을 담당하도록 결정이 내려지면(2개언어상용교육에 관한 6장 참조), 사용할 크레올어 유형에 대해 다음과 같은 결정을 해야 한다. 어린이들과 그들이 물려받은 유산을 연결해 주는 뿌리 깊은 크레올어를 선택할 것인가, 아니면 어린이들이 실제로 주위에서 듣는, 더 가깝고 보다 조정된(*adapted*) 크레올어를 선택할 것인가? 두 번째로, 크레올어가 표준어에 아주 가깝다는 이유로 교육에 크레올어를 사용하지 않기로 결정할 경우, 어린이가 표준어를 얼마나 많이 알고 있는지를 알아내야만 하는 문제가 있다. 어린이들이 어떤 경우에는 아주 겉으로만 표준어를 닮은 크레올어를 사용한다는 사실이 이 문제를 더욱 복잡하게 만든다. 세 번째로, 거의 모든 경우에 있어서, 크레올어의 권위는 아주 낮고, 심지어 긍정적인 정체성을 가진 독립적인 언어로도 인식되지 못한다. 크레올어 화자들은 오지언어(*bush talk*), 방언(*dialect*), 혹은 지방 사투리(*patois*)를 사용한다. 스라난어에 대해 Taki-Taki라 하는 것과 같이, 크레올어에 대해 경멸적인 용어도 많다. 이는 크레올어를 언어계획이나 교육 프로그램에 포함시키는 것이 어려운 문제임을 암시한다. 그러나 파피아멘토어가 교육제도상에서 중요한 위치를 획득하여 표준화된 아루바, 보네르, 큐라소 섬에서 보여주는 바와 같이 불가능한 것만도 아니다.

(c) 산업화된 서양에서의 피진어와 크레올어

지금까지의 논의는 제3세계의 색채를 띠었다. 농장, 열대지역의 섬, 무역 항로, 15.1의 지도가 이러한 인상을 지울 수 없다. 그러나 산업화된 서양국가에서도 아직까지 사용되는 피진어와 크레올어가 있다. 먼저, 크레올어 화자들은 제3세계로부터 산업 중심지로 이주하였다. 뉴욕, 토론토, 런던, 암스테르담, 파리에는 크레올어 화자가 아주 많아서 카리브해지역에서와 같은 교육문제에 부딪치고 있다. 둘째로, 몇몇 학자에 의하면 피진어는 서양의 도시 중심지에서도 나타난다고 한다. Schumann(1978)은 중앙 아메리카에서 미국으로 이주한 사람들의 불완전한 영어 학습을 피진어화(*pidginization*)로 칭하였고, 여러 독일 학자들은 베를린과 같은 독일 도시에서 사회적으로 고립된 이주 근로자들이 사용하는 독일어 변이형을 피진어로서 분석하였다(Klein과 Dittmar, 1979). 이들이 발견한 피진어화된 독일어의 예를 보자.

> (14) oytə fil koleega kuədsawaitə, nich arwaitə, pasia.
> Heute viel Kolega kurzarbeit nicht arbeiten pasieren.
> Now many colleagues short-terms jobs, not work, walk around.
> (하이델베르크 연구 계획(1975) 'Pidgin Deutsch'에서 인용;
> 철자는 다소 개조됨.)

이것이 피진어인가? 위의 발화는 구조를 갖는 하나의 전체라기보다는 일렬로 나열되어 있다. 또 어형변화가 거의 없거나 전혀 없으며, 사용된 어휘도 매우 제한적이다.

이런 변이형의 사회언어적인 양상에 대해 알려진 바는 그다지 충분하지 않으며, 피진어라고 하는 단어도 의미있는 논쟁이 될 만큼 충분히 정의되지도 않고 있다. 어떤 경우이든, 이민 근로자들의 많은 발화적 특징들은 열대지방의 피진어 특징을 상기시켜주는 것이 분명하다. 또 이러한 특징들이 현재 연구될 수 있다는 사실이 피진어와 크레올어 연구에 특별히 중요하다는 것도 분명하다. 물론 무엇보다도 중요한 것은 피진어와 같은 언어들이 어떻게 해서든 나타난다는 사실이며, 이는 산업화된 서양세계 내에 깊은 사회적인 분리 현상이 있다는 것을 나타낸다.

어떤 의미에서, 피진어와 크레올어를 다룬 이 장은 서로 다른 환경에서 화자들이 서로 다른 언어와 부딪힐 때 어떤 반응을 보이는지를 고찰하고자 한 본 교재에 합당한 결론을 제공해 준다. 크레올어는 가장 비인간적이고, 많은 경우, 역사상의 가장 잔인한 제도의 하나인 농장 노예제도에서 생겨났다. 이런 상황에서 언어가 생겨나서 번성했다는 사실은 언어와 의사소통을 위한 인간 에너지의 징표이자 인간능력의 증거이다.

[추천도서]

서로 다른 피진어와 크레올어에 관한 문헌의 주요 출처는 아직도 기념비적인 Reineke(1975)의 참고문헌이다. 시중에는 Hall(1966), Todd(1974) Mühlhäusler (1986)의 개념을 포함한 피진어와 크레올어에 관한 입문서가 많이 있다. 불어로 된 Valdman의 *Le Creole: Structure, Statut, Origine*(1979)외에도 많은 논문이 수록된 Hymes(1971)의 *Pidginization and Creollization of languages*, Valdman의 *Pidgin and Creole Linguistics*(1977b), 그리고 Valdman과 Highfield(1981)의 *Theoretical issues in Pidgin and Creole Linguistics*은 일반적인 범위를 다루고 있다. 단독 저자가 쓴 중요한 저서로는 다음과 같은 것들이 있다. Bickerton의 *Roots of Language*(1981)는 생물학적 계획설을 아주 읽기 편하게 설명하고

있고, Alleyne의 *Comparative Afro-America*(1981)은 아프리카 발생가설을 많은 구체적인 자료로 자세히 설명하며, Sankoff의 *The Social Life of Language* (1980)은 많은 통찰력 있는 논문과 함께 크레올어의 구조는 기능적인 필요조건에 조율된다는 관점을 기술하고 있다.

References

Aitchison, J. 1981: *Language change: progress or decay*. London.

Alatis, J.E. (ed.) 1980: *Georgetown University Round Table on Languages and Linguistics* (Current issues in bilingual education), Washington, DC.

Albert, M.L. and Obler, L.K. 1978: *The bilingual brain; Neuropsychological aspects of bilingualism*. New York.

Albó, X. 1970: *Social Constraints on Cochabmaba Quechua*, Dissertation Series n. 19, Latin American Studies Program, Cornell University, Ithaca, New York.

Alisjahbana, S.T. 1974: Language policy, language engineering and literacy in Indonesia and Malaysia. In Fishman 1974, 391-416.

Alleyne, M.C. 1980: *Comparative Afro-American*. Ann Arbor, Mich.

Andersen, R. (ed.) 1983: *Piginization and creolization as second language acquisition*. Rowley, Mass.

_____ 1984: *Second language; A crosso-linguistic perspective*. Rowley, Mass.

Anderson, A.B. 1979: The survival of ethnolinguistic minorities: Canadian and comparative research. In Giles and Saint-Jacques 1979, 67-85.

Appel. R. 1983: Buitenlanders en taalbehoud. *Tijdschrift voor Taal-en Tekstwetenschap* 3, 152-66.

_____ 1984: *Immigrant children learning Dutch; socialinguistic asoects of second language acquisition*. Dordrecht.

_____ 1987: The language education of immigrant workers' children in the Netherlands. In Cummins and Skutnabb-Kangas 1987 (forthcoming)

Appel, R., Everts, H. and Teunissen, J. 1986: Het Leidse onderwijsexperiment. *Moer*, 141-48.

Apte, M.L. 1976: Multilingialism in India and its sociopolitical implications: An overview. On O'Barr and O'Barr 1976, 141-64.

―― 1979: Region, religion and language: Parameters of identity in the process of acculturation. In McCormack and Wurm 1979, 367-75.

Arthur, B. *et al.* 1980: The register of impersonal discourse to foreigners: Verbal adjustments to foreign accent. In Larsen-Freeman, D. (ed.), *Discourse analysis in second language research*. (Rowley, Mass.), 111-24.

Baetens Beardsmore, H. 1982: *Bilingualism: Basic principles*. Clevedon.

Barkowski, H. *et al.* 1976: Sprachhandlungstheorie und Deutsch für ausländische Arbeiter. *Linguistiche Berichte* 45, 42-55.

Bender, M.L. et al. 1976: *Language in Ethiopia*. London.

Bentahila, A. 1983: *Language attitudes among Arabic-French bilinguals in Morocco*. Clevedon.

Bentahila, A. and Davies, E.E. 1983: The syntax of Arabic-French code-switching. *Lingua* 59, 301-30.

Ben-Zeev, S. 1977: The influence of bilingualism on Cognitive development and cognitive strategy. *Child Development* 48, 1009-18.

Bickerton, D. 1975: *Dynamics of a creole system*. Cambridge.

―― 1981: *Roots of language*. Ann Arbor, Mich.

Birnbaum, H. 1966: On typology, affinity and Balkan linguistics. *Zbornik za filologiju i linguistiku* IX, Novi Sad.

Bloom, J.-P. and Gumperz, J.J. 1972: Social meaning in linguistic structure: code-switching in Norway. In Gumperz J.J. and Hymes D. (eds.), *Directions in sociolinguistics* (New York), 407-34.

Bloomfield, L. 1933: *Language*. New York.

Bouchard, D. 1982: Les constructions relatives en français vernaculaire et en français standard: étude d'un paramètre. In Lefebvre, C. (ed.), *La syntaxe comparée du franç ais standard et populaire: approches formelle et fonctionelle* (Quebec: Office de la langue française), 103-34.

Brown, R. and Gilman, A. 1960: The pronouns of power and solidarity. In Sebeok, T.A.

(ed.), *Style in language* (Cambridge, Mass.), 253-76.

Burling, R. 1959: Language development of a Garo and English speaking child. *Word* 15, 45-68.

Cairns, H.S. and Cairns, C.E. 1976: *Psycholinguistics: A cognitive view of language*. New York.

Canfield, K. 1980: A note on Navajo-English code-mixing. *Anthropological Linguistics* 22, 218-20.

Carlock, E. 1979: Prosodic analysis of two varieties of Buffalo English. *The fifth LACUS forum*, 377-82.

Carlock, E. and Wölck, W. 1981: A method for isolation diagnostic linguistic variables: The Buffalo ethnolects experiment. In Sankoff, D. and Cedergren, H. (eds.), *Variation Omnibus* (Edmonton), 17-24.

Carranza, M. and Ryan, E.B. 1975: Evaluative reactions of bilingual Anglo and Mexican American adolescents toward speakers of English and Spanish. *International Journal for the Sociology of Language* 6, (=Linguistics 166), 83-104.

Carrow, Sister M.A. 1957: Linguistic functioning of bilingual and monolingual children. *Journal of Speech and Hearing Disorders* 22, 371-80.

Casagrande, J.B. 1954/55: Comanche linguistic acculturation. *International Journal of American Linguistics* 20, 140-57, 217-37; 21, 8-25.

Chan, M-C. et al. 1983: Input/output switch in bilingual code switching. *Journal of Psycolinguistic Research* 12, 407-16.

Charry, E. 1983: Een sociolinguistische verkenning van Surinaams-Nederlands. In Charry, E. *et al.* (eds.) *De talen van Suriname* (Muiderberge), 138-61.

Child, I.L. 1943: *Italian or American? The second generation in conflict*. New Haven.

Christian, C.C. Jr 1976: Social and psychological implications of bilingual literacy. In Simoēs 1976, 17-40.

Civian, T.W. 1965: *Imja suscestvitel'noje v balkanskich jazykach*. Moscow.

Clark, H.H. and Clark, E.V. 1977, *Psychology and language; An introduction to psycholinguistics*. New York.

Clyne, M. 1967: *Transference and triggering*. The Hague.

———— 1972: *Perspectives on language contact; Based on a study of German in Australia*. Melbourne.

_____ 1982: *Multilingual Australia*. Melbourne.

Cobarrubias, J. and Fishman, J.A. (eds.), 1983 *Progress in language planning*. Berlin.

Cohen, A.D. 1975: *A sociolinguistic approach to bilingual education; Experiments in the American South-West*. Rowley, Mass.

_____ 1976: The case for partial or total immersion education. In Simoēs 1976, 65-89.

Cohen, M. 1956: *Pour une sociologie du langage*. Paris.

Cooper, R.L. (ed.) 1982: *Language spread; Studies in diffusion and social change*. Bloomington.

Crama, R. and Van Gelderen, H. 1984: Structural constraints on code-mixing. University of Amsterdam, Institute for General Linguistics.

Crawford, J. 1983: Speaking Michif in four Métis communities. *Canadian Journal of Native Studies* 3.1, 47-55.

Cummins, J. 1976: The influence of bilingualism on cognitive growth: A synthesis or research findings and explanatory hypotheses. *Working Papers on Bilingualism* 9, 1-43.

_____ 1978: Educational implications of mother tongue maintenance in minority-language groups. *The Canadian Modern Language Review* 34, 395-416.

_____ 1979: Linguistic interdependence and the educational development of bilingual children. *Review of Educational Research* 49, 222-51.

_____ 1980: The construct of language proficiency in bilingual education. In Alatis 1980, 81-103.

_____ 1984: *Bilingualism and special education*. Clevedon.

Cummins, J. and Gulutsan, M. 1974: Some effects of bilingualism on cognitive functioning. Ms. University of Alberta, Edmonton.

Cummins, J. and Skutnabb-Kangas, T. (eds.) 1987: *Education of linguistic minority children*. (Tentative title; forthcoming). Clevedon.

Cziko, G.A. and Troike, R.C. 1984: Contexts of bilingual education: International perspectives and issues. *AILA Review-Revue de l'AILA* 1, 7-33.

Dalbor, J.B. 1959: The English phonems /š/ and /č/: A hearing and pronunciation problem for speakers of Spanish learning English. *Language Learning* 9, 67-73.

Darcy, N.T. 1953: A review of the literature on the effects of bilingualism upon the measurement if intelligence. *Journal of Genetic Psychology* 82, 21-57.

Davis, F.B. 1967: *Philippines language-teaching experiments*. Quezon City.

Day, R.R. 1982: Children's attitudes toward language. In Ryan and Giles 1982, 116-31.

Decamp, D. 1971: Introduction: The study of pidgin and creole language. In Hymes 1971, 13-39.

Defoe, D. 1719: *Robinson Crusoe*. London: Everyman's Library, 1977 edn.

De Houwer, A. 1983: Some aspects of the simultaneous acquisition of Dutch and English by a three year old child. *Nottingham Linguistic Circular* 12, 106-29.

Del Rosario, G. 1968: A modernization-standardization plan for the Austronesian-derived national languages of Southeast Asia. *Asian studies* 6, 1-18.

Diaz, R.M. 1983: Thought and two languages: The impact of bilingualism on cognitive development. *Review of Research in Education* 10, 23-54.

Diebold, A.R. Jr 1968: The consequences of early bilingualism in cognitive development and personality formation. In Norbeck, E. *et al.* (eds.), *The study of personality; An interdisciplinary appraisal* (New York), 218-45.

Diem, W. 1974: *Hochsprache und Dialecy im Aravischen*. Wiesbaden.

Di Sciullo, A-M., Muysken, P. and Singh, R. 1986: Government and code-mixing. *Journal of Linguistics* 22, 1-24.

Dittmar, N. 1981: 'Regen bisschen Pause geht' - more on the puzzle of interference. Unpublished manuscript, Freie Universität Berlin.

Dolson, D.P. 1985: The effects of Spanish home language use on the scholastic performance of Hispanic pupils. *Journal of Multilingual and Multicultural Development* 6, 135-55.

Dorian, N.C. 1978: The fate of morphological complexity in language death: evidence from East Sutherland Gaelic. *Language* 54, 590-609.

Doron, E. 1983: On a formal model of code-switching. *Texas Linguistic Forum*, 22, 35-59.

Dressler, W. and Wodak-Leodolter, R. 1977: Language preservation and language death in Brittany. *Linguistics* 191, 33-44.

Dulay, H.C. and Burt, M.K. 1974a: Errors and strategies in child second language acquisition. *TESOL Quarterly* 8, 129-36.

―――― 1974b: Natural sequences in child second language acquisition. *Language Learning* 24, 37-53.

Dulay, H., Burt, M. and Krashen, S. 1982, *Language Two*, New York and Oxford.

Duškiva, L. 1969: On sources of errors in foreign language learning. *International Review of Applied Linguistics* 7, 11-33.

Eastman, C.M. 1983: *Language Planning; An introduction*. Novato, Cal.

Edelsky, C. et al. 1983: Semilingualism and language deficit. *Applied Linguistics* 4, 1-22.

Edwards, J. 1981: The context of bilingual education. *Journal of Multilingual and Multicultural Development* 2, 25-44.

Edward, J.R. 1982: Language attitudes and their implications among English speakers. In Ryan and Giles 1982, 20-33.

Ehri, L.C. and Ryan, E.B. 1980: Rerformance of bilinguals in a picture-word interference task. *Journal of Psycholinguistic Research* 9, 285-302.

Ellis, H.C. 1965: *The transfer of learning*. New York.

Ellis, R. 1985, *Understanding second language acquisition*, Oxford.

Ervin-Tripp, S.M. 1967: An Issei learns English. *Journal of Social Issues* 23, 2, 78-90.

Ervin, S. and Osgood, C.E. 1954: Second language learning and bilingualism. Supplement to the *Journal of Abnormal and Social Psychology* 49, 139-46.

Extra, G. and Mittner, M. (eds.) 1984: *Studies in second language acquisition by adult immigrants*. Tilburg: Tilburg University.

Faerch, C. and Kasper, G. 1983: Plans and strategies in foreign language communication. In Faerch, C. and Kasper, G. (eds.), *Strategies in interlanguage communication* (London and New York), 20-60.

Fasold, R. 1984: *The sociolinguistics of society*. Oxford.

Feinstein, M.H. 1980: Ethnicity and topicalization in New York City English. *International Journal for the Sociology of Language* 26, 15-24.

Fellman, J. 1974: The role of Eliezer Ben Yehuda in the revival of the Hebrew language: An assessment. In Fishman 1974, 427-55.

Ferguson, C.A. 1959: Diglossia. *Word* 15, 325-40.

―――― 1968: Language development. In Fishman *et al.* 1968b, 27-36.

―――― 1971: Absence of copula and the notion of simplicity: A study of normal speech, baby talk and pidgins. In Hymes 1971, 141-50.

―――― 1975: Towards a characterization of English Foreigner Talk. *Anthropological Linguistics* 17, 1-44.

Ferguson, C.A. and DeBose, C.E. 1977: Simplified registers, broken language, and pidginization. In Valdman 1977b, 99-125.

Fishman, J.A. 1965: Who speaks what language to whom and when? *Linguistics* 2, 67-88.

―――― (ed.) 1968: *Readings in the sociology of language*. The Hague.

―――― 1972: Domains and the relationship between micro- and macro-sociolinguistics. In Gumperz, J.J. and Hymes, D. (eds), 1972, 435-53.

―――― (ed.) 1974: *Advances in language planning*. The Hague.

―――― 1977: Language and ethnicity. In Giles 1977, 15-57.

―――― (ed.) 1978: *Advances in the study of societal multilingualism*. The Hague.

Fishman, J.A. et al. 1966: *Language loyalty in the United States*. The Hague.

Fishman, J.A. et al. 1968a: *Bilingualism in the Barrio*. New York.

―――― (eds) 1968b: *Language problems of developing nations*. New York.

Flores, N. de la Zerda and Hopper, R. 1975: 'Mexican-Americans' evaluations of spoken Spanish and English. *Speech Monographs* 42, 9-98.

Fonck, A. 1984: Klagen en aanbieden in het Nederlands: Pragmatische problemen voor de Engelsman? University of Amsterdam.

Gaarder, B.A. 1979: Language maintenance or language shift. In Mackey, W.F. and Andersson, T. (eds), *Bilingualism in early childhood* (Rowley, Mass.), 409-34.

Gal, S. 1979: *Language shift: Social determinants of linguistic change in bilingual Austria*. New York.

Gardner, R.C. 1979: Social psychological aspects of second language acquisition. In Giles, H. and St Clair, R. (eds), *Language and social psychology* (Oxford), 193-220.

Gardner, R.C. et al. 1976: Second-language learning: A social-psychological perspective. *The Canadian Modern Language Review* 32, 198-213.

Gardner, R.C. and Lambert, W.E. 1972: *Attitudes and motivation in second-language learning*. Rowley, Mass.

Giles, H. 1973: Accent moblity: a model and some data. *Anthropological Linguistics* 15, 87-105.

―――― (ed.) 1977: *Language, ethnicity and intergroup relations*. London.

Giles, H. et al. 1973: Towards a theory of interpersonal accommodation through language: Some Canadian data. *Language in Society* 2, 177-92.

Giles, H. et al. 1977: Towards a theory of language in ethnic group relations. In Giles 1977, 307-49.

_____ 1979: Prestige speech styles: The imposed norm and inherent value hypothesis. In McCormack and Wurm 1979, 589-96.

Giles, H. and Saint-Jacques, B. 1979: *Language and ethnic relations*. Oxford.

Glazer, N. 1978: The process and problems of language maintenance. In Lourie, M.A. and Conklin, N.T. (eds), *A pluralistic nation: The language issue in the United States* (Rowley, Mass.), 32-43.

Glazer, N. and Moynihan, D.P. 1975: Introduction. In Glazer, N. and Moynihan, D.P. (eds), *Ethnicity; Theory and Experience* (Cambridge, Mass.), 1-26.

Grosjean, F. 1982: *Life with two languages*. Cambridge, Mass. and London.

Guboglo, M. 1979: Linguistic contacts and elements of ethnic identification. In McCormack and Wurm 1979, 359-65.

Guitarte, G.L. and Quintero, R.T. 1974: Linguistic correctness and the role of the Academies in Latin America. In Fishman 1974, 315-68.

Gumperz, J.J. 1976: The Sociolinguistic Significance of Conversational Code-switching. Working Papers of the Language Behavior Research Laboratory No. 46, University of California, Berkely.

_____ 1977: Sociocultural knowledge in conversational inference. In Saville-Troike, M. (ed.), *Twenty-eighth Annual Round Table Monograph Series on Language and Linguistics* (Washington, DC), 191-211.

_____ 1982a: *Discourse strategies*. Cambridge.

_____ (ed.) 1982b: *Language and social identity*. Cambridge.

Gumperz, J.J. et al. 1982: Thematic structure and progression in discourse. In Gumperz 1982b, 22-56.

Gumperz, J.J. and Hernández-Chavez, E. 1971: Bilingualism, bidialectism and classroom interaction. In Gumperz, J.J. *Language in social groups* (Stanford), 311-39.

_____ 1975: Cognitive aspects of bilingual communication. In Hernández-Chavez E. *et al.* (eds), *El lenguaje de los Chicanos* (Arlington), 54-64.

Gumperz, J.J. and Hymes, D. (eds) 1972: *Directions in sociolinguistics*. New York.

Hakuta, K. 1976: A case study of a Japanese child learning English as a second language.

Language Learning 26, 321-51.

Hakuta, K. and Diaz, R.M. 1985: The relationship between degree of bilingualism and cognitive ability: A critical discussion and some new longitudinal data. In Nelson, K.E. (ed.), *Children's Language* Vol. 5, (Hillsdale, NJ), 319-44.

Hall, R.A. Jr 1966: *Pidgin and creole languages*. Ithaca.

Halliday, M. et al. 1964: *The linguistic sciences and language teaching*. London.

Hancock, I.F. 1986: The domestic hypothesis, diffusion, and componentiality. In Muysken P. and Smith N. (eds), *Substrata versus universals in creole genesis* (Amsterdam), 71-102.

Hartford, B. et al. (eds) 1982: *Issues in international bilingual education*. New York and London.

Hatch, E. 1977: An historical overview of second language acquisition research. In Henning C.A. (ed.), *Proceedings of the Los Angeles second language research forum*. (Los Angeles), 1-14.

Hatch, E. 1983: *Psycholinguistics; A second language perspective*. Rowley, Mass.

Haugen, E. 1950: The analysis of linguistic borrowing. *Language* 26, 210-32.

―――― 1953: *The Norwegian language in America: A study in bilingual behavior*, 2 vols. Philadelphia.

―――― 1956: *Bilingualism in the Americas: A bibliograghy and research guide*. Alabama.

―――― 1966a: *Language conflict and language planning: The case of modern Norwegian*. Cambridge, Mass.

―――― 1966b: Linguistics and language planning. In Bright, W. (ed.), *Sociolinguistics* (The Hague), 50-71.

―――― 1971: Instrumentalism in language planning. In Rubin and Jernudd 1971, 281-92.

―――― 1972: *The ecology of language*. Stanford.

―――― 1973: Bilingualism, language contact and immigrant languages in the United States: A research report 1956-70. In Sebeok, T.A. (ed.), *Current Trends in Linguistics* Vol. 10, (The Hague and Paris), 505-91.

Haugen, E. et al. (eds) 1981: *Minority languages today*. Edinburgh.

Heller, M. 1984: Ethnic relations and language use in Montreal. In Wolfson, N. and Manes, J. (eds), *Language of inequality* (New York).

Hesseling, D.C. 1899: *Het Afrikaansch; Bijdrage tot de geschiedenis der Nederlandsche taal in Zuid-Afrika*. Leiden.

―――― 1905: *Het Negerhollands der Deense Antillen; Bijdrage tot de geschiendenis der Nederlandse taal in Amerika*. Leiden.

Hewitt, R. 1982: White adolescent creole users and the politics of friendship. *Journal of Multilingual and Multicultural Development* 3, 217-32.

Hill, J. and Hill, K. 1977: Language death and relexification in Tlaxcalan Nahuatl. *Linguistics* 191, 55-68.

Hornby, P.A. (ed.) 1977: *Bilingualism: Psychological, social and educational implications*. New York.

Hymes, D.H. (ed.) 1971: *Pidginization and creolization of languages*. Cambridge.

―――― 1972: On communicative competence. In Pride and Holmes 1972, 269-93.

Ianco-Worrell, A. 1972: Bilingualism and cognitive development. *Child Development* 43, 1390-400.

Jakobson, R. 1931: Über die phonologischen Sprachünde. In *Travaux du Cercle Linguistique de Prague* IV (reprinted in Selected Writings 1962 (The Hague), 137-43)

―――― 1960: Linguistics and poetics. In Sebeok, T. (ed.), *Style in Language* (Cambridge, Mass.) 350-77.

Jaroviskij, A. 1979: On the lexical competence of bilingual children of kindergarten age groups. *International Journal of Psycholinguistics* 6, 3, 43-57.

Jones, B.L. 1981: Welsh: Linguistic conversation and shifting bilingualism. In Haugen *et al*. 1981, 40-51.

Jones, W.R. and Stewart, W.A. 1951: Bilingualism and verbal intelligence. *British Journal of Psychology* 4, 3-8.

Joshi, A. 1981: Some problems in processing sentences with intrasentential code switching. Unpublished manuscript, University of Texas Parsing Workshop.

Karttunen, F. 1976: Uto-Aztecan and Spanish-type dependent clauses in Nahuatl. In Steever, S. *et al*. (eds), *Papers from the parasession on diachronic syntax* (Chicago), 150-58.

Kelly, L.G. (ed.) 1969: *Description and measurement of bilingualism: An international seminar*. Toronto.

Kessler, C. and Quinn, M.E. 1980: Positive effects of bilingualism on Science problem-solving abilities. In Alatis 1980, 295-308.

Kiers, T. 1982: Taalvaardigheid en taalbehoefte van Marokkaanse jongeren in Nederlands. MA thesis, Institute for General Linguistics, University of Amsterdam.

Kim, T.W. 1976: *The Portuguese element in Japanese*. Coimbra.

Klavans, J.L. 1983: The syntax of code-switching: Spanish and English. (Unpublished manuscript).

Klein, W. and Dittmar, N. 1979: *Developing grammars; The acquisition of German syntax by foreign workers*. Berlin.

Kloss, H. 1966: German-American language maintenance efforts. In Fishman 1966, 206-52.

Kolers, P. 1963: Interlingual word associations. *Journal of Verbal Learning and Verbal Behavior* 2, 291-300.

―――― 1966: Reading and talking bilingually. *American Journal of Psychology* 79, 357-76.

Krashen, S.D. 1973: Lateralization, language learning, and the critical period: Some new evidence. *Language Learning* 23, 63-74.

Krashen, S.D. et al. 1979: Age, rate and eventual attainment in second language acquisition. *TESOL Quarterly* 13, 573-82.

Kremnitz, G. 1981: *Das Okzitanische, Sprachgeschichte and Soziologie*. Tübingen.

Labov, W. 1972: *Sociolinguistic patterns*. Philadelphia.

Lado, R. 1957: *Linguistics across cultures*. Ann Arbor, Mich.

Lalleman, J.A. 1986: *Dutch language proficiency of Turkish children born in the Netherlands*. Dordrecht.

Lambert, W.E. 1967: A social psychology of bilingualism. *Journal of Social Issues* 23, 2, 91-109.

―――― 1977: The effects of bilingualism on the individual: Cognitive and sociocultural consequences. In Hornby 1977, 15-27.

―――― 1978: Some cognitive and sociocultural consequences of being bilingual. In Alatis, J.E. (ed.), *Georgetown University Round Table on Languages and Linguistics* (Washington, DC), 214-29.

Lambert, W.E. *et al.* 1958: The influence of language acquisition context on bilingualism.

  Journal of Abnormal and Social Psychology 56, 239-44.

Lambert, W.E. et al. 1960: Evaluative reactions to spoken language. *Journal of Abnormal and Social Psychology* 67, 617-27.

Lambert, W.E., Anisfeld, M. and Yeni-Komshin, G. 1965: Evaluational reactions of Jewish and Arab adolescents to dialect and language variations. *Journal of Personality and Social Psychology* 2, 84-90.

Lambert, W.E., Havelka, J. and Gardner, R. 1959: Linguistic manifestations of bilingualism. *American Journal of Psychology* 72, 77-82.

Lambert, W.E. and Tucker, G.R. 1972: *Bilingual education of children; The St Lambert Experiment*. Rowley, Mass.

Lance, D.M. 1975: Spanish-English code-switching. In Hernández-Chavez, E. et al. (eds), *El lenguaje de los Chicanos* (Arlington) 138-53.

Larson, M.L. et al. 1981: Overview of the program of bilingual education in the Peruvian jungle. In Larson and Davis 1981, 37-252.

Larson, M.L. and Davis, P.M. (eds) 1981: *Bilingual education: An experience in the Peruvian Amazonia*. Dallas.

Le Compagnon, B. 1984: Interference and overgeneralization in second language learning: The acquisition of English dative verbs by native speakers of French. *Language Learning* 34, 3, 39-67.

Lefebvre, C. 1979: Quechua's loss, Spanish's gain, *Language in Society* 8, 395-407.

_____ 1984: Grammaires en contact: définitions et perspectives de recherche. *Revue québécoise de linguistique* 14.1, 11-48.

Lenneberg, E. 1967: *Biological foundations of language*. New York.

Leopold, W.F. 1939-49: *Speech development of a bilingual child: a linguist's record*. 4 vols, Evanston, Ill.

Le Page, R. and Tabouret-Keller, A. 1982: Models and stereotypes of ethnicity and language. *Journal of Multi-lingual and Multicultural Development* 3, 161-92.

Lewis, G. 1972: *Multilingualism in the Soviet Union; Aspects of language policy and implementation*. The Hague.

Lewis, G.L. 1975: *Turkish grammar*. Oxford.

Li, W.L. 1982: The language shift of Chinese Americans. *International Journal for the Sociology of Language* 38, 109-24.

Lieberson, S. 1970: *Language and ethnic relations in Canada*. New York.

Lieberson, S.J. and McCabe, E.J. 1982: Domains of language usage and mother-tongue shift in Nairobi. *International Journal of the Sociology of Language* 34, 83-94.

Lightfoot, D. 1979: *Principles of diachronic syntax*. Cambridge.

Lindholm, K.J. and Padilla, A.M. 1978: Child bilingualism: Report on language mixing, switching and translations. *Linguistics* 211, 23-44.

Lindsay, P.H. and Norman, D.A. 1977: *Human information processing* (second edn), New York.

Linguistics Minorities Project 1985: *The other languages of England*. London.

Lipski, J.M. 1978: Code-switching and the problem of bilingual competence. In Paradis, M. (ed.), *Aspects of bilingualism* (Columbia), 250-64.

Long, M. 1981: Variation in linguistic input for second language acquisition. Unpublished manuscript, School of Education, University of Pennsylvania.

—— 1982: Does second language instruction make a difference? A survey of research. Working Papers of the Department of English as a second language, University of Hawaii 1.2, 93-120.

Loveday, L. 1982a: *The sociolinguistics of learning and using a non-native language*. Oxford.

—— 1982b: Communicative interference: A framework for contrastively analysing L2 communicative competence exemplified with the linguistic behaviour of Japanese performing in English. *International Review of Applied Linguistics* 20, 1-16.

Lowley, E.G. et al. 1983: Ethnic activists view the ethnic revival and tis language consequences: An interview study of three American ethnolinguistic minorities. *Journal of Multilingual and Multicultural Development* 4, 237-54.

McCormack, W.C. and Wurm, S.A. (eds) 1979: *Language and society; anthropological issues*. The Hague.

McClure, E. 1977: Aspects of code-switching among Mexican-American children. In Saville-Troike, M. (ed.), *28th Annual Round Table Monograph Series on Language and Linguistics* (Washington, DC), 93-115.

Mackey, W. 1976: *Bilinguisme et contact des langues*. Paris.

—— 1977: The evaluation of bilingual education. In Spolsky and Cooper 1977, 226-81.

Mackey, W. and Ornstein, J. (eds) 1979: *Sociolinguistic studies in language contact*. The Hague.

McLaughlin, B. 1978: *Second language acquisition in childhood* (second edn, 2 vols, 1984, 1985). Hillsdale, NJ.

Macnamara, J. 1966: *Bilingualism and primary education*.

―――― 1967: The bilingual's linguistic performance: A psychological overview. *Journal of Social Issues* 23, 59-77.

―――― 1969: How can one measure the extent of a person's bilingual proficiency? In Kelly 1969, 79-97.

―――― 1970: Bilingualism and thought. In Alatis, J.E. (ed.), *Report of the twenty-first annual round table meeting on linguistics and language studies* (Washington, DC), 25-40.

―――― 1971: Success and failures in the movement for the restoration of Irish. In Rubin and Jernudd 1971, 65-94.

―――― 1974: What can we expert from a bilingual programme? *Working Papers on Bilingualism* 4, 42-56.

MacNamara, J. et al. 1968: Language switching in bilinguals as a function of stimulus and response uncertainty, *Journal of Experimental Psychology* 78, 208-15.

MacNamara, J. and Kushnir, S.L. 1971: Linguistics independence of bilinguals: The input switch. *Journal of Verbal Learning and Verbal Behavior* 10, 480-87.

Meisel, J. 1975: Ausländerdeutsch und Deutsch ausländischer Arbeiter; Zur möglichen Entstehung eines Pidgin in der BRD. *Zeitschrift für Literaturwissenschaft und Linguistik* 5, 18, 9-53.

―――― 1977: Linguistic simplification: A study of immigrant workers' speech and foreigner talk. In Corder, S.P. and Roulet, E. (eds), *The notions of simplification, interlanguages and pidgins and their relation to second language pedagogy*. (Neuchâtel and Geneva), 88-113.

―――― 1980: Linguistic simplification. In Felix, S.W. (ed.), *Second language development; Trends and issues* (Tübingen), 13-40.

―――― 1982: The role of transfer as a strategy of natural second language acquisition/proceeding. Ms. Hamburg University.

Meisel, J. et al. 1981: On determining development stages in natural second language acquisition. *Studies in second language acquisition* 3, 109-25.

Meiseles, G. 1980: Educated spoken Arabic language continuum. *Archivum Linguisticum* 11 (new series), 118-48.

Mercer, N. et al. 1979: Linguistic and cultural affiliation amongst young Asian people in Leicester, In Giles and Saint-Jacques 1979, 15-26.

Moorghen, P.M. and Domingue, N.Z. 1982: Multilingualism in Mauritius. *International Journal of the Siociology of Language* 34, 51-66.

Morag, S. 1959: Planned and unplanned development in modern Hebrew. *Lingua* 8, 247-63.

Mühlhäusler, P. 1974: *Pidginization and simplification of language*. Canberra.

―――― 1981: Structural expansion and the process of creolization. In Valdman and Highfield 1981, 19-56.

―――― 1986: *Pidgins and creoles*. London.

Müller, K. 1934: *Die Psyche des Oberschlesiers im Lichte des Zweisprachen-Problems*. Bonn.

Muysken, P. 1981: Halfway between Quechua and Spanish: the case for relexification. In Highfield, A. and Valdman, A. (eds), *Historicity and variation in creole studies* (Ann Arbor, Mich.), 52-78.

Nadkarni, M.V. 1975: Bilingualism and syntactic change in Konkani. *Language* 51, 672-83.

Nair, K. R. and Virmani, V. 1973: Speech and language disturbances in hemiplegics. *Indian Journal of Medical Research* 61, 1395-403.

Naro, A.J. 1978: A study on the origins of pidginization. *Language* 54, 314-47.

Nishimura, M. 1985: Intrasentential code-switching in Japanese-English. Unpublished doctoral thesis, University of Pennsylvania.

O'Barr, W.M. and O'Barrm J.F. (eds) 1976: *Language and politics*. The Hague.

O'Grady, G.N. 1960: New concepts in Nyanumada: Some data on linguistic acculturation. *Anthropological Linguistics* 2, 1-6.

Oller, J.W. et al. 1977: Attitudes and attained proficiency in ESL: A sociolinguistic study of native speakers of Chinese in the United States. *Language Learning* 27, 1-27.

Osgood, C., Suci, C. and Tannenbaum, P. 1957: *The measurement of meaning*. Urbana.

Paradis, M. 1977: Bilingualism and aphasia. In Whitaker, H. and Whitaker, H.A. (eds), *Studies in neurolinguistics* Vol. 3 (New York), 65-121.

―――― 1980: Language and thought in bilinguals. *The Sixth LACUS Forum 1979*.

(Columbia), 420-31.

_____ 1981: Neurolinguistic organization of a bilingual's two languages. *The Seventh LACUS Forum 1980* (Columbia), 480-94.

Pattanayak, D.D. 1981: *Multilingualism and mother-tongue education*. Delhi.

Paulsen, F. 1981: The recent situation of the Ferring language, the North-Frisian language of the islands Föhr and Amrum. In Haugen *et al.* 1981, 182-88.

Peal, E. and Lambert, W.E. 1962: The relation of bilingualism ti intelligence. *Psychological Monographs* 76: 546, 1-23.

Pedrasa, P. Jr *et al.* 1980: Rethinking diglossia. In Padilla, R.V. (ed.), *Theory in bilingual education* (Ypsilanti, Mich.), 75-97.

Penfield, W. and Roberts, L. 1959: *Speech and brain mechanisms*. Princeton.

Pfaff, C. 1979: Constraints on language mixing: intrasentential code-switching and borrowing in Spanish/English. *Language* 55, 291-318.

_____ 1984: On input and residual L1 transfer effects in Turkish and Greek children's German. In Andersen, R.W. (ed.), *Second languages; A cross-linguistic perspective* (Rowley, Mass.), 271-98.

Philips, S.U. 1972: Participant structures and communicative competence: Warm Springs children in community and classroom. In Cazden, C.B. *et al.* (eds), *Functions of language in the classroom* (New York and London), 370-94.

Pitres, A. 1985: Etude sur l'aphasie. *Revue de Médecine* 15, 873-99.

Pool, P.A.S. 1982: *The death of Cornish*. Penzance.

Poplack, S. 1980: 'Sometimes I'll start a sentence in Spanish Y TERMINO EN ESPANOL': toward a typology of code-switching. *Linguistics* 18, 581-618.

Poplack, S. and Sankoff, D. 1984: Borrowing: the synchrony of integration. *Linguistics* 22, 99-136.

Potter, M.C. *et al.* 1984: Lexical and conceptual representation in beginning and proficient bilinguals. *Journal of Verbal Learning and Verbal Behavior* 23, 23-38.

Pride, J.B. and Holmes, J. (eds) 1972: *Sociolinguistics; Selected readings*. Harmondsworth.

Pulte, W. 1979: Cherokee: A flourishing or obsolescing language? In McCormack and Wurm 1979, 423-32.

Reinecke, J.E. et al. 1975: *A bibliography of pidgin and creole languages*. Honolulu.

Revil, J.T. et al. 1968: A follow-up study of the Rizal experiment relative to achievement in English, Philippino, and content subjects at the end of the second year High School. Philippine Normal College, Manila.

Rindler Schjerve, R. 1981: Bilingualism and language shift in Sardinia. In Haugen *et al.* 1981: 208-17.

Ross, J.A. 1979: Language and the mobilization of ethnic identity. In Giles and Saint-Jacques 1979: 1-13.

Rubin, J. 1968. *National bilingualism in Paraguay*. The Hague.

Rubin, J. *et al.* (Eds) 1977: *Language planning processes*. The Hague.

Rubin, J. and Jernudd, B. 1971a: Introduction: language planning as an element in modernization. In Rubin and Jernudd, 1971, XIII-XXIV.

_____ (eds) 1971: *Can language be planned?* Honolulu.

Rūke-Dravina, V. 1965: The process of acquisition of apical /r/ and uvular /R/ in the speech of children. *Linguistics* 17, 56-68.

Ryan, E.B. and Carranza, M. 1977: Ingroup and outgroup reactions to Mexican American language varieties. In Giles, 1977, 59-82.

Ryan, E.B. and Giles, H. (eds) 1982: *Attitudes toward language variation*. London.

Saer, D.J. 1923: The effects of bilinguaglism on intelligence. *British Journal of Psychology* 14, 25-38.

Sanches, M. and Blount, B.G. (eds) 1975: *Sociocultural dimensions of language use*. New York.

Sankoff, D. (ed.) 1978: *Linguistic variation; Models and methods*. New York.

Sankoff, G. 1972: Language use in multilingual societies: Some alternative approaches. In Pride and Holmes 1972, 33-51.

_____ 1980: *The social life of language*. Philadelphia.

Saunders, G. 1982: *Bilingual children; Guidance for the family*. Clevedon.

Scarcella, R. and Brunak, J. 1981: On speaking politely in an second language. *International Journal for the Sociology of Language* 27, 59-75.

Schachter, J. 1974: An error in error analysis. *Language Learning* 24, 205-14.

Schuchardt, H. 1980: *Kreolische Studien* IX, Vienna.

_____ 1909: Die Lingua Franca, *Zeitschrift für Romanische Philologie* 33, 441-61.

Schumann, J. 1978: *The pidginization process; A model for second language acquisition*. Rowley,

Mass.

Schwartz, A. 1971: General aspects of relative clause formation. *Working papers on Language Universals* 6, Stanford University, 139-71.

Scotton, C.M. 1976: Strategies of neutrality: language choice in uncertain situations. *Language* 52, 919-41.

_____ 1979: Code-switching as a 'safe choice' in choosing a lingua franca. In McCormack and Wurm 1979, 71-87.

_____ 1980: Explaining linguistic choices as identity negotiations. In Giles, H. *et al.* (eds), *Language, Social Psychological Perspectives* (Oxford), 359-66.

Sebba, M. 1984: Serial verbs: something new out of Africa. *York Papers in Linguistics* 11, 271-8.

Sebba, M. and Wootton, T. 1984: Conversational code-switching in London Jamaican. University of York.

Segalowitz, N. 1977: Psychological perspectives on bilingual education. In Spolsky and Cooper 1977, 119-58.

Segalowitz, N. and Gatbonton, E. 1977: Studies of the nonfluent bilingual. In Hornby 1977, 77-89.

Selinker, L. 1972: Interlanguage. *International Review of Applied Linguistics* 10, 209-31.

Serjeantson, M.S. 1968: *A history of foreign words in English*. London. (Original edition, 1935.)

Seuren, P.A.M. 1983: The auxiliary system in Sranan. In Heny, F. and Richards, B. (eds), *Linguistic categories: auxiliaries and related puzzles* Vol. II, (Dordrecht), 219-51.

Seuren, P.A.M. and Wekker, H. 1986: Semantic transparency as a factor in creole genesis. In Muysken, P. and Smith, N. (eds), *Substrata versus universals in creole genesis* (Amsterdam), 57-70.

Shuy, R.W. and Fasold, R.W. (eds) 1973: *Language attitudes: Current trends and prospects*. Washington, DC.

Silverstein, M. 1972: Chinook jargon: language contact and the problem of muti-level generative systems. *Language* 48, 378-406.

Simoēs, A. Jr (ed.) 1976: *The bilingual child; Research and analysis of existing educational themes*. New York.

Singh, R. 1982: On some 'redundant compounds' in Modern Hindi. *Lingua* 56, 345-51.

Skutnabb-Kangas, T. 1978: Semilingualism and the education of migrant children as a means of reproducing the caste of assembly line workers. In Dittmar, N. *et al.* (eds), *Papers from the first Scandinavian-German symposium on the language of immigrant workers and their children* (Roskilde), 221-51.

_____ 1983: *Bilingualism or not: The education of minorities*. Clevedon.

Skutnabb-Kangas, T. and Toukomaa, P. 1976: Teaching migrant children's mother tongue and learning the language of the host country in the context of the socio-cultural situation of the migrant family. University of Tampere, Finland.

Smith, M.E. 1939: Some light on the problem of bilingualism as found from a study of the progress in mastery of English among pre-school children of non-American ancestry in Hawaii. *Genetic Psychology Monographs* 21, 119-284.

Smolicz, J.J. 1983: Modification and maintenance: language among school-children of Italian background in South Australia. *Journal of Multilingual and Multicultural Development* 4, 313-37.

Snow, C.E. et al. 1981: The interactional origins of foreigner talk: Municipal employees and foreign workers. *International Journal for the Sociology of Language* 28, 81-91.

Soares, C. and Grosjean, F. 1981: Left hemisphere language lateralization in bilinguals and monolinguals. *Perception and Psychophysics* 29, 599-604.

Sobin, N.J. 1984: On code-switching within NP. *Applied Psycholinguistics* 5, 293-303.

Søndergaard, B. 1981: Decline and fall of an individual bilingualism. *Journal of Multilingual and Multicultural Development* 2, 297-302.

Spencer, J. 1974. Colonial language policies and their legacies in sub-Saharan Africa. In Fishman 1974, 163-75.

Spolsky, B. and Cooper, R.L. (eds) 1977: *Frontiers of bilingual education*. Rowley, Mass.

_____ (eds) 1978: *Case studies in bilingual education*. Rowley, Mass.

Stölting, W. 1980: *Die Zweisprachigkeit jugoslawischer Schüler in der Bundesrepublik Deutschland*. Wiesbaden.

Stroop, J.R. 1935: Studies of interference in serial verbal reactions. *Journal of Experimental Psychology* 18, 643-61.

Swain, M. and Lapkin, S. 1982: *Evaluating bilingual education; A canadian case study*. Clevedon.

Taber, C.R. 1979: French loanwords in Sango: The motivation of lexical borrowing. In Hancock, I.F. (ed.), *Readings in creole studies*. (Ghent), 189-97.

Taeschner, T. 1983: *The sun is feminine; A study on language acquisition in bilingual children*. Berlin.

Tanner, N. 1967: Speech and society among the Indonesian elite: A case study of a multilingual community. *Anthropological Linguistics* 9, 3, 15-39.

Tauli, V. 1968: *Introduction to a theory of language planning*. Uppsala.

Teitelbaum, H. *et al*. 1975: Ethnic attitudes and the acquisition of Spanish as a second language. *Language Learning* 25, 255-66.

Timm, L.A. 1975: Spanish-English code-mixing: El porque y how-not-to. *Romance Philology* 28, 473-82.

_____ 1978: Code-switching in WAR and PEACE. *The fourth LACUS forum*, 239-47.

Todd, L. 1974: *Pidgins and creoles*. London and Boston.

Tosi, A. 1984: *Immigration and bilingual education*. Oxford.

Toukomaa, P. and Skutnabb-Kangas, T. 1977: The intensive teaching of the mother tongue to migrant children at pre-school age. University of Tampere, Finland.

Turner, L.D. 1949: *Africanisms in the Gullah Dialect*. Chicago (reprinted, New York, 1969).

Unesco 1953: *The use of vernacular languages in education*. Paris.

Valdés Fallis, G. 1976: Social interaction and code-switching patterns; A case study of Spanish/English. In Keller, G.D: *et al*. (eds), *Bilingualism in the bicentennial and beyond*. (New York), 53-85.

Valdman, A. 1977a: L'effet de modēles culturels sur l'élaboration du language simplifié. In Corder, S.P. and Roulet, E. (eds), *The notions of simplification, interlanguages and pidgins and their relation to second language pedagogy* (Neuchâtel and Geneca), 114-31.

_____ (ed.) 1977b: *Pidgin and creole linguistics*. Bloomington and London.

_____ 1979: *Le créole: structure, statut, origine*. Paris.

_____ 1981: Creolization and second language acquisition. In Valdman and Highfield 1981, 297-312.

Valdman, A. and Highfield, A (eds) 1981: *Theoretical issues in pidgin and creole studies*. New York.

Veltman, C. 1983: *Language shift in the United States*. Berlin.

Veronique, D. 1984: The acquisition and use of aspects of French morphosyntax by native speakers of Arabic dialects (North Africa). In Andersen, R.W. (ed.), *Second languages: a cross-linguistics perspective* (Rowley, Mass.), 191-213.

Vildomec, V. 1963: *Multilingualism*. Leyden.

Vorster, J. and Proctor, L. 1976: Black attitudes to 'white' languages in South Africa: A pilot study. *The Journal of Psychology* 92, 103-8.

Vygotsky, L.S. 1962: *Thought and language*. Cambridge, Mass.

Weinreich, U. 1953: *Languages in contact: Findings and problems*. The Hague.

Weinreich, U., Herzog, M.I. and Labov, W. 1968: Empirical foundations for a theory of language change. In Lehmann, W.P. and Malkiel, Y. (eds), *Directions for historical linguistics* (Austin and London), 95-188.

Welmers, W.E. 1974: Christian missions and language policies in Africa. In Fishman 1974, 191-203.

Whinnom, K. 1971: Linguistics hybridization and the 'special case' of pidgins and creoles. In Hymes 1971, 91-115.

Whiteley, W.H. 1969: *Swahili: The rise of a national language*. London.

―――― 1971: Some factors influencing language policies in Eastern Africa. In Rubin and Jernudd 1971, 141-58.

―――― 1974: Language policies of independent African states. In Fishman 1974, 177-89.

Whitney, W.D. 1881: On mixture in language. *Transactions of the American Philosophical Association* 12, 1-26.

Wode, H. 1981: *Learning a second languages; 1. An intergrated view of language acquisition*. Tübingen.

Wölck, W. 1973: Attitudes towards Spanish and Quechua in bilingual Peru. In Shuy and Fasold 1973, 129-47.

Woolford, E. 1983: Bilingual code-switching and syntactic theory. *Linguistic Inquiry* 14, 520-36.

Workgroup on foreign workers' language (Werkgroep Taal Buitenlandse Werknemers) 1978: Nederlands tegen buitenlanders. Publ. no. 26 Institute of General Linguistics, University of Amsterdam.

Zobl, H. 1980: The formal and developmental selectivity of L1 influence on L2 acquisition.

Language Learning 30. 43-57.

_____ 1982: A direction for contrasitive analysis: The comparative study of developmental sequences. *TESOL Quarterly* 16, 169-83.

Zuñiga, T.V. 1976: *El anglicismo en el habla constaricense*. San José, Costa Rica.

역자 소개
- 현 강원대학교 인문대학 영어영문학과 교수
- 강원대학교 사범대학 영어교육과(B. A)
- 고려대학교 대학원 영어영문학과(M. A)
- 필리핀대학교 대학원 언어교수과(Ph. D)
- 미국 슬리퍼록대학교 교환교수
- 미국 캘리포니아대학교(Davis) 연구교수

- 교실영어(저서)
- 방송영어(저서)
- 외국어학습(역서)
- 성공적인 외국어 학습자가 되는 길(역서)
- 어린이 영어교육(공저)
- 외국어 교수 방법론(공저)
- 그 외 논문 다수

언어접촉과 2개언어상용

초판1쇄 발행일 • 2009년 1월 20일
저 자 • René Appel & Pieter Muysken
역 자 • 김남국
발행인 • 이성모 / 발행처 • 도서출판 동인
서울시 종로구 명륜동 2가 237 아남주상복합빌딩 118호 / 등록 • 제1-1599호
TEL • (02)765-7145, 55 / FAX • (02)765-7165
E-mail • dongin60@chol.com / HomePage • www.donginbook.co.kr
ISBN 978-89-5506-379-0

정가 15,000원

* 잘못 만들어진 책은 교환해드립니다.